Langenscheidt

Grundwortschatz
Englisch

Ein nach Sachgebieten geordnetes
Lernwörterbuch mit Satzbeispielen

von

Holger Freese
und der
Langenscheidt-Redaktion

Langenscheidt

Berlin · München · Wien · Zürich · New York

Herausgegeben von der Langenscheidt-Redaktion
Autor: Professor Holger Freese

www.langenscheidt.de

© 2000 Langenscheidt KG, Berlin und München
Druck: Graph. Betriebe Langenscheidt,
Berchtesgaden/Obb.
Printed in Germany

ISBN-13: 978-3-468-**20122**-6

9. 10. 11. * 10 09 08

INHALT

Zum neuen Grundwortschatz Englisch 9

1   **THEMENBEZOGENE BEGRIFFE** 13

1.1   **Der Mensch** 13

1.1.1   **Körper und Wesen** 13
1.1.1.1 Körper 13
1.1.1.2 Aussehen 17
1.1.1.3 Geist und Verstand 19
1.1.1.4 Charakter 23
1.1.1.5 Fühlen und Empfinden 26
1.1.1.6 Gesundheit und Krankheit 33
1.1.1.7 Leben und Tod 37

1.1.2   **Aktivitäten** 40
1.1.2.1 Wachen und Schlafen 40
1.1.2.2 Sinneswahrnehmungen 41
1.1.2.3 Körperpflege 44
1.1.2.4 Tätigkeiten 46
1.1.2.5 Umgang mit Dingen 49
1.1.2.6 Bewegen von Gegenständen 54
1.1.2.7 Geben und Nehmen 57

1.1.3   **Lernen und Wissen** 59

1.1.4   **Verhalten** 65
1.1.4.1 Allgemeines Verhalten 65
1.1.4.2 Verhalten gegen Menschen 69

1.1.5   **Sprache und Sprechabsichten** 75
1.1.5.1 Sprache 75
1.1.5.2 Sprechabsichten 78
1.1.5.2.1 Auskunft 78
1.1.5.2.2 Zustimmung und Ablehnung 81
1.1.5.2.3 Gewissheit und Zweifel 85
1.1.5.2.4 Wertung und Urteil 89
1.1.5.2.5 Befehl und Verbot 96
1.1.5.2.6 Wunsch und Bitte 97
1.1.5.2.7 Begrüßung und Abschied 99
1.1.5.3 Häufige Redewendungen 100

1.1.6   **Der Mensch und die Gesellschaft** 101
1.1.6.1 Identifizierung 101
1.1.6.2 Familie 104
1.1.6.3 Soziale Bindungen 107

1.1.6.4	Berufe	109
1.1.6.5	Soziale Situation	113
1.1.6.6	Soziales Verhalten	115
1.1.7	**Schicksal und Zufall**	119
1.2	**Alltagswelt**	124
1.2.1	**Der Mensch und sein Zuhause**	124
1.2.1.1	Haus und Wohnung	124
1.2.1.2	Einrichtung	129
1.2.1.3	Gegenstände und Geräte	132
1.2.1.4	Sauberkeit	137
1.2.2	**Kleidung und Schmuck**	139
1.2.3	**Arbeitswelt**	144
1.2.3.1	Fabrik und Werkstatt	144
1.2.3.2	Wirtschaftsleben	145
1.2.3.2.1	Allgemeines	145
1.2.3.2.2	Geschäft	151
1.2.4	**Geld**	153
1.2.5	**Ämter und Behörden**	158
1.2.6	**Post und Fernmeldewesen**	160
1.2.6.1	Post	160
1.2.6.2	Telefon	162
1.2.7	**Rechtswesen**	164
1.2.7.1	Rechtsprechung	164
1.2.7.2	Strafbares Verhalten	166
1.2.8	**Arzt und Krankenhaus**	169
1.2.9	**Schule und Universität**	171
1.3	**Interessen**	176
1.3.1	**Kunst**	176
1.3.1.1	Bildende Kunst	176
1.3.1.2	Theater, Film und Fernsehen	178
1.3.1.3	Musik	180
1.3.2	**Kommunikationsmittel**	182
1.3.3	**Erholung und Freizeit**	184
1.3.3.1	Erholung	184
1.3.3.2	Freizeitbeschäftigungen und Hobbys	185
1.3.3.3	Vergnügen und Genuss	188
1.3.4	**Sport**	189

1.4	**Öffentliches Leben**	193
1.4.1	**Staatswesen**	193
1.4.1.1	Staat und Politik	193
1.4.1.2	Krieg und Frieden	199
1.4.2	**Kirche und Religion**	203
1.5	**Umwelt**	206
1.5.1	**Dorf und Stadt**	206
1.5.2	**Landschaft**	209
1.5.3	**Natur**	213
1.5.3.1	Allgemeines	213
1.5.3.2	Tierwelt	215
1.5.3.3	Pflanzenwelt	220
1.5.3.4	Himmel und Erde	222
1.5.4	**Wetter und Klima**	225
1.5.5	**Umweltprobleme**	227
1.6	**Technik und Materialien**	229
1.6.1	**Energie und Technik**	229
1.6.2	**Informationstechnik**	232
1.6.3	**Materialien**	234
1.7	**Essen und Trinken**	238
1.7.1	**Allgemeines**	238
1.7.2	**Lebensmittel**	240
1.7.2.1	Allgemeines	240
1.7.2.2	Fleisch und Fisch	243
1.7.2.3	Obst und Gemüse	245
1.7.2.4	Getränke	247
1.7.3	**Zubereitung der Speisen**	249
1.7.4	**Geschirr und Besteck**	250
1.7.5	**Restaurant**	252
1.8	**Reise und Verkehr**	253
1.8.1	**Reise**	253
1.8.2	**Verkehr**	258
1.8.2.1	Straßenverkehr	258

1.8.2.1.1 Allgemein 258
1.8.2.1.2 Fahrzeuge 262
1.8.2.2 Eisenbahn 263
1.8.2.3 Flugzeug 265
1.8.2.4 Schiff 266
1.8.2.5 Raumfahrt 268

1.9 **Länder und Völker** 269
1.9.1 **Länder** 269
1.9.2 **Bewohner** 270
1.9.3 **Sprachen und Nationalitäten** 271

2 **ALLGEMEINE BEGRIFFE** 272
2.1 **Zeit** 272
2.1.1 **Jahresablauf** 272
2.1.2 **Monatsnamen** 274
2.1.3 **Wochentage** 274
2.1.4 **Tageszeit** 275
2.1.5 **Uhrzeit** 276
2.1.6 **Andere Zeitbegriffe** 277
2.1.6.1 Heute, gestern und morgen 277
2.1.6.2 Dauer 279
2.1.6.3 Häufigkeit 281
2.1.6.4 Früher und später 282
2.1.7 **Zeitlicher Ablauf** 284

2.2 **Raum** 288
2.2.1 **Räumliche Begriffe** 288
2.2.2 **Bewegung und Ruhe** 296
2.2.3 **Schnell und langsam** 299
2.2.4 **Richtung** 300
2.2.5 **Kommen und Gehen** 302

2.3 **Menge und Maß** 304
2.3.1 **Mengenbegriffe** 304
2.3.2 **Grundzahlen** 308
2.3.3 **Maße und Gewichte** 309

2.4   Ordnung   311
2.4.1 Ordnungsbegriffe   311
2.4.2 Unterschied und Einteilung   313
2.4.3 Ordnungszahlen   320

2.5   Ursache und Wirkung   321

2.6   Art und Weise   323

2.7   Farben   328

2.8   Formen   330

3   VERSCHIEDENES   331
3.1   Weitere Verben   331

3.2   Weitere Adjektive   335

3.3   Strukturwörter   341
3.3.1 Pronomen und Artikel   341
3.3.2 Hilfsverben   349
3.3.3 Weitere Präpositionen, Konjunktionen und
       Adverbien   354

TIPP: Wortbildungsmodelle   358
TIPP: Weiterführende Literatur   360

Register   361

Zum neuen Grundwortschatz Englisch

Bewährte Konzeption

Eine Fremdsprache erlernt man am besten, indem man zunächst einen Grundwortschatz erwirbt und diesen dann nach und nach erweitert. Diese Tatsache ist heute bei allen, die sich wissenschaftlich und praktisch mit dem Fremdsprachenerwerb befassen, anerkannt und spiegelt sich auch in den Forderungen der Lehrpläne und der Wortschatzauswahl moderner Lehrwerke wider. Langenscheidts Grundwortschatz Englisch, der auf der Grundlage der völligen Neubearbeitung von 1996 jetzt nochmals aktualisiert wurde, hält sich in den Grundprinzipien an seine bewährte Konzeption, die es Anfängern wie Fortgeschrittenen leichter macht, einen Grundwortschatz zu erwerben bzw. zu wiederholen und zu vertiefen:

- Anordnung der Wörter nicht alphabetisch, sondern nach Themenbereichen und Fachgebieten
- jedes Stichwort mit Lautschrift, auch bei mehrteiligen Ausdrücken
- für jedes Wort mindestens ein Beispielsatz mit Übersetzung ins Deutsche
- bei den möglichst lebensnahen Beispielsätzen Beschränkung auf den vorliegenden Wortschatz
- Grundwortschatz bestehend aus 2500 besonders wichtigen englischen Wörtern mit insgesamt rund 4000 Grundbedeutungen
- Unterteilung der 4000 Grundbedeutungen in zwei Wichtigkeitsstufen, nämlich «1–2000» und «2001–4000»
- keine Ausrichtung auf bestimmte Lehrwerke oder spezielle Altersgruppen, weder zu kindlich noch zu ,,abgehoben''
- geeignet für alle Lernenden von der Sekundarstufe I bis zu Erwachsenen, die VHS-Kurse belegen, das Telekolleg absolvieren oder Englisch in Urlaub oder Beruf brauchen.

Benutzerfreundliche Neuerungen

Das Grundprinzip der Benutzerfreundlichkeit wurde im neuen Grundwortschatz Englisch weiterentwickelt, verbessert und ergänzt.

Die Wortschatzauswahl wurde nach Kriterien wie Häufigkeit, Aktualität und Gebrauchswert revidiert. Der Wortschatz wurde modernisiert und ergänzt. Der deutsche Text basiert jetzt auf der neuen deutschen Rechtschreibung.

Alle Wortbedeutungen werden durch prägnante Satzbeispiele veranschaulicht – mit dem Ziel, die Bedeutung auch ohne Hilfe der deutschen Übersetzung möglichst eindeutig zu vermitteln, die Wörter in typischen Zusammenhängen (Kollokationen) zu präsentieren, den jeweiligen Themenbereichen gerecht zu werden und durch die Auswahl der Beispiele die Benutzer zu interessieren und zur Weiterarbeit zu motivieren.

Auch innerhalb eines Kapitels sind die Stichwörter nicht alphabetisch, sondern nach inhaltlichen Gesichtspunkten angeordnet. Dies
wird durch Trennlinien in blauer Farbe kenntlich gemacht, welche
Wortfelder, Wortfamilien und andere bedeutungsmäßig zusammen-
hängende Wortgruppen optisch zusammenfassen. So können Sie
auch in kleineren Portionen lernen und wiederholen.

Eine Reihe von Lernhilfen unterstützt Sie zusätzlich bei der sicheren
Anwendung des Wortschatzes. So wird zum Beispiel mit Hilfe des
Warndreiecks auf grammatische Besonderheiten und typische Fehler hingewiesen, und farbig hervorgehobene TIPPs geben zusätz-
liche Informationen zur Aussprache, Schreibung, zum richtigen Gebrauch, zur Unterscheidung von leicht verwechselbaren Wörtern, zu
wichtigen landeskundlichen Fakten sowie zur Wortbildung.

Wo es sinnvoll erscheint, werden zu den englischen Stichwörtern
auch Synonyme (Wörter mit gleicher oder sehr ähnlicher Bedeutung)
und Antonyme (Wörter mit entgegengesetzter Bedeutung) gegeben,
soweit sie Bestandteil dieses Wortschatzes sind, weil diese für den
aktiven Umgang mit der Sprache wichtig sind und ihre Kenntnis zu
den Anforderungen in Unterricht und Prüfung gehört.

Im Register ist mit einem Blick erkennbar, ob ein aufgeführtes Wort
zur Wichtigkeitsstufe 1–2000 oder zur Stufe 2001–4000 gehört. Die
Stichwörter der Wichtigkeitsstufe 1–2000 sind fett gedruckt, die anderen mager.

Das Lernen mit dem Grundwortschatz

Eine angemessene Lerntechnik ist die Voraussetzung für den Lern-
erfolg. Wir möchten Ihnen dazu einige Anregungen geben:

1. Nutzen Sie den Vorteil der Gliederung nach Sachgebieten und
   arbeiten Sie nicht Seiten, sondern Sachgebiete durch (z. B. 1.6.1
   „Energie und Technik"). Zwischen den Wörtern eines Sachgebie-
   tes bestehen Assoziationen. Die Sachgebiete spiegeln inhaltliche
   Zusammenhänge wider. Auch die Sachgebietsbezeichnungen
   sind bereits Merkhilfen. Es ist experimentell erwiesen, dass Wortschatz, der thematisch zusammenhängend erlernt wird, besser
   behalten wird.

2. Sie können sich in jedem Sachgebiet zuerst die Wörter der Wichtigkeitsstufe 1–2000 aneignen. Zu einem späteren Zeitpunkt nehmen Sie dann die der Wichtigkeitsstufe 2001–4000 durch.

3. Wenn Sie *einzelne* Sachgebiete durcharbeiten, fangen Sie vielleicht zuerst mit denen an, die Sie besonders interessieren, dann
   die anderen. Vergessen Sie aber nicht, sich nach und nach *alle*
   Sachgebiete anzueignen.

4. Wir empfehlen Ihnen, den Ablauf des Lernvorgangs zu systema-
   tisieren und portionsweise zu lernen. Lesen Sie ein Kästchen (fett
   gedrucktes Stichwort und Anwendungsbeispiel) und prägen Sie
   sich die Wortgleichung ein. Gehen Sie mehrere Kästchen auf diese
   Weise durch und decken Sie dann von diesem „Block" die linke
   Spalte ab. Sprechen Sie sich nun das verdeckte Stichwort laut

vor – wenn Sie wollen, auch das Anwendungsbeispiel. Dann kontrollieren Sie sich durch Aufdecken der linken Spalte. Wörter, die Sie noch nicht beherrschen, können Sie am Rand kennzeichnen – vielleicht durch ein Kreuzchen – und nochmals gesondert lernen. Abschließend nochmalige Kontrolle (Sprechen und Schreiben) des ganzen „Blocks".

5. Lernvarianten: Sie können die rechte (statt linke) Spalte abdecken und entsprechend wie unter 4 beschrieben arbeiten. Sie können auch nur die Anwendungsbeispiele lernen, um vom Zusammenhang her die Bedeutung eines Wortes im Gedächtnis zu fixieren oder den Grundwortschatz „umzuwälzen".

6. Über ein einzelnes Wort, das Sie im alphabetischen Register nachschlagen, können Sie auch zu einem bestimmten Sachgebiet kommen und so in einem sinnvollen Zusammenhang lernen.

7. Es empfiehlt sich, täglich (mit Pausen!) ein bestimmtes Pensum zu lernen. In einigen Wochen beherrschen Sie dann einen systematisch aufgebauten Grundwortschatz – den Wortschatz, auf den es ankommt. Diesen sollten Sie in gewissen zeitlichen Abständen wiederholen und überprüfen.

8. *Langenscheidts Grundwortschatz Englisch* ist lehrbuchunabhängig. Trotzdem eignet er sich auch zur Aktivierung, Wiederholung und Systematisierung des Wortschatzes im Unterricht, z. B.

   - zur Bereitstellung des entsprechenden Wortschatzes vor kommunikativen Übungen oder der Durchnahme bestimmter Texte;
   - zur Wortfeldarbeit nach der Durcharbeitung eines bestimmten Textes, der wesentliche Teile dieses Wortfeldes enthielt;
   - zur Erschließung und zum Aufbau eines Sachgebiets vom Einzelwort aus (über das Register).

Wir wünschen Ihnen bei der Arbeit mit diesem Wortschatz viel Spaß und Erfolg!

1 THEMENBEZOGENE BEGRIFFE

1.1 Der Mensch

1.1.1 KÖRPER UND WESEN

1.1.1.1 KÖRPER

«1–2000»

body ['bɒdɪ] *n*
Swimming is good for the whole **body**.

Körper *m*
Schwimmen ist für den ganzen Körper gesund.

head [hed] *n*
Instead of saying no he just shook his **head**.

Kopf *m*
Anstatt Nein zu sagen, schüttelte er bloß den Kopf.

face [feɪs] *n*
He was so ashamed that he couldn't look me in the **face**.

Gesicht *n*
Er schämte sich so sehr, dass er mir nicht ins Gesicht sehen konnte.

hair [heə] *n*
My **hair** (⚠ *nicht:* **hairs**) is too long.
The dog left black **hairs** all over the carpet.

Haar *n*, **Haare** *pl*
Meine Haare sind zu lang.

Der Hund hat auf dem ganzen Teppich schwarze Haare hinterlassen.

> **TIPP: hair** *(nur* Singular*) bezeichnet das (Kopf)Haar, die Haare insgesamt.* **a hair** *bezeichnet ein* einzelnes *Haar,* **hairs** einzelne *Haare.*

skin [skɪn] *n*
It's important to protect fair **skin** from the sun.

Haut *f*
Es ist wichtig, helle Haut vor der Sonne zu schützen.

nose [nəʊz] *n*
My **nose** is running.

Nase *f*
Mir läuft die Nase.

eye [aɪ] *n*
She has blue **eyes**.

Auge *n*
Sie hat blaue Augen.

ear [ɪə] *n*
She put her hands over her **ears**.

Ohr *n*
Sie hielt sich die Ohren zu.

mouth [maʊθ] *n*
She opened her **mouth**.

Mund *m*
Sie öffnete den Mund.

tooth [tu:θ] *n pl* **teeth** [ti:θ]
It's important to brush your
teeth after every meal.

Zahn *m*
Es ist wichtig, sich nach jeder
Mahlzeit die Zähne zu putzen.

tongue [tʌŋ] *n*
The soup was so hot that I
burned my **tongue**.

Zunge *f*
Die Suppe war so heiß, dass ich
mir die Zunge verbrannte.

neck [nek] *n*
He put his arms round her **neck**
and kissed her.

Hals *m*, **Nacken** *m*, **Genick** *n*
Er legte die Arme um ihren Hals
und küsste sie.

chest [tʃest] *n*
He had sharp pains in the **chest**.

Brust *f*, **Brustkorb** *m*
Er hatte heftige Schmerzen im
Brustkorb.

back [bæk] *n*
Sitting on a chair all day is bad
for your **back**.

Rücken *m*
Das viele Sitzen schadet dem
Rücken.

arm [ɑːm] *n*
She held the baby in her **arms**.

Arm *m*
Sie hielt das Baby in den Armen.

hand [hænd] *n*
He did it by **hand**.

Hand *f*
Er machte es mit der Hand.

finger ['fɪŋgə] *n*
I cut my **finger**.

Finger *m*
Ich habe mir in den Finger geschnitten.

leg [leg] *n*
She's got beautiful long **legs**.

Bein *n*
Sie hat schöne, lange Beine.

foot [fʊt] *n pl* **feet** [fiːt]
I dropped a hammer on my right
foot.

Fuß *m*
Ich habe mir einen Hammer auf
den rechten Fuß fallen lassen.

blood [blʌd] *n*
It was a deep wound, and he
lost a lot of **blood**.

Blut *n*
Es war eine tiefe Wunde, und er
hat viel Blut verloren.

heart [hɑːt] *n*
Dr Christiaan Barnard performed the first successful
heart transplant in 1967.

Herz *n*
Dr. Christiaan Barnard führte
1967 die erste erfolgreiche
Herzverpflanzung durch.

stomach ['stʌmək] *n*
Never swim on a full **stomach**.

Magen *m*, **Bauch** *m*
Schwimm nie mit vollem Magen!

Babies like to lie on their **stom-
achs**.

Babys liegen gern auf dem
Bauch.

«2001–4000»

flesh [fleʃ] *n* It is a **flesh** wound; no organs are damaged.	**Fleisch** *n* Es ist eine Fleischwunde; es sind keine Organe verletzt.
muscle ['mʌsl] *n* You can develop your arm **muscles** by lifting weights.	**Muskel** *m* Man kann die Armmuskeln durch Gewichtheben stärken.
nerve [nɜːv] *n* That noise gets on my **nerves**.	**Nerv** *m* Dieser Lärm geht mir auf die Nerven.
bone [bəʊn] *n* He's just skin and **bone(s)**.	**Knochen** *m* Er ist nur noch Haut und Knochen.
limb [lɪm] *n* The jogger stopped and stretched his **limbs**.	**Glied** *n* Der Jogger blieb stehen und streckte seine Glieder.
joint [dʒɔɪnt] *n* Lots of old people live with an artificial hip **joint**.	**Gelenk** *n* Viele alte Menschen leben mit einem künstlichen Hüftgelenk.
brain [breɪn] *n* The **brain** is the centre of the nervous system.	**Gehirn** *n* Das Gehirn ist das Zentrum des Nervensystems.
forehead ['fɒrɪd] *n* He wiped the sweat from his **forehead**.	**Stirn** *f* Er wischte sich den Schweiß von der Stirn.
eyelid ['aɪlɪd] *n* Eyeliner and eye shadow on the **eyelids** make the eyes look larger and more attractive.	**(Augen-)Lid** *n* Lidstift und Lidschatten auf den Lidern lassen die Augen größer und attraktiver wirken.
chin [tʃɪn] *n* I landed a straight right to his **chin** and knocked him out.	**Kinn** *n* Ich landete eine rechte Gerade an seinem Kinn und schlug ihn k. o.
cheek [tʃiːk] *n* She kissed her guests on both **cheeks**. The baby's got plump rosy **cheeks**.	**Wange** *f*, **Backe** *f* Sie küsste ihre Gäste auf beide Wangen. Das Baby hat runde rosige Backen.

lip [lɪp] *n*
Humphrey Bogart usually had a cigarette between his **lips**.

Lippe *f*
Humphrey Bogart hatte meistens eine Zigarette zwischen den Lippen.

breast [brest] *n*
A woman's **breasts** are able to produce milk.

Brust *f*
Die Brüste einer Frau können Milch bilden.

lung [lʌŋ] *n*
Smoking can cause **lung** cancer.

Lunge *f*
Rauchen kann Lungenkrebs verursachen.

breath [breθ] *n*
How long can you hold your **breath** underwater?
I was out of **breath** after climbing eight flights of stairs.

Atem *m*
Wie lange kannst du unter Wasser den Atem anhalten?
Ich war außer Atem, als ich acht Treppen gestiegen war.

breathe [briːð] *v/i, v/t*
The air was so full of smoke that we could hardly **breathe**.

atmen
Die Luft war so voller Rauch, dass wir kaum atmen konnten.

sweat [swet] *n, v/i*
I was dripping with **sweat** after the run.
We were **sweating** with fear.

Schweiß *m*, **schwitzen**
Ich war nach dem Lauf in Schweiß gebadet.
Wir schwitzten vor Angst.

shoulder [ˈʃəʊldə] *n*
It's safer to wear your handbag on a strap over your **shoulder**.

Schulter *f*
Es ist sicherer, die Handtasche an einem Riemen über der Schulter zu tragen.

elbow [ˈelbəʊ] *n*
The **elbow** is the joint where the arm bends.

Ellbogen *m*
Der Ellbogen ist das Gelenk an der Stelle, an der man den Arm beugt.

wrist [rɪst] *n*
He wore an expensive watch on his left **wrist**.

Handgelenk *n*
Er trug eine teure Armbanduhr am linken Handgelenk.

fist [fɪst] *n*
He shook his **fist** at us.

Faust *f*
Er drohte uns mit der Faust.

thumb [θʌm] *n*
I hit my left **thumb** with the hammer.

Daumen *m*
Ich habe mir mit dem Hammer auf den linken Daumen geschlagen.

waist [weɪst] *n*
She has a slim **waist**.

Taille *f*
Sie hat eine schlanke Taille.

knee [niː] *n* A miniskirt ends far above the **knee**.	**Knie** *n* Ein Minirock endet weit über dem Knie.
ankle ['æŋkl] *n* She slipped on the wet floor and broke her **ankle**.	**(Fuß)Knöchel** *m*, **Fessel** *f* Sie rutschte auf dem nassen Boden aus und brach sich den Knöchel.
heel [hiːl] *n* My new boots have given me blisters on my **heels**.	**Ferse** *f*, **Hacke** *f* Ich habe Blasen an den Fersen von meinen neuen Stiefeln.
toe [təʊ] *n* He broke his big **toe**.	**Zehe** *f*, **Zeh** *m* Er brach sich die große Zehe.

1.1.1.2 AUSSEHEN

«1–2000»

look [lʊk] *n, v/i* His sickly **look** worried me. You **look** great in that swimsuit.	**Aussehen** *n*, **aussehen** Sein kränkliches Aussehen machte mir Sorgen. Du siehst toll in dem Badeanzug aus.
looks [lʊks] *pl* She's got her father's (good) **looks** but not his talent.	**Aussehen** *n* Sie hat das gute Aussehen ihres Vaters, aber nicht seine Begabung.
pretty ['prɪtɪ] *adj syn:* attractive, *opp:* ugly Her face is **pretty** but not beautiful.	**hübsch** Ihr Gesicht ist hübsch, aber nicht schön.
beautiful ['bjuːtəfəl] *adj syn:* lovely, *opp:* ugly She's not just pretty, she's **beautiful**!	**(wunder)schön** Sie ist nicht einfach hübsch, sie ist schön!
beauty ['bjuːtɪ] *n* In the Lake District you can admire nature in all its **beauty**.	**Schönheit** *f* Im Lake District kann man die Natur in ihrer ganzen Schönheit bewundern.
tall [tɔːl] *adj opp:* short At 14 he's already as **tall** as his father. → *big*	**groß** Mit 14 ist er schon so groß wie sein Vater.

big [bɪg] *adj opp:* small	**groß, schwer, stark, kräftig**
Heavyweight boxers are **big** men.	Schwergewichtsboxer sind große, starke Männer.

TIPP: tall *(Gegenteil:* **short***) bezieht sich nur auf die Körperlänge.* **big** *(Gegenteil:* **small***) bedeutet groß, schwer, stark, mächtig.*

short [ʃɔːt] *adj opp:* tall	**klein**
Alfred Hitchcock was **short** and fat.	Alfred Hitchcock war klein und dick.
small [smɔːl] *adj opp:* big	**klein (und leicht)**
Jockeys are usually **small** men.	Jockeis sind meistens kleine, leichte Männer.

«2001–4000»

appearance [əˈpɪərəns] *n syn:* look(s)	**Aussehen** *n*
Judging by her **appearance** she must be ill.	Nach ihrem Aussehen zu urteilen, muss sie krank sein.
handsome [ˈhænsəm] *adj syn:* good-looking, *opp:* ugly	**gut aussehend**
He's very **handsome,** and his girlfriend is pretty, too.	Er sieht sehr gut aus, und seine Freundin ist auch hübsch.
good-looking [ˌɡʊdˈlʊkɪŋ] *adj syn:* attractive, handsome, pretty, *opp:* ugly	**gut aussehend**
An actor needn't be **good-looking** but should have an expressive face.	Ein Schauspieler braucht nicht gut auszusehen, sollte aber ein ausdrucksvolles Gesicht haben.
attractive [əˈtræktɪv] *adj syn:* good-looking, *opp:* ugly	**attraktiv, anziehend**
She's got everything a woman needs – she's **attractive,** intelligent and successful.	Sie hat alles, was eine Frau braucht – sie ist attraktiv, intelligent und erfolgreich.
ugly [ˈʌɡlɪ] *adj opp:* beautiful, handsome	**hässlich**
He is unfortunately very **ugly**.	Er ist leider sehr hässlich.
figure [ˈfɪɡə, *Am* ˈfɪɡjər] *n*	**Figur** *f*
She's over forty but has an excellent **figure**.	Sie ist über vierzig, hat aber eine ausgezeichnete Figur.

fat [fæt] *adj opp:* slim You'll get even **fatter** (⚠ *nicht:* **thicker**) if you go on eating so much. → *thick*	**dick, fett** Du wirst noch dicker, wenn du weiter so viel isst.
slim [slɪm] *adj opp:* fat He doesn't eat much because he wants to stay **slim**.	**schlank** Er isst wenig, weil er schlank bleiben möchte.
pale [peɪl] *adj* He grew **pale** with fear.	**blass, bleich** Er wurde blass vor Angst.
blond [blɒnd] *adj syn:* fair, *opp:* dark She has dark hair but all her children are **blond**.	**blond** Sie hat dunkle Haare, aber ihre Kinder sind alle blond.
curl [kɜːl] *n* She used to have **curls** as a child, now she has straight hair.	**Locke** *f* Als Kind hatte sie Locken, jetzt hat sie glattes Haar.
beard [bɪəd] *n* My **beard** grows fast – I have to shave twice a day.	**Bart** *m* Ich habe einen starken Bartwuchs – ich muss mich zweimal am Tag rasieren.

1.1.1.3 GEIST UND VERSTAND

«1–2000»

mind [maɪnd] *n opp:* body	**Verstand** *m*, **Geist** *m*, **Sinn** *m*, **Seele** *f*
He must be out of his **mind**.	Er muss den Verstand verloren haben.
She has a very critical **mind**.	Sie hat einen sehr kritischen Geist.
I can't get that song out of my **mind**.	Das Lied geht mir nicht aus dem Sinn.
It's an illness of the **mind** rather than of the body.	Es ist eher eine Erkrankung der Seele als des Körpers.
idea [aɪˈdɪə] *n syn:* thought	**Idee** *f*, **Gedanke** *m*, **Einfall** *m*, **Ahnung** *f*
Let's have a picnic. – What a good **idea**!	Machen wir ein Picknick! – Eine gute Idee!
Where's Tom? – I have no **idea**.	Wo ist Tom? – Ich habe keine Ahnung.

think [θɪŋk] *v/i, v/t*
⚠ **thought** [θɔ:t], **thought** [θɔ:t]
What do you **think** of when you
see a nuclear reactor?
We must **think** hard before coming to a decision.

Shall we buy it? What do you
think (⚠ *nicht: mean*)? – I don't
think so.
→ *mean*

**denken, nachdenken, glauben,
meinen**
Woran denkst du, wenn du ein
Kernkraftwerk siehst?
Wir müssen gut nachdenken,
bevor wir zu einer Entscheidung kommen.
Sollen wir es kaufen? Was
meinst du? – Ich glaube nicht.

---

understand [ˌʌndə'stænd] *v/i, v/t*
⚠ **understood** [ˌʌndə'stʊd], **understood** [ˌʌndə'stʊd]
I don't **understand** why there
can't be peace.
I **understand** Spanish but I don't
speak it.

verstehen, begreifen

Ich begreife nicht, warum es
keinen Frieden geben kann.
Ich verstehe Spanisch, spreche
es aber nicht.

---

remember [rɪ'membə] *v/i, v/t*
I **remember** being in the same
class with her, but I can't **remember** her name.

Please **remember** to lock the
front door. → *remind*

sich erinnern (an), daran denken
Ich erinnere mich daran, dass
wir in derselben Klasse waren,
aber ich kann mich an ihren Namen nicht erinnern.
Bitte denk daran, die Haustür
abzuschließen.

---

be interested in [bɪ 'ɪntrəstɪd
ɪn]
I'm **interested in** classical music, but I also like jazz.

**sich interessieren für, interes-
siert sein an**
Ich interessiere mich für klassi-
sche Musik, aber Jazz mag ich
auch.

«2001–4000»

intelligence [ɪn'telɪdʒəns] *n*
The IQ (**intelligence** quotient) is
a measure of human **intelligence** based on an average of
100.

Intelligenz *f*
Der Intelligenzquotient ist ein
Maßstab menschlicher Intelli-
genz auf der Grundlage eines
Durchschnittes von 100.

---

intelligent [ɪn'telɪdʒənt] *adj*
syn: clever, *opp:* stupid
He may be **intelligent** but he
lacks willpower.

intelligent

Er mag intelligent sein, aber er
hat keine Willenskraft.

clever ['klevə] *adj syn:* intelligent, *opp:* stupid

intelligent, klug, schlau, clever

She's always been the **cleverest** girl in class.

Sie war immer schon das intelligenteste Mädchen der Klasse.

wise [waɪz] *adj syn:* sensible

vernünftig, klug, weise

It wouldn't be **wise** to take the dirt road after the rain.

Es wäre unvernünftig, nach dem Regen die unbefestigte Straße zu fahren.

wisdom ['wɪzdəm] *n*

Weisheit *f,* **Klugheit** *f*

There's a lot of **wisdom** in the old legends of the Hopi Indians.

Es steckt viel Weisheit in den alten Sagen der Hopi-Indianer.

sense [sens] *n*

Sinn *m*

What's the **sense** in separating waste if it all ends up in the same dump?

Was für einen Sinn hat es, den Müll zu trennen, wenn am Ende alles auf derselben Müllkippe landet?

I get lost easily because I have a bad **sense** of direction.

Ich verirre mich leicht, weil ich einen schlechten Orientierungssinn habe.

sensible ['sensəbl] *adj syn:* reasonable

vernünftig

It would be **sensible** to take a sweater for cool evenings.
→ *sensitive*

Es wäre vernünftig (⚠ *nicht: sensibel*), für kühle Abende einen Pulli mitzunehmen.

TIPP: sensible entspricht <u>nicht</u> dem deutschen sensibel, sondern bedeutet vernünftig.
*Deutsch sensibel, empfindlich wird durch **sensitive** übersetzt.*

reason ['riːzn] *n*

Vernunft *f*

It's nearly impossible to bring those fanatics to **reason**.

Es ist schier unmöglich, diese Fanatiker zur Vernunft zu bringen.

reasonable ['riːznəbl] *adj syn:* sensible, *opp:* unreasonable

vernünftig

It's the only **reasonable** solution.

Es ist die einzige vernünftige Lösung.

thought [θɔːt] *n syn:* idea

Gedanke *m,* **Idee** *f,* **Überlegung** *f*

That's what <u>I</u> wanted to say – can you read my **thoughts**?

Das wollte <u>ich</u> gerade sagen – kannst du Gedanken lesen?

I'll give the offer plenty of **thought** before I accept it.

Ich werde dem Angebot erst nach reiflicher Überlegung zustimmen.

impression [ɪmˈpreʃn] *n*
My first **impression** of New York
was terrible.

Eindruck *m*
Mein erster Eindruck von New
York war furchtbar.

memory [ˈmeməɪ] *n*
I have a good **memory** for faces
but a bad one for names.

Gedächtnis *n*
Ich habe ein gutes Personen-,
aber ein schlechtes Namensge-
dächtnis.

spirit [ˈspɪrɪt] *n syn:* mind, soul
I can't come to your wedding,
but I'll be with you in **spirit**.

Geist *m*
Ich kann nicht zu eurer Hoch-
zeit kommen, aber ich werde im
Geiste bei euch sein.

interest [ˈɪntrəst] *n*
She has lots of **interests**.

Interesse *n*
Sie hat viele Interessen.

keen (on) [ˈkiːn(ɒn)]
He's a **keen** student, but not too
keen on homework.

eifrig, begeistert, scharf (auf)
Er ist ein eifriger Schüler, doch
nicht gerade scharf auf Hausaufgaben.

imagine [ɪˈmædʒɪn] *v/t*
I find it hard to **imagine** living in
a place without electric light
and running water.

sich vorstellen
Ich kann es mir schwer vorstellen, ohne elektrisches Licht und
fließendes Wasser zu leben.

imagination [ɪˌmædʒɪˈneɪʃn] *n*
Too much TV kills children's
imagination.
Was it really a UFO or pure
imagination?

Phantasie *f,* **Einbildung(skraft)** *f*
Zu viel Fernsehen zerstört die
Phantasie der Kinder.
War es wirklich ein UFO oder
reine Einbildung?

consider [kənˈsɪdə] *v/i ,v/t*

My salary is so bad that I've
considered changing my job.

**überlegen, erwägen, berück-
sichtigen**
Mein Gehalt ist so schlecht,
dass ich erwogen habe, die
Stelle zu wechseln.

see [siː] *v/i ,v/t*
⚠ **saw** [sɔː], **seen** [siːn] *syn:* realize, understand
Do you **see** what I mean?

verstehen, (ein)sehen

Verstehen Sie, was ich meine?

realize [ˈrɪəlaɪz] *v/t syn:* see,
understand
When the police stopped him,
he **realized** he had been driving
too fast.

**erkennen, merken, sich klar ma-
chen**
Als die Polizei ihn anhielt, wurde ihm klar, dass er zu schnell
gefahren war.

skill [skɪl] *n syn:* ability

A pianist needs musical talent and great technical **skill**.

In the future everyone will need basic computer **skills**.

Geschick *n*, **Können** *n*, **Fähigkeit** *f*, **Fertigkeit** *f*
Ein Pianist braucht musikalische Begabung und großes technisches Geschick.
In Zukunft wird jeder Grundfertigkeiten im Umgang mit dem Computer brauchen.

---

skilful, *Am* **skillful** ['skɪlfʊl] *adj*
For portrait drawing you need a good eye and a **skilful** hand.

geschickt, geübt, gekonnt
Fürs Porträtzeichnen braucht man ein gutes Auge und eine geschickte Hand.

---

stupid ['stjuːpɪd] *adj opp:* intelligent, clever
He's **stupid**.

dumm, doof, blöd(e)

Er ist dumm.

---

mad [mæd] *adj syn:* crazy
That noise is driving me **mad**!

wahnsinnig, verrückt
Der Lärm macht mich wahnsinnig!

---

fool [fuːl] *n syn:* idiot
What **fool** let the cat in when the bird cage was open?

Idiot *m*, **Narr** *m*
Welcher Idiot hat die Katze reingelassen, als der Vogelkäfig offen war?

1.1.1.4 CHARAKTER

«1–2000»

good [gʊd] *adj opp:* bad
He may be difficult but he's always been **good** to me.

I hope the kids will be **good** (⚠ *nicht:* **brave**) when they visit their aunt. → *brave*

gut, brav, lieb, artig
Vielleicht ist er schwierig, aber zu mir ist er immer gut gewesen.

Ich hoffe, die Kinder sind brav, wenn sie ihre Tante besuchen.

---

bad [bæd] *adj opp:* good
That boy isn't **bad** – he just got mixed up with the wrong crowd.

schlecht, böse
Der Junge ist nicht schlecht – er ist nur in schlechte Gesellschaft geraten.

---

nice [naɪs] *adj syn:* kind, friendly
Thank you, that was very **nice** of you.

nett, freundlich
Danke schön, das war sehr nett von Ihnen.

friendly ['frendlı] *adj syn:* nice, kind
She's always **friendly** and tries to help others.

freundlich, nett
Sie ist immer freundlich und versucht anderen zu helfen.

dear [dɪə] *adj*
When Bob died, I lost one of my **dearest** friends.

lieb, gut
Als Bob starb, habe ich einen meiner liebsten Freunde verloren.

proud [praʊd] *adj*
She's poor but too **proud** to accept social security.

stolz
Sie ist arm, aber zu stolz, Sozialhilfe anzunehmen.

lazy ['leɪzɪ] *adj opp:* hard-working
Let's just be **lazy** and do nothing.

faul, träge
Lasst uns einfach faul sein und nichts tun.

patient ['peɪʃnt] *adj opp:* impatient
After waiting **patiently** for two hours they were getting nervous.

geduldig
Nachdem sie geduldig zwei Stunden lang gewartet hatten, wurden sie nervös.

patience ['peɪʃns] *n opp:* impatience
A teacher must have **patience** with the slower students.

Geduld *f*
Ein Lehrer muss mit den langsameren Schülern Geduld haben.

careful ['keəfʊl] *adj opp:* careless
Be **careful** when you cross that busy road.
The operation had been **carefully** planned.

vorsichtig, sorgfältig
Seid vorsichtig, wenn ihr die belebte Straße überquert.
Die Aktion war sorgfältig geplant.

«2001–4000»

character ['kærəktə] *n*
She looks like her mother but has a very different **character**.

Charakter *m*
Sie sieht aus wie ihre Mutter, hat aber einen ganz anderen Charakter.

quality ['kwɒlətɪ] *n*
He may appear rude but he has many good **qualities**.

Eigenschaft *f*
Vielleicht wirkt er grob, aber er hat viele gute Eigenschaften.

honest ['ɒnɪst] *adj opp:* dishonest

He has an **honest** face but you can't trust him.

ehrlich

Er hat ein ehrliches Gesicht, aber man kann ihm nicht trauen.

fair [feə] *adj opp:* unfair

A teacher should be **fair** and not have any favourites.

gerecht, fair, anständig

Ein Lehrer sollte gerecht sein und niemanden vorziehen.

faithful ['feɪθfʊl] *adj opp:* unfaithful

Her husband isn't always **faithful**.

treu

Ihr Mann ist nicht immer treu.

generous ['dʒenərəs] *adj opp:* stingy

You're too **generous** – you give him too much money.

großzügig, freigiebig

Du bist zu großzügig – du gibst ihm zu viel Geld.

polite [pə'laɪt] *adj opp:* impolite, rude

The English are very **polite** – they say ''please'' and ''thank you'' all the time.

höflich

Die Engländer sind sehr höflich – sie sagen dauernd ,,Bitte'' und ,,Danke''.

charming ['tʃɑːmɪŋ] *adj*

He's so **charming** – no wonder she fell in love with him.

charmant, reizend, entzückend

Er ist so charmant (hat so viel Charme) – kein Wunder, dass sie sich in ihn verliebt hat.

shy [ʃaɪ] *adj*

At parties he's always a bit **shy** at first.

scheu, schüchtern

Auf Partys ist er zuerst immer etwas schüchtern.

humour, *Am* **humor** ['hjuːmə] *n*

I have a good sense of **humo(u)r**.

Humor *m*

Ich habe viel Sinn für Humor.

funny ['fʌnɪ] *adj opp:* serious

He's so **funny** that he makes everybody laugh.

komisch (*auch* seltsam), **lustig, witzig**

Er ist so komisch, dass er alle zum Lachen bringt.

serious ['sɪərɪəs] *adj opp:* funny

She doesn't laugh much, she's a very **serious** person.

ernst(haft)

Sie lacht nicht viel, sie ist ein sehr ernster Mensch.

curious ['kjʊərɪəs] *adj syn:* nosy

We have very **curious** neighbours who are always asking questions.

neugierig

Wir haben sehr neugierige Nachbarn, die dauernd Fragen stellen.

pride [praɪd] *n*
You hurt his **pride** when you laugh at his English.

Stolz *m*
Du verletzt seinen Stolz, wenn du über sein Englisch lachst.

courage [ˈkʌrɪdʒ] *n*
I don't have the **courage** to tell her that her husband is dead.

Mut *m*, **Tapferkeit** *f*
Ich habe nicht den Mut ihr zu sagen, dass ihr Mann tot ist.

brave [breɪv] *adj syn:* courageous
Be **brave** – it'll only hurt for a moment.

tapfer, mutig, kühn

Sei tapfer (⚠ *nicht: **brav**) – es wird nur einen Augenblick wehtun.

coward [ˈkaʊəd] *n*
Most hooligans feel strong in a group but are **cowards** when alone.

Feigling *m*
Rowdys fühlen sich meist in der Gruppe stark, aber sind Feiglinge, wenn sie allein sind.

careless [ˈkeələs] *adj opp:* careful
He's a very **careless** driver.

leichtsinnig, unvorsichtig, nachlässig
Er ist ein sehr leichtsinniger Autofahrer.

rude [ruːd] *adj opp: polite*
It was very **rude** of you to tell her she's getting fat.

unhöflich, grob
Es war sehr unhöflich von dir ihr zu sagen, dass sie dick wird.

cruel [ˈkruːəl] *adj opp:* gentle
It would be **cruel** to tell him that he has only one month to live.

grausam
Es wäre grausam ihm zu sagen, dass er nur noch einen Monat zu leben hat.

1.1.1.5 *FÜHLEN UND EMPFINDEN*

«1–2000»

feel [fiːl] *v/i, v/t*
⚠ **felt** [felt], **felt** [felt]
After the accident I couldn't **feel** anything in my left hand.
You'll **feel** better after a good night's sleep.

(sich) fühlen, empfinden

Nach dem Unfall konnte ich in der linken Hand nichts fühlen.
Du wirst dich besser fühlen, wenn du eine Nacht richtig geschlafen hast.

like [laɪk] *v/t opp:* dislike

mögen, gern haben, etwas gern tun

She's nice – everyone **likes** her.

Sie ist nett – alle haben sie gern.

I **like** watching TV but I hate commercials.

Ich sehe gern fern, aber ich hasse Werbung.

---

love [lʌv] *n,v/t opp:* hate

Liebe *f,* **lieben**

It was **love** at first sight when we met.

Es war Liebe auf den ersten Blick, als wir uns kennen lernten.

After 30 years of marriage we still **love** each other very much.

Nach 30 Jahren Ehe lieben wir uns immer noch sehr.

I don't care for pop but I **love** jazz.

Ich mache mir nichts aus Pop, aber ich liebe Jazz.

---

glad [glæd] *adj syn:* happy, pleased

froh, erfreut

I'm **glad** (to hear) you arrived safely.

Ich bin froh (zu hören), dass du gut angekommen bist.

---

happy ['hæpɪ] *adj syn:* glad, *opp:* unhappy, sad

glücklich

We wish you a long and **happy** life. → *lucky*

Wir wünschen dir ein langes, glückliches Leben.

---

joy [dʒɔɪ] *n syn:* happiness

Freude *f,* **Glück** *n*

His supporters jumped for **joy** when they heard about his victory.

Seine Anhänger sprangen vor Freude, als sie von seinem Sieg hörten.

---

fun [fʌn] *n syn:* pleasure

Spaß *m,* **Vergnügen** *n*

Watching TV would be much more **fun** without commercials.

Ohne Werbung würde Fernsehen viel mehr Spaß machen.

---

pleasant ['pleznt] *adj opp:* unpleasant

angenehm

These roses have a very **pleasant** smell.

Diese Rosen haben einen sehr angenehmen Duft.

---

pleasure ['pleʒə] *n syn:* fun

Vergnügen *n,* **Freude** *f*

Are you here for business or **pleasure**?

Sind Sie beruflich hier oder zu Ihrem Vergnügen?

---

hope [həʊp] *n, v/i opp:* despair

Hoffnung *f,* **hoffen**

Is there any **hope** that he'll get well again?

Gibt es irgendeine Hoffnung, dass er wieder gesund wird?

I **hope** she'll pass the exam.

Ich hoffe, sie besteht die Prüfung.

surprise [sə'praɪz] *n, v/t*
We're planning a **surprise** party for his 18th birthday.
He'll really be **surprised** because he doesn't expect anything.

Überraschung *f*, **überraschen**
Wir planen eine Überraschungsparty zu seinem 18. Geburtstag.
Er wird wirklich überrascht sein, weil er nichts ahnt.

wonder ['wʌndə] *v/i*
I **wonder** what they'll do next.

sich fragen, wissen wollen
Ich möchte wissen (⚠ *nicht:* **wundere mich**), was sie als Nächstes tun werden.

sad [sæd] *adj syn:* unhappy, *opp:* happy, pleased
I was **sad** (to hear) that her mother had died.

traurig

Ich war traurig (zu hören), dass ihre Mutter gestorben war.

be sorry [bɪ 'sɒrɪ]
I'm **sorry** I can't come to your party.
I'm **sorry** for him but I can't help him.
I'm not **sorry** about it.

Leid tun, bedauern
Es tut mir Leid, dass ich zu deiner Party nicht kommen kann.
Er tut mir Leid, aber ich kann ihm nicht helfen.
Ich bedaure es nicht.

worry ['wʌrɪ], *Am* ['wɜːrɪ] *v/i, v/t*

Don't **worry**. Everything will be all right.

(sich) Sorgen machen, besorgt sein
Mach dir keine Sorgen. Alles wird gut werden.

worried ['wʌrɪd], *Am* ['wɜːrɪd] *adj*
The steelworkers are **worried** about their jobs.

besorgt, in Sorge

Die Stahlarbeiter sind besorgt um ihre Arbeitsstellen.

be afraid (of) [bɪ ə'freɪd (əv)] *syn:* fear
Don't **be afraid,** I won't hurt you!
→ *anxious*

Angst haben (vor), sich fürchten (vor)
Hab keine Angst, ich tu dir nicht weh!

trouble ['trʌbl] *n syn:* problem(s)
They have a lot of **trouble** with their handicapped child.

Sorge(n), Problem(e)

Sie haben große Sorgen mit ihrem behinderten Kind.

hate [heɪt] *n,v/t opp:* love
How can there be peace when there is so much **hate** among the religions?
I don't **hate** operas – they just bore me.

Hass *m*, **hassen**
Wie kann es Frieden geben, wenn es so viel Hass zwischen den Religionen gibt?
Ich hasse Opern nicht – sie langweilen mich bloß.

«2001–4000»

feeling ['fi:lɪŋ] *n*
I can't explain it but I have a
feeling we're being watched.

Gefühl *n*
Ich kann es nicht erklären, aber
ich habe das Gefühl, wir werden beobachtet.

mood [muːd] *n syn:* temper
I'm always in a bad **mood** when
I have to get up early.

Laune *f*, **Stimmung** *f*
Ich habe immer schlechte Laune, wenn ich früh aufstehen
muss.

tend to ['tend tə] *v/i*
Most people **tend to** put on
weight when they stop smoking.

neigen zu, tendieren zu
Die meisten Menschen neigen
zur Gewichtszunahme, wenn
sie mit dem Rauchen aufhören.

ready ['redɪ] *adj syn:* willing,
opp: unwilling
After the speech the workers
were **ready** to fight for their interests.

bereit, gewillt

Nach der Rede waren die Arbeiter bereit, für ihre Interessen zu kämpfen.

willing ['wɪlɪŋ] *adj syn:* ready,
opp: unwilling
People wanting to work for us
must be **willing** to accept responsibility.

bereit, willig, gewillt

Wer bei uns arbeiten will, muss
bereit sein, Verantwortung zu
übernehmen.

experience [ɪkˈspɪərɪəns] *n*
That was an **experience** I will
never forget.

Erlebnis *n*
Das war ein Erlebnis, das ich
nie vergessen werde.

sensitive ['sensətɪv] *adj*
Don't be rude to her – she's a
very **sensitive** (⚠ *nicht:* **sensible**) child. → *sensible*

sensibel, empfindlich
Sei nicht grob zu ihr – sie ist ein
sehr sensibles Kind.

nervous ['nɜːvəs] *adj opp:* calm,
cool
I'm always **nervous** when I have
to make a speech.

nervös, aufgeregt

Ich bin immer nervös, wenn ich
eine Rede halten muss.

anxious ['æŋkʃəs] *adj*

She's **anxious** about her daughter's health.
She's always **anxious** to please
(everyone).

**besorgt, beunruhigt; gespannt,
bemüht, begierig**
Sie ist um die Gesundheit ihrer
Tochter besorgt.
Sie ist immer bemüht, es allen
recht zu machen.

fear [fɪə] *n*
She has a great **fear** of spiders.

Angst *f*, **Furcht** *f*
Sie hat große Angst vor Spinnen.

frighten ['fraɪtn] *v/t syn:* scare

Someone rang the doorbell at 3 a.m. and **frightened** me to death.

erschrecken, Angst/einen Schreck einjagen
Jemand hat um 3 Uhr nachts an der Haustür geklingelt und mich zu Tode erschreckt.

lonely ['ləʊnlɪ] *adj*
She's been very **lonely** since her children left home.

einsam
Sie ist sehr einsam, seit ihre Kinder aus dem Hause sind.

unhappy [ʌn'hæpɪ] *adj syn:* sad, *opp:* happy
The children were very **unhappy** when our dog died.

unglücklich
Die Kinder waren sehr unglücklich, als unser Hund starb.

tear [tɪə] *n*
There were **tears** in their eyes when they said goodbye.

Träne *f*
Sie hatten Tränen in den Augen, als sie sich verabschiedeten.

despair [dɪ'speə] *n opp:* hope
Failure after failure drove him to **despair**.

Verzweiflung *f*
Ein Misserfolg nach dem anderen trieb ihn zur Verzweiflung.

desperate ['despərət] *adj syn:* hopeless
In a last **desperate** attempt to save his life he jumped overboard.

verzweifelt

In einem letzten verzweifelten Versuch sein Leben zu retten, sprang er über Bord.

hopeless ['həʊpləs] *adj syn:* desperate
The situation is **hopeless**. I see no way out.

hoffnungslos

Die Situation ist hoffnungslos. Ich sehe keinen Ausweg.

disappoint [ˌdɪsə'pɔɪnt] *v/t opp:* satisfy
We were very **disappointed**.

enttäuschen

Wir waren sehr enttäuscht.

be tired of [bɪ 'taɪəd əv]
I'm **tired of** watching TV – let's do something useful!

satt haben, leid sein
Ich hab das Fernsehen satt – lass uns etwas Sinnvolles tun!

angry ['æŋgrɪ] *adj syn:* mad
My teacher will be very **angry** if I'm late again.

ärgerlich, zornig, böse, wütend
Mein Lehrer wird sehr ärgerlich sein, wenn ich wieder zu spät komme.

anger ['æŋgə] *n*
The workers were filled with **anger** at the closing of the factory.

Zorn *m*, Ärger *m*, **Wut** *f*
Die Arbeiter waren voller Zorn über die Schließung der Fabrik.

mad [mæd] *adj syn:* angry
My boss gets **mad** at me every time I'm late.

sauer, böse, wütend
Mein Chef wird jedes Mal sauer, wenn ich zu spät komme.

shock [ʃɒk] *n*

Her sudden death was a great **shock** to us all.

Schlag *m*, **Schock** *m*, **Erschütterung** *f*
Ihr plötzlicher Tod war für uns alle ein großer Schlag.

shock [ʃɒk] *v/t*

The viewers were **shocked** to see the pictures of the disaster on TV.

erschüttern, schockieren, einen Schlag versetzen
Die Zuschauer waren erschüttert, als sie die Bilder vom Unglück im Fernsehen sahen.

upset [ʌp'set] *v/t*
⚠ **upset** [ʌp'set], **upset** [ʌp'set]
She's very **upset** that you forgot her birthday.

aufregen, aufbringen, verärgern
Sie ist sehr aufgebracht darüber, dass du ihren Geburtstag vergessen hast.

jealous ['dʒeləs] *adj*
Her boyfriend gets **jealous** every time she talks to another man.

eifersüchtig
Ihr Freund wird jedes Mal eifersüchtig, wenn sie mit einem anderen Mann spricht.

satisfied ['sætɪsfaɪd] *adj opp:* dissatisfied
He owns half of the town but still isn't **satisfied**.

zufrieden

Ihm gehört die halbe Stadt, aber er ist immer noch nicht zufrieden.

satisfaction [ˌsætɪs'fækʃn] *n*
Working with handicapped children gives her great **satisfaction**.

Befriedigung *f*, **Zufriedenheit** *f*
Mit behinderten Kindern zu arbeiten, erfüllt sie mit großer Befriedigung.

excited [ɪk'saɪtəd] *adj opp:* calm, cool
We were all very **excited**.

aufgeregt, begeistert, erregt

Wir waren alle sehr aufgeregt.

exciting [ɪk'saɪtɪŋ] *adj opp:* boring
The first flight to the moon was an **exciting** event.

aufregend, spannend

Der erste Mondflug war ein aufregendes Ereignis.

delighted [dɪˈlaɪtəd] *adj syn:* pleased	**entzückt, (hoch)erfreut**
Thanks for your invitation – we'd be **delighted** to come.	Danke für Ihre Einladung – wir kommen mit dem größten Vergnügen.
astonish [əˈstɒnɪʃ] *v/t syn:* surprise	**in Erstaunen versetzen, erstaunen**
The fall of the Berlin wall **astonished** the world.	Der Fall der Berliner Mauer versetzte die Welt in Erstaunen.
be ashamed (of) [bɪ əˈʃeɪmd (əv)] *opp:* be proud (of)	**sich schämen (für)**
You ought to **be ashamed of** your rudeness.	Du solltest dich für deine unhöfliche Art schämen.
pity [ˈpɪtɪ] *n, v/t*	**Mitleid** *n*, **Mitleid haben mit, bemitleiden**
She doesn't love him – she does it out of **pity** for him.	Sie liebt ihn nicht – sie tut es aus Mitleid für ihn.
Don't **pity** me – it's all my own fault.	Bemitleidet mich nicht – es ist alles meine eigene Schuld.
sympathy [ˈsɪmpəθɪ] *n*	**Mitgefühl** *n*, **Mitleid** *n*, **Beileid** *n*, **Verständnis** *n*, **Sympathie** *f*
The President expressed his **sympathy** to the victims' families.	Der Präsident drückte den Familien der Opfer sein Mitgefühl aus.

TIPP: Vorsicht! **sympathy** *entspricht dem deutschen Wort Sympathie nur in der Bedeutung Verständnis, Mitgefühl. Sympathie (= Zuneigung) wird meist durch* **liking** *ausgedrückt.*

fall in love (with) [ˌfɔːl ɪn ˈlʌv (wɪð)]	**sich verlieben (in)**
Young girls sometimes **fall in love with** their teachers.	Junge Mädchen verlieben sich manchmal in ihre Lehrer.
be in love [bɪ ɪn ˈlʌv]	**verliebt sein, sich lieben**
Romeo and Juliet **were** very much **in love**.	Romeo und Julia waren sehr verliebt (ineinander).
long for [ˈlɒŋ fə]	**sich sehnen nach**
After three months on an oil rig the men **long for** their homes.	Nach drei Monaten auf einer Bohrinsel sehnen sich die Männer nach ihrem Zuhause.
make love (to) [meɪk ˈlʌv (tə)]	**schlafen mit(einander), sich lieben**
They had never **made love** before they were married.	Sie hatten nie miteinander geschlafen, bevor sie verheiratet waren.

tender ['tendə] *adj syn:* gentle, *opp:* rough, tough
She's a **tender** mother and wife.

zärtlich, zart, empfindlich

Sie ist eine zärtliche Mutter und Ehefrau.

gay [geɪ] *adj, n syn:* homosexual
Many **gay** Americans live in San Francisco.

schwul, Schwuler, Schwulen...
Viele schwule Amerikaner leben in San Francisco.

1.1.1.6 GESUNDHEIT UND KRANKHEIT

«1–2000»

health [helθ] *n opp:* disease
Smoking is dangerous for your **health**.

Gesundheit f
Rauchen gefährdet die Gesundheit.

well [wel] *adj opp:* unwell, ill
He was in bed with flu for a week, but now he's **well** again.

gesund, wohl(auf)
Er lag eine Woche mit Grippe im Bett, aber jetzt ist er wieder gesund.

strong [strɔŋ] *adj opp:* weak
A motorcyclist must be **strong** enough to lift up his machine.

stark, kräftig
Ein Motorradfahrer muss stark genug sein, seine Maschine hochzuheben.

weak [wiːk] *adj opp:* strong
She's still **weak** after her long illness.

schwach
Sie ist immer noch schwach nach ihrer langen Krankheit.

ill [ɪl] *adj syn:* sick, *opp:* well
The boy's **ill** and has to stay in bed.

krank
Der Junge ist krank und muss im Bett bleiben.

sick [sɪk] *adj syn:* ill, *opp:* well
He has AIDS and is a very **sick** (⚠ *nicht:* **ill**) man.
I get **sick** every time I ride on a bus.

krank, übel
Er hat AIDS und ist ein sehr kranker Mann.
Mir wird jedes Mal übel, wenn ich mit dem Bus fahre.

TIPP: ill wird in der Bedeutung krank nur prädikativ, d.h. nach to be, to feel usw. gebraucht. sick dagegen wird sowohl attributiv (vor Substantiven) als auch prädikativ und in Zusammensetzungen, z.B. seasick (seekrank), gebraucht.
to be sick bedeutet meist Übelkeit empfinden, besonders im britischen Englisch auch brechen, sich übergeben.

hurt [hɜːt] *v/i, v/t*
⚠ **hurt** [hɜːt], **hurt** [hɜːt]
My feet **hurt** from standing all day.

He fell off the ladder and **hurt** his back.

wehtun, schmerzen, verletzen

Meine Füße tun mir weh, weil ich den ganzen Tag gestanden habe.
Er fiel von der Leiter und verletzte sich den Rücken.

---

pain [peɪn] *n*
I felt a sudden **pain** in my back when I lifted the heavy bag.

Schmerz *m*, **Schmerzen** *pl*
Ich spürte einen plötzlichen Schmerz in meinem Rücken, als ich den schweren Koffer hob.

---

suffer [ˈsʌfə] *v/i, v/t*
He died very quickly and didn't **suffer** much.
I often **suffer** from headaches in this kind of weather.

(er)leiden, ertragen
Er starb sehr schnell und hat nicht viel gelitten.
Ich leide bei dieser Art von Wetter oft unter Kopfschmerzen.

---

cold [kəʊld] *n*
I've got a bad **cold** – my nose is running and I cough a lot.

Erkältung *f*
Ich habe eine starke Erkältung – mir läuft die Nase, und ich huste viel.

---

cough [kɒf] *n, v/i*
If your **cough** doesn't get better you should stop smoking.

The smoke-filled room made us **cough**.

Husten *m*, **husten**
Wenn dein Husten nicht besser wird, solltest du aufhören zu rauchen.
Das verräucherte Zimmer brachte uns zum Husten.

---

*TIPP: **cough** spricht man mit /ɒ/, also wie in **soft** und nicht wie in **rough**.*

---

headache [ˈhedeɪk] *n*
Sweet wine gives me a **headache**.

Kopfschmerzen *pl*, **Kopfweh** *n*
Von süßem Wein bekomme ich Kopfschmerzen.

---

temperature [ˈtemprətʃə] *n*
syn: fever
You've got a (!) **temperature** and should stay in bed.
I took his **temperature** every hour.

Fieber *n*, **Temperatur** *f*

Du hast Fieber und solltest im Bett bleiben.
Ich habe stündlich bei ihm Fieber gemessen.

fever ['fiːvə] *n syn:* temperature Flu usually causes **fever**, coughing and headaches.	**Fieber** *n* Grippe führt meist zu Fieber, Husten und Kopfschmerzen.
accident ['æksɪdənt] *n* Fewer people would be killed in **accidents** if they wore seatbelts.	**Unfall** *m* Weniger Menschen würden bei Unfällen sterben, wenn sie angeschnallt wären.
wound [wuːnd] *n,v/t* It is only a flesh **wound**. Two soldiers were killed and six seriously **wounded**.	**Wunde** *f*, **verwunden** Es ist nur eine Fleischwunde. Zwei Soldaten wurden getötet und sechs schwer verwundet.

«2001–4000»

disease [dɪ'ziːz] *n syn:* illness Angina is a serious heart **disease**.	**Krankheit** *f*, **Seuche** *f* Angina pectoris ist eine schwere Herzkrankheit.
illness ['ɪlnəs] *n syn:* disease He died after a long **illness**.	**Krankheit** *f* Er starb nach langer Krankheit.
mental ['mentl] *adj opp:* physical Her health problems are **mental**, not physical.	**seelisch, psychisch, nervlich, geistig** Ihre gesundheitlichen Probleme sind seelisch und nicht körperlich bedingt.
physical ['fɪzɪkl] *adj opp:* mental I don't get enough **physical** exercise.	**körperlich** Ich bekomme nicht genügend körperliche Bewegung.
infectious [ɪn'fekʃəs] *adj.* Flu is a highly **infectious** disease.	**ansteckend** Grippe ist eine äußerst ansteckende Krankheit.
infection [ɪn'fekʃn] *n* The AIDS virus weakens the body's natural defences against **infections**.	**Infektion** *f*, **Ansteckung** *f* Das AIDS-Virus schwächt die natürlichen Abwehrkräfte des Körpers gegen Infektionen.
healthy ['helθɪ] *adj syn:* well, fit, *opp:* ill, sick She looks extremely **healthy**.	**gesund** Sie wirkt äußerst gesund.
fit [fɪt] *adj syn:* healthy, well I keep **fit** by jogging every day.	**fit, in Form, gesund** Ich halte mich durch tägliches Joggen fit.

strength [streŋθ] *n*
She does body-building to build
up her (physical) **strength**.

Kraft *f*, **Stärke** *f*
Sie macht Bodybuilding, um ihre
(körperliche) Kraft zu trainieren.

recover [rɪˈkʌvə] *v/i*

She was ill yesterday but
recovered very quickly.

**sich erholen, wieder gesund
werden**
Sie war gestern krank, hat sich
aber sehr schnell erholt.

heal [hiːl] *v/i*
The wound is not **healed** (up)
yet.

(ver)heilen
Die Wunde ist noch nicht ver-
heilt.

*TIPP: **heal** bedeutet meist von selbst (ver)heilen. Das aktive (jemanden oder eine Krankheit) Heilen, Kurieren wird durch **cure**
ausgedrückt.*

blind [blaɪnd] *adj*
Without that eye operation she
would be **blind** now.

blind
Ohne die Augenoperation wäre
sie heute blind.

deaf [def] *adj*
My grandpa is **deaf**.

schwerhörig, taub
Mein Opa ist taub.

tremble [ˈtrembl] *v/i syn:* shake
It began to snow and soon we
were **trembling** with cold.

zittern
Es fing an zu schneien, und bald
schon zitterten wir vor Kälte.

break down [ˌbreɪk ˈdaʊn] *v/i*
She **broke down** when she
heard the news.

zusammenbrechen
Sie brach zusammen, als sie
die Nachricht erhielt.

faint [feɪnt] *v/i*

The young soldier **fainted**.

**ohnmächtig werden, in Ohn-
macht fallen**
Der junge Soldat wurde ohnmächtig.

injure [ˈɪndʒə] *v/t syn:* hurt,
wound
Six people died and ten were
injured in the plane crash.

verletzen

Bei dem Flugzeugabsturz star-
ben sechs Menschen und zehn
wurden verletzt.

injury [ˈɪndʒərɪ] *n*
The driver suffered serious
head **injuries**.

Verletzung *f*
Der Fahrer erlitt schwere Kopfverletzungen.

bleed [bliːd] *v/i*
⚠ **bled** [bled], **bled** [bled]
His trousers were torn and his
knees were **bleeding** from the
fall.

bluten

Seine Hose war zerrissen und
seine Knie bluteten von dem
Sturz.

swell [swel] *v/i*
⚠ **swelled** [sweld], **swollen**
['swəʊlən]
My ankle hurt and **swelled** (up)
after the fall.

(an)schwellen

Nach dem Sturz schmerzte
mein Knöchel und schwoll an.

---

painful ['peɪnfl] *adj*

He had some **painful** cuts.

schmerzhaft, **schmerzend,**
schmerzlich
Er hatte ein paar schmerzhafte
Schnittwunden.

---

ache [eɪk] *v/i syn:* hurt
After that long hike my body
was **aching** all over.

wehtun, schmerzen
Nach der langen Wanderung tat
es mir überall (am Körper) weh.

---

toothache ['tuːθeɪk] *n*
My **toothache** *(Singular!)* got so
bad that I had to see my dentist.
→ *headache*

Zahnschmerzen *pl,* **Zahnweh** *n*
Meine Zahnschmerzen wurden
so schlimm, dass ich meinen
Zahnarzt aufsuchen musste.

---

upset stomach [ˌʌpset ˈstʌmək]
n
He has an **upset stomach**.

verdorbener Magen, Magenver-
stimmung *f*
Er hat sich den Magen verdor-
ben.

---

sore throat [ˌsɔː ˈθrəʊt] *n*

Hot milk with honey is good
for(!) a **sore throat**.

Halsschmerzen *pl,* **Halsentzün-**
dung *f*
Heiße Milch mit Honig hilft gegen Halsschmerzen.

---

flu [fluː], **influenza** [ˌɪnfluˈenzə] *n*
Flu is an infectious disease like
a cold.

Grippe *f*
Grippe ist eine ansteckende
Krankheit wie die Erkältung.

1.1.1.7 LEBEN UND TOD

«1–2000»

---

live [lɪv] *v/i opp:* be dead
He won't **live** much longer if he
keeps taking drugs.

leben
Er wird nicht mehr lange leben,
wenn er weiter Drogen nimmt.

---

life [laɪf] *n opp:* death
pl **lives** [laɪvz]
There is no **life** on the moon.

Leben *n*

Es gibt kein Leben auf dem
Mond.

---

be alive [bɪ əˈlaɪv]
Both my parents **are** still **alive**.

leben, am Leben sein
Meine Eltern leben beide noch.

exist [ɪgˈzɪst] *v/i*

Dinosaurs **existed** 150 million years ago.

existieren, leben, geben, vorhanden sein

Die Dinosaurier existierten vor 150 Millionen Jahren.

existence [ɪgˈzɪstəns] *n*

Do you believe in the **existence** of intelligent life beyond the earth?

Existenz *f*

Glaubst du an die Existenz intelligenten Lebens außerhalb der Erde?

born [bɔːn] *adj*

She was **born** on the 4th of February, 1972, in Freiburg.

geboren

Sie ist am 4. Februar 1972 in Freiburg geboren.

birthday [ˈbɜːθdeɪ] *n*

It's my (△ *nicht:* **I have**) **birthday** today.

Geburtstag *m*

Ich habe heute Geburtstag.

young [jʌŋ] *adj opp:* old

He may be 65 years old but he's **young** at heart.

jung

Er mag 65 Jahre alt sein, aber innerlich ist er jung geblieben.

old [əʊld] *adj opp:* young

Does being 65 years **old** really mean you're old?

alt

Bedeutet 65 Jahre alt sein wirklich, dass man alt ist?

dead [ded] *adj opp:* alive

Is your grandpa still alive? – No, he's been **dead** since 1989.

tot

Lebt dein Opa noch? – Nein, er ist seit 1989 tot.

die [daɪ] *v/i opp:* live

Freddy Mercury of Queen **died** of AIDS in 1991.

sterben

Freddy Mercury von der Gruppe Queen starb 1991 an AIDS.

death [deθ] *n opp:* life

J. F. Kennedy was U.S. President from 1961 until his **death** in 1963.

Tod *m*

J. F. Kennedy war Präsident der USA von 1961 bis zu seinem Tod im Jahre 1963.

«2001–4000»

birth [bɜːθ] *n opp:* death

The baby weighed eight pounds at **birth**.

Geburt *f*

Das Baby wog bei seiner Geburt acht Pfund.

childhood [ˈtʃaɪldhʊd] *n opp:* old age

He spent his **childhood** in India.

Kindheit *f*

Er verbrachte seine Kindheit in Indien.

youth [juːθ] *n*

It was mainly the American **youth** who protested against the Vietnam war.

Jugend *f*

Vor allem die amerikanische Jugend protestierte gegen den Vietnam-Krieg.

---

grow up [ˌgrəʊˈʌp] *v/i*

Bruce Lee **grew up** in Hong Kong but was born in San Francisco.

aufwachsen, erwachsen werden

Bruce Lee wuchs in Hongkong auf, wurde aber in San Francisco geboren.

---

bring up [ˌbrɪŋˈʌp] *syn:* raise

John Lennon was **brought up** in Liverpool by his Aunt Mimi.

aufziehen, großziehen

John Lennon wurde in Liverpool von seiner Tante Mimi aufgezogen.

---

adult [ˈædʌlt] *n opp:* child

Tickets cost £3 (three pounds) for **adults**.

Erwachsene(r)

Die Karten kosten drei Pfund für Erwachsene.

---

old age [ˌəʊldˈeɪdʒ] *n opp:* childhood, youth

Illness, isolation and dependence on others are typical problems of **old age**.

Alter *n*

Krankheit, Isolation und Abhängigkeit von anderen sind typische Altersprobleme.

---

kill [kɪl] *v/t*

James Dean was **killed** in a car accident.

töten, umbringen

James Dean kam bei einem Autounfall ums Leben.

---

fatal [ˈfeɪtl] *adj syn:* deadly

Oil spills have **fatal** consequences for fish and seabirds.

tödlich, verhängnisvoll

Ölunfälle haben tödliche (⚠ *nicht: fatale*) Folgen für Fische und Meeresvögel.

(dead) body [ˌdedˈbɒdɪ] *n syn:* corpse

The murderer had buried the **body** of his victim.

Leiche *f*

Der Mörder hatte die Leiche seines Opfers verscharrt.

---

bury [ˈberɪ] *v/t opp:* dig up

Shakespeare lies **buried** in Holy Trinity Church in Stratford.

begraben, beerdigen, vergraben

Shakespeare liegt in der Dreifaltigkeitskirche in Stratford begraben.

---

funeral [ˈfjuːnərəl] *n syn:* burial

He died on Monday – the **funeral** will be held on Thursday.

Beerdigung *f*, **Bestattung** *f*

Er ist Montag gestorben – die Beerdigung ist am Donnerstag.

---

survive [səˈvaɪv] *v/i, v/t opp:* die

Will he **survive** the accident?

überleben

Wird er den Unfall überleben?

1.1.2 AKTIVITÄTEN

1.1.2.1 WACHEN UND SCHLAFEN

«1–2000»

---

tired ['taɪəd] *adj*
She was so **tired** she couldn't keep her eyes open.

müde
Sie war so müde, dass sie ihre Augen nicht offen halten konnte.

---

go to bed [ˌgəʊ tə 'bed] *opp:* get up
We never **go to bed** before midnight.

schlafen gehen, ins Bett gehen

Wir gehen nie vor Mitternacht ins Bett.

---

sleep [sliːp] *v/i*
⚠ **slept** [slept], **slept** [slept]
You can **sleep** in the bed – I brought my air bed.

schlafen

Du kannst im Bett schlafen – ich habe meine Luftmatratze mitgebracht.

---

be asleep [bɪ ə'sliːp] *opp:* be awake
He goes jogging early in the morning when everybody's still fast **asleep**.

schlafen

Er geht frühmorgens joggen, wenn alle noch fest schlafen.

---

sleep [sliːp] *n*
Try to get at least a few hours of **sleep** on the plane.

Schlaf *m*
Versucht, im Flugzeug wenigstens ein paar Stunden Schlaf zu kriegen.

---

dream [driːm] *n*
Fortunately it was just a bad **dream** and not reality.

Traum *m*
Zum Glück war es nur ein schlechter Traum und keine Wirklichkeit.

---

dream [driːm] *v/i*
⚠ **dreamed** [driːmd]**, dreamt** [dremt]; **dreamed, dreamt**
Was it real or did I **dream** it?

träumen

War es Wirklichkeit, oder habe ich es geträumt?

---

wake up [ˌweɪk 'ʌp] *v/i, v/t opp:* go to sleep, fall asleep
I don't **wake up** till the alarm rings.
Could you **wake** me **up** at seven, please?

aufwachen, (auf)wecken

Ich wache erst auf, wenn der Wecker läutet.
Könnten Sie mich bitte um sieben wecken?

get up [ˌget ˈʌp] v/i opp: go to bed
I usually **get up** at seven and
start work at eight.

aufstehen
Ich stehe meistens um sieben
auf und fange um acht mit der
Arbeit an.

«2001–4000»

awake [əˈweɪk] adj opp: asleep
The kids can't get to sleep –
they're still wide **awake**.

wach
Die Kinder können nicht einschlafen – sie sind noch hell-
wach.

fall asleep [ˌfɔːl əˈsliːp] syn: go
to sleep, opp: wake up
The kids had **fallen asleep** in
front of the TV set.

einschlafen

Die Kinder waren vor dem
Fernseher eingeschlafen.

go to sleep [ˌgəʊ tə ˈsliːp] syn:
fall asleep, opp: wake up
I usually **go to sleep** around
midnight.

einschlafen

Ich schlafe meistens gegen Mitternacht ein (△ nicht: **gehe
schlafen**).

> **TIPP: go to bed** (schlafen gehen) und **go to sleep** (einschlafen) darf
> man nicht verwechseln: The kids **go to bed** at 8 but don't **go to
> sleep** until 9 or 10 (Die Kinder gehen um 8 ins Bett, schlafen aber
> nicht vor 9 oder 10 ein).

1.1.2.2 SINNESWAHRNEHMUNGEN

«1–2000»

look [lʊk] v/i

We **looked** everywhere but
couldn't find it. → watch

**schauen, blicken, suchen, hinse-
hen**
Wir schauten überall, aber
konnten es nicht finden.

look [lʊk] n
Could I have a **look** at your
map?

Blick m
Könnte ich bitte einen Blick auf
Ihre Karte werfen?

look at [ˈlʊk ət] v/i
They **looked at** the photo-
graphs. → watch

(sich) anschauen, ansehen
Sie schauten (sich) die Fotos
an.

see [siː] v/t
⚠ **saw** [sɔː], **seen** [siːn]
It was so dark that we couldn't
see anything. → *watch*

sehen, erkennen

Es war so dunkel, dass wir
nichts sehen konnten.

watch [wɒtʃ] v/i, v/t
Millions of people will **watch**
this year's Wimbledon final.

The kids **watch** (⚠ *nicht: look,
see*) too much TV.

(sich an)sehen, zuschauen (bei)
Millionen von Menschen werden sich das diesjährige Wimbledon-Finale ansehen.
Die Kinder sehen zu viel fern.

TIPP: **see** *bezeichnet sehen (= wahrnehmen, erkennen), ob gewollt oder ungewollt, z. B.* **Can you see anything?** *(Kannst du etwas
sehen?).* **look (at)** *bezeichnet ein bewusstes Hin- oder Anschauen,
z. B.* **Don't look at me like that!** *(Schau mich nicht so an!).* **watch**
bezeichnet meist ein Zuschauen über längere Zeit, z. B. **to watch
TV** *(fernsehen),* **watch a match** *(sich ein Spiel ansehen).*

look [lʊk] v/i
She **looked** nervous (⚠ *nicht:
nervously*) when I last saw her.

aussehen, wirken, (er)scheinen
Sie sah nervös aus, als ich sie
das letzte Mal sah.

sight [saɪt] n

Anblick *m,* **Blick** *m,* **Sicht** *f,* **Sehen**
n

The inner city slums are a sad
sight.
Do you believe in love at first
sight?
I only know her by **sight**.

Die Innenstadt-Slums bieten einen trostlosen Anblick.
Glaubst du an Liebe auf den ersten Blick?
Ich kenne sie nur vom Sehen.

hear [hɪə] v/t
⚠ **heard** [hɜːd], **heard** [hɜːd]
There was so much noise that I
couldn't **hear** anything. → *listen*

hören
Es war so laut, dass ich nichts
hören konnte.

listen (to) ['lɪsn (tə)]
I always **listen to** the radio (⚠
nicht: hear radio) when I'm
having breakfast.
Listen! There's someone at the
door.

(zu)hören, horchen
Ich höre immer Radio, wenn ich
frühstücke.

Hör/Horch mal! Da ist jemand
an der Tür.

TIPP: **hear** *bezeichnet hören (= wahrnehmen, verstehen, erfahren), ob gewollt oder ungewollt.* **listen (to)** *bezeichnet ein absicht-
liches Hin- oder Zuhören:* **Listen! I can hear something!** *(Hör mal,
ich höre etwas!)*

sound [saʊnd] *n, v/i*	**Geräusch** *n*, **Klang** *m*, **klingen**
I heard a **sound** but didn't see anything.	Ich hörte ein Geräusch, sah aber nichts.
Your voice **sounds** strange – are you ill?	Deine Stimme klingt seltsam – bist du krank?

quiet ['kwaɪət]	**leise, ruhig**
Be **quiet** – I'm trying to concentrate.	Seid leise – ich versuche mich zu konzentrieren.

*TIPP: Dieses Wort in Schreibung und Aussprache nicht mit **quite** [kwaɪt] (= ganz) verwechseln!*

loud [laʊd] *adj, adv*	**laut**
Turn the TV down – it's too **loud**.	Stell den Fernseher leiser – er ist zu laut.

feel [fiːl] *v/i* ⚠ **felt** [felt], **felt** [felt]	**(sich an)fühlen**
This smooth leather **feels** nice (⚠ *nicht: **nicely**).	Dieses weiche Leder fühlt sich gut an.

touch [tʌtʃ] *v/t, v/i*	**(sich) berühren, anfassen**
Do not **touch** anything before the police arrive.	Berühren Sie nichts, bevor die Polizei kommt.

smell [smel] *n, v/i, v/t*	**Geruch** *m*, **Duft** *m*, **riechen**
I love the **smell** of roses.	Ich liebe den Duft von Rosen.
When fish **smells** bad (⚠ *nicht: **badly***), it isn't fresh.	Wenn Fisch schlecht riecht, ist er nicht frisch.

taste [teɪst] *n, v/i, v/t*	**Geschmack** *m*, **schmecken, probieren**
Ketchup has a sweet-and-sour **taste**.	Ketschup hat einen süßsauren Geschmack.
It smells good but it **tastes** terrible (⚠ *nicht: **terribly***).	Es riecht gut, schmeckt aber scheußlich.
This cake is delicious – would you like to **taste** it?	Dieser Kuchen ist köstlich – möchtest du ihn probieren?

«2001–4000»

sense [sens] *n*	**Sinn** *m*
Dogs have an excellent **sense** of smell.	Hunde haben einen ausgezeichneten Geruchssinn.

sight [saɪt] *n syn:* vision	**Sehkraft** *f*, **Augenlicht** *n*
He's blind – he lost his **sight** in an accident.	Er ist blind – er hat das Augenlicht bei einem Unfall verloren.

recognize ['rekəgnaɪz] *v/t*
I didn't **recognize** him at first.

(wieder)erkennen
Ich erkannte ihn zuerst nicht.

touch [tʌtʃ] *n*
That bomb might go off at the slightest **touch** of one's hand.

Berührung *f*
Die Bombe könnte bei der kleinsten Berührung hochgehen.

1.1.2.3 KÖRPERPFLEGE

«1–2000»

wash [wɒʃ] *v/t, v/i*
Always **wash** your hands before you eat.
The Japanese **wash** before they take a bath.

(sich) waschen
Wasch dir immer die Hände, bevor du isst.
Die Japaner waschen sich, bevor sie ein Bad nehmen.

bath [bɑːθ], *Am* [bæθ] *n*
She had/took a hot **bath** before going to bed.

Bad *n*
Sie nahm ein heißes Bad, bevor sie ins Bett ging.

shower ['ʃaʊə] *n*
I always have/take a **shower** when I come home from jogging.

Dusche *f*, **Brause** *f*
Ich dusche immer, wenn ich vom Joggen komme.

soap [səʊp] *n*
The **soap** smells good.

Seife *f*
Die Seife riecht gut.

towel ['taʊəl] *n*
He dried himself with a **towel**.

Handtuch *n*
Er trocknete sich mit einem Handtuch ab.

brush [brʌʃ] *n, v/t*
I style my hair with a hairdryer and a **brush**.
You should **brush** your teeth for about five minutes.

Bürste *f*, **bürsten**
Ich bringe mein Haar mit einem Föhn und einer Bürste in Form.
Man sollte seine Zähne etwa fünf Minuten lang putzen.

comb [kəʊm] *n, v/t*
All a good hairdresser needs for a haircut is a **comb** and a pair of scissors.

His hair is so thick you can hardly **comb** it.

Kamm *m*, **kämmen**
Ein guter Friseur braucht für einen Haarschnitt nichts weiter als einen Kamm und eine Schere.
Sein Haar ist so dicht, dass man es kaum kämmen kann.

powder ['paʊdə] *n*
Without **powder** a baby's sensitive skin would get sore.

Puder *n*
Ohne Puder würde die empfindliche Haut eines Babys wund werden.

«2001–4000»

make-up ['meɪkʌp] *n*
Apart from some lipstick she wears no **make-up**.

Make-up *n*, **Schminke** *f*
Außer etwas Lippenstift trägt sie kein Make-up.

shave [ʃeɪv] *v/i*, *v/t*
I cut myself while I was **shaving** this morning.

(sich) rasieren
Ich habe mich heute Morgen beim Rasieren geschnitten.

razor ['reɪzə] *n*
I shave with an electric **razor**.

Rasierapparat *m*, **Rasierer** *m*
Ich rasiere mich mit einem Elektrorasierer.

haircut ['heəkʌt] *n syn:* hairdo

Boris used to wear his hair long – I like his new short **haircut** much better.

Haarschnitt *m*, **Haareschneiden** *n*, **Frisur** *f*
Boris trug früher sein Haar lang – mir gefällt sein neuer Kurzhaarschnitt viel besser.

shampoo and set [ʃæm'puː ən 'set]
I'd like a **shampoo and set**, please.

Waschen *n* **und Legen** *n*

Einmal Waschen und Legen, bitte.

hairdo ['heəduː] *n syn:* hairstyle
She needs a new **hairdo** – she's too old for a ponytail.

Frisur *f*
Sie braucht eine neue Frisur – sie ist zu alt für einen Pferdeschwanz.

toothpaste ['tuːθpeɪst] *n*
Fluoride in the **toothpaste** helps protect the teeth against decay.

Zahnpasta *f*
Fluorid in der Zahnpasta hilft mit, die Zähne gegen Karies zu schützen.

toothbrush ['tuːθbrʌʃ] *n*
A dentist explained to the children how to clean their teeth with a **toothbrush**.

Zahnbürste *f*
Ein Zahnarzt erklärte den Kindern, wie man seine Zähne mit einer Zahnbürste reinigt.

1.1.2.4 TÄTIGKEITEN

«1–2000»

act [ækt] v/i We must **act** quickly before somebody gets hurt.	**handeln, sich verhalten** Wir müssen schnell handeln, bevor jemand verletzt wird.
act [ækt] n syn: action This horrible murder is the **act** of a madman.	**Tat** f, **Handlung** f, **Werk** n, **Akt** m Dieser schreckliche Mord ist die Tat eines Wahnsinnigen.
action ['ækʃn] n syn: act It's no use talking – the time has come for **action**.	**Handeln** n, **Handlung** f, **Tat** f Es hat keinen Sinn zu reden – die Zeit zum Handeln ist gekommen.

> **TIPP:** Vorsicht, **action** und Aktion darf man nicht gleichsetzen. Eine Aktion (= gemeinsame Anstrengung) wird meist durch **campaign** ausgedrückt, z.B. **advertising campaign** (Werbeaktion), oder durch **operation**, z.B. **rescue operation** (Rettungsaktion).

do [duː] v/t ⚠ **did** [dɪd], **done** [dʌn] I've got lots of things to **do** (⚠ nicht: **make**) this morning. What are you **doing** (⚠ nicht: **making**)? – I'm making breakfast. → make	**tun, machen** Ich habe heute Morgen viel zu tun. Was tust/machst du? – Ich mache das Frühstück.
make [meɪk] v/t **made** [meɪd], **made** [meɪd] Did you **make** that dress yourself? The kids are **making** a lot of noise again.	**machen, herstellen** Hast du das Kleid selbst gemacht? Die Kinder machen wieder viel Krach.

> **TIPP:** Es gibt nur eine Faustregel dafür, wann man **do** oder **make** für das deutsche machen verwendet: **make** meist dann, wenn es so viel wie herstellen, zubereiten, erzeugen bedeutet, **do** meist bei Tätigkeiten im Sinne von erledigen, z.B. **to do one's homework/the washing-up** (seine Hausaufgaben/den Abwasch machen). Am besten lernt man die Verbindungen (z.B. **to do the rooms**, aber **to make the beds**) auswendig.

work [wɜːk] v/i She **works** as a school bus driver.	**arbeiten** Sie arbeitet als Schulbusfahrerin.

work [wɜːk] *n*
I go to **work** by bike

The **work** of a stuntman is pretty dangerous.
This volume contains the complete **works** of Shakespeare.
→ *job*

Arbeit *f*, **Werk** *n*
Ich fahre mit dem Rad zur Arbeit.
Die Arbeit eines Stuntmans ist ganz schön gefährlich.
Dieser Band enthält Shakespeares sämtliche Werke.

---

job [dʒɒb] *n syn:* occupation
I'm looking for a new **job** (⚠ *nicht: work*) because my factory is closing.
You did an excellent job (⚠ *nicht: work*)!

(Arbeits)Stelle *f*, **Arbeit** *f*, **Job** *m*
Ich suche eine neue Stelle, weil meine Fabrik schließt.

Du hast ausgezeichnete Arbeit geleistet!

---

try [traɪ] *v/i, v/t syn:* attempt
I don't think you'll make it, but you can **try**.

versuchen
Ich glaube nicht, dass du es schaffst, aber du kannst es versuchen.

---

plan [plæn] *n*
We have no definite holiday **plans** yet but we may go to Spain again.

Plan *m*
Wir haben noch keine festen Urlaubspläne, aber vielleicht fahren wir wieder nach Spanien.

---

prepare [prɪˈpeə] *v/i, v/t*
This book will **prepare** you for your English exams.

(sich) vorbereiten
Dieses Buch bereitet dich auf deine Englischprüfungen vor.

---

trouble [trʌbl] *n*
He's no help but he could at least take the **trouble** to come.

Mühe *f*, **Umstände** *pl*
Er ist keine Hilfe, aber zumindest könnte er sich die Mühe machen zu kommen.

«2001–4000»

occupation [ˌɒkjʊˈpeɪʃn] *n*
My favourite **occupations** are reading and travelling.

Beschäftigung *f*
Meine Lieblingsbeschäftigungen sind Lesen und Reisen.

---

used to [ˈjuːst tə]
I **used to** smoke cigarettes but I gave it up.

früher, pflegte zu
Früher habe ich Zigaretten geraucht, aber ich habe aufgehört.

> **TIPP: used to** (+ Infinitiv) gibt es <u>nur in der Vergangenheit</u> und
> wird meist mit „früher" übersetzt, z. B. **I used to live there** (Früher
> habe ich dort gewohnt).
> Folgt auf **to be used to** (= gewohnt sein) ein Verb, so muss es
> <u>immer in der -ing-Form</u> stehen, da **to** eine Präposition ist, z. B. **I'm
> used to getting up early** (Ich bin es gewohnt früh aufzustehen).
> Das Vollverb **to use** (verwenden, benutzen) wird in allen Zeitstu-
> fen benutzt, z. B. **The Tower was used as a prison** (Der Tower
> wurde als Gefängnis benutzt).

plan [plæn] *v/t syn:* intend
We're **planning** to spend our holidays in the USA this year.

planen, vorhaben
Wir haben vor, dieses Jahr unseren Urlaub in den USA zu verbringen.

intend [ɪn'tend] *v/t syn:* mean, plan
He is a star though he never **intended** to be one.

beabsichtigen, vorhaben

Er ist ein Star, obwohl er nie vorhatte einer zu werden.

purpose ['pɜːpəs] *n syn:* aim
Animal experiments should be banned except for medical **purposes**.
It wasn't an accident – he did it on **purpose**.

Zweck *m*, **Absicht** *f*, **Ziel** *n*
Tierversuche sollten außer für medizinische Zwecke verboten werden.
Es war kein Zufall – er hat es mit Absicht getan.

preparation [ˌprepə'reɪʃn] *n*
School should be a **preparation** for life.

Vorbereitung *f*
Die Schule sollte eine Vorbereitung auf das Leben sein.

decide [dɪ'saɪd] *v/t*

As a boy Lincoln **decided** to become a politician.

beschließen, sich entscheiden/ entschließen
Als Junge beschloss Lincoln Politiker zu werden.

attempt [ə'tempt] *n, v/t syn:* try
He managed to climb the mountain at the third **attempt**.
The mathematical problem was so difficult that I didn't even **attempt** to solve it.

Versuch *m*, **versuchen**
Beim dritten Versuch gelang es ihm den Berg zu ersteigen.
Die Mathematikaufgabe war so schwierig, dass ich nicht einmal versuchte sie zu lösen.

practise, *Am* **practice** ['præktɪs] *v/t, v/i syn:* train
You'll never win if you don't **practise** harder.

üben, trainieren

Du wirst nie gewinnen, wenn du nicht mehr übst.

practice ['præktɪs] *n syn:* training	**Übung** *f*, **Praxis** *f*, **Training** *n*
I haven't played for years – I'm really out of **practice.**	Ich habe seit Jahren nicht gespielt – ich bin wirklich aus der Übung.

manage ['mænɪdʒ] *v/i, v/t syn:* succeed	**(es) fertigbringen, es schaffen, gelingen**
How did Madonna **manage** to become a superstar?	Wie hat Madonna es geschafft, ein Superstar zu werden?

measure ['meʒə] *n*	**Maßnahme** *f*, **Schritt** *m*
We must use stronger **measures** to reduce air pollution.	Wir müssen härtere Maßnahmen zur Verringerung der Luftverschmutzung treffen.

1.1.2.5 *UMGANG MIT DINGEN*

«1–2000»

need [niːd] *v/t*	**brauchen, benötigen**
To paint the house you **need** paint, a brush and a ladder.	Um das Haus zu streichen, brauchst du Farbe, einen Pinsel und eine Leiter.

look for ['lʊk fə] *opp:* find	**suchen (nach)**
I **looked for** a phone booth but didn't find one.	Ich suchte eine Telefonzelle, fand aber keine.

find [faɪnd] *v/t opp:* lose	**finden**
△ **found** [faʊnd], **found** [faʊnd]	
Someone **found** the watch you lost.	Jemand hat die Uhr gefunden, die du verloren hast.

catch [kætʃ] *v/t opp:* miss	**fangen, erreichen, erwischen**
△ **caught** [kɔːt], **caught** [kɔːt]	
The rules of volleyball do not allow **catching** or throwing the ball.	Die Volleyballregeln gestatten es nicht, den Ball zu fangen oder zu werfen.
If we hurry we'll **catch** the inter-city train.	Wenn wir uns beeilen, erreichen wir den Intercity.

form [fɔːm] *v/t*	**bilden**
He can't **form** (△ *nicht:* **build**) a correct sentence. → *build*	Er kann keinen richtigen Satz bilden.

use [ju:z] v/t — verwenden, benutzen, gebrauchen

She **uses** a computer to do all her correspondence. → used to
Sie benutzt einen Computer für ihren gesamten Schriftverkehr.

use [ju:s] n — **Benutzung** f, **Verwendung** f, **Gebrauch** m

The rent includes the **use** of the kitchen.
Die Miete schließt die Küchenbenutzung mit ein.

collect [kə'lekt] v/t, v/i — sammeln, einsammeln

She **collects** old teddy bears.
Sie sammelt alte Teddybären.

Could two of you **collect** the dictionaries and take them to the library?
Würden zwei von euch die Wörterbücher einsammeln und sie in die Bücherei bringen?

collection [kə'lekʃn] n — **Sammlung** f

She's got a huge **collection** of old wine glasses.
Sie hat eine riesige Sammlung alter Weingläser.

hold [həʊld] v/t — halten
⚠ **held** [held], **held** [held]

Hold my bag, please.
Halt meine Tasche, bitte.

add [æd] v/t — hinzufügen, dazugeben

Add some more salt and it will be perfect.
Gib noch etwas Salz dazu, und es ist perfekt.

change [tʃeɪndʒ] v/i, v/t — wechseln

At this hotel they **change** the linen and towels every day.
In diesem Hotel werden Bettwäsche und Handtücher jeden Tag gewechselt.

open ['əʊpən] v/t opp: close, shut — öffnen, aufmachen

You need no key to **open** or close a combination lock.
Man braucht keinen Schlüssel, um ein Zahlenschloss zu öffnen oder zu schließen.

close [kləʊz] v/t syn: shut, opp: open — schließen, zumachen

Close the doors so the dog can't get out.
Macht die Türen zu, damit der Hund nicht rauskann.

shut [ʃʌt] v/t syn: close, opp: open — schließen, zumachen
⚠ **shut** [ʃʌt], **shut** [ʃʌt]

Shut the windows – it's going to rain.
Schließt die Fenster – es regnet gleich.

fill [fɪl] *v/t opp:* empty
Please **fill** the tank before you
return the car.

füllen
Bitte füllen Sie den Tank, bevor
Sie den Wagen zurückgeben.

shake [ʃeɪk] *v/t*
⚠ **shook** [ʃʊk], **shaken** [ʃeɪkən]
The medicine must be well
shaken before use.

schütteln

Die Arznei muss vor Gebrauch
gut geschüttelt werden.

cut [kʌt] *v/t*
⚠ **cut** [kʌt], **cut** [kʌt]
We ordered a large pizza and
cut it into four pieces.

(zer)schneiden

Wir bestellten eine große Pizza
und schnitten sie in vier Teile.

burn [bɜːn] *v/t*
⚠ **burnt*** [bɜːnt] **burnt*** [bɜːnt]
Three quarters of Britain's coal
is **burnt** in power stations to
produce electricity.

verbrennen

Drei Viertel der britischen Kohle werden in Kraftwerken verbrannt, um Strom zu erzeugen.

«2001–4000»

keep [kiːp] *v/t*
⚠ **kept** [kept], **kept** [kept]
We always **keep** the eggs in the
fridge.

aufbewahren, lagern

Wir bewahren die Eier immer
im Kühlschrank auf.

miss [mɪs] *v/t opp:* hit, catch
The police shot at the tyres and
barely **missed** them.
I **missed** the bus and was late
for school.

verfehlen, verpassen
Die Polizei schoss auf die Reifen und verfehlte sie knapp.
Ich habe den Bus verpasst und
bin zu spät gekommen.

waste [weɪst] *v/t opp:* save, con-
serve
We are **wasting** energy by burning oil.

verschwenden, vergeuden

Wir verschwenden Energie, indem wir Öl verbrennen.

spoil [spɔɪl] *v/t syn:* ruin
spoilt* [spɔɪlt], **spoilt*** [spɔɪlt]
Too much salt can **spoil** any
meal.

verderben, ruinieren

Zu viel Salz kann jedes Essen
verderben.

exchange [ɪksˈtʃeɪndʒ] *v/t*
The sweater I bought is too
small. Can I **exchange** it for a
larger one?

(um)tauschen, austauschen
Der Pullover, den ich gekauft
habe, ist zu klein. Kann ich ihn
gegen einen größeren umtau-
schen?

get rid of [ˌget ˈrɪd əv]
One of today's worst problems is how to **get rid of** all the waste we're producing.

loswerden
Zu den schlimmsten Problemen von heute gehört, wie wir den ganzen Müll loswerden, den wir produzieren.

turn on [ˌtɜːn ˈɒn] *opp:* turn off
He **turned on** the radio to listen to the news.

einschalten, anmachen
Er schaltete das Radio ein, um Nachrichten zu hören.

turn off [ˌtɜːn ˈɒf] *opp:* turn on
Turn off the lights before you leave the house.

ausmachen, ausschalten
Macht das Licht aus, bevor ihr das Haus verlasst.

connect [kəˈnekt] *v/t opp:* separate
This cable **connects** the video to the TV set.

verbinden, anschließen

Dieses Kabel verbindet den Videorekorder mit dem Fernseher.

fix [fɪks] *v/t syn:* fasten

He's **fixed** a large no-smoking sign to the door of his room.

befestigen, festmachen, anbringen
Er hat ein großes Nichtraucher-Schild an seiner Zimmertür befestigt.

support [səˈpɔːt] *v/t*
Modern skyscrapers are **supported** by a steel frame construction.

stützen, tragen
Moderne Wolkenkratzer werden von einer Stahlrahmenkonstruktion getragen.

cover [ˈkʌvə] *v/t*
The furniture is **covered** with dust.

bedecken, zudecken
Die Möbel sind mit Staub bedeckt.

hang [hæŋ] *v/t*
⚠ **hung** [hʌŋ], **hung** [hʌŋ]
Could you help me **hang** the washing on the line?

hängen (hängte, gehängt)

Könntest du mir helfen, die Wäsche auf die Leine zu hängen?

shape [ʃeɪp] *v/t*
The birthday cake was **shaped** like a heart. → *build*

formen
Die Geburtstagstorte war wie ein Herz geformt.

paint [peɪnt] *v/t*
What colour do you want me to **paint** the window frames?

(an)streichen, anmalen
In welcher Farbe soll ich die Fensterrahmen streichen?

decorate [ˈdekəreɪt] *v/t*
The English **decorate** their Christmas trees on Christmas Eve but don't light them until Christmas Day.

schmücken, (ver)zieren
Die Engländer schmücken den Weihnachtsbaum am Weihnachtsabend, zünden ihn aber erst am 1. Feiertag an.

fold [fəʊld] *v/t opp:* unfold
Please **fold** this letter twice and put it into the envelope.

falten, zusammenlegen
Bitte falten Sie diesen Brief zweimal und stecken ihn in den Umschlag.

wrap [ræp] *v/t opp:* unwrap
I **wrapped** the book in brown paper and took it to the post office.

einpacken, (ein)wickeln
Ich wickelte das Buch in Packpapier und brachte es zur Post.

wind [waɪnd] *v/t syn:* twist
⚠ **wound** [waʊnd], **wound** [waʊnd]
She **wound** a bandage around his bleeding finger.
Our grandfather clock has to be **wound** every week.

wickeln, winden, kurbeln, aufziehen
Sie wickelte eine Mullbinde um seinen blutenden Finger.
Unsere Standuhr muss jede Woche aufgezogen werden.

twist [twɪst] *v/t*
They **twisted** the bed sheets into a rope and escaped through the window.

winden, wickeln, (ver)drehen
Sie drehten die Laken zu einem Seil und entkamen durchs Fenster.

bend [bend] *v/t, v/i opp:* straighten
bent [bent], **bent** [bent]
He managed to open the lock with a piece of **bent** wire.

(sich) biegen, beugen
Es gelang ihm, das Schloss mit einem Stück gebogenen Draht zu öffnen.

stretch [stretʃ] *v/t*
If the shoes fit too tight, we can **stretch** them a bit.

dehnen, strecken, (aus)weiten
Wenn die Schuhe zu eng sitzen, können wir sie etwas weiten.

press [pres] *v/t*
You **press** the red button to stop it.
To make wine the grapes are **pressed** first.

drücken (auf), pressen
Zum Anhalten drückt man auf den roten Knopf.
Bei der Weinherstellung werden zuerst die Trauben gepresst.

rub [rʌb] *v/t*
To get a nice shine **rub** it with a soft cloth.

(ab)reiben, einreiben
Um schönen Glanz zu erhalten, reiben Sie es mit einem weichen Tuch ab.

dig [dɪg] *v/t*
⚠ **dug** [dʌg], **dug** [dʌg]
In 1849 thousands of people began to **dig** for gold in California.

graben
1849 begannen Tausende in Kalifornien nach Gold zu graben.

knock [nɒk] v/i, v/t

Please **knock** (at the door) before entering.

He **knocked** a hole in the wall.

(an)klopfen, schlagen

Bitte klopfen Sie (an die Tür), bevor Sie eintreten.

Er schlug ein Loch in die Wand.

---

tear [teə] v/t
⚠ **tore** [tɔː], **torn** [tɔːn]

Since I had no scissors, I **tore** the ad out of the newspaper.

(zer)reißen

Da ich keine Schere hatte, riss ich die Anzeige aus der Zeitung.

---

split [splɪt] v/t
⚠ **split** [splɪt], **split** [splɪt]

He was **splitting** wood for the fire.

spalten

Er spaltete Holz für den Kamin.

---

saw [sɔː] v/t
⚠ **sawed** [sɔːd], **sawn** [sɔːn]

He was busy **sawing** logs for the fire.

sägen

Er war damit beschäftigt, Holzklötze für den Kamin zu sägen.

---

light [laɪt] v/t
⚠ **lit** [lɪt], **lit** [lɪt]

He took a match and **lit** his cigar.

anzünden

Er nahm ein Streichholz und zündete seine Zigarre an.

1.1.2.6 BEWEGEN VON GEGENSTÄNDEN

«1–2000»

put [pʊt] v/t
⚠ **put** [pʊt], **put** [pʊt]

Put the books back in the bookcase.

He **put** his scarf round his neck and his fur hat on his head.

stellen, legen, setzen usw.

Stell die Bücher zurück in den Bücherschrank.

Er legte seinen Schal um den Hals und setzte seine Pelzmütze auf.

---

lay [leɪ] v/t
⚠ **laid** [leɪd], **laid** [leɪd]

She **laid** the blanket over the sleeping child.

We're going to **lay** a new carpet in the bedroom. → lie

legen

Sie legte die Decke über das schlafende Kind.

Wir legen im Schlafzimmer einen neuen Teppichboden.

set [set] *v/t*
⚠ **set** [set], **set** [set]
If you **set** your chair back a bit, you'll get a better view.

What time shall I **set** the alarm clock for?

setzen, stellen

Wenn Sie Ihren Stuhl etwas zurücksetzen, haben Sie bessere Sicht.
Auf wie viel Uhr soll ich den Wecker stellen?

---

take [teɪk] *v/t*
⚠ **took** [tʊk], **taken** ['teɪkən]
I have to **take** this letter to the post office.
Don't forget to **take** your umbrella.

(weg)bringen, hinbringen, mitnehmen

Ich muss diesen Brief zur Post bringen.
Vergiss nicht deinen Schirm mitzunehmen.

---

bring [brɪŋ] *v/t*
⚠ **brought** [brɔːt], **brought** [brɔːt]
The postman **brought** this parcel today.
Can we **bring** something for the party? → *take*

(her)bringen, mitbringen

Der Postbote hat heute dieses Paket gebracht.
Können wir etwas für die Party mitbringen?

---

send [send] *v/t opp:* receive
⚠ **sent** [sent], **sent** [sent]
When will the parcel get there if I **send** it by airmail?

schicken, senden

Wann kommt das Paket an, wenn ich es mit Luftpost schicke?

---

carry ['kærɪ] *v/t*
You have to **carry** your luggage to the customs.

tragen

Sie müssen Ihr Gepäck zur Zollabfertigung tragen.

---

draw [drɔː] *v/t syn:* pull
⚠ **drew** [druː], **drawn** [drɔːn]
The Queen's coach is **drawn** by six white horses.
He **drew** a revolver and shot.

ziehen

Die Kutsche der Königin wird von sechs Schimmeln gezogen.
Er zog einen Revolver und schoss.

---

pull [pʊl] *v/t syn:* draw, *opp:* push
This suitcase has wheels so you can **pull** it.

ziehen

Dieser Koffer hat Räder, damit man ihn ziehen kann.

---

push [pʊʃ] *v/i, v/t opp:* pull
The car broke down and we had to get out and **push** (it).

He **pushed** the door open with his shoulder.

schieben, stoßen, drücken

Der Wagen hatte eine Panne, und wir mussten aussteigen und (ihn) schieben.
Er stieß mit der Schulter die Tür auf.

pick up [ˌpɪk ˈʌp] *opp:* drop

aufheben, aufsammeln, aufle-sen

Pick up all the litter after the picnic and take it with you.

Sammelt nach dem Picknick alle Abfälle auf und nehmt sie mit.

lift [lɪft] *v/t*
I can't **lift** this bag – it's too heavy.

(hoch)heben, anheben
Ich kann diesen Koffer nicht heben – er ist zu schwer.

drop [drɒp] *v/t*
Careful! It will break if you **drop** it.

fallen lassen
Vorsicht! Es geht kaputt, wenn du es fallen lässt.

turn [tɜːn] *v/t*
To lock the door firmly, **turn** the key twice.

(um)drehen, wenden
Um die Tür fest zu verschließen, drehen Sie den Schlüssel zweimal um.

Turn the potatoes several times while frying them.

Die Kartoffeln beim Braten mehrmals wenden!

«2001–4000»

load [ləʊd] *v/t opp:* unload
We **loaded** the furniture into the removal van.

laden, beladen
Wir luden die Möbel in den Möbelwagen.

load [ləʊd] *n*
The truck brought another **load** of sand to the building site.

Ladung *f*, **Last** *f*
Der Laster brachte eine weitere Ladung Sand zur Baustelle.

portable [ˈpɔːtəbl] *adj*
More and more businessmen use **portable** computers.

tragbar
Immer mehr Geschäftsleute benutzen tragbare Computer.

transport [ˈtrænspɔːt] *n*

Transport *m*, **Beförderung** *f*, **Verkehr** *m*

The **transport** of goods by air and road is harmful to the environment.

Der Gütertransport auf dem Luftweg und der Straße ist umweltschädlich.

remove [rɪˈmuːv] *v/t*
It isn't easy to **remove** graffiti from the walls.

entfernen
Es ist nicht leicht, Schmierereien von den Wänden zu entfernen.

drag [dræg] *v/t*
After the storm the fallen trees had to be **dragged** from the roads.

schleppen, zerren, schleifen
Nach dem Sturm mussten die umgefallenen Bäume von der Straße weggeschleppt werden.

raise [reɪz] *v/t syn:* lift, *opp:* lower

Please **raise** your hands if you have questions.

He **raised** the blinds to let some sunlight in. → *rise*

(hoch)heben, anheben, erhöhen, hochziehen

Bitte heben Sie die Hand, wenn Sie Fragen haben.

Er zog die Jalousien hoch, um Sonnenlicht hereinzulassen.

---

lower ['ləʊə] *v/t opp:* raise

Please **lower** the blinds to keep the sunlight out.

herunterlassen, senken

Lass bitte die Jalousien herunter, um den Sonnenschein abzuhalten.

1.1.2.7 *GEBEN UND NEHMEN*

«1–2000»

have (got) [hæv ('gɒt)] *v/t*

He**'s got** lots of money but no manners.

I always **have** hay fever in May.

haben

Er hat viel Geld, aber kein Benehmen.

Im Mai habe ich immer Heuschnupfen.

---

give [gɪv] *v/t opp:* get, take
⚠ **gave** [geɪv], **given** ['gɪvən]

I **gave** him four pounds for mowing the lawn.

What are you **giving** Dad for his birthday?

geben, schenken

Ich habe ihm vier Pfund fürs Rasenmähen gegeben.

Was schenkst du Vati zum Geburtstag?

---

leave [liːv] *v/t*
⚠ **left** [left], **left** [left]

I often **leave** (⚠ *nicht: let*) my car in the garage and take my bike.

Can I **leave** (⚠ *nicht: let*) the kids with you while I do the shopping?

My aunt died and **left** me £ 3,000.

(zurück)lassen, hinterlassen

Ich lasse den Wagen oft in der Garage und nehme das Fahrrad.

Kann ich die Kinder bei dir lassen, während ich einkaufe?

Meine Tante ist gestorben und hat mir 3 000 Pfund hinterlassen.

---

take [teɪk] *v/t*
⚠ **took** [tʊk], **taken** ['teɪkən]

We **took** a taxi to the airport.

I always **take** my Swiss Army knife when I go hiking.

nehmen, mitnehmen

Wir nahmen ein Taxi zum Flughafen.

Ich nehme zum Wandern immer mein Schweizer Messer mit.

get [get] *v/t opp:* give
⚠ **got** [gɒt], **got** [gɒt], *Am* **gotten**
['gɑːtn]
I **got** (⚠ *nicht: became*) this letter this morning – it was sent by
fax. → *become*

bekommen, erhalten, kriegen

Ich habe diesen Brief heute
Morgen bekommen – er kam
per Fax.

---

receive [rɪ'siːv] *v/t syn:* get, *opp:*
give, send
I sent the letter on Monday and
he **received** it on Wednesday.

**erhalten, empfangen, bekom-
men**
Ich habe den Brief am Montag
abgeschickt, und er hat ihn am
Mittwoch erhalten.

---

accept [ək'sept] *v/t opp:* refuse
I gladly **accept** your invitation.

annehmen, akzeptieren
Ich nehme Ihre Einladung gerne an.

---

keep [kiːp] *v/t*
⚠ **kept** [kept], **kept** [kept]
You can **keep** the book – I don't
need it.

behalten

Du kannst das Buch behalten –
ich brauche es nicht.

«2001–4000»

reserve [rɪ'zɜːv] *v/t syn:* book
I'd like to **reserve** a table for
four at your restaurant.

reservieren, bestellen
Ich möchte in Ihrem Restaurant
einen Tisch für vier Personen
reservieren.

---

borrow ['bɒrəʊ] *v/t opp:* lend
Here's the £ 100 (hundred
pounds) I borrowed (⚠ *nicht:
lent*) from you yesterday.

sich (aus)leihen, sich borgen
Hier sind die 100 Pfund, die ich
mir gestern von dir geliehen
habe.

---

*TIPP: lend und borrow bedeuten beide leihen, borgen, aber einmal
aus der Sicht des Gebenden (he lent me his bike), einmal aus der
Sicht des Nehmenden (I borrowed his bike).*

---

lend [lend] *v/t opp:* borrow
⚠ **lent** [lent], **lent** [lent]
Can you **lend** (⚠ *nicht: borrow*)
me £ 100 (hundred pounds) until
tomorrow? → *borrow*

leihen, verleihen, (ver)borgen

Kannst du mir bis morgen 100
Pfund leihen?

---

pass [pɑːs] *v/t*
Pass me the sugar please – I
can't quite reach it.

reichen
Bitte reich mir den Zucker – ich
komme nicht ganz dran.

distribute [dɪ'strɪbjuːt] *v/t* The demonstrators **distributed** leaflets to the crowd.	**verteilen, austeilen** Die Demonstranten verteilten Flugblätter an die Menge.
share [ʃeə] *v/t syn:* split Let's take a taxi and **share** the cost.	**(sich) teilen, gemeinsam benutzen** Nehmen wir ein Taxi und teilen uns die Kosten!
share [ʃeə] *n* Each of us will pay their **share** of the bill.	**Anteil** *m*, **Teil** *m* Jeder von uns zahlt seinen Anteil an der Rechnung.
split [splɪt] *v/t syn:* share ⚠ **split** [splɪt], **split** [splɪt] Let's **split** the cost between the three of us.	**teilen, aufteilen** Teilen wir uns die Kosten zu dritt!
reach for ['riːtʃ fə] The gangster was shot when he **reached for** his gun.	**greifen nach** Der Gangster wurde erschossen, als er nach seiner Pistole griff.
seize [siːz] *v/t syn:* grab The thief **seized** the bag and ran away.	**packen, fassen, ergreifen, an sich reißen** Der Dieb riss die Tasche an sich und lief davon.
occupy ['ɒkjəpaɪ] *v/t* The striking workers **occupied** the factory buildings.	**bewohnen, besetzen** Die streikenden Arbeiter besetzten die Fabrikgebäude.
return [rɪ'tɜːn] *v/t* I have to **return** these books to the library by Friday.	**zurückgeben, zurückbringen, zurückzahlen** Ich muss diese Bücher bis Freitag (der Bibliothek) zurückgeben.

1.1.3 LERNEN UND WISSEN

«1–2000»

learn [lɜːn] *v/i, v/t* ⚠ **learnt*** [lɜːnt], **learnt*** [lɜːnt] The best way to **learn** a language is to speak it. → *study*	**lernen, erlernen** Die beste Methode, eine Sprache zu lernen, ist, sie zu sprechen.

know [nəʊ] *v/i, v/t*
⚠ **knew** [nju:], **known** [nəʊn]
Tom **knows** all about it.
Anne **knows** all of Shake-speare's sonnets by heart.
I don't speak Spanish but I **know** a little Italian and French.

wissen, kennen, können

Tom weiß alles darüber.
Anne kennt alle Shakespeare-Sonette auswendig.
Ich spreche kein Spanisch, aber ich kann etwas Italienisch und Französisch.

---

read [ri:d] *v/i, v/t opp:* write
⚠ **read** [red], **read** [red]
I don't know the film but I've **read** the book.
If you go to bed now, I'll **read** you a bedtime story.

lesen, vorlesen

Ich kenne den Film nicht, aber ich habe das Buch gelesen.
Wenn ihr jetzt ins Bett geht, lese ich euch eine Gutenachtge-schichte vor.

---

write [raɪt] *v/i, v/t*
⚠ **wrote** [rəʊt], **written** [ˈrɪtn]
For your homework please **write** an essay of about 500 words.

schreiben

Als Hausaufgabe schreibt bitte einen Aufsatz von ca. 500 Wör-tern.

---

type [taɪp] *v/t*
He **types** with only two fingers but he's surprisingly fast.

tippen, Maschine schreiben
Er tippt mit nur zwei Fingern, aber er ist überraschend schnell.

---

copy [ˈkɒpɪ] *v/t*
Please **copy** the words from the blackboard.

abschreiben, kopieren
Bitte schreibt die Wörter von der Tafel ab.

---

copy [ˈkɒpɪ] *n opp:* original
Keep the original and send them a **copy**.

Kopie *f*, **Abschrift** *f*
Behalten Sie das Original und schicken Sie ihnen eine Kopie.

---

example [ɪgˈzɑːmpl] *n*
The short story "The Killers" is an excellent **example** of (⚠ *nicht: for*) Hemingway's style.

Beispiel *n*
Die Kurzgeschichte „Die Killer" ist ein ausgezeichnetes Bei-spiel für Hemingways Stil.

---

exercise [ˈeksəsaɪz] *n*
Please do **exercise** 3 on page 45 as homework.

Übung *f*
Als Hausaufgabe macht bitte die Übung 3 auf Seite 45.

---

test [test] *n*
You have to pass a driving **test** before you get your driving li-cence.

Prüfung *f*, **Test** *m*
Man muss eine Fahrprüfung bestehen, bevor man seinen Führerschein bekommt.

story ['stɔːrɪ] n They liked the **story**.	**Geschichte** f Die Geschichte gefiel ihnen.
book [bʊk] n I liked the **book** much better than the film.	**Buch** n Mir hat das Buch viel besser gefallen als der Film.
writer ['raɪtə] n syn: author Rudyard Kipling is one of my favourite **writers**.	**Schriftsteller(in), Autor(in), Dichter(in)** Rudyard Kipling gehört zu meinen Lieblingsschriftstellern.
library ['laɪbrərɪ] n He has quite a large **library** for a private person.	**Bibliothek** f, **Bücherei** f Er hat eine recht große Bibliothek für eine Privatperson.
sign [saɪn] n syn: mark The **signs** + and – mean plus and minus.	**Zeichen** n Die Zeichen + und – bedeuten plus und minus.
letter ['letə] n In words like come and bomb the last **letter** is silent.	**Buchstabe** m In Wörtern wie **come** und **bomb** ist der letzte Buchstabe stumm.
line [laɪn] n A limerick is a funny poem with five **lines**.	**Zeile** f Ein Limerick ist ein lustiges Gedicht mit fünf Zeilen.
page [peɪdʒ] n Please open your books at **page** 48.	**Seite** f Bitte schlagt die Bücher auf Seite 48 auf.
sheet [ʃiːt] n Please write your answers on a **sheet** of paper.	**Blatt** n, **Bogen** m Bitte schreibt eure Antworten auf ein Blatt Papier.

«2001–4000»

study ['stʌdɪ] v/i, v/t Please don't disturb him – he's got to **study** (△ nicht: **learn**) for his exams.	**lernen, arbeiten** Bitte stört ihn nicht – er muss für seine Prüfung lernen.

> *TIPP: Wo im Deutschen „lernen" durch „arbeiten" ersetzt werden kann, wird es im Englischen nicht durch **learn**, sondern **study** ausgedrückt, z. B. **a room where children can study quietly** (ein Zimmer, in dem Kinder in Ruhe lernen können).*

find out [ˌfaɪnd ˈaʊt]

It's easy once you've **found out** how to do it.

herausfinden, (es) herausbekommen

Es ist leicht, wenn man erst einmal herausgefunden hat, wie es geht.

---

subject [ˈsʌbdʒɪkt] *n syn:* topic
The **subject** of today's lesson is reported speech.

Thema *n*
Das Thema der heutigen Stunde ist die indirekte Rede.

---

knowledge [ˈnɒlɪdʒ] *n*
He has a very good **knowledge** of the subject but little practical experience.

Wissen *n*, **Kenntnis(se)**
Er besitzt ein sehr gutes Fachwissen, aber wenig praktische Erfahrung.

---

by heart [baɪ ˈhɑːt]
I know all the Beatles' songs **by heart**.

auswendig
Ich kenne alle Beatle-Songs auswendig.

---

ability [əˈbɪlətɪ] *n syn:* skill
Man has the **ability** to think.

Fähigkeit *f*, **Können** *n*
Der Mensch hat die Fähigkeit zu denken.

---

expert [ˈekspɜːt] *n*
syn: specialist
It will take you hours for what an **expert** can do in minutes.

Fachmann *m*, **Experte** *m*, **Expertin** *f*
Du brauchst Stunden für etwas, was ein Fachmann in Minuten tut.

---

experiment [ɪkˈsperɪmənt] *n*
They still do **experiments** on animals for the cosmetics industry.

Experiment *n*, **Versuch** *m*
Es werden noch immer Tierversuche für die kosmetische Industrie durchgeführt.

---

test [test] *v/t syn:* examine
You can **test** your knowledge in a workbook especially developed for this book.

testen, (über)prüfen
Sie können Ihr Wissen in einem Übungsbuch testen, das eigens für dieses Buch entwickelt wurde.

---

experience [ɪkˈspɪərɪəns] *n*
We need someone with several years' **experience** of teaching.

Erfahrung *f*
Wir brauchen jemanden mit mehreren Jahren Unterrichtserfahrung.

---

practice [ˈpræktɪs] *n*
opp: theory
It's a good idea but will be difficult to put into practice.

Praxis *f*

Es ist eine gute Idee, aber schwer in die Praxis umzusetzen.

science ['saɪəns] n

Technology is applied **science**.

She's interested in physics and other **sciences**.

He wants to study social **sciences**.

Wissenschaft f, **Naturwissenschaft(en)**, ...wissenschaft(en)

Technik ist angewandte Wissenschaft.

Sie interessiert sich für Physik und andere Naturwissenschaften.

Er will Sozialwissenschaften studieren.

handwriting ['hænd,raɪtɪŋ] n
Is this a "u" or an "n"? I can't read your **handwriting**.

(Hand)Schrift f
Ist dies ein „u" oder ein „n"? Ich kann deine (Hand)Schrift nicht lesen.

ink [ɪŋk] n
Your homework has to be written in **ink** and not in pencil.

Tinte f
Eure Hausaufgaben müssen mit Tinte geschrieben sein, nicht mit Bleistift.

note [nəʊt] n
The journalists were busy taking **notes** during the President's speech.
He made a **note** in the book.

Notiz f, **Anmerkung** f
Die Journalisten machten sich während der Rede des Präsidenten eifrig Notizen.
Er machte eine Anmerkung im Buch.

notebook ['nəʊtbʊk] n
The reporter took down in his **notebook** everything she said.

Notizbuch n
Der Reporter hielt alles, was sie sagte, in seinem Notizbuch fest.

text [tekst] n
Popular newspapers often have lots of pictures and little **text**.

Text m
Boulevardzeitungen haben oft viele Bilder und wenig Text.

table [teɪbl] n
There is a pronunciation **table** on the last page of this book.

Tabelle f, **Tafel** f
Auf der letzten Seite dieses Buches befindet sich eine Lautschrifttabelle.

literature ['lɪtərətʃə] n
Edgar Allen Poe's detective stories are great **literature**.

Literatur f, **Dichtung** f
Edgar Allen Poes Kriminalgeschichten sind große Literatur.

author ['ɔːθə] n

Hemingway is the **author** of "The Old Man and the Sea".

Verfasser(in), Autor(in), Schriftsteller(in)

Hemingway ist der Verfasser von „Der alte Mann und das Meer".

poet ['pəʊɪt] *n*
Shakespeare was one of the greatest dramatists and **poets**.

Lyriker(in), Dichter(in)
Shakespeare war einer der größten Dramatiker und Lyriker.

---

novel ['nɒvl] *n*
"Gone with the Wind" is one of the most successful **novels** and films.

Roman *m*
„Vom Winde verweht" gehört zu den erfolgreichsten Romanen (⚠ *nicht:* **Novellen**) und Filmen.

---

poem ['pəʊɪm] *n*
Andrew Lloyd Webber turned T.S. Eliot's **poems** into his musical "Cats".

Gedicht *n*
Andrew Lloyd Webber machte aus T.S. Eliots Gedichten sein Musical „Cats".

---

volume ['vɒljuːm] *n*
Volume 1 of the dictionary contains the letters A to M.

Band *m*
Band 1 des Wörterbuchs enthält die Buchstaben A bis M.

---

reader ['riːdə] *n*
The Sherlock Holmes stories have fascinated four generations of **readers**.

Leser(in)
Die Sherlock-Holmes-Geschichten fesseln schon vier Generationen von Lesern.

---

discover [dɪ'skʌvə] *v/t*
Columbus **discovered** America in 1492.

entdecken
Kolumbus entdeckte Amerika im Jahre 1492.

---

discovery [dɪ'skʌvərɪ] *n*
The **discovery** of oil in the North Sea made Britain independent of oil imports.

Entdeckung *f*
Die Entdeckung von Öl in der Nordsee hat England von Ölimporten unabhängig gemacht.

---

invent [ɪn'vent] *v/t*
Alexander Graham Bell **invented** the telephone.

erfinden
Alexander Graham Bell erfand das Telefon.

---

invention [ɪn'venʃn] *n*
The computer is often called the greatest **invention** since the steam engine.

Erfindung *f*
Der Computer wird oft als größte Erfindung seit der Dampfmaschine bezeichnet.

---

create [krɪ'eɪt] *v/t opp:* destroy
The universe was **created** by a massive explosion.

(er)schaffen, erzeugen
Das Weltall wurde durch eine gewaltige Explosion geschaffen.

---

culture ['kʌltʃə] *n*
New York offers visitors a good mixture of **culture** and entertainment.

Kultur *f*
New York bietet Besuchern eine gute Mischung aus Kultur und Unterhaltung.

1.1.4 VERHALTEN

1.1.4.1 ALLGEMEINES VERHALTEN

«1–2000»

business ['bɪznɪs] *n syn:* matter **Angelegenheit(en), Sache** *f*
My private life is none of your **business.** Mein Privatleben ist nicht deine Angelegenheit.
Sharing a flat can be a risky **business**. Wohngemeinschaften können eine riskante Sache sein.

matter ['mætə] *n syn:* business, affair **Angelegenheit** *f,* **Sache** *f*
It's a very urgent **matter** and can't wait. Es ist eine sehr dringende Angelegenheit und kann nicht warten.

duty ['dju:tɪ] *n* **Pflicht** *f,* **Aufgabe** *f*
It's a doctor's **duty** to preserve life. Es ist die Pflicht des Arztes, Leben zu erhalten.

be able to [bɪ 'eɪbl tʊ] *syn:* can **können**
He's injured his knee and **won't be able to** play tomorrow. Er hat sich am Knie verletzt und kann morgen nicht spielen.
→ *can*

be used to [bɪ 'ju:st tʊ] **gewohnt sein**
She never feels cold because she's **used to** the climate. Sie friert nie, weil sie das Klima gewohnt ist.
I'm not **used to** taking orders. Ich bin es nicht gewohnt, Befehle zu empfangen.
→ *used to*

depend on [dɪ'pend ɒn] *syn:* need **abhängen von, abhängig sein von**
Most students **depend on** their parents because they don't earn money. Die meisten Studenten sind von ihren Eltern abhängig, weil sie kein Geld verdienen.

wait [weɪt] *v/i* **warten**
We **waited** and **waited** but nobody came. Wir warteten und warteten, aber keiner kam.

expect [ɪk'spekt] *v/t* **erwarten**
They arrived much earlier than we had **expected**. Sie kamen viel früher an, als wir erwartet hatten.

notice ['nəʊtɪs] *v/t opp:* overlook **bemerken, wahrnehmen**
He didn't **notice** that the lights had changed. Er bemerkte nicht, dass die Ampel umgeschaltet hatte.

attention [əˈtenʃn] *n*
I waved my hand to attract his **attention**.

Aufmerksamkeit *f*
Ich winkte mit der Hand, um seine Aufmerksamkeit zu erregen.

pay attention (to) [ˌpeɪ əˈtenʃn (tʊ)]
Please **pay attention** to what I'm saying now.

aufpassen (auf), Acht geben (auf), genau zuhören
Bitte, hört genau auf das, was ich jetzt sage.

care [keə] *n*
She hardly makes any mistakes – she does her work with great **care**.

Sorgfalt *f*
Sie macht kaum Fehler – sie tut ihre Arbeit mit großer Sorgfalt.

take care of [ˌteɪk ˈkeər əv] *syn:* look after
Please **take care of** the baby while I do the shopping.

sich kümmern um, betreuen, versorgen
Bitte kümmere dich um das Baby, während ich einkaufen gehe.

protect [prəˈtekt] *v/t syn:* guard, *opp:* attack
It is important to **protect** your skin from the sun's rays.

schützen
Es ist wichtig, die Haut vor Sonnenstrahlen zu schützen.

protection [prəˈtekʃn] *n*
After the threat on his life he now carries a pistol for his own **protection**.

Schutz *m*
Nach der Morddrohung trägt er nun eine Pistole zu seinem eigenen Schutz.

hide [haɪd] *v/i, v/t opp:* find
⚠ **hid** [hɪd], **hidden** [ˈhɪdn]
The police will find him wherever he may **hide**.
Grandma **hides** her money in the kitchen cupboard.

(sich) verstecken, verbergen

Die Polizei findet ihn, wo er sich auch verstecken mag.
Oma versteckt ihr Geld im Küchenschrank.

forget [fəˈget] *v/t opp:* remember
⚠ **forgot** [fəˈgɒt], **forgotten** [fəˈgɒtn]
She was angry because he'd **forgotten** their wedding anniversary.

vergessen

Sie war böse, weil er ihren Hochzeitstag vergessen hatte.

leave [liːv] *v/t*
⚠ **left** [left], **left** [left]
They **left** Europe to make a new home in America.

verlassen

Sie verließen Europa, um in Amerika eine neue Heimat zu finden.

smile [smaɪl] *n, v/i opp:* frown
The landlady welcomed us with
a friendly **smile.**
She **smiled** at the baby, and it
smiled back.

Lächeln *n,* **lächeln**
Die Wirtin begrüßte uns mit einem freundlichen Lächeln.
Sie lächelte das Baby an, und
es lächelte zurück.

laugh [lɑːf] *v/i opp:* cry
It was so funny that we had to
laugh.

lachen
Es war so komisch, dass wir lachen mussten.

cry [kraɪ] *v/i opp:* laugh
She **cried** when she got the
news of her husband's death.

weinen
Sie weinte, als sie die Nachricht
vom Tode ihres Mannes erhielt.

«2001—4000»

affair [əˈfeə] *n syn:* matter, business
Stop poking your nose into my
private **affairs**!

Angelegenheit *f,* **Sache** *f*

Hör auf, deine Nase in meine
Privatangelegenheiten zu stecken!

way [weɪ] *n*
I don't like the **way** people treat
foreigners in this country.
Eating less is the only **way** to
lose weight.

Art *f* **(und Weise** *f***), Methode** *f*
Ich mag die Art nicht, wie man
bei uns Ausländer behandelt.
Weniger essen ist die einzige
Methode abzunehmen.

behave [bɪˈheɪv] *v/i, v/refl syn:*
act
She **behaved** as if she had never seen me before.
Children, please **behave** (yourselves)!

sich benehmen, sich verhalten

Sie benahm sich, als ob sie
mich nie zuvor gesehen hätte.
Kinder, bitte benehmt euch!

behaviour, *Am* **behavior**
[bɪˈheɪvjə] *n*
You ought to apologize for your
rude **behaviour.**

Benehmen *n,* **Verhalten** *n*

Du solltest dich für dein unhöfli-
ches Benehmen entschuldigen.

manners [ˈmænəz] *pl*
It's very bad **manners** to smoke
while you eat.

Benehmen *n,* **Manieren** *pl*
Beim Essen zu rauchen, ist
ganz schlechtes Benehmen.

habit [ˈhæbɪt] *n*
Cigarette-smoking is a dangerous **habit.**

Gewohnheit *f,* **Angewohnheit** *f*
Das Zigarettenrauchen ist eine
gefährliche Gewohnheit.

look after ['lʊk ˌɑːftə] *syn:* take care of
Could you **look after** the cats while I'm away?

sich kümmern um, versorgen, betreuen
Könntest du dich um die Katzen kümmern, während ich fort bin?

---

be in charge (of) [ˌbɪ ɪn 'tʃɑːdʒ (əv)] *syn:* manage, run
In the USA a sheriff **is in charge of** the police in a county.

leiten, verantwortlich sein (für)
In den USA leitet ein Sheriff die Polizei in einem Bezirk.

---

dare [deə] *v/i*
After the two sex murders no woman **dared** to go out in the dark.

(es) wagen
Nach den beiden Lustmorden wagte keine Frau, bei Dunkelheit aus dem Haus zu gehen.

---

stand [stænd] *v/t syn:* bear
⚠ **stood** [stʊd], **stood** [stʊd]
Please close the window – I can't **stand** the noise of that lawnmower!

ertragen, aushalten, ausstehen

Bitte mach das Fenster zu – ich kann den Krach von dem Rasenmäher nicht ertragen!

---

effort ['efət] *n*

I will make every **effort** to get you there on time.

Mühe *f*, **Anstrengung** *f*, **Bemühung** *f*
Ich werde mir alle Mühe geben, Sie dort rechtzeitig hinzubringen.

---

watch [wɒtʃ] *v/t*
We **watched** the pavement artist draw(ing) his picture.
Watch that boy carefully – I think he's a shoplifter.

zusehen (bei), beobachten
Wir sahen dem Pflastermaler zu, wie er sein Bild malte.
Beobachten Sie den Jungen dort genau – ich halte ihn für einen Ladendieb.

---

neglect [nɪ'glekt] *v/t opp:* take care of
He was away most of the time, **neglecting** his wife and children.

vernachlässigen
Er war fast immer fort und vernachlässigte seine Frau und Kinder.

---

miss [mɪs] *v/t*
My daughter has gone to Canada, and I **miss** her very much.

vermissen
Meine Tochter ist nach Kanada gegangen, und ich vermisse sie sehr.

---

memory ['meməri] *n*
Looking at these toys brings back **memories** of my childhood.

Erinnerung *f*
Wenn ich dieses Spielzeug anschaue, kommen mir Erinnerungen an meine Kindheit.

laughter ['lɑːftə] *n*
The clowns were so funny that the audience roared with **laughter**.

Gelächter *n*, **Lachen** *n*
Die Clowns waren so komisch, dass das Publikum vor Lachen brüllte.

1.1.4.2 *VERHALTEN GEGEN MENSCHEN*

«1-2000»

power ['paʊə] *n*
I'll do everything in my **power** to help him.

Macht *f*, **Vermögen** *n*
Ich werde alles, was in meiner Macht steht, tun, um ihm zu helfen.

---

kind [kaɪnd] *adj syn:* good, *opp:* unkind
She is very **kind** to old people.

freundlich, gut, gütig

Sie ist zu alten Menschen sehr freundlich.

---

help [help] *n syn:* assistance, aid
We need your **help**.

Hilfe *f*
Wir brauchen Ihre Hilfe.

---

help [help] *v/t, v/i syn:* assist
Lots of young people **help** old people who live alone.

helfen
Viele junge Menschen helfen alten, die alleine leben.

---

remind (of) [rɪ'maɪnd (əv)] *v/t*
Please **remind** (⚠ *nicht:* re**member**) me to phone him.
You **remind** me of your mother – you've got her eyes.

erinnern (an)
Bitte erinnere mich daran, ihn anzurufen.
Du erinnerst mich an deine Mutter – du hast ihre Augen.

TIPP: **remember** *bedeutet sich erinnern an, denken an, daran denken (= nicht vergessen), etwas zu tun.* **remind someone** *dagegen heißt jemanden (an etwas oder jemanden) erinnern. Es heißt daher* **Remember to lock the back door!** *(Denk daran, die Hintertür abzuschließen!), aber* **Remind me to lock the back door!** *(Erinnere mich daran, die Hintertür abzuschließen!).*

---

promise ['prɒmɪs] *n, v/t*

Politicians are always making **promises** and then breaking them.
His parents have **promised** him a car if he passes the exam.

Versprechen *n*, **Versprechung** *f*, **versprechen**
Politiker machen dauernd Versprechungen und halten sie dann nicht.
Seine Eltern haben ihm ein Auto versprochen für den Fall, dass er die Prüfung besteht.

excuse [ɪk'skju:z] *v/t opp:* blame | **entschuldigen**
I wrote this in a hurry, please **excuse** the mistakes. → *apologize, excuse me, sorry* | Ich habe dies in Eile geschrieben, bitte entschuldigt die Fehler.

excuse [ɪk'skju:s] *n opp:* blame | **Entschuldigung** *f*, **Ausflucht** *f*
There is no **excuse** for hurting a helpless person. | Es gibt keine Entschuldigung dafür, einem Wehrlosen wehzutun.

follow ['fɒləʊ] *v/t* | **folgen, verfolgen**
We **followed** the waiter to our table. | Wir folgten dem Kellner zu unserem Tisch.
I think a car is **following** us. | Ich glaube, ein Auto verfolgt uns.

disturb [dɪ'stɜ:b] *v/t syn:* bother | **stören**
Don't **disturb** her when she's working. | Stört sie nicht, wenn sie arbeitet!

silent ['saɪlənt] *adj syn:* quiet, *opp:* noisy | **schweigend, schweigsam, still**
You have a right to remain **silent** when you are arrested. | Sie haben das Recht zu schweigen, wenn Sie festgenommen werden.

silence ['saɪləns] *n syn:* quiet, *opp:* noise | **Schweigen** *n*, **Stille** *f*
The corrupt politician offered her £10,000 for her **silence**. | Der korrupte Politiker bot ihr 10 000 Pfund für ihr Schweigen.
After a moment of absolute **silence** there was enthusiastic applause. | Nach einem Augenblick völliger Stille setzte ein begeisterter Applaus ein.

«2001–4000»

influence ['ɪnfluəns] *n, v/t* | **Einfluss** *m*, **beeinflussen**
Young people can easily come under the **influence** of religious sects. | Junge Menschen geraten leicht unter den Einfluss religiöser Sekten.
There are hardly any pop groups that weren't **influenced** by the Beatles. | Es gibt fast keine Popgruppen, die nicht von den Beatles beeinflusst wurden.

impress [ɪm'pres] *v/t* | **beeindrucken, imponieren**
I was **impressed** by her nearly perfect pronunciation. | Ich war beeindruckt von ihrer nahezu perfekten Aussprache.

confuse [kən'fju:z] *v/t*
Waking up in strange surround-ings really **confused** me.

verwirren, verwechseln
In einer fremden Umgebung aufzuwachen, hat mich echt verwirrt.

The twins look so much alike that I'm always **confusing** them.

Die Zwillinge ähneln sich so sehr, dass ich sie immer ver-wechsle.

---

persuade [pə'sweɪd] *v/t syn:* convince
He couldn't **persuade** her to go climbing – she was too afraid.

überreden, überzeugen

Er konnte sie nicht dazu überre-den, Bergsteigen zu gehen – sie war zu ängstlich.

---

control [kən'trəʊl] *n*
When football fans start drink-ing, things often get out of **control.**

Kontrolle *f,* **Herrschaft** *f*
Wenn Fußballanhänger zu trin-ken anfangen, geraten die Din-ge häufig außer Kontrolle.

TIPP: Vorsicht, Kontrolle im Sinne von (Über)Prüfung wird nicht durch **control** *ausgedrückt, sondern durch* **check***, z. B.* **an airport security check** *(eine Flughafensicherheitskontrolle).*

---

represent [ˌreprɪ'zent] *v/t*
She will **represent** our school at the conference.

vertreten
Sie wird unsere Schule auf der Tagung vertreten.

---

lead [li:d] *v/i, v/t*
⚠ **led** [led], **led** [led]
Two women were **leading** the demonstrators.

führen, anführen

Zwei Frauen führten die De-monstranten an.

---

guide [gaɪd] *v/t syn:* lead
The dog **guided** the blind man across the street.

führen, (ge)leiten
Der Hund führte den Blinden über die Straße.

---

imitate ['ɪmɪteɪt] *v/t syn:* copy
He can **imitate** Marlon Brando's mumbling speech perfectly.

nachahmen, imitieren
Er kann Marlon Brandos Genu-schel perfekt nachahmen.

---

favour, *Am* **favor** ['feɪvə] *n*
Would you do me a **favour** and lend me your bike?

Gefallen *m*
Würdest du mir einen Gefallen tun und mir dein Rad leihen?

---

reward [rɪ'wɔːd] *n*
His parents gave him a new car as a **reward** for passing his exams.

Belohnung *f*
Seine Eltern schenkten ihm ein neues Auto als Belohnung für das bestandene Examen.

spoil [spɔɪl] v/t

verwöhnen, verziehen

⚠ **spoilt*** [spɔɪlt], **spoilt*** [spɔɪlt]
Grandparents tend to **spoil** their grandchildren.

Großeltern neigen dazu, ihre Enkelkinder zu verwöhnen.

---

encourage [ɪnˈkʌrɪdʒ] v/t opp: discourage
I thought I had no chance but she **encouraged** me to apply for the job.

ermutigen, ermuntern, zureden

Ich glaubte, ich hätte keine Chance, aber sie ermutigte mich, mich zu bewerben.

---

trust [trʌst] n syn: confidence
His daughter would do anything he says – she has perfect **trust** in him.

Vertrauen n
Seine Tochter würde alles tun, was er sagt – sie hat absolutes Vertrauen zu ihm.

---

trust [trʌst] v/t
I didn't lend him any money because I don't **trust** him.

trauen, vertrauen
Ich habe ihm kein Geld geliehen, weil ich ihm nicht traue.

---

confidence [ˈkɒnfɪdəns] n syn: trust
The people lost **confidence** in the President and voted him out of office.

(Selbst)Vertrauen n, Zuversicht f

Die Bevölkerung verlor das Vertrauen in den Präsidenten und wählte ihn ab.

---

rely on [rɪˈlaɪ ɒn] v/t
You can **rely on** her when you need help.

sich verlassen auf
Du kannst dich auf sie verlassen, wenn du Hilfe brauchst.

---

respect [rɪˈspekt] n, v/t

Achtung f, Respekt m, achten, respektieren

American Indians have great **respect** for the old.
He has hardly any friends, but he's much **respected** as an expert.

Indianer haben große Achtung vor alten Menschen.
Er hat kaum Freunde, ist aber als Fachmann hoch geachtet.

---

example [ɪgˈzɑːmpl] n
A teacher should be punctual to set an **example** to his students.

Vorbild n
Ein Lehrer sollte pünktlich sein, um seinen Schülern ein Vorbild zu sein.

---

honour, Am **honor** [ˈɒnə] n
It's a great **honour** to have the Queen with us today.

Ehre f
Es ist eine große Ehre, heute die Königin unter uns zu haben.

---

worship [ˈwɜːʃɪp] v/t
She **worships** her son and doesn't see his faults.

verehren, anbeten
Sie betet ihren Sohn an und sieht seine Fehler nicht.

shame [ʃeɪm] *n*

Scham *f*, **Schamgefühl** *n*, **Schande** *f*

He has no **shame** and never feels guilty.

Er kennt keine Scham und fühlt sich niemals schuldig.

apologize [əˈpɒlədʒaɪz] *v/i*

sich entschuldigen, um Entschuldigung bitten

She's still angry although he's **apologized** (⚠ *nicht: excused himself*) for his behaviour.
→ *excuse me, sorry*

Sie ist immer noch böse, obwohl er sich für sein Benehmen entschuldigt hat.

forgive [fəˈgɪv] *v/t*
⚠ **forgave** [fəˈgeɪv], **forgiven** [fəˈgɪvən]

verzeihen, vergeben

She'll never **forgive** you (for) your rude remarks.

Sie wird dir deine frechen Bemerkungen nie verzeihen.

blame [bleɪm] *v/t opp:* excuse

die Schuld geben, Vorwürfe machen

Don't **blame** me – it's not my fault that we lost.

Gib mir nicht die Schuld – ich kann nichts dafür, dass wir verloren haben.

gossip [ˈgɒsɪp] *n*

Klatsch *m*, **Klatschmaul** *n*, **Klatschtante** *f*

The papers are full of **gossip** about the royal family.

Die Zeitungen sind voll von Klatsch über die königliche Familie.

boast [bəʊst] *v/i syn:* brag
She's always **boasting** about how clever her children are.

angeben, prahlen
Sie gibt ständig damit an, wie schlau ihre Kinder sind.

secret [ˈsiːkrɪt] *n, adj*
Don't tell anybody – these plans must be kept **secret**.

Geheimnis *n*, **geheim, Geheim...**
Nicht weitererzählen – diese Pläne müssen geheim gehalten werden.

lie [laɪ] *n opp:* truth
She said she was busy, and I knew that was a **lie**.

Lüge *f*
Sie sagte, sie habe keine Zeit, und ich wusste, dass es eine Lüge war.

lie [laɪ] *v/i opp:* tell the truth
She's **lying** – there isn't a grain of truth in what she says.

lügen
Sie lügt – es ist kein Körnchen Wahrheit an dem, was sie sagt.

TIPP: to lie (= lügen) ist ein regelmäßiges Verb (lie, lied, lied) und darf nicht mit to lie, lay, lain (= liegen) verwechselt werden. In der -ing-Form werden beide Verben zu lying mit y!

swear [sweə] *v/i syn:* curse
⚠ **swore** [swɔː], **sworn** [swɔːn]
He **swore** loudly when his car
broke down for the third time.

fluchen

Er fluchte laut, als sein Auto die
dritte Panne hatte.

curse [kɜːs] *v/t*
He **cursed** the second-hand car
dealer for his dishonesty.

(ver)fluchen
Er verfluchte den Gebraucht-
wagenhändler wegen seiner
Unehrlichkeit.

damn(ed) [dæm(d)] *adj, adv*
Some **damn** fool left the door
open and the dog got out!

verdammt, verflucht
Der Hund ist rausgelaufen, weil
irgendein verdammter Idiot die
Tür offen ließ!

offend [ə'fend] *v/t syn:* hurt, upset, insult
She was very **offended** that you
didn't invite her.

kränken, verletzen, beleidigen

Sie war sehr gekränkt, weil du
sie nicht eingeladen hast.

insult [ɪn'sʌlt] *v/t syn:* offend
Your refusal to shake hands
with him **insulted** him.

beleidigen
Du hast ihn damit beleidigt,
dass du ihm die Hand nicht geben wolltest.

insult ['ɪnsʌlt] *n*
Calling an American Indian a
redskin is an **insult**.

Beleidigung *f*
Einen Indianer „Rothaut" zu
nennen, ist eine Beleidigung.

trick [trɪk] *n*
She got the money from an old
woman by a **trick**.

Trick *m*, **Streich** *m*
Sie nahm einer alten Frau mit
Hilfe eines Tricks das Geld ab.

cheat [tʃiːt] *v/i*
He always wins at cards – he
must be **cheating**!

mogeln, betrügen, schummeln
Er gewinnt immer beim Karten-
spielen – bestimmt mogelt er!

threat [θret] *n*
Violent racism is a **threat** to the
peace of the whole nation.

Drohung *f*, **Bedrohung** *f*
Rassistische Gewalt ist eine
Bedrohung des Friedens im
ganzen Land.

threaten ['θretn] *v/i, v/t*
The terrorists **threatened** to
blow up the building.

drohen (mit), bedrohen
Die Terroristen drohten, das Gebäude in die Luft zu sprengen.

quarrel ['kwɒrəl] *n, v/i syn:* fight
When they have a **quarrel** they
don't speak to each other.
They're **quarrelling** about what
programme to watch on TV.

Streit *m*, **Krach** *m*, **sich streiten**
Wenn sie Streit haben, spre-
chen sie nicht miteinander.
Sie streiten sich darüber, welches Fernsehprogramm sie sehen wollen.

struggle ['strʌgl] *n, v/i syn:* fight
The black civil rights movement
in the USA has been a long
struggle.
After the war they had to **struggle** hard to survive.

Kampf *m,* **kämpfen**
Die schwarze Bürgerrechtsbewegung in den USA war ein langer Kampf.
Nach dem Krieg mussten sie
hart ums Überleben kämpfen.

give in [ˌgɪv 'ɪn] *v/i*
They can't stop fighting because neither of them wants to
give in.

nachgeben, aufgeben
Sie können nicht aufhören zu
streiten, weil keiner von beiden
nachgeben will.

1.1.5 SPRACHE UND SPRECHABSICHTEN

1.1.5.1 SPRACHE

«1–2000»

speak [spiːk] *v/i, v/t syn:* talk
⚠ **spoke** [spəʊk], **spoken**
['spəʊkən]
I'd like to **speak** to the manager.

I understand Dutch but don't
speak it.

sprechen, reden

Ich möchte mit dem Geschäftsführer sprechen.

Ich verstehe Holländisch, aber
spreche es nicht.

talk [tɔːk] *v/i syn:* speak
He's always **talking** about
paying me back but he never
does.

reden, sprechen
Er spricht immer davon, mir
das Geld zurückzuzahlen, aber
er tut es nie.

talk [tɔːk] *n syn:* conversation
Mother and I had a long **talk.**

Gespräch *n*
Mutter und ich haben ein langes Gespräch gehabt.

say [seɪ] *v/t*
⚠ **said** [sed], **said** [sed]
How do you **say** „Guten Appetit" in English? → *tell*

sagen

Wie sagt man „Guten Appetit"
auf Englisch?

tell [tel] *v/t*
⚠ **told** [təʊld], **told** [təʊld]
I can't **tell** you how glad I am to
see you.
She always **tells** the children a
story before they go to bed.

sagen, erzählen, mitteilen

Ich kann dir nicht sagen, wie
froh ich bin dich zu sehen.
Sie erzählt den Kindern immer
eine Geschichte, bevor sie zu
Bett gehen.

call [kɔːl] *n, v/i, v/t syn:* shout, cry
We heard a **call** for help but didn't see anybody.
I **called** his name but he didn't hear me.

Ruf *m,* **Schrei** *m,* **rufen**
Wir hörten einen Hilferuf, sahen aber niemanden.
Ich rief seinen Namen, doch er hörte mich nicht.

cry [kraɪ] *n, v/i, v/t syn:* shout
She gave a **cry** of joy when she won the match.
Babies **cry** when they are hungry.

Schrei *m,* **schreien**
Sie stieß einen Freudenschrei aus, als sie das Spiel gewann.
Babys schreien, wenn sie Hunger haben.

word [wɜːd] *n*
I couldn't think of the French **word** for it.

Wort *n*
Mir fiel das französische Wort dafür nicht ein.

spell [spel] *v/i, v/t*
⚠ **spelt*** [spelt], **spelt*** [spelt]
Could you please **spell** your name? – Yes, it's M-u-e-l-l-e-r.

buchstabieren, (recht)schreiben

Würden Sie bitte Ihren Namen buchstabieren? – Ja, M-u-e-l--l-e-r.

TIPP: Da es im Englischen weder Umlaute noch ein ß gibt, buchstabiert (und schreibt) man Namen am besten mit **ae** *statt* ä *usw. sowie mit* **ss** *statt* ß*, also z. B.* **Loewenstrasse** *statt Löwenstraße.*

«2001–4000»

speech [spiːtʃ] *n*
Speech therapists help people with **speech** defects.

Sprache *f,* **Sprechen** *n*
Logopäden helfen Menschen mit Sprachfehlern.

express [ɪk'spres] *v/t*
Don't copy from the text – try to **express** it in your own words.

ausdrücken
Übernehmt nichts wörtlich aus dem Text – versucht, es mit eigenen Worten auszudrücken.

expression [ɪk'spreʃn] *n syn:* phrase, word
The **expression** "in a fix" means "in a difficult situation".

Ausdruck *m*

Der Ausdruck „in der Klemme" bedeutet „in einer schwierigen Situation".

mention ['menʃn] *v/t*
The boss owes him so much but doesn't even **mention** him in his report.

erwähnen
Der Chef verdankt ihm so viel, aber erwähnt ihn nicht einmal in seinem Bericht.

declare [dɪ'kleə] v/t
He was **declared** the winner.
→ *explain*

erklären, verkünden
Er wurde zum Sieger erklärt.

conversation [ˌkɒnvə'seɪʃn] n
syn: talk
The conference should allow enough time for private **conversations**.

Unterhaltung f, **Gespräch** n
Die Tagung sollte genug Zeit für private Gespräche lassen.

discuss [dɪ'skʌs] v/t
In tonight's talk show the guests will **discuss** (△ nicht: **about**) the problems of drug addiction.

diskutieren (über), besprechen
In der Talkshow heute Abend werden die Gäste über die Probleme der Drogensucht diskutieren.

discussion [dɪ'skʌʃn] n
I watched an interesting **discussion** about new immigration laws.

Diskussion f, **Gespräch** n
Ich habe eine interessante Diskussion über neue Einwanderungsgesetze gesehen.

argue ['ɑːgjuː] v/i syn: quarrel, fight
The kids are **arguing** over which TV programme they should watch.

(sich) streiten
Die Kinder streiten sich darüber, welches Fernsehprogramm sie anschauen wollen.

argument ['ɑːgjəmənt] n syn: quarrel, fight
The football coach got into an **argument** with the referee about his decision.

Streit m
Der Fußballtrainer bekam mit dem Schiedsrichter Streit über dessen Entscheidung.

sound [saʊnd] n
The English th is a **sound** that many Germans can't pronounce.

Laut m
Das englische th ist ein Laut, den viele Deutsche nicht aussprechen können!

voice [vɔɪs] n
I love listening to her – she's got a beautiful **voice**.

Stimme f
Ich höre ihr sehr gerne zu – sie hat eine schöne Stimme.

whisper ['wɪspə] v/t
She **whispered** in my ear so the others couldn't hear her.

flüstern
Sie flüsterte mir ins Ohr, damit die anderen sie nicht hören konnten.

shout [ʃaʊt] n, v/i, v/t syn: call, cry
He gave a **shout** of joy.

There's no need to **shout** at the boy.

Schrei m, **Ruf** m, **schreien, rufen**
Er stieß einen Freudenschrei aus.

Es gibt keinen Grund, den Jungen anzuschreien.

pronounce [prə'naʊns] v/t
"Our" and "hour" are spelt differently but **pronounced** the same.

aussprechen
„Our" und „hour" werden verschieden geschrieben, aber gleich ausgesprochen.

pronunciation [prə,nʌnsɪ'eɪʃn] n
The **pronunciation** of "Gary" is different from that of "Gerry".

Aussprache f
Die Aussprache von „Gary" ist anders als die von „Gerry".

spelling ['spelɪŋ] n syn: orthography
He writes in an excellent style but his **spelling** is terrible.

(Recht)Schreibung f
Er schreibt einen hervorragenden Stil, aber er hat eine furchtbare Rechtschreibung.

sentence ['sentəns] n
Please answer the questions using complete **sentences**.

Satz m
Bitte beantworten Sie die Fragen in vollständigen Sätzen.

1.1.5.2 SPRECHABSICHTEN

1.1.5.2.1 Auskunft

«1–2000»

ask [ɑːsk] v/t opp: answer, reply
If you order a beer in the USA, the barman will **ask** you how old you are.

fragen
Wenn du in den USA ein Bier bestellst, fragt dich der Barkeeper, wie alt du bist.

question ['kwestʃn] n opp: answer, reply
I asked him but he didn't answer my **question**.

Frage f
Ich habe ihn gefragt, aber er hat meine Frage nicht beantwortet.

answer ['ɑːnsə] v/i, v/t syn: reply, opp: ask
He's going to **answer** all the questions you ask him.

antworten, beantworten
Er wird alle Fragen beantworten, die Sie ihm stellen.

answer ['ɑːnsə] n syn: reply, opp: question
If you are asking me, the **answer** is yes.

Antwort f
Wenn Sie mich fragen, ist die Antwort Ja.

show [ʃəʊ] *v/t* ⚠ **showed** [ʃəʊd], **shown** [ʃəʊn] You must **show** your passport before you board the plane.	**zeigen** Man muss seinen Pass zeigen, bevor man an Bord des Flugzeugs geht.
information [ˌɪnfə'meɪʃn] *n* I'd like some **information** (⚠ *nicht:* **informations**) about rafting on the Colorado River. → *advice*	**Information(en), Auskunft** *f* Ich hätte gern Informationen über Schlauchbootfahrten auf dem Colorado.
news [njuːz, *Am* nuːz] *n* This is (⚠ *nicht:* **are**) the **news**. → *advice*	**Nachricht(en), Neuigkeit(en)** Sie hören Nachrichten.
report [rɪ'pɔːt] *v/i, v/t* As the US correspondent of the Guardian he **reported** on the San Francisco earthquake.	**berichten, melden** Er berichtete als Amerika-Korrespondent des Guardian über das Erdbeben in San Francisco.
report [rɪ'pɔːt] *n syn:* account I watched the TV **report** of the bombing of the World Trade Center.	**Bericht** *m*, **Report(age)** Ich habe den Fernsehbericht über den Bombenanschlag auf das World Trade Center gesehen.
explain [ɪk'spleɪn] *v/t* Can you **explain** to me (⚠ *nicht:* **explain me**) what this word means?	**erklären** Können Sie mir erklären, was dieses Wort bedeutet?
mean [miːn] *v/t* ⚠ **meant** [ment], **meant** [ment] The three stars in the guide **mean** that it's a very fine restaurant. → *mean (S. 81)*	**bedeuten** Die drei Sterne im Führer bedeuten, dass es ein sehr gutes Restaurant ist.
meaning ['miːnɪŋ] *n syn:* sense Most words have several **meanings**.	**Bedeutung** *f*, **Sinn** *m* Die meisten Wörter haben mehrere Bedeutungen.
tip [tɪp] *n* This travel guide is full of useful **tips**.	**Tipp** *m*, **Hinweis** *m* Dieser Reiseführer enthält eine Fülle praktischer Tipps.
advice [əd'vaɪs] *n* He took his doctor's **advice** and gave up smoking. Let me give you a piece of **advice** (⚠ *nicht:* **an advice**).	**Rat** *m* Er befolgte den Rat seines Arztes und hörte auf zu rauchen. Ich möchte dir einen Rat geben.

TIPP: **advice, information** und **news** können <u>nur im Singular</u> und <u>ohne unbestimmten Artikel</u> gebraucht werden. *Ein einzelner Rat(schlag), eine Information oder Nachricht werden durch* **a piece of ...** *ausgedrückt, z. B.* **an important piece of news** *(eine wichtige Nachricht).*

«2001–4000»

inquiry [ɪnˈkwaɪərɪ] *n*	**Erkundigung** *f,* **Nachforschung** *f,* **Untersuchung** *f*
The police are making **inquiries** about the murdered woman's life.	Die Polizei zieht Erkundigungen über das Leben der Ermordeten ein.
inquire [ɪnˈkwaɪə] *v/i syn:* ask	**sich erkundigen**
I'd like to **inquire** about cheap flights to Florida.	Ich möchte mich nach Billigflügen nach Florida erkundigen.
statement [ˈsteɪtmənt] *n*	**Erklärung** *f,* **Feststellung** *f*
The politicians made a **statement**.	Die Politiker gaben eine Erklärung ab.
remark [rɪˈmɑːk] *n*	**Bemerkung** *f*
He can't stop making nasty **remarks**.	Er kann es nicht lassen, gehässige Bemerkungen zu machen.
message [ˈmesɪdʒ] *n*	**Nachricht** *f,* **Botschaft** *f*
Send him a **message** by fax.	Schicken Sie ihm eine Nachricht per Fax.
inform [ɪnˈfɔːm] *v/t syn:* tell	**informieren, mitteilen, benachrichtigen**
She told her boss about the missing money but didn't **inform** the police.	Sie erzählte ihrem Vorgesetzten von dem fehlenden Geld, informierte aber nicht die Polizei.
explanation [ˌekspləˈneɪʃn] *n*	**Erklärung** *f*
The police know the murderer but have no **explanation** for his motives.	Die Polizei kennt den Mörder, hat aber keine Erklärung für seine Motive.
point [pɔɪnt] *v/i*	**zeigen (nach), weisen, deuten**
A compass needle **points** north.	Die Kompassnadel zeigt nach Norden.

refer to [rɪ'fɜː tʊ]
When we speak of the greenhouse effect, we **refer to** the global warming caused by pollution.

sich beziehen auf, sprechen von
Wenn wir vom Treibhauseffekt sprechen, beziehen wir uns auf die durch Umweltverschmutzung verursachte Erderwärmung.

advise [əd'vaɪz] v/t
The doctor **advised** him to stop smoking.

raten
Der Arzt riet ihm, mit dem Rauchen aufzuhören.

recommend [ˌrekə'mend] v/t
Can you **recommend** a good restaurant (to me)?

empfehlen
Können Sie (mir) ein gutes Restaurant empfehlen?

1.1.5.2.2 Zustimmung und Ablehnung

«1–2000»

opinion [ə'pɪnjən] n syn: view
Everybody thinks she's great, but in my **opinion** (⚠ nicht: meaning) her books are boring.

Meinung f, **Ansicht** f
Alle halten sie für großartig, aber meiner Meinung nach sind ihre Bücher langweilig.

mean [miːn] v/t
⚠ **meant** [ment], **meant** [ment]
I don't understand what you **mean** by that.
Do you **mean** me? – Yes, I **mean** you.
I **mean** what I say. → think

meinen (= **sagen wollen, im Sinn haben**), **ernst meinen**
Ich verstehe nicht, was Sie damit meinen.
Meinst du mich? – Ja, ich meine dich.
Ich meine (ernst), was ich sage.

> **TIPP:** meinen im Sinne von glauben, der Meinung sein wird <u>nicht</u> durch **mean** ausgedrückt, sondern durch **think, believe, be of the opinion**, z. B. **I think he's right. What do you think?** (Ich meine, er hat Recht. Was meinst du?)

for [fɔː] prp syn: in favour of, opp: against
Are you **for** nuclear energy or against it?

für
Bist du für Atomenergie oder dagegen?

against [ə'genst] prp opp: for, in favour of
Pacifists are **against** violence of any kind.

gegen
Pazifisten sind gegen jede Art von Gewalt.

yes [jes] *adv opp:* no
Are you German? – **Yes,** I am.
→ *no*

ja
Sind Sie Deutsche(r)? – Ja.

of course [əvˈkɔːs] *adv syn:* certainly
May I borrow this book? – Yes, **of course**.

natürlich, gewiss, sicher(lich), selbstverständlich
Kann ich mir dieses Buch ausleihen? – Ja, natürlich.

no [nəʊ] *adv opp:* yes
Do you live here? – **No,** I don't.

nein
Wohnen Sie hier? – Nein.

> *TIPP: Es wirkt oft unhöflich, Fragen nur mit* **yes** *oder* **no** *zu beantworten. Auf Angebote antwortet man am besten mit* **yes, please** *oder* **no, thank you**, *auf andere Fragen mit den entsprechenden Kurzantworten, z. B.* **Are you enjoying your visit? – Yes, we are.**

not [nɒt] *adv*
You are **not** old enough to drink.

nicht
Sie sind nicht alt genug, Alkohol zu trinken.

right [raɪt] *adj syn:* correct, true, *opp:* wrong, false
A successful politician always says the **right** things and knows the **right** people.

richtig, wahr, korrekt, recht

Ein erfolgreicher Politiker sagt immer das Richtige und kennt die richtigen Leute.

correct [kəˈrekt] *adj syn:* right, *opp:* wrong, false
You did a good job – 9 out of 10 answers are **correct.**

richtig, korrekt

Du hast deine Sache gut gemacht – 9 von 10 Antworten sind richtig.

true [truː] *adj syn:* real, right, correct, *opp:* false, wrong
It sounds strange but it's a **true** story.

wahr

Es klingt seltsam, aber es ist eine wahre Geschichte.

truth [truːθ] *n opp:* lie
They didn't believe her although she was telling the **truth.**

Wahrheit *f*
Sie glaubten ihr nicht, obwohl sie die Wahrheit sagte.

be right [bɪ ˈraɪt] *opp:* be wrong
I think you**'re right.**

Recht haben
Ich finde, du hast Recht.

admit [ədˈmɪt] *v/t syn:* confess, *opp:* deny
He had to **admit** that his opponent was better than he was.

zugeben

Er musste zugeben, dass sein Gegner besser war als er.

wrong [rɒŋ] *adj syn:* false, *opp:* right, correct
Turn round, we're going in the **wrong** direction.

falsch

Dreh um, wir fahren in der falschen Richtung.

mistake [mɪˈsteɪk] *n syn:* error, fault
Except for a few spelling **mistakes** it's an excellent piece of work.

Fehler *m*

Bis auf einige Rechtschreibfehler ist es eine ausgezeichnete Arbeit.

be wrong [bɪ ˈrɒŋ] *opp:* be right
I **was wrong** when I thought I could do it without any help.

Unrecht haben, sich irren

Ich irrte mich, als ich glaubte, ich könnte es ohne irgendwelche Hilfe schaffen.

«2001–4000»

view [vjuː] *n syn:* idea, opinion, belief
In a democracy everybody has a right to his own political **views**.

Ansicht *f*, **Meinung** *f*, **Standpunkt** *m*

In einer Demokratie hat jeder ein Recht auf seine eigenen politischen Ansichten.

argument [ˈɑːgjəmənt] *n*
What **arguments** are there for and against nuclear power?

Argument *n*

Welche Argumente gibt es für bzw. gegen die Kernkraft?

reply [rɪˈplaɪ] *n, v/i, v/t syn:* answer
I wrote to the British Tourist Authority and got an immediate **reply.**
We sent them a letter and they **replied** by fax.

Antwort *f*, **Erwiderung** *f*, **antworten, erwidern**

Ich habe an das Britische Fremdenverkehrsamt geschrieben und sofort Antwort erhalten.
Wir haben ihnen einen Brief geschrieben, und sie haben per Fax geantwortet.

in favo(u)r (of) [ɪn ˈfeɪvə(rəv)] *syn:* for, *opp:* against
Will those **in favour (of** the proposal) please raise their hands.

(da)für, zugunsten (von)

Wer dafür (für den Auftrag) ist, möge bitte die Hand heben.

agree [əˈgriː] *v/i opp:* disagree

You said the film was boring – I **agree** with you.

zustimmen, einwilligen, sich einig sein oder werden
Du hast gesagt, der Film sei langweilig – ich stimme dir zu.

agreement [ə'gri:mənt] *n*

Einigung *f*, **Übereinkunft** *f*, **Abkommen** *n*

It's difficult to reach an **agreement** on protecting the whales.

Es ist schwierig, zu einer Einigung über den Schutz der Wale zu kommen.

---

approve (of) [ə'pru:v (əv)] *v/i*, *v/t opp:* object (to)

zustimmen, billigen, genehmigen

I don't **approve of** elitist private schools.

Ich halte nichts von elitären Privatschulen.

The plans must be **approved** by the city council.

Die Pläne müssen vom Stadtrat genehmigt werden.

---

praise [preɪz] *v/t opp:* criticize

loben

The press **praised** the firefighters' prompt action.

Die Presse lobte das schnelle Eingreifen der Löschmannschaft.

---

praise [preɪz] *n opp:* criticism

Lob *n*

Webber's new musical received a lot of **praise**.

Webbers neues Musical erntete viel Lob.

---

admire [əd'maɪə] *v/t opp:* despise

bewundern

Many people **admire** Greenpeace.

Viele Menschen bewundern die Organisation Greenpeace.

---

admiration [ˌædmə'reɪʃn] *n* *opp:* contempt

Bewunderung *f*

His work has always filled me with **admiration**.

Sein Werk hat mich schon immer mit Bewunderung erfüllt.

---

correct [kə'rekt] *v/t*

verbessern, berichtigen, korrigieren

Please **correct** me if I make a mistake.

Bitte verbessere mich, wenn ich einen Fehler mache.

---

mind [maɪnd] *v/t syn:* object to

etwas ausmachen, etwas dagegen haben

It's so hot – would you **mind** opening the window?

Es ist so heiß – würde es Ihnen etwas ausmachen, das Fenster zu öffnen?

---

complain [kəm'pleɪn] *v/i*

sich beschweren, sich beklagen

Our neighbours are often very noisy but we don't **complain** (about it).

Unsere Nachbarn sind oft sehr laut, aber wir beschweren uns nicht (darüber).

---

complaint [kəm'pleɪnt] *n*

Klage *f*, **Beschwerde** *f*

The police received lots of **complaints** about the noise.

Bei der Polizei gingen viele Beschwerden über den Lärm ein.

deny [dɪ'naɪ] *v/t opp:* admit
He **denies** ever having been
there.

bestreiten, leugnen
Er bestreitet, jemals dort gewesen zu sein.

object (to) [əb'dʒekt (tə)] *v/i*
opp: approve (of)
I'd like to close the meeting if no
one **objects** (to that).

**etwas dagegen haben, dagegen
sein, einwenden**
Ich möchte die Sitzung schließen, wenn niemand etwas dagegen hat.

protest [prə'test] *v/i*
Greenpeace organized a
march to **protest** against dumping in the North Sea.

protestieren
Greenpeace hat eine Demonst-
ration organisiert, um gegen
die Verklappung von Schadstof-
fen in der Nordsee zu protestieren.

protest ['prəʊtest] *n*
It was mainly the **protest** of
young people that ended the
war in Vietnam.

Protest *m*, **Widerspruch** *m*
Es war vor allem der Protest
junger Menschen, der den Viet-
namkrieg beendete.

refuse [rɪ'fjuːz] *v/i, v/t*

When the demonstrators **refused** to get up and leave, the
police carried them off.

**sich weigern, ablehnen, verwei-
gern**
Als die Demonstranten sich wei-
gerten aufzustehen und fortzu-
gehen, trug die Polizei sie fort.

refusal [rɪ'fjuːzl] *n*
His **refusal** annoyed her.

Weigerung *f*, **Ablehnung** *f*
Seine Weigerung ärgerte sie.

1.1.5.2.3 Gewissheit und Zweifel

«1–2000»

proof [pruːf] *n syn:* evidence

Do you have any **proof** that you
weren't at the scene of the
crime?

Beweis(e), Beleg(e), Nachweis
m
Haben Sie irgendwelche Be-
weise, dass Sie nicht am Tatort
waren?

sure [ʃʊə] *adj syn:* certain, *opp:*
uncertain
I think he'll come, but I'm not
sure.

sicher

Ich glaube, dass er kommt,
aber ich bin nicht sicher.

certain ['sɜːtn] *adj syn:* sure, *opp:* uncertain
I think they are open, but I'm not absolutely **certain**.

sicher, gewiss

Ich glaube, sie haben geöffnet, aber ich bin nicht absolut sicher.

---

certainly ['sɜːtnlɪ] *adv syn:* of course
It's **certainly** a good car, but it's far too expensive.

bestimmt, sicher(lich), gewiss, mit Sicherheit

Es ist bestimmt ein gutes Auto, aber es ist viel zu teuer.

---

suppose [sə'pəʊz] *v/t syn:* think, believe
Since she's not here, I **suppose** she's ill.

annehmen, vermuten

Da sie nicht hier ist, nehme ich an, dass sie krank ist.

---

seem [siːm] *v/i syn:* appear
She's not as cool as she **seems** to be.

scheinen

Sie ist nicht so ruhig wie sie scheint.

---

probable ['prɒbəbl] *adj syn:* likely, *opp:* improbable
It's possible that he'll win but not very **probable**.

wahrscheinlich

Es ist möglich, dass er gewinnt, aber nicht sehr wahrscheinlich.

---

probably ['prɒbəblɪ] *adv*
I'm not sure yet, but we'll **probably** leave on Friday.

wahrscheinlich

Ich bin noch nicht ganz sicher, aber wahrscheinlich fahren wir Freitag los.

---

possible ['pɒsəbl] *adj opp:* impossible
Further showers are **possible** but not probable.

möglich

Weitere Schauer sind möglich, aber nicht wahrscheinlich.

---

perhaps [pə'hæps] *adv syn:* maybe
I haven't seen Bob today – **perhaps** he's ill.

vielleicht

Ich habe Bob heute nicht gesehen – vielleicht ist er krank.

---

impossible [ɪm'pɒsəbl] *adj opp:* possible
Experts thought it was **impossible** to run a mile in under four minutes.

unmöglich

Fachleute hielten es für unmöglich, eine Meile in unter vier Minuten zu laufen.

«2001–4000»

obvious [ˈɒbvɪəs] *adj syn:* clear
It's **obvious** that they are in love with each other.

offensichtlich, klar
Es ist offensichtlich, dass sie ineinander verliebt sind.

clear [klɪə] *adj syn:* obvious
It's becoming **clear** that our climate is changing.

klar, deutlich
Es wird klar, dass sich unser Klima verändert.

prove [pruːv] *v/t*
His fingerprints **prove** that he was at the scene of the crime.

beweisen, belegen
Seine Fingerabdrücke beweisen, dass er sich am Tatort aufgehalten hat.

fact [fækt] *n*
It's a novel but it's based on **fact**.

Tatsache *f*
Es ist ein Roman, aber basiert auf Tatsachen.

reality [rɪˈælətɪ] *n opp:* fiction
What used to be science fiction is now **reality**.

Wirklichkeit *f*, **Realität** *f*
Was früher Sciencefiction war, ist heute Wirklichkeit.

decide [dɪˈsaɪd] *v/t*
A goal in the last minute **decided** the match.

entscheiden
Ein Tor in der letzten Minute entschied das Spiel.

decision [dɪˈsɪʒn] *n*
Let's come to a **decision** now.

Entscheidung *f*, **Beschluss** *m*
Kommen wir nun zu einer Entscheidung.

determined [dɪˈtɜːmɪnd] *adj*
When he's **determined** to win, no one can stop him.

entschlossen
Wenn er entschlossen ist zu gewinnen, kann ihn niemand aufhalten.

actual [ˈæktʃʊəl] *adj syn:* real
In the election there was a big difference between the predicted results and the **actual** results.

wirklich, eigentlich, tatsächlich
Bei der Wahl gab es einen großen Unterschied zwischen den vorhergesagten und den tatsächlichen (⚠ *nicht: aktuellen*) Ergebnissen.

TIPP: actual entspricht nicht dem deutschen aktuell. Dieses wird im Englischen meist durch topical (= augenblicklich interessant), current (gegenwärtig, „von heute") oder up-to-date (auf dem neuesten Stand) ausgedrückt.

actually [ˈæktʃʊəlɪ] adv syn: really

eigentlich, wirklich, tatsächlich

The Queen's official birthday is in June, although **actually** her birthday is in April.

Der offizielle Geburtstag der Königin ist im Juni, obwohl sie eigentlich im April Geburtstag hat.

convince [kənˈvɪns] v/t syn: persuade

überzeugen

He failed to **convince** the management that he was the right man for the job.

Es gelang ihm nicht, die Geschäftsleitung davon zu überzeugen, dass er der Richtige für die Stelle sei.

claim [kleɪm] v/i, v/t syn: maintain

behaupten

Several scientists **claim** to have been the first to find the AIDS virus.

Mehrere Wissenschaftler behaupten, als erste das AIDS-Virus entdeckt zu haben.

appear [əˈpɪə] v/i syn: seem

scheinen, wirken, den Anschein haben

He **appeared** (to be) quite calm, but actually he was nervous.

Er schien ganz ruhig zu sein, aber in Wirklichkeit war er nervös.

estimate [ˈestɪmeɪt] v/t

schätzen

The population of Mexico City is **estimated** at 20 million or higher.

Die Bevölkerung von Mexico City wird auf 20 Millionen oder darüber geschätzt.

maybe [ˈmeɪbɪ] adv syn: perhaps

vielleicht

I don't think so, but **maybe** you're right.

Ich glaube es nicht, aber vielleicht hast du Recht.

possibility [ˌpɒsəˈbɪlətɪ] n

Möglichkeit f

The weather will be fine but there's a **possibility** of some rain in the evenings.

Das Wetter wird schön, aber es besteht die Möglichkeit, dass es abends etwas regnet.

guess [ges] v/i, v/t

raten, erraten

Do you know how old London is? – I can only **guess** – about 2000 years? – You've **guessed** it!

Weißt du, wie alt London ist? – Da kann ich nur raten – etwa 2000 Jahre? – Du hast es erraten!

hesitate [ˈhezɪteɪt] v/i

zögern

If you have any questions, don't **hesitate** to ask.

Wenn Sie Fragen haben, zögern Sie nicht und fragen Sie!

doubt [daʊt] *n, v/t*
Everybody says that he'll win but I have my **doubts** (about it). She may get the job but I **doubt** it.

Zweifel *m,* **bezweifeln**
Jeder sagt, dass er gewinnt, aber ich habe meine Zweifel. Vielleicht bekommt sie die Stelle, aber ich bezweifle es.

1.1.5.2.4 Wertung und Urteil

«1–2000»

choose [tʃuːz] *v/i, v/t syn:* select, pick
⚠ **chose** [tʃəʊz] **chosen** ['tʃəʊzən]
You can **choose** between soup and a salad.

wählen, auswählen

Sie können zwischen Suppe und Salat wählen.

prefer [prɪ'fɜː] *v/t*
I'm not a vegetarian, but I **prefer** vegetables to meat.

vorziehen, lieber mögen usw.
Ich bin keine Vegetarierin, aber ich esse lieber Gemüse als Fleisch.

good [gʊd] *adj opp:* bad
He's a **good** golfer but a bad tennis player.

gut
Er ist ein guter Golfspieler, aber ein schlechter Tennisspieler.

well [wel] *adv opp:* badly
She's a good dancer and she sings very **well**, too.

gut
Sie ist eine gute Tänzerin und kann auch sehr gut singen.

better ['betə] *adj, adv opp:* worse
She's a much **better** driver than he is, and plays **better** tennis, too.

besser

Sie ist eine viel bessere Autofahrerin als er und spielt auch besser Tennis.

best [best] *adj, adv opp:* worst
Jesse Owens, the **best** athlete of his time, set six world records in 45 minutes.

beste(r, -s), am besten
Jesse Owens, der beste Leichtathlet seiner Zeit, stellte sechs Weltrekorde in 45 Minuten auf.

nice [naɪs] *adj*
Thank you for the photograph – that's a very **nice** present.

nett, hübsch, schön
Danke für das Foto, das ist ein sehr hübsches Geschenk.

fine [faɪn] *adj syn:* excellent, beautiful
The Guggenheim in New York is one of the **finest** museums of its kind.

schön, ausgezeichnet, erlesen

Das Guggenheim in New York ist eines der schönsten Museen seiner Art.

great [greɪt] *adj syn:* excellent, wonderful
Shakespeare was the **greatest** dramatist of all time.
The new film is really **great**.

groß, großartig, toll

Shakespeare war der größte Dramatiker aller Zeiten.
Der neue Film ist wirklich großartig.

wonderful ['wʌndəfʊl] *adj syn:* lovely, *opp:* awful
It's a **wonderful** book – I could read it over and over again.

wunderbar, wundervoll

Es ist ein wunderbares Buch – ich könnte es immer wieder lesen.

bad [bæd] *adj opp:* good
The hotel was good but the food was **bad**.

schlecht, schlimm, böse

Das Hotel war gut, aber das Essen schlecht.

worse [wɜːs] *adj, adv opp:* better
Last year the economy was bad, but this year it is even **worse**.

schlechter, schlimmer

Letztes Jahr ging es der Wirtschaft schlecht, aber dieses Jahr geht es ihr noch schlechter.

worst [wɜːst] *adj, adv opp:* best

The earthquake and fire of 1906 was the **worst** disaster in San Francisco's history.

schlechteste(r, -s), schlimmste(r, -s), am schlechtesten, am schlimmsten

Das Erdbeben und Feuer von 1906 war die schlimmste Katastrophe in der Geschichte San Franciscos.

awful ['ɔːfʊl] *adj syn:* terrible
New York has an **awful** climate – it's either too hot or too cold.

furchtbar, schrecklich

New York hat ein furchtbares Klima – es ist entweder zu heiß oder zu kalt.

interesting ['ɪntrɪstɪŋ] *adj opp:* boring, dull
He travels a lot, he's got a very **interesting** job.

interessant

Er reist viel, er hat einen sehr interessanten Beruf.

important [ɪmˈpɔːtnt] *adj opp:* unimportant

wichtig

A large vocabulary is more **important** than perfect pronunciation.

Ein großer Wortschatz ist wichtiger als eine perfekte Aussprache.

---

valuable [ˈvæljəbl] *adj syn:* precious, *opp:* worthless

wertvoll

The delay will cost us **valuable** time.

Die Verspätung kostet uns wertvolle Zeit.

---

useful [ˈjuːsfəl] *adj syn:* valuable, *opp:* useless

nützlich, praktisch, wertvoll

Phonecards can be quite **useful** when you're out of change.

Telefonkarten können recht nützlich sein, wenn man kein Kleingeld hat.

---

use [juːs] *n*

Nutzen *m*

Nothing is of as much **use** in an office as a computer.

Nichts ist in einem Büro von so großem Nutzen wie ein Computer.

---

easy [ˈiːzɪ] *adj syn:* simple, *opp:* difficult, hard

leicht, einfach

Germans find it **easier** to learn English than French.

Deutschen fällt es leichter, Englisch zu lernen als Französisch.

---

simple [ˈsɪmpl] *adj syn:* plain, easy, *opp:* difficult, complicated

einfach, leicht, schlicht

I thought it was **simple** but I couldn't do it.

Ich hielt es für leicht, aber ich schaffte es nicht.

---

difficult [ˈdɪfɪkəlt] *adj syn:* hard, *opp:* easy

schwierig, schwer

Let's begin with some easy questions before we turn to the **difficult** ones.

Fangen wir mit ein paar leichten Fragen an, bevor wir uns den schwierigen zuwenden.

---

strange [streɪndʒ] *adj, syn:* funny, odd, *opp:* normal

seltsam, eigenartig, merkwürdig

I can't explain his **strange** behaviour – he's never done that before.

Ich kann mir sein seltsames Benehmen nicht erklären, er hat das noch nie getan.

---

too [tuː] *adv*

zu

The radio's **too** loud – turn it down, please.

Das Radio ist zu laut, stell es bitte leiser!

«2001–4000»

choice [tʃɔɪs] *n*
I think we made the right **choice**
(in) buying this car.

Wahl *f*, **Auswahl** *f*
Ich glaube, wir haben die richtige Wahl getroffen, als wir dieses Auto kauften.

---

purpose ['pɜːpəs] *n*
My car is small and slow but it serves its **purpose**.

Zweck *m*, **Absicht** *f*
Mein Wagen ist klein und langsam, aber er erfüllt seinen Zweck.

---

prove [pruːv] *v/i syn:* turn out
I hope this book will **prove** (to be) useful for your English.

sich erweisen (als)
Ich hoffe, dass dieses Buch sich als nützlich für dein Englisch erweisen wird.

---

deserve [dɪ'zɜːv] *v/t*
You've been working hard all day – you really **deserve** a rest.

verdienen
Du hast den ganzen Tag hart gearbeitet – du verdienst wirklich etwas Ruhe.

---

check [tʃek] *v/t*
Airport security **checked** (⚠ *nicht: controlled*) our luggage.
Fill her up, please, and **check** (⚠ *nicht: control*) the oil.

kontrollieren, (über)prüfen
Die Flughafenpolizei kontrollierte unser Gepäck.
Bitte voll tanken und den Ölstand prüfen!

---

criticize ['krɪtɪsaɪz] *v/t opp:* praise
In a democracy anybody has the right to **criticize** the government.

kritisieren

In einer Demokratie hat jeder das Recht, die Regierung zu kritisieren.

---

criticism ['krɪtɪsɪzm] *n opp:* praise
A politician must be open to **criticism** (⚠ *nicht: critic*). → *critic*

Kritik *f*

Ein Politiker muss offen für Kritik sein.

---

critic ['krɪtɪk] *n*
"Schindler's List" was a success with the public as well as the **critics**.

Kritiker(in)
„Schindlers Liste" war ein Erfolg beim Publikum und auch bei den Kritikern (⚠ *nicht: Kritiken*).

---

*TIPP: Kritik (= Urteil, Tadel, das Kritisieren) heißt **criticism**, Kritik (= Besprechung, Rezension) heißt **review**.*

satisfactory [ˌsætɪsˈfæktərɪ] *adj*
opp: unsatisfactory
The results aren't sensational but **satisfactory**.

zufrieden stellend, befriedigend

Die Ergebnisse sind nicht sensationell, doch zufrieden stellend.

---

satisfied [ˈsætɪsfaɪd] *adj syn:* content, pleased, *opp:* dissatisfied
He gets everything he wants, but he never seems to be **satisfied**.

zufrieden

Er bekommt alles, was er will, aber er scheint nie zufrieden zu sein.

---

improve [ɪmˈpruːv] *v/i, v/t*
This book will help you to **improve** your English.

sich (ver)bessern, verbessern
Dieses Buch wird dir helfen, dein Englisch zu verbessern.

---

excellent [ˈeksələnt] *adj syn:* outstanding
Congratulations! Your exam results are **excellent**.

ausgezeichnet, hervorragend

Ich gratuliere! Du hast in der Prüfung hervorragend abgeschnitten.

---

first-class [ˌfɜːst ˈklɑːs] *adj syn:* excellent
Her work is **first-class** – she's my best student.

erstklassig

Sie leistet erstklassige Arbeit; sie ist meine beste Schülerin.

---

perfect [ˈpɜːfɪkt] *adj*
Her English is excellent but not **perfect**.

perfekt, vollkommen
Ihr Englisch ist ausgezeichnet, aber nicht perfekt.

---

ideal [aɪˈdɪəl] *adj syn:* perfect
This is an **ideal** place for a holiday.

ideal, perfekt
Dies ist der ideale Urlaubsort.

---

amazing [əˈmeɪzɪŋ] *adj*

The Intercity Express train goes at an **amazing** speed.

erstaunlich, verblüffend, unglaublich, toll
Der ICE fährt mit verblüffender Geschwindigkeit.

---

extraordinary [ɪkˈstrɔːdənərɪ] *adj syn:* unusual, *opp:* ordinary
Snow in May – what **extraordinary** weather!

außergewöhnlich, ungewöhnlich
Schnee im Mai – was für ein außergewöhnliches Wetter!

---

delightful [dɪˈlaɪtfəl] *adj*
She's such a **delightful** little girl.

entzückend, reizend
Sie ist ein so entzückendes kleines Mädchen.

lovely ['lʌvlɪ] *adj syn:* beautiful, *opp:* ugly
Thank you for a **lovely** evening.

(wunder)schön, reizend, entzückend
Danke für den schönen Abend!

boring ['bɔːrɪŋ] *adj syn:* dull, *opp:* exciting, interesting
Nothing much happens in this town – it's so **boring**.

langweilig

In dieser Stadt ist nicht viel los – es ist so langweilig.

dull [dʌl] *adj syn:* boring, *opp:* interesting, exciting
Everybody talks about her new book, but I found it rather **dull**.

langweilig, uninteressant

Alle reden von ihrem neuen Buch, aber ich fand es ziemlich langweilig.

terrible ['terəbl] *adj syn:* awful
The starving children were a **terrible** sight.

furchtbar, schrecklich
Die verhungernden Kinder waren ein furchtbarer Anblick.

practical ['præktɪkl] *adj opp:* theoretical
He knows a lot, but he lacks **practical** experience.

praktisch

Er weiß viel, aber ihm fehlt die praktische Erfahrung.

proper ['prɒpə] *adj syn:* right, suitable
Putting it in your mouth is not the **proper** way to eat with a knife.

richtig, geeignet, passend

Es in den Mund zu stecken, ist nicht die richtige Art, mit dem Messer zu essen.

suitable ['suːtəbl] *adj syn:* proper, *opp:* unsuitable
One-room studios aren't **suitable** flats for families with children.

passend, geeignet

Einzimmer-Apartments sind keine passenden Wohnungen für Familien mit Kindern.

suit [suːt] *v/t*
Friday will **suit** me fine.
I have red hair, and pink doesn't **suit** me.

passen, stehen
Freitag passt mir gut.
Ich habe rotes Haar, und Rosa steht mir nicht.

convenient [kən'viːnjənt] *adj syn:* suitable, *opp:* inconvenient
You didn't pick a very **convenient** moment to talk to him.

günstig, passend, geeignet

Du hast dir nicht gerade den passenden Moment, mit ihm zu sprechen, ausgesucht.

importance [ɪm'pɔːtns] *n*
Before the gold rush San Francisco was a town of little **importance**.

Bedeutung *f*, **Wichtigkeit** *f*
Vor dem Goldrausch war San Francisco eine Stadt von geringer Bedeutung.

precious ['preʃəs] *adj syn:* valuable, *opp:* worthless

Oil is too **precious** to be burned.

kostbar, wertvoll

Öl ist zu kostbar, um verbrannt zu werden.

---

slight [slaɪt] *adj*

His German is excellent, but he has a **slight** American accent.

leicht, gering(fügig)

Sein Deutsch ist ausgezeichnet, aber er hat einen leichten amerikanischen Akzent.

---

considerable [kən'sɪdərəbl] *adj*

No one got hurt, but the storm caused **considerable** damage to the building.

beträchtlich, erheblich

Niemand wurde verletzt, aber der Sturm richtete beträchtlichen Schaden am Gebäude an.

---

false [fɔːls] *adj syn:* wrong, *opp:* true, correct

A dolphin is a whale – true or **false**?

falsch

Ein Delphin ist ein Wal – richtig oder falsch?

---

fault [fɔːlt] *n syn:* mistake

Don't blame yourself – it isn't your **fault**.

Fehler *m,* **Schuld** *f*

Mach dir keine Vorwürfe – es ist nicht deine Schuld.

---

mistake for [mɪ'steɪk fə]
⚠ **mistook** [mɪ'stʊk], **mistaken** [mɪ'steɪkən]

She looks so young that people often **mistake** her **for** her daughter.

(irrtümlich) halten für, verwechseln mit

Sie sieht so jung aus, dass man sie oft für ihre Tochter hält.

---

useless ['juːslɪs] *adj opp:* useful

It's **useless** to complain – they won't do anything about it.

zwecklos, nutzlos, sinnlos

Es ist zwecklos, sich zu beschweren – man wird nichts dagegen tun.

---

failure ['feɪljə] *n opp:* success

After several **failures** he found the right method.

Misserfolg *m,* **Reinfall** *m,* **Versager(in)**

Nach mehreren Misserfolgen hat er die richtige Methode gefunden.

---

nonsense ['nɒnsəns] *n*

To say that higher taxes will help the economy is **nonsense**.

Unsinn *m*

Es ist Unsinn zu behaupten, dass höhere Steuern der Wirtschaft helfen werden.

1.1.5.2.5 Befehl und Verbot

«1–2000»

---

let [let] *v/aux*
⚠ **let** [let] **let** [let]
She's **letting** her hair grow.
Don't **let** the dog out!
→ *leave*

lassen

Sie lässt ihr Haar wachsen.
Lasst den Hund nicht hinaus!

---

allow [əˈlaʊ] *v/t syn:* permit,
opp: forbid, prohibit
The landlord doesn't **allow** pets
in the house.

erlauben, gestatten, zulassen

Der Vermieter lässt keine
Haustiere zu.

---

be allowed to [bɪ əˈlaʊd tə] *syn:*
be permitted to
You're not **allowed to** smoke in
here. → *may, must not*

dürfen, erlaubt, gestattet sein

Sie dürfen hier drinnen nicht
rauchen.

---

tell [tel] *v/t syn:* order, *opp:* ask
⚠ **told** [təʊld], **told** [təʊld]
I **told** you to stay here.

**sagen, befehlen, Anweisung ge-
ben**

Ich habe dir doch gesagt, dass
du hier bleiben sollst.

---

order [ˈɔːdə] *n, v/t syn:* command
The chief of police gave the **order** to storm the plane.

Befehl *m,* **Anweisung** *f,* **befehlen,
anordnen**

Der Polizeichef gab den Befehl,
das Flugzeug zu stürmen.

«2001–4000»

---

permit [pəˈmɪt] *v/t syn:* allow,
opp: forbid, prohibit
Dogs are not **permitted** in the
house.

gestatten, erlauben, zulassen

Im Haus sind keine Hunde erlaubt.

---

permission [pəˈmɪʃn] *n opp:*
prohibition
Before landing a pilot has to ask
for **permission**.

Erlaubnis *f,* **Genehmigung** *f*

Vor der Landung muss ein Pilot
um Erlaubnis fragen.

---

have something done [ˈhæv
ˌsʌmθɪŋ ˈdʌn]
We used to **have the house
painted**, but now we do it ourselves.

etwas tun lassen

Früher ließen wir das Haus
streichen, aber heute machen
wir es selbst.

command [kəˈmɑːnd] *n, v/t syn:* order

Prince Philip **commanded** a British warship in World War II.

Befehl *m,* **Kommando** *n,* **kommandieren, befehl(ig)en**

Prinz Philip kommandierte im Zweiten Weltkrieg ein britisches Kriegsschiff.

---

obey [əˈbeɪ] *v/t syn:* follow, *opp:* order, command

Soldiers have to **obey** their orders without question.

gehorchen, (be)folgen

Soldaten müssen ihren Befehlen bedingungslos gehorchen.

---

make [meɪk] *v/t syn:* force, cause
⚠ **made** [meɪd], **made** [meɪd]

Being in a crowd **makes** young people feel much stronger.

lassen, veranlassen, dazu bringen

In der Gruppe zu sein, lässt junge Leute sich viel stärker fühlen.

---

force [fɔːs] *v/t syn:* make

The hijackers **forced** the pilot to change the plane's course.

zwingen

Die Flugzeugentführer zwangen den Piloten, den Kurs der Maschine zu ändern.

---

insist on [ɪnˈsɪst ɒn]

He thanked me for my help and **insisted on** paying for my dinner.

bestehen auf

Er dankte mir für meine Hilfe und bestand darauf, mein Essen zu bezahlen.

---

warn [wɔːn] *v/t*

They **warned** me not to touch the wire.

(davor) warnen

Sie warnten mich davor, das Kabel zu berühren.

---

prevent [prɪˈvent] *v/t opp:* allow, cause

Crash helmets must be worn to **prevent** head injuries.

verhindern, hindern

Sturzhelme müssen getragen werden, um Kopfverletzungen zu verhindern.

---

forbid [fəˈbɪd] *v/t syn:* prohibit, *opp:* allow, permit ⚠ **forbade** [fəˈbæd], **forbidden** [fəˈbɪdn]

It is **forbidden** to carry guns.

verbieten, untersagen

Es ist verboten, Schusswaffen zu tragen.

1.1.5.2.6 Wunsch und Bitte
«1–2000»

want [wɒnt] *v/t*

I **wanted** to leave but they asked me to stay.

What do you **want** for Christmas?

wollen, (sich) wünschen

Ich wollte gehen, aber sie baten mich dazubleiben.

Was wünschst du dir zu Weihnachten?

ask [ɑːsk] *v/t opp:* tell
I **asked** her to help with the
dishes, but she said she had no
time.
Oliver **asked** for more.

bitten
Ich bat sie, beim Geschirrspü-
len zu helfen, aber sie sagte,
sie habe keine Zeit.
Oliver bat um mehr.

«2001–4000»

will [wɪl] *n*
She married a foreigner
against her parents' **will**.

Wille(n) *m*
Sie heiratete einen Ausländer
gegen den Willen ihrer Eltern.

wish [wɪʃ] *n syn:* desire
To visit the Grand Canyon has
been my greatest **wish** for
years.

Wunsch *m*
Den Grand Canyon zu besu-
chen ist seit Jahren mein größ-
ter Wunsch.

wish [wɪʃ] *v/t syn:* want, desire
Moscow was terrible, and I
wished I had never gone there.

(sich) wünschen
Moskau war furchtbar, und ich
wünschte, ich wäre nie hinge-
fahren.

aim [eɪm] *n syn:* goal
The **aim** of the project is to help
unemployed young people.

Ziel *n,* **Absicht** *f*
Das Ziel des Vorhabens ist es,
jungen Arbeitslosen zu helfen.

suggest [səˈdʒest] *v/t*
As it was a sunny day, Tom **sug-
gested** going to the beach.

vorschlagen
Da es ein sonniger Tag war,
schlug Tom vor zum Strand zu
gehen.

suggestion [səˈdʒestʃən] *n syn:*
proposal
We don't know what to give him
for Christmas – do you have any
suggestions?

Vorschlag *m*

Wir wissen nicht, was wir ihm
zu Weihnachten schenken sollen – hast du irgendwelche Vor-
schläge?

request [rɪˈkwest] *n*
We will send you more details
on **request**.

Wunsch *m,* **Bitte** *f,* **Ersuchen** *n*
Wir werden Ihnen auf Wunsch
weitere Einzelheiten mitteilen.

demand [dɪˈmɑːnd] *n, v/t, syn:*
claim
The employers refused the
workers' **demand** for higher
wages.

Forderung *f,* **fordern, verlangen**

Die Arbeitgeber lehnten die
Forderung der Arbeiter nach
höheren Löhnen ab.

1.1.5.2.7 Begrüßung und Abschied

«1–2000»

Hello! [həˈləʊ]	**Guten Tag!, Hallo!** *(die üblichste Begrüßung)*
Hi! [haɪ]	**Hallo!, Grüß dich!** *(zwanglos)*
Good morning! [ɡʊdˈmɔːnɪŋ]	**Guten Morgen!, Guten Tag!**
Good afternoon! [ɡʊdˌɑːftəˈnuːn]	**Guten Tag!** *(höflich)*
Good evening! [ɡʊdˈiːvnɪŋ]	**Guten Abend!** *(höflich)*
Good night! [ɡʊdˈnaɪt]	**Gute Nacht!**
Goodbye! [ɡʊdˈbaɪ]	**Auf Wiedersehen!, Auf Wiederhören!**
Bye!, Bye-bye! [baɪ, ˌbaɪ ˈbaɪ]	**Auf Wiedersehen!, Tschüs!** *(zwanglos)*

Miss [mɪs]	**Fräulein** n, **Frl.**, **Frau** f *(meist unverheiratet)*
I had **Miss** Phillips for art and Mrs Hicks for English.	Ich hatte Miss Phillips in Kunst und Mrs Hicks in Englisch.

Mrs, Mrs. [ˈmɪsɪz]	**Frau** f *(verheiratet)*
Mrs Young wants to see you.	Mrs/Frau Young möchte Sie sprechen.

Mr, Mr. [ˈmɪstə]	**Herr** m
Thank you, **Mr** Coolidge!	Danke, Mr/Herr Coolidge!
Welcome, **Mr** President!	Willkommen, Herr Präsident!

TIPP: *Im britischen Englisch wird meist **Mr, Mrs, Ms**, also ohne Punkt geschrieben.*

madam [ˈmædəm]	**gnädige Frau**
Are you being waited on, **madam**? → *sir*	Werden Sie schon bedient (, gnädige Frau)?

sir [sɜː]	**Sir, „mein Herr"**
Can I help you, **sir**?	Was kann ich für Sie tun(, Sir)?

«2001–4000»

How do you do? [ˌhaʊ də jʊ ˈduː]	**Guten Tag!** (△ *nicht: **Wie geht es Ihnen?***)

Ms, Ms. [mɪz]	**Frau** f *(verheiratet oder unverheiratet)*
Please sign here, **Ms** Usher. → *Mr*	Bitte unterschreiben Sie hier, Frau Usher.

1.1.5.3 *HÄUFIGE REDEWENDUNGEN*

«1–2000»

How are you?	**Wie geht es dir/euch/Ihnen?**
I'm fine, thanks.	**Danke, gut.**
And how are you?	**Und wie geht es dir/euch/Ihnen?**
Excuse me!	**Entschuldigen Sie!**
(I'm) sorry.	**Entschuldigung!, Es tut mir Leid.**
Sorry?	**Entschuldigung?, Wie bitte?**
Pardon? ['pɑːdn]	**Entschuldigung?, Wie bitte?**

Thank you.	**Danke (schön)!**
Thank you very much.	**Vielen/Herzlichen Dank!**
Thanks (a lot).	**Vielen Dank.**
Not at all (△ *nicht: please*).	**Bitte, keine Ursache.**
You're welcome.	**Bitte (, gern geschehen).**
That's all right.	**Bitte.** *(zwanglos)*

> *TIPP:* Als Antwort auf ein Dankeschön kann man nicht **please** sagen. **Please** wird nur bei Bitten und Aufforderungen gebraucht, z. B. **Quiet, please!** (Ruhe, bitte!).

Come in!	**Herein!**
Have a seat.	**Bitte nehmen Sie Platz.**
I'd like (to) ...	**Ich möchte ...**
Could I please ...?	**Kann ich bitte ...?**
Would you please ...?	**Würden Sie bitte ...?**
How much is/are ...?	**Was kostet/kosten ...?**
Help yourself!	**Bedienen Sie sich!**
Would you like (to) ...?	**Möchtest du/Möchtet ihr/Möchten Sie ...?**
Yes, please.	**Ja, bitte.**
No, thank you.	**Nein, danke.**
I think so.	**Ich glaube (,ja).**
I hope so.	**Ich hoffe (es).**
What's the matter?	**Was ist los?**
Well!	**Nun (ja)!, Also!**
Never mind.	**Schon gut. Mach dir nichts daraus!**
All right/O.k.!	**In Ordnung!, Alles klar!**

«2001–4000»

Can I help you?	Bitte?, Was wünschen Sie?
What can I do for you?	Was darf's sein?, Sie wünschen, bitte?
Here you are!	Bitte schön! *(Beim Überreichen oder Bedienen)*
That will do.	Das genügt.
Me too/So do I.	Ich auch.
Nor am I/Neither do I.	Ich auch nicht.
Have a good time!	Viel Spaß!
Have a nice day!	Einen schönen Tag noch!
(To) your health!	Prost!, Zum Wohl!
Here's to (Gordon)/to your future!	Auf (Gordons) Wohl!/Auf eure Zukunft!
Oh dear!	Ach je!, Oje!
Oh (my) God!	Oh Gott!
For heaven's sake!	Um Gottes willen!
Leave me alone!	Lass(t) mich in Ruhe!
Get out!	Raus!
Beat it!/Get lost!	Hau(t) ab!

1.1.6 DER MENSCH UND DIE GESELLSCHAFT

1.1.6.1 IDENTIFIZIERUNG

«1–2000»

call [kɔːl] *v/t* They **call** their cat Billy.	**nennen** Sie nennen ihre Katze Billy.
be called [bɪ ˈkɔːld] He's **called** Mario; all his brothers have Italian names.	**heißen, genannt werden** Er heißt Mario; seine Brüder haben alle italienische Namen.
name [neɪm] *n* What's his **name**? – It's John but everybody calls him Jack.	**Name** *m* Wie ist sein Name? – John, aber alle nennen ihn Jack.
family name [ˈfæməlɪ neɪm] *syn:* surname My **family name** is Callahan – it's Irish.	**Familienname** *m*, **Zuname** *m* Mein Familienname ist Callahan – er ist irisch.

age [eɪdʒ] *n*
In England children start school at the **age** of five.

Alter *m*
In England kommen die Kinder im Alter von fünf Jahren zur Schule.

baby ['beɪbɪ] *n*
He's nervous – his wife's expecting her first **baby**.

Baby *n*, **Säugling** *m*
Er ist nervös – seine Frau erwartet ihr erstes Baby.

child [tʃaɪld] *n opp:* adult
⚠ *pl* **children** ['tʃɪldrən]
They have two **children**: a boy and a girl.

Kind *n*

Sie haben zwei Kinder: einen Jungen und ein Mädchen.

girl [gɜːl] *n opp:* boy
Do boys and **girls** always have to be in the same class?

Mädchen *n*
Müssen Jungen und Mädchen immer in derselben Klasse sein?

boy [bɔɪ] *n opp:* girl
They have three children: two girls and one **boy**.

Junge *m*
Sie haben drei Kinder: zwei Mädchen und einen Jungen.

youth [juːθ] *n opp:* old age
He spent his childhood and his **youth** in India.

Jugend *f*
Er verbrachte seine Kindheit und Jugend in Indien.

woman ['wʊmən] *n opp:* man ⚠
pl **women** ['wɪmɪn]
He's a good-looking man, and she's a very attractive **woman**.
→ *wife*

Frau *f*

Er ist ein gut aussehender Mann, und sie ist eine sehr attraktive Frau.

man [mæn] *n opp:* woman ⚠ *pl*
men [men]
He was a boy when I last saw him, and he's a **man** now.
→ *husband*

Mann *m*

Er war ein Junge, als ich ihn das letzte Mal sah, und jetzt ist er ein Mann.

lady ['leɪdɪ] *n opp:* gentleman
Two old **ladies** were sitting on a park bench.

Dame *f*
Zwei alte Damen saßen auf einer Parkbank.

gentleman ['dʒentlmən] *n opp:*
lady
⚠ *pl* **gentlemen** ['dʒentlmən]
I will wait – this **gentleman** was here before me.

Herr *m*

Ich warte – dieser Herr war vor mir da.

«2001–4000»

man [mæn] *n syn:* human being
⚠ *pl* **men** [men]
Neil Armstrong was the first **man** on the moon.

Mensch *m*

Neil Armstrong war der erste Mensch auf dem Mond.

---

human ['hjuːmən] *adj*
The disaster was caused by **human** error.

menschlich
Ursache des Unglücks war menschliches Versagen.

---

race [reɪs] *n*
The law forbids discrimination on the basis of colour or **race**.

Rasse *f*
Das Gesetz verbietet die Diskriminierung von Menschen aufgrund ihrer Farbe oder Rasse.

---

sex [seks] *n*
Nowadays parents can find out the **sex** of a child a long time before it's born.

Geschlecht *n*
Heutzutage können Eltern das Geschlecht eines Kindes lange vor seiner Geburt erfahren.

---

person ['pɜːsn] *n*
⚠ *pl meist* **people** ['piːpl]
The portions in this restaurant are too big for one **person**.

Person *f*

Die Portionen in diesem Restaurant sind für eine Person zu groß.

---

personal ['pɜːsnəl] *adj syn:* private
I'd like to speak to you about a **personal** matter.

persönlich, privat

Ich möchte mit Ihnen über eine persönliche Angelegenheit sprechen.

---

first name ['fɜːst neɪm] *n syn:* forename, *opp:* family name, surname
Lindbergh's **first name** was Charles.

Vorname *m*

Lindberghs Vorname war Charles.

---

surname ['sɜːneɪm] *n syn:* family name, *opp:* first name
His first name – David – is English, and his **surname** – Tan – is Chinese.

Familienname *m*, **Zuname** *m*

Sein Vorname – David – ist englisch, und sein Familienname – Tan – ist chinesisch.

---

female ['fiːmeɪl] *adj opp:* male
Mainly **female** workers are employed in the clothing industry.

weiblich
In der Bekleidungsindustrie sind hauptsächlich weibliche Arbeitskräfte beschäftigt.

male [meɪl] *adj opp:* female
A cock (*Am* rooster) is a **male** chicken.

männlich
Ein Hahn ist ein männliches Huhn.

1.1.6.2 FAMILIE

«1–2000»

family [ˈfæməlɪ] *n*
The whole **family** is/are coming to visit us at Christmas.

Familie *f*
Die ganze Familie kommt uns Weihnachten besuchen.

> **TIPP:** *family gehört wie auch **government, staff, team** usw. zu denjenigen Wörtern, die – vor allem im britischen Englisch – als Singular oder Plural verwendet werden, z.B. **The team is/are playing well** (Die Mannschaft spielt gut).*

parents [ˈpeərənts] *pl opp:* children
His **parents** were from Russia.

Eltern *pl*

Seine Eltern stammten aus Russland.

mother [ˈmʌðə] *n opp:* father
Her father was an actor and her **mother** an opera singer.

Mutter *f*
Ihr Vater war Schauspieler und ihre Mutter Opernsängerin.

father [ˈfɑːðə] *n opp:* mother
Her **father** died when she was five.

Vater *m*
Ihr Vater starb, als sie fünf war.

daughter [ˈdɔːtə] *f opp:* son
They have two children: a son and a **daughter**.

Tochter *f*
Sie haben zwei Kinder: einen Sohn und eine Tochter.

son [sʌn] *n opp:* daughter
Prince Charles is Queen Elizabeth's oldest **son**.

Sohn *m*
Prinz Charles ist der älteste Sohn von Königin Elisabeth.

brother [ˈbrʌðə] *n opp:* sister
She has two sisters and one **brother**.

Bruder *m*
Sie hat zwei Schwestern und einen Bruder.

sister [ˈsɪstə] *n opp:* brother
Jane Fonda is Peter Fonda's **sister**.

Schwester *f*
Jane Fonda ist Peter Fondas Schwester.

> **TIPP:** *„Geschwister" wird durch **brothers and sisters** ausgedrückt, z.B. **Do you have any brothers or sisters?** (Haben Sie noch Geschwister?)*

aunt [ɑːnt] *n opp:* uncle
John Lennon was brought up by
Aunt Mimi, his mother's sister.

Tante *f*
John Lennon wurde von Tante
Mimi, der Schwester seiner
Mutter, großgezogen.

uncle ['ʌŋkl] *n opp:* aunt
My **Uncle** Scott is my mother's
younger brother.

Onkel *m*
Mein Onkel Scott ist der jüngere Bruder meiner Mutter.

cousin ['kʌzn] *n*
I have three **cousins**: my uncle's son and my aunt's twin
daughters.

Cousin *m*, **Cousine** *f*
Ich habe drei Cousins und Cou-
sinen: den Sohn meines Onkels
und die Zwillingstöcher meiner
Tante.

grandparents ['græn,peərənts]
pl opp: grandchildren
Grandparents often spoil their
grandchildren.

Großeltern *pl*

Großeltern verwöhnen oft ihre
Enkelkinder.

grandfather ['græn,fɑːðə]

Großvater *m*

grandpa ['grænpɑː]

Opa *m*

grandmother ['græn,mʌðə]

Großmutter *f*

grandma ['grænmɑː]

Oma *f*

grandchild ['græntʃaɪld]

Enkel(kind *n*) *m*

grandson ['grænsʌn]

Enkel(sohn) *m*

granddaughter ['græn,dɔːtə]

Enkeltochter, Enkelin *f*

engaged [ɪnˈɡeɪdʒd] *adj*
They aren't married yet, but
they've been **engaged** for one
year.

verlobt
Sie sind noch nicht verheiratet,
aber seit einem Jahr verlobt.

married ['mærɪd] *adj opp:* unmarried, single
'Mrs' is used to address a **married** woman.

verheiratet

„Mrs" wird als Anrede für eine
verheiratete Frau verwendet.

wife [waɪf] *n opp:* husband
⚠ *pl* **wives** [waɪvz]
He's a teacher and his **wife** (⚠
nicht: **woman**) is a successful
architect.

(Ehe)Frau *f*

Er ist Lehrer und seine Frau eine erfolgreiche Architektin.

husband ['hʌzbənd] *n opp:* wife
He would make an ideal **husband** (⚠ *nicht:* **man**) for her.

(Ehe)Mann *m*
Er würde den idealen Mann für
sie abgeben.

«2001–4000»

relative ['relətɪv] *n*
They invited all their **relatives** to their golden wedding anniversary.

Verwandte(r)
Sie luden alle ihre Verwandten zu ihrer goldenen Hochzeit ein.

---

related [rɪ'leɪtɪd] *adj*
He has the same family name as I, but we aren't **related**.

verwandt
Er hat denselben Familiennamen wie ich, aber wir sind nicht verwandt.

---

nephew ['nefju:] *n opp:* niece
His sister's youngest son is his favourite **nephew**.

Neffe *m*
Der jüngste Sohn seiner Schwester ist sein Lieblingsneffe.

---

niece [ni:s] *n opp:* nephew
Lindy has only one **niece**, her sister's daughter.

Nichte *f*
Lindy hat nur eine Nichte, die Tochter ihrer Schwester.

---

single ['sɪŋgl] *adj syn:* unmarried, *opp:* married
All his brothers and sisters are married but he's still **single**.

unverheiratet, ledig, allein stehend
Alle seine Geschwister sind verheiratet, aber er ist noch ledig.

---

couple ['kʌpl] *n*
In America lots of newly-wed **couples** go to Niagara Falls for their honeymoon.

Paar *n*, **Ehepaar** *n*
In Amerika fahren viele jungverheiratete Paare in den Flitterwochen zu den Niagara-Fällen.

---

bride [braɪd] *n opp:* (bride)groom
The **bride** was wearing a white dress.

Braut *f*

Die Braut trug ein weißes Kleid.

(bride)groom [('braɪd)gru:m] *n opp:* bride
The wedding ring is put on the bride's finger by the **bridegroom**.

Bräutigam *m*

Der Ehering wird der Braut vom Bräutigam an den Finger gesteckt.

---

father-in-law ['fɑːðərɪnˌlɔː] *n*
My **father-in-law** is a well-known painter.

Schwiegervater *m*
Mein Schwiegervater ist ein bekannter Maler.

---

mother-in-law ['mʌðərɪnˌlɔː]

Schwiegermutter *f*

---

parents-in-law ['peərəntsɪnˌlɔː]

Schwiegereltern *pl*

---

daughter-in-law ['dɔːtərɪnˌlɔː]

Schwiegertochter *f*

son-in-law [ˈsʌnɪnˌlɔː]	**Schwiegersohn** m
brother-in-law [ˈbrʌðərɪnˌlɔː]	**Schwager** m
sister-in-law [ˈsɪstərɪnˌlɔː]	**Schwägerin** f
widow [ˈwɪdəʊ] n Her husband died very young, and she's been a **widow** most of her life.	**Witwe** f Ihr Mann starb sehr jung, und sie ist fast ihr Leben lang Witwe.
heir [eə] n He is **heir** to a large fortune.	**Erbe** m, **Erbin** f Er ist Erbe eines großen Vermögens.

1.1.6.3 SOZIALE BINDUNGEN

«1–2000»

private [ˈpraɪvɪt] adj syn: personal, opp: public I don't like the way newspapers gossip about people's **private** lives.	**privat, Privat...** Mir gefällt nicht, wie die Zeitungen über das Privatleben von Menschen klatschen.
public [ˈpʌblɪk] adj opp: private I'm sorry, this is a private and not a **public** meeting.	**öffentlich** Es tut mir Leid, dies ist eine private und keine öffentliche Versammlung.
public [ˈpʌblɪk] n Buckingham Palace is now open to the **public**.	**Öffentlichkeit** f Der Buckingham-Palast ist jetzt der Öffentlichkeit zugänglich.
people [ˈpiːpl] pl There are very few rich and very many poor **people** (⚠ nicht: **peoples**) in the Third World.	**Menschen, Leute, Einwohner** In der Dritten Welt gibt es sehr wenige reiche und sehr viele arme Menschen.

> **TIPP:** In den Bedeutungen Menschen, Leute, Einwohner steht **people** immer im Plural ohne s.

society [səˈsaɪətɪ] n Britain is now a multicultural **society**.	**Gesellschaft** f Großbritannien ist heute eine multikulturelle Gesellschaft.

common [ˈkɒmən] *adj opp:* different
In spite of some differences the British and the Americans share a **common** language.

gemeinsam
Trotz einiger Unterschiede haben die Briten und Amerikaner eine gemeinsame Sprache.

company [ˈkʌmpənɪ] *n*
Grandpa is young at heart and prefers the **company** of young people.

Gesellschaft *f*
Opa ist jung geblieben und zieht die Gesellschaft junger Menschen vor.

member [ˈmembə] *n*
I can't let you in if you aren't a **member** of the club.

Mitglied *n*
Ich kann Sie nicht reinlassen, wenn Sie kein Klubmitglied sind.

fellow [ˈfeləʊ] *n, syn:* guy
I like him – he's a nice **fellow**.

Kerl *m*, **Typ** *m*
Ich mag ihn – er ist ein netter Kerl.

neighbour [ˈneɪbə] *n*
We've got new **neighbours**.

Nachbar *m*, **Nachbarin** *f*
Wir haben neue Nachbarn.

friend [frend] *n opp:* enemy

At first we didn't like each other but now she's my best **friend**.

Freund *m*, **Freundin** *f*, **Bekannte(r)**
Zuerst mochten wir einander nicht, aber jetzt ist sie meine beste Freundin.

*TIPP: Als **friends** werden meist auch „Bekannte" bezeichnet, obwohl es dafür das Wort **acquaintance** [əˈkweɪntəns] gibt.*

stranger [ˈstreɪndʒə] *n*
Teach your children never to get into a **stranger's** car.

Fremde(r), Fremdling *m*
Bringt euren Kindern bei, niemals zu einem Fremden ins Auto zu steigen.

enemy [ˈenəmɪ] *n opp:* friend
We're not exactly **enemies** but we aren't friends either.

Feind *m*, **Feindin** *f*
Wir sind nicht direkt Feinde, aber auch keine Freunde.

«2001–4000»

community [kəˈmjuːnətɪ] *n*
Politicians should work for the good of the **community**.

Gemeinschaft *f*, **Allgemeinheit** *f*
Politiker sollten für das Wohl der Gemeinschaft arbeiten.

club [klʌb] *n*
The tennis court may be used by members of the **club** only.

Klub *m*, **Verein** *m*
Der Tennisplatz darf nur von Mitgliedern des Klubs benutzt werden.

guy [gaɪ] *n syn:* fellow
You'll like Pete – he's a nice **guy**.

Kerl *m*, **Typ** *m*
Pete magst du bestimmt – er ist ein netter Kerl.

colleague [ˈkɒliːg] *n*
One of my **colleagues** will help you when I'm away.

Kollege *m*, **Kollegin** *f*
Einer meiner Kollegen wird Ihnen helfen, wenn ich nicht da bin.

companion [kəmˈpænjən] *n*

He's always been the President's most faithful **companion**.

Gefährte *m*, **Gefährtin** *f*, **Begleiter(in)**, **Kamerad(in)**
Er war schon immer der treueste Gefährte des Präsidenten.

partner [ˈpɑːtnə] *n*
You're invited, and bring your **partner**.

Partner *m*, **Partnerin** *f*
Sie sind eingeladen, und bringen Sie Ihren Partner mit.

boyfriend [ˈbɔɪfrend] *n opp:* girlfriend
At weekends she goes to a disco with her **boyfriend**.

Freund *m*

An Wochenenden geht sie mit ihrem Freund in die Disko.

girlfriend [ˈgɜːlfrend] *n opp:* boyfriend
Patty was his **girlfriend** at school and is now his wife.

Freundin *f*

Patty war in der Schule seine Freundin und ist heute seine Frau.

rival [ˈraɪvl] *n syn:* competitor, opponent, *opp:* partner
They are **rivals** in sports but friends in private life.

Rivale *m*, **Rivalin** *f*, **Konkurrent(in)**
Sie sind Rivalen im Sport, aber Freunde im Privatleben.

1.1.6.4 BERUFE

«1–2000»

> **TIPP:** Im Gegensatz zum Deutschen steht vor Berufsbezeichnungen fast immer der unbestimmte Artikel **a(n)**, z. B. **My aunt is a doctor** (Meine Tante ist Ärztin), **I want to be an engineer** (Ich will Ingenieur werden).

worker [ˈwɜːkə] *n*
The steel**workers** are demanding higher wages.

Arbeiter *m*, **Arbeiterin** *f*
Die Stahlarbeiter verlangen höhere Löhne.

farmer [ˈfɑːmə] *n*
On this market the **farmers** sell their own fruit and vegetables.

Bauer *m*, **Bäuerin** *f*, **Landwirt(in)**
Auf diesem Markt verkaufen die Bauern ihr eigenes Obst und Gemüse.

baker [ˈbeɪkə] *n*
I bought rolls at the **baker's**.

Bäcker *m*
Ich habe Brötchen beim Bäcker gekauft.

butcher [ˈbʊtʃə] *n*

I bought some lamb chops at the **butcher's**.

Fleischer *m*, **Metzger** *m*, **Schlachter** *m*
Ich habe Lammkoteletts beim Fleischer gekauft.

cook [kʊk] *n syn:* chef
They have a very good **cook** at this restaurant.

Koch *m*, **Köchin** *f*
Sie haben einen sehr guten Koch in diesem Restaurant.

«2001–4000»

occupation [ˌɒkjəˈpeɪʃn] *n syn:* job
What's your **occupation?** – I'm a computer programmer.

Beruf *m*, **Beschäftigung** *f*
In welchem Beruf arbeiten Sie? – Ich bin Programmierer.

profession [prəˈfeʃn] *n syn:* job, career
The legal and medical **professions**

Beruf *m*
Die juristischen und medizinischen Berufe

professional [prəˈfeʃənəl] *n, adj opp:* amateur
Professional footballers make a lot of money.

Profi *m*, **Berufssportler(in)**, **Profi...**, **Berufs...**
Profifußballer verdienen viel Geld.

apprentice [əˈprentɪs] *n syn:* trainee
My firm takes on a new **apprentice** every year.

Lehrling *m*, **Auszubildende(r)**
Meine Firma stellt jedes Jahr einen neuen Lehrling ein.

trainee [treɪˈniː] *n syn:* apprentice
She's a **trainee** and will be a nurse in two years.

Auszubildende(r), Praktikant(in)
Sie ist in der Ausbildung und wird in zwei Jahren Krankenschwester sein.

businessman ['bɪznɪsmən] *n*
pl **-men** [-men]
A typical **businessman** in Manhattan wears a dark suit and a tie.

Geschäftsmann *m*

Der typische Geschäftsmann in Manhattan trägt einen dunklen Anzug und Krawatte.

businesswoman ['bɪznɪswʊmən] *n*
pl **-women** [-wimɪn]
She's a successful **businesswoman**.

Geschäftsfrau *f*

Sie ist eine erfolgreiche Geschäftsfrau.

housewife ['haʊswaɪf] *n*
⚠ *pl* **housewives** ['haʊswaɪvz]
A **housewife** should earn a fixed salary.

Hausfrau *f*

Eine Hausfrau sollte ein festes Gehalt beziehen.

sales representative ['seɪlz ˌreprə'zentətɪv] *n*
Please contact our London **sales representative**.

(Handels)Vertreter(in)

Wenden Sie sich bitte an unseren Londoner Vertreter.

Brit **shop assistant** ['ʃɒp əˌsɪstənt] *n syn:* salesclerk *(Am)*
She started as a **shop assistant** and now is the manager.

Verkäufer(in)

Sie hat als Verkäuferin angefangen und ist jetzt Geschäftsführerin.

secretary ['sekrətrɪ], *Am* ['sekrəterɪ] *n*
Call his **secretary** and make an appointment.

Sekretär(in)

Ruf seine Sekretärin an und lass dir einen Termin geben.

typist ['taɪpɪst] *n*
Typists use computers rather than typewriters nowadays.

Schreibkraft *f*
Schreibkräfte verwenden heutzutage eher Computer als Schreibmaschinen.

mechanic [mɪ'kænɪk] *n*
He works as a **mechanic** in a car repair shop. → *mechanical*

Mechaniker(in)
Er arbeitet als Mechaniker in einer Autowerkstatt.

engineer [ˌendʒɪ'nɪə] *n*
My grandfather was an **engineer** who built bridges in China.

Ingenieur(in)
Mein Großvater war ein Ingenieur, der Brücken in China baute.

electrician [ɪˌlek'trɪʃn] *n*
An electric cooker must be installed by a qualified **electrician**.

Elektriker(in)
Ein Elektroherd muss von einem ausgebildeten Elektriker angeschlossen werden.

plumber ['plʌmə] n
We have a burst pipe and need a **plumber** quickly.

Klempner(in), Installateur(in)
Wir haben einen Rohrbruch und brauchen schnell einen Klempner.

grocer ['grəʊsə] n
Before there were supermarkets, most people did their shopping at the **grocer's**.

Lebensmittelhändler m
Bevor es Supermärkte gab, kauften die meisten Menschen beim Lebensmittelhändler ein.

hairdresser ['heə‚dresə] n syn: hairstylist
I have an appointment at the **hairdresser's** before the party.

Friseur m, **Friseuse** f
Ich habe vor der Party einen Termin beim Friseur.

dressmaker ['dres‚meɪkə] n
She works as a **dressmaker**.

(Damen)Schneiderin f
Sie arbeitet als Schneiderin.

tailor ['teɪlə] n

I had this suit made by a **tailor** in Hong Kong.

(Herren)Schneider m, **Schneiderin** f
Ich habe mir diesen Anzug von einem Schneider in Hongkong machen lassen.

photographer [fə'tɒgrəfə] n
Did a professional **photographer** (⚠ nicht: **photograph**) take this picture of you?
→ photograph

Fotograf(in)
Hat ein Berufsfotograf dieses Bild von dir gemacht?

chemist ['kemɪst] n
Only a **chemist** is allowed to sell medicine prescribed by a doctor. → pharmacist

Apotheker(in), Chemiker(in)
Nur ein(e) Apotheker(in) darf ärztlich verschriebene Arzneien verkaufen.

pharmacist ['fɑːməsɪst] n syn: chemist (Brit), druggist (Am)
Pharmacists still make up some medicines themselves.

Apotheker(in)

Apotheker fertigen heute noch einige Medikamente selbst an.

TIPP: Im britischen Englisch bedeutet **chemist** sowohl Chemiker(in) als auch Apotheker(in). Im amerikanischen Englisch bedeutet **chemist** nur Chemiker(in). Apotheker(in) heißt **pharmacist** oder **druggist**.

interpreter [ɪn'tɜːprɪtə] n
She works for the European Parliament as an **interpreter** for Italian and Spanish.

Dolmetscher(in)
Sie arbeitet für das Europaparlament als Dolmetscherin für Italienisch und Spanisch.

1.1.6.5 SOZIALE SITUATION

«1–2000»

poor [puə] *adj opp:* rich, wealthy
They are too **poor** to buy food
for their children.

arm
Sie sind zu arm, um Nahrung
für ihre Kinder zu kaufen.

---

rich [rɪtʃ] *adj syn:* wealthy, *opp:*
poor
My uncle was a millionaire – he
got **rich** as a film producer.

reich

Mein Onkel war Millionär –
er wurde als Filmproduzent
reich.

---

serve [sɜːv] *v/t*
He **served** his country as an MP
for 30 years.

dienen
Er hat seinem Land 30 Jahre als
Abgeordneter gedient.

---

service ['sɜːvɪs] *n*
He received a medal for his **services** to the government.

Dienst *m*
Er erhielt einen Orden für seine
der Regierung geleisteten
Dienste.

---

living ['lɪvɪŋ] *n*
He doesn't earn enough to
make a **living**.

Lebensunterhalt *m*
Er verdient nicht genug, um seinen Lebensunterhalt zu bestreiten.

---

own [əʊn] *adj, pron*
I've always wanted a room of
my **own** (⚠ *nicht:* **an own
room**).
She bakes her **own** bread.

eigene(r, -s)
Ich habe mir immer ein eigenes
Zimmer gewünscht.

Sie bäckt ihr eigenes Brot.

---

master ['mɑːstə] *n*
I prefer to work on my own because I like to be my own **master**.

Herr *m*
Ich arbeite lieber selbstständig,
weil ich gern mein eigener Herr
bin.

«2001–4000»

civil ['sɪvl] *adj*

Martin Luther King fought for
the **civil** rights of the Blacks.

**Zivil..., zivil..., Bürger..., bür-
gerlich**
Martin Luther King kämpfte für
die Bürgerrechte der Schwarzen.

citizen ['sɪtɪzn] *n*

All people born in the USA can become American **citizens**.

(Staats)Bürger(in), Staatsangehörige(r)

Alle Menschen, die in den USA geboren sind, können amerikanische Staatsbürger werden.

rank [ræŋk] *n*
A captain is above a lieutenant in **rank**.

Rang *m*
Ein Hauptmann steht im Rang über einem Leutnant.

servant ['sɜːvənt] *n opp:* master
Rich families still have a butler and other **servants**.

Diener *m*, **Dienstbote** *m*
Reiche Familien haben heute noch einen Butler und andere Dienstboten.

slave [sleɪv] *n opp:* master
To bring 15 million African **slaves** to America, 100 million were killed on the way.

Sklave *m*, **Sklavin** *f*
Um 15 Millionen afrikanische Sklaven nach Amerika zu bringen, mussten 100 Millionen auf dem Wege dorthin sterben.

beg [beg] *v/i*
Everywhere in the Third World poor people live by **begging**.

betteln
Überall in der Dritten Welt leben arme Menschen vom Betteln.

beggar ['begə] *n*
Nowadays every big city has **beggars** asking for money.

Bettler(in)
Heutzutage hat jede Großstadt Bettler, die um Geld bitten.

wealthy ['welθɪ] *adj syn:* rich, *opp:* poor
It's run-down now but it used to be a **wealthy** neighbourhood.

wohlhabend, reich

Sie ist jetzt heruntergekommen, war früher aber eine wohlhabende Wohngegend.

boss [bɒs] *n*
She started her own business because she wants to be her own **boss** (⚠ *nicht:* **chef**).

Chef *m*, **Chefin** *f*, **Vorgesetzte(r)**
Sie hat sich selbstständig gemacht, weil sie ihr eigener Chef sein möchte.

> **TIPP:** *Englisch* **chef** *bezeichnet den Chef nur in der Küche, weil* **chef** *Koch, Küchenchef, Chefkoch bedeutet.*

leader ['liːdə] *n syn:* head
Martin Luther King also was one of the **leaders** of the Anti-Vietnam War movement.

Führer(in), Anführer(in)
Martin Luther King war auch einer der Führer der Anti-Vietnamkrieg-Bewegung.

chairman ['tʃeəmən], **chairwoman** ['tʃeə‚wʊmən] *n*
The club chose a **chairman**, secretary and treasurer.

Vorsitzende(r)

Der Verein hat einen Vorsitzenden, Schriftführer und Kassenwart gewählt.

1.1.6.6 SOZIALES VERHALTEN

«1–2000»

social ['səʊʃl] *adj*

Social problems, such as unemployment and homelessness, are increasing.

sozial, Sozial..., gesellschaftlich, Gesellschafts...
Soziale Probleme wie Arbeitslosigkeit und Obdachlosigkeit nehmen zu.

---

custom ['kʌstəm] *n syn:* tradition
Putting up a Christmas tree is a **custom** about 500 years old.

Brauch *m*, **Sitte** *f*

Einen Weihnachtsbaum aufzustellen ist ein ungefähr 500 Jahre alter Brauch.

---

neighbourhood, *Am* **neighborhood** ['neɪbəhʊd] *n*
We live in a quiet **neighbo(u)rhood** with lots of green spaces.

(Wohn)Gegend *f*, **Wohngebiet** *n*, **Nachbarschaft** *f*
Wir wohnen in einem ruhigen Wohngebiet mit vielen Grünanlagen.

---

meet [miːt] *v/t, v/i*
⚠ **met** [met], **met** [met]
I **met** an old friend I hadn't seen for 10 years.

At parties you can **meet** a lot of interesting people.

(sich) treffen, kennen lernen

Ich habe einen alten Freund getroffen, den ich 10 Jahre nicht gesehen hatte.
Auf Partys kann man viele interessante Leute kennen lernen.

---

meeting ['miːtɪŋ] *n*

The next **meeting** of the board will be on May 26.

Sitzung *f*, **Versammlung** *f*, **Treffen** *n*
Die nächste Sitzung des Vorstands findet am 26. Mai statt.

---

date [deɪt] *n*
I must go – I have a **date** with my girlfriend at eight.

Verabredung *f*
Ich muss gehen, ich habe um acht eine Verabredung mit meiner Freundin.

invite [ɪn'vaɪt] v/t
They **invited** all their relatives to the wedding.

einladen
Sie luden alle ihre Verwandten zur Hochzeit ein.

go and see [ˌgəʊ ən 'siː] syn: visit
Grandma's ill – we must **go and see** her soon.

besuchen

Oma ist krank – wir müssen sie bald besuchen.

visit ['vɪzɪt] n, v/t
She's coming for a **visit** but she won't stay long.
We **visit** her in hospital every other day. → attend

Besuch m, **besuchen**
Sie kommt zu Besuch, aber sie bleibt nicht lange.
Wir besuchen sie jeden zweiten Tag in der Klinik.

guest [gest] n syn: visitor, opp: host
We use this as an extra bedroom when we have **guests**.

Gast m

Wir benutzen dies als zusätzliches Schlafzimmer, wenn wir Gäste haben.

show [ʃəʊ] v/t
⚠ **showed** [ʃəʊd], **shown** [ʃəʊn]
First they **showed** us around (the building) – then they **showed** us to our rooms.

führen, zeigen

Zuerst führten sie uns durch das ganze Gebäude, dann zeigten sie uns unsere Zimmer.

party ['pɑːtɪ] n
We arranged a surprise **party** for her birthday.

Party f, **Feier** f, **Fete** f
Wir organisierten eine Überraschungsparty für ihren Geburtstag.

congratulations [kənˌgrætʃʊ-'leɪʃnz] pl
Congratulations! You won the competition.

Glückwunsch m, **Glückwünsche** pl
Herzlichen Glückwunsch! Sie haben den Wettbewerb gewonnen.

present ['preznt] n syn: gift
In English-speaking countries children get their **presents** on Christmas Day.

Geschenk n
In englischsprachigen Ländern bekommen die Kinder ihre Geschenke am 1. Weihnachtstag.

gift [gɪft] n syn: present
At the end of the holidays we bought some **gifts** for our friends.

Geschenk n
Am Ende der Ferien kauften wir Geschenke für unsere Freunde.

«2001–4000»

---

contact ['kɒntækt] *n syn:* connection
We used to be good friends but I've lost **contact** with him.

Kontakt *m*, **Verbindung** *f*, **Berührung** *f*
Wir waren früher gute Freunde, aber ich habe den Kontakt zu ihm verloren.

---

join [dʒɔɪn] *v/t*
He **joined** the party as a young man and has been a member for 20 years.

beitreten, eintreten in
Er ist als junger Mann in die Partei eingetreten und ist seit 20 Jahren Mitglied.

---

take part (in) [ˌteɪk 'pɑːt (ɪn)] *syn:* participate (in)
Five very interesting guests will **take part in** the discussion.

teilnehmen (an), sich beteiligen (an)
Fünf sehr interessante Gäste werden an der Diskussion teilnehmen.

---

accompany [ə'kʌmpənɪ] *v/t*
The gentlemen **accompany** the ladies to their seats.

begleiten
Die Herren begleiten die Damen zu ihren Plätzen.

---

appointment [ə'pɔɪntmənt] *n*

I have an **appointment** with my dentist at 3 p.m.

Termin *m*, **Vereinbarung** *f*, **Verabredung** *f*
Ich habe um drei Uhr einen Termin beim Zahnarzt.

---

invitation [ˌɪnvɪ'teɪʃn] *n*
I thanked her for the **invitation** to her birthday party.

Einladung *f*
Ich dankte ihr für die Einladung zu ihrer Geburtstagsfeier.

---

visitor ['vɪzɪtə] *n syn:* guest
The Grand Canyon gets millions of **visitors** every year.

Besucher(in), Gast *m*
Millionen von Besuchern kommen jedes Jahr zum Grand Canyon.

---

host [həʊst] *n opp:* guest
We thanked our **host** at the end of the party.

Gastgeber *m*
Wir bedankten uns am Ende der Party bei unserem Gastgeber.

---

hostess ['həʊstɪs] *n opp:* guest
The **hostess** welcomed each of her guests personally.

Gastgeberin *f*
Die Gastgeberin begrüßte jeden ihrer Gäste persönlich.

welcome ['welkəm] *n, adj, v/t*

They gave us a warm **welcome**.

The President **welcomed** his guests at the airpoirt.

Empfang *m*, **willkommen, begrüßen, willkommen heißen**

Sie bereiteten uns einen herzlichen Empfang.

Der Präsident begrüßte seine Gäste am Flughafen.

---

*TIPP: „Willkommen in ...!" wird immer durch **Welcome to ...** ausgedrückt, z. B. **Welcome to Germany!** (Willkommen in Deutschland!).*

---

greet [gri:t] *v/t syn:* welcome
He **greeted** all his guests with a handshake.

begrüßen
Er begrüßte alle seine Gäste mit Handschlag.

---

introduce [ɪntrə'dju:s] *v/t*
May I **introduce** myself? My name is Dennis Young.

vorstellen
Darf ich mich vorstellen? Mein Name ist Dennis Young.

---

formal ['fɔːml] *adj opp:* casual, colloquial
It's rather **formal** to say "How do you do?"

förmlich, formell

Es ist ziemlich förmlich, „How do you do?" zu sagen.

---

wave [weɪv] *v/i,v/t*
They **waved** goodbye to us from the steps of the front door.

winken
Sie winkten uns zum Abschied von den Stufen der Haustür zu.

---

bow [baʊ] *v/i, v/t*

The musicians **bowed** as the audience applauded.

beugen, sich (ver)beugen, neigen, sich verneigen
Die Musiker verbeugten sich, während das Publikum applaudierte.

---

congratulate [kən'grætʃʊleɪt] *v/t*
We **congratulated** her on passing her exams.

gratulieren, beglückwünschen

Wir gratulierten ihr zum bestandenen Examen.

---

celebrate ['seləbreɪt] *v/i, v/t*
The Queen **celebrates** her birthday in summer, though actually it is in April.

feiern
Die Königin feiert ihren Geburtstag im Sommer, obwohl er eigentlich im April liegt.

---

get along (with) [ˌget ə'lɒŋ (wɪð)]
At first I didn't like her, but now we're **getting along** fine (**with** each other).

auskommen (mit)

Zuerst mochte ich sie nicht, aber jetzt kommen wir sehr gut miteinander aus.

friendship ['frendʃɪp] *n*
There is no real **friendship** without trust.

Freundschaft *f*
Es gibt keine wahre Freundschaft ohne Vertrauen.

kiss [kɪs] *n, v/t*
She gave the children a goodnight **kiss**.

Kuss *m*, **küssen**
Sie gab den Kindern einen Gutenachtkuss.

marry ['mærɪ] *v/i, v/t*
We got **married** last summer, so we've been **married** for one year.

heiraten
Wir haben letzten Sommer geheiratet, also sind wir seit einem Jahr verheiratet.

marriage ['mærɪdʒ] *n*
It's her second **marriage** – her first husband died.

Ehe *f*, **Heirat** *f*
Es ist ihre zweite Ehe – ihr erster Mann ist gestorben.

wedding ['wedɪŋ] *n syn:* marriage
She's going to wear a white dress for the **wedding**.

Hochzeit *f*, **Trauung** *f*
Sie wird zur Hochzeit ein weißes Kleid tragen.

separate ['sepəreɪt] *v/i*
They are **separated** and are getting divorced.

sich trennen
Sie haben sich getrennt und lassen sich scheiden.

get divorced [,get dɪ'vɔːst]
They got **divorced** after 10 years of marriage.

sich scheiden lassen
Sie ließen sich nach 10 Jahren Ehe scheiden.

1.1.7 SCHICKSAL UND ZUFALL

«1–2000»

happen ['hæpən] *v/i syn:* occur
He pushed the button but nothing **happened**.

geschehen, passieren
Er drückte auf den Knopf, aber nichts geschah.

safe [seɪf] *adj opp:* dangerous
Flying is much **safer** than driving.

sicher
Fliegen ist viel sicherer als Autofahren.

safety ['seɪftɪ] *n opp:* danger
Motorcyclists should wear crash helmets for their own **safety**.

Sicherheit *f*
Motorradfahrer sollten zu ihrer eigenen Sicherheit Sturzhelme tragen.

luck [lʌk] *n opp:* bad luck
With a little bit of **luck** you'll make it.

Glück *n*
Mit ein bisschen Glück schaffst du es.

> *TIPP: luck bezeichnet das Glück (Gegenteil: Pech), das jemand hat oder das etwas bringt. happiness drückt aus, dass jemand glücklich (und zufrieden) ist.*

be lucky [bɪˈlʌkɪ] *syn:* be fortunate, *opp:* be unlucky
She was **lucky** to survive the accident. → *luck*

Glück haben

Sie hatte Glück (⚠ *nicht:* **war glücklich**), dass sie den Unfall überlebte.

---

save [seɪv] *v/t*
The seat belt **saved** my life.

retten
Der Sicherheitsgurt hat mir das Leben gerettet.

---

success [səkˈses] *n opp:* failure
The film ''Jurassic Park'' was a huge **success**.

Erfolg *m*
Der Film ,,Jurassic Park'' war ein riesiger Erfolg.

---

successful [səkˈsesfl] *adj*
Steven Spielberg is one of the most **successful** film directors and producers.

erfolgreich
Steven Spielberg ist einer der erfolgreichsten Filmregisseure und -produzenten.

---

succeed [səkˈsiːd] *v/i opp:* fail

The first time she didn't pass the test, but the second time she **succeeded**.

Erfolg haben, erfolgreich sein, gelingen, es schaffen
Beim ersten Mal bestand sie die Prüfung nicht, aber beim zweiten Mal hatte sie Erfolg.

---

famous [ˈfeɪməs] *adj*
Henry Ford, the **famous** carmaker, was the son of a farmer.

berühmt
Henry Ford, der berühmte Autohersteller, war der Sohn eines Bauern.

---

trouble [ˈtrʌbl] *n syn:* difficulty, problem(s)
In winter I often have **trouble** getting my car started.

Schwierigkeit(en), Problem(e), Ärger *m*
Im Winter habe ich oft Schwierigkeiten, mein Auto anzulassen.

---

danger [ˈdeɪndʒə] *n syn:* risk, *opp:* safety
Cigarette smoking is a **danger** to health.

Gefahr *f*

Das Zigarettenrauchen ist eine Gefahr für die Gesundheit.

---

dangerous [ˈdeɪndʒərəs] *adj syn:* risky, *opp:* safe
Bull terriers can become **dangerous** weapons.

gefährlich

Bullterrier können zu gefährlichen Waffen werden.

lose [luːz] v/i, v/t opp: find, win
⚠ **lost** [lɒst], **lost** [lɒst]
I found the ring Mother **lost**.

verlieren

Ich habe den Ring gefunden,
den Mutter verloren hat.

---

fire [ˈfaɪə] n
Terrible **fires** destroyed parts of
Yellowstone National Park in
1988.

Brand m, **Feuer** n
Schreckliche Brände zerstör-
ten 1988 Teile des Yellow-
stone-Nationalparks.

«2001–4000»

fate [feɪt] n
The **fate** of the hostages is in the
hands of the hijackers.

Schicksal n, **Geschick** n
Das Schicksal der Geiseln liegt
in der Hand der Flugzeugentführer.

---

mystery [ˈmɪstərɪ] n syn:
puzzle, secret
Marilyn's death will always remain a **mystery**.

Rätsel n, **Geheimnis** n

Marilyns Tod wird immer ein
Rätsel bleiben.

---

situation [ˌsɪtʃʊˈeɪʃn] n syn: position, state
High unemployment is putting
the economy in a very difficult
situation.

Lage f, **Situation** f

Die hohe Arbeitslosigkeit bringt
die Wirtschaft in eine sehr
schwierige Lage.

---

condition [kənˈdɪʃn] n
I wouldn't buy a house in such a
poor **condition**.

Zustand m, **Verfassung** f
Ich würde kein Haus in einem
so schlechten Zustand kaufen.

---

state [steɪt] n syn: condition
I'm worried about her **state** of
health.

Zustand m
Ich mache mir Sorgen um ihren
Gesundheitszustand.

---

chance [tʃɑːns] n syn: opportunity
There's no **chance** of getting a
taxi in Manhattan on a rainy
evening.

Möglichkeit f, **Chance** f, **Gelegenheit** f
Es ist unmöglich, in Manhattan
abends bei Regen ein Taxi zu
bekommen.

---

opportunity [ˌɒpəˈtjuːnətɪ] n
syn: chance, occasion
You must take (oder seize) this
opportunity.

Gelegenheit f

Du musst diese Gelegenheit er-
greifen.

---

occasion [ə'keɪʒn]   *n   syn:*
chance, opportunity
This is no **occasion** for joking.

Gelegenheit *f*, **Anlass** *m*

Das ist kein Anlass zum Spaßen.

---

case [keɪs] *n*
The oil spill was a typical **case**
of human error.

Take an umbrella in **case** it
rains.

Fall *m*
Der Ölunfall war ein typischer
Fall von menschlichem Versa-
gen.

Nimm für den Fall, dass es regnet, einen Schirm mit.

---

event [ɪ'vent] *n syn:* happening
The fall of the Berlin wall was
the most important **event** in
1989.

Ereignis *n*
Der Fall der Berliner Mauer war
das wichtigste Ereignis des
Jahres 1989.

---

on purpose [ɒn'pɜːpəs] *opp:* by
chance
I'm sure he did it **on purpose**.

absichtlich, mit Absicht

Ich bin mir sicher, dass er es
absichtlich getan hat.

---

by chance [baɪ'tʃɑːns] *syn:* by
accident, *opp:* on purpose
I'd never planned it – it happened quite **by chance**.

zufällig, zufälligerweise

Ich hatte es nie geplant, es geschah ganz zufällig.

---

adventure [əd'ventʃə] *n*
River rafting on the Colorado is
a real **adventure**.

Abenteuer *n*
Schlauchbootfahren auf dem
Colorado ist ein richtiges Aben-
teuer.

---

win [wɪn] *v/i, v/t opp:* lose
⚠ **won** [wɒn], **won** [wɒn]
Mark Spitz **won** seven Olympic
gold medals in 1972.

gewinnen, siegen

Mark Spitz gewann 1972 sieben
olympische Goldmedaillen.

---

rescue ['reskjuː] *n, v/t*
A **rescue** team found the missing mountain climbers.

Rettung *f*, **retten**
Eine Rettungsmannschaft fand
die vermissten Bergsteiger.

---

advantage [əd'vɑːntɪdʒ] *n opp:*
disadvantage
Among the **advantages** of my
job are flexible working hours.

Vorteil *m*

Zu den Vorteilen meines Berufs
gehört die flexible Arbeitszeit.

---

fortunately ['fɔːtʃnətlɪ] *adv opp:*
unfortunately
The car was badly damaged,
but **fortunately** no one was hurt.

glücklicherweise, zum Glück

Das Auto war stark beschädigt,
aber zum Glück wurde niemand
verletzt.

difficulty ['dɪfɪkltɪ] *n syn:* problem | **Schwierigkeit** *f*

They got into **difficulties** and had to sell their house. | Sie gerieten in Schwierigkeiten und mussten ihr Haus verkaufen.

---

need [niːd] *n* | **Bedürfnis** *n*, **Notwendigkeit** *f*

The basic **needs** of man include food and shelter. | Zu den Grundbedürfnissen des Menschen gehören Nahrung und Unterkunft.

---

lack [læk] *n* | **Mangel** *m*

For **lack** of opportunity, he never learnt to swim. | Er hat aus Mangel an Gelegenheit nie schwimmen gelernt.

---

risk [rɪsk] *n, v/t* | **Risiko** *n*, **Gefahr** *f*, **riskieren, in Gefahr bringen**

You can't insure yourself against all **risks**. | Man kann sich nicht gegen alle Risiken versichern.

You **risk** losing your job if you criticize the boss. | Du riskierst es, deine Stelle zu verlieren, wenn du den Chef kritisierst.

---

emergency [ɪ'mɜːdʒnsɪ] *n* | **Notfall** *m*, **Not...**

This door is an **emergency** exit only. | Diese Tür darf nur als Notausgang benutzt werden.

---

bad luck [ˌbæd'lʌk] *n opp:* luck | **Pech** *n*, **Unglück** *n*

Losing the match by a goal in the last minute was really **bad luck**. | Das Spiel durch ein Tor in der letzten Minute zu verlieren, war wirklich Pech.

---

blow [bləʊ] *n* | **Schlag** *m*

Losing her job was a terrible **blow** to her. | Es war ein furchtbarer Schlag für sie, ihre Stellung zu verlieren.

---

harm [hɑːm] *n, v/t syn:* hurt | **Schaden** *m*, **schaden**

Most prisons do more **harm** than good. | Die meisten Gefängnisse richten mehr Schaden an, als dass sie nützen.

It won't **harm** you to work a bit harder. | Es wird dir nichts schaden, etwas fleißiger zu sein.

---

damage ['dæmɪdʒ] *n, v/t* | **Schaden** *n*, **schaden, schädigen, beschädigen**

The fire caused great **damage** to the forest. | Das Feuer fügte dem Wald großen Schaden zu.

destroy [dɪ'strɔɪ] *v/t syn:* ruin, **zerstören**
opp: create
The explosion **destroyed** most | Die Explosion zerstörte den
of the building. | größten Teil des Gebäudes.

destruction [dɪ'strʌkʃn] *n opp:* | **Zerstörung** *f*
creation
Acid rain causes the **destruc-** | Saurer Regen führt zur Zerstö-
tion of forests. | rung der Wälder.

ruin ['ruːɪn] *n, v/t* | **Ruin** *m*, **Untergang** *m*, **ruinieren,**
| **zugrunde richten**
Gambling was his **ruin**. | Das Glücksspiel war sein Ruin.

explode [ɪk'spləʊd] *v/i syn:* | **explodieren, platzen**
blow up
A bomb **exploded** and killed | Eine Bombe explodierte und tö-
three people. | tete drei Menschen.

explosion [ɪk'spləʊʒn] *n* | **Explosion** *f*
A gas pipe **explosion** destroyed | Die Explosion einer Gasleitung
two houses. | zerstörte zwei Häuser.

1.2   Alltagswelt

1.2.1   DER MENSCH UND SEIN ZUHAUSE

1.2.1.1 HAUS UND WOHNUNG

«1–2000»

house [haʊs] *n syn:* home | **Haus** *n*
Most people in Britain live in | Die meisten Menschen in Eng-
their own **house**. | land wohnen im eigenen Haus.

build [bɪld] *v/t* ⚠ **built** [bɪlt], **built** | **bauen**
[bɪlt]
The house was **built** in ten | Das Haus wurde in zehn Mona-
months. | ten gebaut.

home [həʊm] *n syn:* house | **Heim** *n*, **Haus** *n*
They've just moved into their | Sie sind gerade in ihr neues
new **home** and are giving a | Heim eingezogen und geben ei-
housewarming party. | ne Einweihungsfeier.

home [həʊm] *adv* | **nach Hause, heim**
We want to go **home**. → *at home* | Wir möchten nach Hause ge-
| hen.

live [lɪv] v/i
At 28 he's still **living** with his parents. → *stay*

wohnen, leben
Mit 28 wohnt er immer noch bei seinen Eltern.

at home [ət 'həʊm]
Most German families celebrate Christmas **at home**.

zu Hause, daheim
Die meisten deutschen Familien feiern Weihnachten zu Hause.

flat [flæt] n syn: apartment (Am)
We used to live in a rented **flat** but now we have our own house.

Wohnung f
Früher lebten wir in einer Mietwohnung, aber heute haben wir ein eigenes Haus.

Am **apartment** [ə'pɑːtmənt] n syn: flat (Brit)
In New York we had to stay at a hotel until we found an **apartment**.

Wohnung f

In New York mussten wir im Hotel wohnen, bis wir eine Wohnung fanden.

TIPP: **apartment** *entspricht* <u>nicht</u> *deutsch Appartement (= Einzimmerwohnung). Dieses wird* **studio, studio flat** *(Brit) oder* **studio apartment** *(Am) genannt.*

floor [flɔː] n syn: storey, Am story
The living room is on the ground **floor** and the bedrooms are on the first (Am second) **floor**.

Stockwerk n, **Stock** m, **Etage** f, **Geschoss** n
Das Wohnzimmer ist im Erdgeschoss, und die Schlafzimmer sind im ersten Stock.

TIPP: *Im britischen Englisch entspricht* **first floor** *dem 1. Stock usw. In Amerika dagegen heißt* **ground floor** *auch* **first floor** *und entsprechend der 1. Stock* **second floor** *usw.*

room [ruːm] n
We have three **rooms** downstairs and two upstairs.

Zimmer n, **Raum** m
Wir haben unten drei Zimmer und oben zwei.

living room ['lɪvɪŋ ruːm] n syn: sitting room (Brit), lounge (Brit)
They're in the **living room** watching TV.

Wohnzimmer n

Sie sind im Wohnzimmer und sehen fern.

bedroom ['bedruːm] n
The house has three **bedrooms** and two bathrooms.

Schlafzimmer n
Das Haus hat drei Schlafzimmer und zwei Badezimmer.

kitchen ['kɪtʃn] n
They're in the **kitchen** preparing dinner.

Küche f
Sie sind in der Küche und bereiten das Abendessen zu.

bathroom ['bɑːθruːm] *n*

Each of our hotel rooms has its own **bathroom**.

Bad *n*, **Badezimmer** *n*, *Am auch* **Toilette** *f*
Jedes unserer Hotelzimmer hat ein eigenes Bad.

toilet ['tɔɪlɪt] *n syn:* bathroom *(Am)*, restroom *(Am)*
There's a **toilet** on each floor.

Toilette *f*

Es gibt eine Toilette auf jeder Etage.

TIPP: Im amerikanischen Englisch vermeidet man das Wort **toilet**. *Man sagt meist* **bathroom** *oder – in öffentlichen Gebäuden –* **restroom(s)**.

hall [hɔːl] *n*
The guests can hang up their coats in the **hall**.

Diele *f*, **Flur** *m*, **Treppenhaus** *n*
Die Gäste können ihre Mäntel in der Diele aufhängen.

cellar ['selə] *n syn:* basement
Wine should be stored in a cool, dark **cellar**.

Keller *m*
Wein sollte man in einem kühlen, dunklen Keller lagern.

roof [ruːf] *n*
We must have the **roof** repaired – the rain's coming in.

Dach *n*
Wir müssen das Dach reparieren lassen – es regnet rein.

wall [wɔːl] *n*
The **walls** of his room are full of posters of basketball stars.

Wand *f*, **Mauer** *f*
Die Wände seines Zimmers hängen voll mit Postern von Basketball-Stars.

There is a high stone **wall** around the park.

Der Park ist von einer hohen Steinmauer umgeben.

floor [flɔː] *n opp:* ceiling
The **floor** gets slippery when it's wet.

Boden *m*, **Fußboden** *m*
Der Fußboden wird glatt, wenn er nass ist.

window ['wɪndəʊ] *n*
Open the **window** and let in some fresh air.

Fenster *n*
Mach das Fenster auf und lass etwas frische Luft herein!

door [dɔː] *n*
Always lock the front **door** when you leave.

Tür *f*
Schließ immer die Haustür ab, wenn du fortgehst.

gate [geɪt] *n*
Someone has left the **gate** open.

Tor *n*
Jemand hat das Tor aufgelassen.

entrance ['entrəns] *n opp:* exit
Let's meet at the main **entrance** of the station.

Eingang *m*
Treffen wir uns am Haupteingang des Bahnhofs!

exit ['eksɪt] *n opp:* entrance
This door may be used as an emergency **exit** only.

Ausgang *m*
Diese Tür darf nur als Notausgang benutzt werden.

---

stairs [steəz] *pl*
He ran down the **stairs** to answer the phone.

Treppe *f*
Er lief die Treppe hinunter, um ans Telefon zu gehen.

---

step [step] *n*
Mind the **step**!

Stufe *f*
Vorsicht, Stufe!

Brit **lift** [lɪft] *n syn:* elevator *(Am)*
We took the **lift** to the restaurant on the top floor.

Fahrstuhl *m*, **Lift** *m*, **Aufzug** *m*
Wir fuhren mit dem Fahrstuhl zum Restaurant im obersten Stock.

---

light [laɪt] *n*
She turned off the **light(s)** and got into bed.

Licht *n*, **Lampe** *f*
Sie machte das Licht aus und ging ins Bett.

---

heating ['hi:tɪŋ] *n*
It's getting cold – please turn the **heating** up.

Heizung *f*
Es wird kalt – bitte stell die Heizung höher!

---

garden ['gɑ:dn] *n*
He brought us a bunch of roses from his own **garden**.

Garten *m*
Er hat uns einen Strauß Rosen aus dem eigenen Garten mitgebracht.

---

garage ['gærɑ:ʒ, *Am* gə'rɑ:ʒ] *n*
At weekends we usually leave the car in the **garage**.

Garage *f*
An Wochenenden lassen wir den Wagen meist in der Garage stehen.

TIPP: Achtung, garage bezeichnet auch die Autowerkstatt, in England meist mit Tankstelle!

«2001–4000»

indoors [ˌɪn'dɔːz] *adv syn:* inside, *opp:* outdoors
The kids play **indoors** when it's raining.

drinnen, im Haus
Die Kinder spielen drinnen, wenn es regnet.

---

outdoors [ˌaʊt'dɔːz] *adv syn:* outside, *opp:* indoors
You can't play **outdoors** when it's raining.

draußen, im Freien
Ihr könnt nicht draußen spielen, wenn es regnet.

block [blɒk] n

Block m, **Häuserblock** m, **Gebäudekomplex** m, **Hochhaus** n

The council is building a new **block** of flats for large families.

Die Stadt baut einen neuen Wohnblock für kinderreiche Familien.

front [frʌnt] n

Fassade f

The hotel has a magnificent **front** but is pretty shabby inside.

Das Hotel hat eine prächtige Fassade, aber drinnen ist es recht schäbig.

storey, Am **story** ['stɔːrɪ] n syn: floor ⚠ pl Am **stories**

Stockwerk n, **Stock** m, **Etage** f, **Geschoss** n

The Sears Tower in Chicago has 110 **storeys/stories.**

Der Sears Tower in Chicago hat 110 Stockwerke.

downstairs [ˌdaʊn'steəz] adv opp: upstairs

unten (im Haus), nach unten, hinunter

Let's meet **downstairs** for breakfast.

Treffen wir uns unten/im Erdgeschoss zum Frühstück!

upstairs [ˌʌp'steəz] adv opp: downstairs

oben (im Haus), nach oben, hinauf

The living room is downstairs and the bedrooms are **upstairs.**

Das Wohnzimmer ist unten, und die Schlafzimmer sind oben.

dining room ['daɪnɪŋ ruːm] n

Esszimmer n, **Speisesaal** m

She laid (Am set) the table for dinner in the **dining room.**

Sie deckte den Tisch zum Abendessen im Esszimmer.

basement ['beɪsmənt] n syn: cellar

Keller m, **Untergeschoss** n

We have a hobby room in the **basement.**

Wir haben einen Hobbyraum im Keller.

ceiling ['siːlɪŋ] n opp: floor

Decke f

Careful – don't bump your head on the low **ceiling**!

Vorsicht – stoß dir nicht den Kopf an der niedrigen Decke!

chimney ['tʃɪmnɪ] n syn: smokestack

Kamin m, **Schornstein** m

There was thick smoke coming out of the factory **chimneys.**

Aus den Fabrikschornsteinen kam dichter Rauch.

yard [jɑːd] n

Hof m

The children were playing tag in the school**yard.**

Die Kinder spielten auf dem Schulhof Fangen.

household ['haʊshəʊld] n

Haushalt m

She works full-time <u>and</u> runs the **household** – I wonder how she does it.

Sie arbeitet ganztags <u>und</u> führt den Haushalt – ich möchte wissen, wie sie das schafft.

move [muːv] *v/i*
She doesn't live here any more
– she's **moved** to Florida.
Our new house isn't finished –
we can't **move in** yet.

They couldn't pay the rent and
had to **move out**.

(um)ziehen
Sie wohnt nicht mehr hier – sie
ist nach Florida gezogen.
Unser neues Haus ist noch
nicht fertig – wir können noch
nicht einziehen.
Sie konnten die Miete nicht bezahlen und mussten ausziehen.

---

furnish ['fɜːnɪʃ] *v/t*
They had their new flat **furnished** by an interior designer.

At first I stayed at a hotel but
then I rented a **furnished** room.

einrichten, möblieren
Sie haben sich ihre neue Wohnung von einem Innenarchitek-
ten einrichten lassen.
Zuerst wohnte ich in einem Hotel, aber dann habe ich ein möb-
liertes Zimmer gemietet.

---

paint [peɪnt] *n*
I need a brush and a tin of **paint**
(⚠ *nicht: colour*).
Careful, wet **paint**!

Farbe *f*, **Anstrich** *m*
Ich brauche einen Pinsel und
eine Dose Farbe.
Vorsicht, frisch gestrichen!

---

lock [lɒk] *v/t opp: unlock*

Close the windows and **lock** the
doors before you leave.

**abschließen, absperren, ver-
schließen**
Macht die Fenster zu und
schließt die Türen ab, bevor ihr
geht.

---

lock [lɒk] *n*
He lost his keys and had all the
locks changed.

Schloss *n*, **Türschloss** *n*
Er verlor seine Schlüssel und
ließ alle Türschlösser aus-
wechseln.

---

crack [kræk] *n*
The windows were broken and
there were **cracks** in the walls.

Riss *m*, **Sprung** *m*, **Spalt** *m*
Die Fenster waren zerbrochen,
und es waren Risse in den Wänden.

1.2.1.2 EINRICHTUNG

«1–2000»

furniture ['fɜːnɪtʃə] *n*
Except for a bed and a chair
there's no **furniture** in the room.

Möbel *pl*
Außer einem Bett und einem
Stuhl sind keine Möbel in dem
Zimmer.

table ['teɪbl] *n*
I reserved a **table** for two.

Tisch *m*
Ich habe einen Tisch für zwei Personen bestellt.

---

desk [desk] *n*
My back hurts from sitting at my **desk** all day.

Schreibtisch *m*
Der Rücken tut mir weh, weil ich den ganzen Tag am Schreibtisch gesessen habe.

---

chair [tʃeə] *n*
She bought a table and six matching **chairs**.

Stuhl *m*, **Sessel** *m*
Sie hat einen Tisch und sechs passende Stühle gekauft.

---

bench [bentʃ] *n*
Two old ladies were sitting on a **bench** in the park. → *bank (S. 143)*

Bank *f*
Zwei alte Damen saßen auf einer Bank im Park.

---

bed [bed] *n*
I need a double room with two **beds**.

Bett *n*
Ich brauche ein Doppelzimmer mit zwei Betten.

---

cupboard ['kʌbəd] *n*
You'll find coffee and sugar in the kitchen **cupboard**.

Schrank *m*
Du findest Kaffee und Zucker im Küchenschrank.

---

leg [leg] *n*
Stools with three **legs** aren't safe.

Bein *n*
Hocker mit drei Beinen sind nicht sicher.

---

comfortable ['kʌmfətəbl] *adj*
opp: uncomfortable
The rooms are small but **comfortable**.

bequem, gemütlich, angenehm

Die Zimmer sind klein, aber gemütlich (⚠ *nicht: komfortabel*).

«2001–4000»

seat [siːt] *n*
Our new car has airbags for both front **seats**.
I've reserved **seats** for the front row.

Sitz *m*, **Sitzplatz** *m*, **Platz** *m*
Unser neuer Wagen hat Airbags für beide Vordersitze.
Ich habe Plätze in der ersten Reihe reserviert.

---

armchair ['ɑːmtʃeə] *n*
I like to sit in a comfortable **armchair** by the fireside.

Sessel *m*
Ich sitze gern in einem bequemen Sessel am Kamin.

---

sofa ['səʊfə] *n syn:* couch
This **sofa** seats three to four people.

Sofa *n*, **Couch** *f*
Auf diesem Sofa haben drei bis vier Personen Platz.

couch [kaʊtʃ] *n syn:* sofa
I usually lie down on the **couch** after lunch.

Couch *f*, **Liege** *f*, **Sofa** *n*
Ich lege mich nach dem Mittagessen meistens etwas auf die Couch.

---

blanket ['blæŋkɪt] *n*
I've put another **blanket** on the bed in case it gets cold.

(Bett-, Woll)Decke *f*
Für den Fall, dass es kalt wird, habe ich noch eine Decke aufs Bett gelegt.

---

pillow ['pɪləʊ] *n*
I like to sleep with two **pillows** under my head. → *cushion*

Kopfkissen *n*, **(Zier)Kissen** *n*
Ich schlafe gern mit zwei Kopfkissen.

cushion ['kʊʃn] *n*
Sitting on soft **cushions** is bad for my back.

(Sitz)Kissen *n*, **Polster** *n*
Auf weichen Kissen zu sitzen schadet meinem Rücken.

---

wardrobe ['wɔːdrəʊb] *n*
I've got a **wardrobe** full of clothes, and nothing to wear!

Kleiderschrank *m*
Ich habe einen vollen Kleiderschrank und nichts anzuziehen!

Am **closet** ['klɑːzət] *n syn:* built-in cupboard *(Brit)*
You can hang your clothes in the **closet**.

Wandschrank *m*

Du kannst deine Kleider in den Wandschrank hängen.

---

shelf [ʃelf] *n*
⚠ *pl* **shelves** [ʃelvz]
Please return all books to their **shelves**.

Regal *n*, **Bord** *n*

Bitte stellen Sie alle Bücher wieder in die Regale zurück.

---

chest of drawers [ˌtʃest əv 'drɔːz] *n*
She keeps her jewellery in a **chest of drawers**.

Kommode *f*

Sie bewahrt ihren Schmuck in einer Kommode auf.

---

drawer [drɔː] *n*
I keep my documents in one of my desk **drawers**.

Schublade *f*, **Schubfach** *n*
Ich bewahre meine Papiere in einer meiner Schreibtischschubladen auf.

---

lamp [læmp] *n syn:* light
I like to read in bed by the light of my bedside **lamp**.

Lampe *f*, **Leuchte** *f*
Ich lese gern im Bett beim Schein meiner Nachttischlampe.

Brit **cooker** ['kʊkə] *n syn:* stove
(Am) You can heat up the soup on the **cooker** or in the microwave. → *stove*

Herd *m*
Du kannst die Suppe auf dem Herd oder in der Mikrowelle aufwärmen.

stove [stəʊv] *n syn:* cooker *(Brit)*
Professional cooks prefer gas **stoves**.
We heat the cabin with a wood-burning **stove**. → *oven*

Herd *m*, **Ofen** *m*
Profiköche bevorzugen Gasherde.
Wir heizen die Hütte mit einem Holzofen.

---

oven [ˈʌvn] *n*
It's time to take the cake out of the **oven**.

Backofen *m*, **Backröhre** *f*
Es ist Zeit, den Kuchen aus dem Backofen zu nehmen.

---

fridge [frɪdʒ], **refrigerator** [rɪˈfrɪdʒəreɪtə] *n*
I like my coke cold, so I always keep it in the **fridge/refrigerator**.

Kühlschrank *m*

Ich trinke meine Cola gern kalt, deshalb stelle ich sie immer in den Kühlschrank.

---

freezer [ˈfriːzə] *n syn:* deep freeze
I've got some home-made ice cream in the **freezer**.

Tiefkühlschrank *m*, **Gefriertruhe** *f*, **Gefrierfach** *n*
Ich habe selbst gemachtes Eis im Tiefkühlschrank.

---

carpet [ˈkɑːpɪt] *n*
We bought a beautiful Persian **carpet** for our living room. → *rug*

Teppich *m*, **Teppichboden** *m*
Wir haben einen wunderschönen persischen Teppich für unser Wohnzimmer gekauft.

---

curtain [ˈkɜːtn] *n*
Pull back the **curtains** to let the sunshine in.

Gardine *f*, **Vorhang** *m*
Zieh die Gardinen auf und lass den Sonnenschein herein.

---

frame [freɪm] *n*
The doors are made of glass and have wooden **frames**.

Rahmen *m*
Die Türen sind aus Glas und haben Rahmen aus Holz.

1.2.1.3 GEGENSTÄNDE UND GERÄTE

«1–2000»

thing [θɪŋ] *n*
I entered the store to buy a few **things** I needed.

You can leave your **things** here until you leave.

Ding *n*, **Sache** *f*
Ich betrat das Kaufhaus, um ein paar Dinge zu kaufen, die ich brauchte.
Du kannst deine Sachen hier lassen, bis du abfährst.

---

*TIPP: thing bleibt im Deutschen oft unübersetzt, z. B. **the good thing about it** (= das Gute daran), **all sorts of things** (= alles Mögliche).*

box [bɒks] *n*

I've eaten a whole **box** of chocolates.
I need a cardboard **box** for the parcel. → *speaker*

Schachtel *f*, **Karton** *m*, **Kasten** *m*, **Kiste** *f*
Ich habe eine ganze Schachtel Pralinen gegessen.
Ich brauche einen Pappkarton für das Paket.

bag [bæg] *n*
Let me carry that heavy shopping **bag** for you.

Tasche *f*, **Tüte** *f*, **Beutel** *m*
Lass mich die schwere Einkaufstasche tragen!

basket ['bɑːskɪt] *n*
I use a shopping **basket** instead of a bag.

Korb *m*
Ich verwende einen Einkaufskorb statt einer Tasche.

handbag ['hændbæg] *n syn:* purse *(Am)*
A thief stole my **handbag**.

Handtasche *f*

Ein Dieb hat meine Handtasche gestohlen.

key [kiː] *n*
Only the manager has a **key** to the safe.

Schlüssel *m*
Der Geschäftsführer hat als Einziger einen Schlüssel zum Tresor.

pen [pen] *n*

I need a **pen** and some paper.

Kugelschreiber *m*, **Füller** *m*, **(Schreib)Stift** *m*
Ich brauche einen Stift und Papier.

pencil ['pensl] *n*
He always makes a **pencil** sketch before he paints in oils.

Bleistift *m*
Er macht immer eine Bleistiftskizze, bevor er in Öl malt.

card [kɑːd] *n*
The English send and receive lots of **cards** at Christmas.

I like to play **cards** but I never play for money.

Karte *f*
Die Engländer verschicken und erhalten viele Karten zu Weihnachten.

Ich spiele gern Karten, aber nie um Geld.

handkerchief ['hæŋkətʃɪf] *n*
She took a **handkerchief** and wiped the baby's nose.

Taschentuch *n*
Sie nahm ein Taschentuch und putzte dem Baby die Nase.

match [mætʃ] *n*
He uses **matches** to light his pipe.

Zündholz *n*, **Streichholz** *n*
Er benutzt Zündhölzer zum Anzünden seiner Pfeife.

string [strɪŋ] *n*
I need a piece of **string** to tie up this parcel.

Schnur *f*, **Bindfaden** *m*
Ich brauche ein Stück Bindfaden, um dieses Paket zu verschnüren.

chain [tʃeɪn] *n*
I put the **chain** on the door when
I lock it.

Kette *f*
Ich lege die Kette vor, wenn ich
die Tür abschließe.

pin [pɪn] *n*
She fastens the pieces of cloth
together with **pins**. → *needle*

(Steck)Nadel *f*
Sie steckt die Stoffteile mit Na-
deln zusammen.

scissors ['sɪzəz] *pl*
A comb and **scissors** is all a
good hairdresser needs.

Schere *f*
Kamm und Schere sind alles,
was ein guter Friseur braucht.

TIPP: „eine Schere" heißt **a pair of scissors**.

mirror ['mɪrə] *n*
I looked into the **mirror** and saw
a car following us.

Spiegel *m*
Ich blickte in den Spiegel und
sah, dass uns ein Wagen folgte.

bell [bel] *n*
The **bell** rings at the beginning
and the end of a lesson.

Klingel *f*, **Glocke** *f*
Es klingelt am Anfang und am
Ende der Stunde.

clock [klɒk] *n*
They have a beautiful old
grandfather **clock** in their living
room. → *watch*

Uhr *f*
Sie haben eine schöne alte
Standuhr im Wohnzimmer.

hand [hænd] *n*
The hour **hand** is always short-
er than the minute **hand**.

(Uhr)Zeiger *m*
Der Stundenzeiger ist immer
kürzer als der Minutenzeiger.

toy [tɔɪ] *n*
Toys are still popular Christmas gifts.

Spielzeug *n*
Spielzeuge sind immer noch beliebte Weihnachtsgeschenke.

«2001–4000»

object ['ɒbdʒɪkt] *n syn:* thing
Most of the **objects** that are
missing are worthless.

Gegenstand *m*, **Ding** *n*, **Objekt** *n*
Der größte Teil der fehlenden
Gegenstände ist wertlos.

container [kən'teɪnə] *n*
The firm produces boxes, bottles and other **containers**.

Behälter *m*, **Container** *m*
Die Firma stellt Kästen, Fla-
schen und andere Behälter her.

bucket ['bʌkɪt] *n syn:* pail
He filled a **bucket** with water.

Eimer *m*
Er füllte einen Eimer mit Wasser.

wastepaper basket [ˌweɪst-ˈpeɪpə ˌbɑːskɪt] *n syn:* wastebasket *(Am)*

Papierkorb *m*

She threw the old letters into the **wastepaper basket**.

Sie warf die alten Briefe in den Papierkorb.

---

ashtray [ˈæʃtreɪ] *n*

Aschenbecher *m*

Here's an **ashtray** if you want to smoke.

Hier ist ein Aschenbecher, wenn Sie rauchen wollen.

---

purse [pɜːs] *n*

Portemonnaie *n*, **Geldbeutel** *m*

I always keep change in my **purse**.

Ich habe in meinem Portemonnaie immer Kleingeld.

---

wallet [ˈwɒlɪt] *n*

Brieftasche *f*, *(großes)* **Portemonnaie** *n*

I keep my ID card, driving licence, and paper money in my **wallet**.

Ich habe meinen Ausweis, Führerschein und Papiergeld in meiner Brieftasche.

---

glasses [ˈglɑːsɪz] *pl syn:* spectacles

Brille *f*

I need my **glasses** for reading only.

Ich brauche meine Brille nur zum Lesen.

TIPP: *„eine Brille" ist* **a pair of glasses**.

---

ballpoint [ˈbɔːlpɔɪnt] *n*

Kugelschreiber *m*

Use a **ballpoint** to sign the cheques.

Unterschreiben Sie die Schecks mit Kugelschreiber.

---

umbrella [ʌmˈbrelə] *n*

(Regen)Schirm *m*

Don't forget your **umbrella** – it's going to rain.

Vergiss deinen Schirm nicht – es wird regnen.

---

candle [ˈkændl] *n*

Kerze *f*

The English don't light the **candles** on the Christmas tree before Christmas Day.

Die Engländer zünden die Kerzen am Weihnachtsbaum erst am 1. Weihnachtstag an.

---

lighter [ˈlaɪtə] *n*

Feuerzeug *n*

He lit his cigar with an expensive gold **lighter**.

Er steckte sich die Zigarre mit einem teuren goldenen Feuerzeug an.

(light) bulb [(ˈlaɪt) bʌlb] *n*

Glühbirne *f*

The **light bulb** in my desk lamp is burnt out – do you have a 60-watt **bulb**?

Die Glühbirne in meiner Schreibtischleuchte ist kaputt – hast du eine 60-Watt-Birne?

thread [θred] *n*
A button's come off – I need a
needle and some **thread**.

Faden *m*, **Garn** *n*
Ein Knopf ist ab – ich brauche
Nadel und Faden.

rope [rəʊp] *n*
Mountain climbing without a
rope is very dangerous.

Seil *n*, **Strick** *m*
Bergsteigen ohne Seil ist sehr
gefährlich.

cord [kɔːd] *n syn:* cable
I ran over the **cord** of the electric lawnmower and cut it.

Schnur *f*, **Kabel** *n*
Ich bin über die Schnur des
Elektrorasenmähers gefahren
und habe sie zerschnitten.

net [net] *n*
Most fish are caught with **nets**.

Netz *n*
Die meisten Fische werden mit
Netzen gefangen.

ladder ['lædə] *n*
He fell off the **ladder** when he
was picking apples.

Leiter *f*
Er ist beim Apfelpflücken von
der Leiter gefallen.

hammer ['hæmə] *n*
I need a **hammer** and nails to
hang up the pictures.

Hammer *m*
Ich brauche Hammer und Nä-
gel, um die Bilder aufzuhän-
gen.

nail [neɪl] *n*
I took the hammer and hit my
thumb instead of the **nail**.

Nagel *m*
Ich nahm den Hammer und traf
statt des Nagels meinen Daumen.

screw [skruː] *n*
Loosen the **screws** and remove
them.

Schraube *f*
Löse die Schrauben und entfer-
ne sie.

screwdriver ['skruːˌdraɪvə] *n*
Put the screws in by hand, then
tighten them with a **screwdriver**.

Schraubenzieher *m*
Steck die Schrauben mit der
Hand hinein, dann ziehe sie mit
dem Schraubenzieher fest.

needle ['niːdl] *n*
Give me a **needle** and thread,
and I'll sew on the button.

(Näh)Nadel *f*
Gib mir Nadel und Faden, und
ich nähe den Knopf an.

*TIPP: needle und pin darf man nicht verwechseln. needle bezeich-
net die Näh- und Stricknadel, die Nadel am Plattenspieler und
Kompass, die Injektionsnadel sowie die Tannennadel. pin bezeichnet die Stecknadel und ähnliche Gegenstände, die zum An-
oder Feststecken sind, z. B. safety pin (= Sicherheitsnadel), hair-
pin (Haarnadel).*

hook [hʊk] *n*
You can hang your coats on the **hooks** by the door.

Haken *m*
Sie können Ihre Mäntel an die Haken neben der Tür hängen.

saw [sɔ:] *n*
Woodcutters now use power **saws** for felling trees.

Säge *f*
Holzfäller verwenden heute Motorsägen zum Bäumefällen.

tap [tæp] *n syn: Am* faucet
I left the **taps** running and flooded the bathroom.

(Wasser)Hahn *m*
Ich habe die Wasserhähne laufen lassen und das Badezimmer unter Wasser gesetzt.

hose [həʊz] *n*
He took the garden **hose** and watered the flower beds.

Schlauch *m*
Er nahm den Gartenschlauch und sprengte die Blumenbeete.

scales [skeɪlz] *pl*
The butcher put the meat on the **scales** and weighed it.

Waage *f*
Der Metzger legte das Fleisch auf die Waage und wog es.

alarm clock [əˈlɑːm klɒk] *n syn:* alarm
My **alarm clock** rings at seven every morning.

Wecker *m*

Mein Wecker läutet jeden Morgen um sieben.

key [ki:] *n*
Pianos, typewriters and computers all have **keys**.

Taste *f*
Klaviere, Schreibmaschinen und Computer haben alle Tasten.

1.2.1.4 SAUBERKEIT

«1–2000»

clean [kli:n] *adj, v/t opp:* dirty

A surgeon's hands must be absolutely **clean**.

The windows are dirty – we've got to **clean** them.

sauber, putzen, säubern, reinigen
Die Hände eines Chirurgen müssen vollkommen sauber sein.

Die Fenster sind schmutzig – wir müssen sie putzen.

dirty [ˈdɜːtɪ] *adj opp:* clean
My hands are **dirty** – I've got to wash them.

schmutzig, dreckig
Meine Hände sind schmutzig – ich muss sie mir waschen.

spot [spɒt] *n syn:* stain
I spilled some cola and now
there are brown **spots** all over
the carpet.

Fleck(en) *m*
Ich habe Cola verschüttet, und
nun ist der ganze Teppich voll
brauner Flecken.

wash [wɒʃ] *v/t*
Wash your hands before every
meal.

(sich) waschen
Wascht euch vor jedem Essen
die Hände!

«2001–4000»

tidy ['taɪdɪ] *adj syn:* neat, *opp:*
untidy
The kitchen was a mess but
now it's **tidy** again.

ordentlich, aufgeräumt, sauber

Die Küche war ein Durcheinander, aber jetzt ist sie wieder ordentlich.

dirt [dɜːt] *n*
Use hot water and soap to get
the **dirt** off your hands.

Schmutz *m*
Nimm heißes Wasser und Seife,
damit du den Schmutz von den
Händen abkriegst.

stain [steɪn] *n syn:* spot
The tomato sauce left **stains** on
the tablecloth.

Fleck(en) *m*
Die Tomatensoße hat Flecken
auf dem Tischtuch hinterlassen.

dust [dʌst] *n, v/i, v/t*

There's a thick layer of **dust** on
the books.
I **dust** the furniture before I
clean the floor.

Staub *m*, **abstauben, Staub wi-**
schen
Auf den Büchern liegt eine di-
cke Schicht Staub.
Ich staube die Möbel ab, bevor
ich den Boden putze.

mess [mes] *n*

My room's (in) a terrible **mess**.

Unordnung *f*, **Durcheinander** *n*,
„**Schweinerei**" *f*
Mein Zimmer ist in einem
furchtbaren Zustand.

sweep [swiːp] *v/t*
⚠ **swept** [swept], **swept** [swept]
He **swept** the dead leaves off
the terrace.

fegen, kehren

Er kehrte das welke Laub von
der Terrasse.

wipe [waɪp] *v/t*
Please **wipe** the blackboard before the lesson begins.

wischen, putzen
Bitte putzt die Tafel, bevor die
Stunde beginnt.

polish ['pɒlɪʃ] *v/t*
You **polish** copper with a soft
cloth.

putzen, polieren
Man poliert Kupfer mit einem
weichen Tuch.

broom [bru:m] *n syn:* brush
I sweep the floor with a **broom** before I mop it.

Besen *m*
Ich kehre den Boden mit dem Besen, bevor ich ihn wische.

laundry ['lɔːndrɪ] *n*
He doesn't do any washing, he sends all his clothes to the **laundry**.
I must do the washing – there's so much **laundry** in the basket.

Wäscherei *f*, **Wäsche** *f*
Er wäscht nichts selbst, er gibt seine ganze Kleidung in die Wäscherei.
Ich muss waschen – es ist so viel Wäsche im Korb.

washing machine ['wɒʃɪŋ məˌʃiːn] *n*
We have a **washing machine**.

Waschmaschine *f*
Wir haben eine Waschmaschine.

dishwasher ['dɪʃˌwɒʃə] *n*
I rinse the plates before I put them in the **dishwasher**.

(Geschirr)Spülmaschine *f*
Ich spüle die Teller ab, bevor ich sie in die Spülmaschine gebe.

1.2.2 KLEIDUNG UND SCHMUCK

«1–2000»

clothes [kləʊz] *pl*
They sell jeans, sweaters, jackets and other **clothes**.

Kleidung *f*, **Kleider** *pl*
Sie führen Jeans, Pullover, Jacken und andere Kleidung.

TIPP: clothes wird oft falsch gesprochen. Es hat nur eine Silbe und wird am besten wie das Verb close ausgesprochen.

fashion ['fæʃn] *n*
Long hair is in **fashion** again.

Mode *f*
Lange Haare sind wieder in Mode.

wear [weə] *v/t syn:* have on
⚠ **wore** [wɔː], **worn** [wɔːn]
You should **wear** a hat and sunglasses on the beach.

tragen, anhaben

Du solltest am Strand Hut und Sonnenbrille tragen.

dress [dres] *v/i*
Wait a moment – I'm just **dressing**.
He isn't good-looking but he **dresses** very well.

sich anziehen, sich kleiden
Warte einen Augenblick – ich ziehe mich gerade an.
Er sieht nicht gut aus, aber zieht sich sehr gut an.

put on [ˌpʊt ˈɒn] *v/t opp:* take off
Put on your hat and coat – it's getting cold.

anziehen, aufsetzen
Zieh den Mantel an und setz den Hut auf – es wird kalt.

---

take off [ˌteɪk ˈɒf] *opp:* put on
It's hot in here. Do you mind if I **take off** my jacket?

ausziehen, abnehmen, ablegen
Es ist heiß hier drinnen. Macht es Ihnen etwas aus, wenn ich mein Jackett ausziehe?

---

fit [fɪt] *v/t*
The shirt doesn't **fit** – it's too tight.

passen
Das Hemd passt nicht – es ist zu eng.

---

dress [dres] *n*
The bride was wearing a white wedding **dress**.

Kleid *n*
Die Braut trug ein weißes Hochzeitskleid.

---

coat [kəʊt] *n*
It's getting cold – don't go out without a **coat.**

Mantel *m*, **Jacke** *f*
Es wird kalt – geh nicht ohne Mantel.

---

suit [suːt] *n*
At the office I always wear a **suit** and a tie.
My secretary wears a dress or a **suit** (⚠ *nicht: costume*).

Anzug *m*, **(Damen)Kostüm** *n*
Im Büro trage ich immer Anzug und Krawatte.
Meine Sekretärin trägt ein Kleid oder Kostüm.

---

jacket [ˈdʒækɪt] *n syn:* coat
For cool evenings you should take a **jacket** or light sweater.

Jacke *f*, **Jackett** *n*, **Sakko** *n*
Man sollte sich für kühle Abende eine Jacke oder einen leichten Pullover mitnehmen.

---

trousers [ˈtraʊzəz] *pl syn: (Am)*
Waiters often wear white jackets and black **trousers**.

Hose *f*
Kellner tragen oft weiße Jacken und schwarze Hosen.

TIPP: „eine Hose" heißt **a pair of trousers**.

---

pants *Am* [pænts] *pl syn:* trousers
The dog went at me and tore my **pants**. → *briefs*

Hose *f*
Der Hund ging auf mich los und zerriss mir die Hose.

---

skirt [skɜːt] *n*
A lady's suit consists of a jacket and a matching **skirt**.

Rock *m*
Ein Damenkostüm besteht aus Jacke und passendem Rock.

---

shirt [ʃɜːt] *n*
A banker usually wears a dark suit, a white **shirt** and a tie.

Hemd *n*
Ein Bankkaufmann trägt meist einen dunklen Anzug, ein weißes Hemd und eine Krawatte.

pocket ['pɒkɪt] *n*	**(Hosen- *etc.*)Tasche** *f*
He had his hands in his **pockets**.	Er hatte die Hände in den Taschen.

button ['bʌtn] *n*	**Knopf** *m*
A **button**'s come off my shirt.	An meinem Hemd ist ein Knopf abgegangen.

hole [həʊl] *n*	**Loch** *n*
Could you mend the **hole** in my coat pocket?	Würdest du mir das Loch in meiner Manteltasche stopfen?

shoe [ʃuː] *n*	**Schuh** *m*
You should wear sturdy **shoes** on the hike.	Ihr solltet auf der Wanderung feste Schuhe tragen.

sock [sɒk] *n*	**Socke** *f*
I put on shorts, cotton **socks** and jogging shoes.	Ich zog Shorts, Baumwollsocken und Joggingschuhe an.

hat [hæt] *n*	**Hut** *m*, **Kopfbedeckung** *f*
Never go out in the midday heat without a **hat**.	Geh niemals in der Mittagshitze ohne Kopfbedeckung!

cap [kæp] *n*	**Mütze** *f*, **Kappe** *f*
He was wearing jeans, a T-shirt and a baseball **cap**.	Er trug Jeans, ein T-Shirt und eine Baseballmütze.

glove [glʌv] *n*	**Handschuh** *m*
It's very cold – don't go out without a coat, hat and **gloves**.	Es ist sehr kalt – geht nicht ohne Mantel, Mütze und Handschuhe raus!

watch [wɒtʃ] *n*	**Uhr** *f*
What's the time by your **watch**?	Wie spät ist es auf deiner Uhr?

*TIPP: watch bezeichnet nur die Armband- oder Taschenuhr. Alle anderen Uhren nennt man **clock**.*

ring [rɪŋ] *n*	**Ring** *m*
In Britain and America a wedding **ring** is worn on the left hand.	In England und Amerika wird ein Ehering an der linken Hand getragen.

«2001–4000»

try on [ˌtraɪ 'ɒn] *v/t*	**anprobieren**
I don't know my size, I have to **try** it **on**.	Ich kenne meine Größe nicht, ich muss es anprobieren.

change [tʃeɪndʒ] v/i
I wear a suit at work and **change** the moment I get home.

sich umziehen
Ich trage bei der Arbeit einen Anzug und ziehe mich um, sobald ich nach Hause komme.

tight [taɪt] adj
This skirt is too **tight** – I need a larger size.

eng, knapp
Dieser Rock ist zu eng – ich brauche eine größere Größe.

jeans [dʒiːnz] pl
Cowboys wear **jeans** and western boots.

Jeans
Cowboys tragen Jeans und Cowboystiefel.

TIPP: „eine/zwei Jeans" heißt a pair/two pairs of jeans.

sweater ['swetə] n syn: pullover
Nothing is as nice to wear as a cashmere **sweater**.

Pullover m, **Pulli** m
Nichts trägt sich so angenehm wie ein Kaschmirpullover.

blouse [blaʊz, Am blaʊs] n
The pianist wore a black velvet skirt and a white silk **blouse**.

Bluse f
Die Pianistin trug einen schwarzen Samtrock und eine weiße Seidenbluse.

uniform ['juːnɪfɔːm] n
In Britain the police wear dark blue **uniforms**.

Uniform f
In England trägt die Polizei eine dunkelblaue Uniform.

collar ['kɒlə] n
I can't button this shirt – the **collar** is too tight.

Kragen m
Ich kann dieses Hemd nicht zuknöpfen – der Kragen ist zu eng.

sleeve [sliːv] n
In summer I only wear shirts with short **sleeves**.

Ärmel m
Im Sommer trage ich nur Hemden mit kurzen Ärmeln.

zip [zɪp], Am **zipper** ['zɪpər] n
Jeans with buttons instead of **zip(per)s** are popular again.

Reißverschluss m
Jeans mit Knöpfen statt Reißverschluss sind wieder beliebt.

bow [bəʊ] n
Shoelaces are usually tied in a **bow**.

Schleife f
Schnürsenkel werden meist zu einer Schleife gebunden.

boot [buːt] n
Fishermen wear rubber **boots**.

Stiefel m
Fischer tragen Gummistiefel.

heel [hiːl] n
These boots need new soles and **heels**.

Absatz m
Diese Stiefel brauchen neue Sohlen und Absätze.

tie [taɪ] *n*
He wore a navy blue blazer, a light blue shirt and a striped **tie**.

Krawatte *f*
Er trug einen dunkelblauen Blazer, ein hellblaues Hemd und eine gestreifte Krawatte.

---

scarf [skɑːf] *n*
⚠ *pl* **scarves** [skɑːvz], **scarfs** [skɑːfs]
Put a **scarf** round your neck so you don't catch cold.

Schal *m*, **(Hals)Tuch** *n*

Binde einen Schal um, damit du dich nicht erkältest.

---

briefs [briːfs] *pl syn:* panties, underpants
He was only wearing **briefs** (⚠ *nicht: a slip*) and socks when the doctor examined him.

Slip *m*, **Schlüpfer** *m*, **Unterhose** *f*

Er trug nur Slip und Socken, als der Arzt ihn untersuchte.

---

tights [taɪts] *pl*
There's a ladder (*Am* run) in my only pair of **tights**!

Strumpfhose(n)
In meiner einzigen Strumpfhose ist eine Laufmasche!

---

belt [belt] *n*
The policeman wore a white leather **belt**.

Gürtel *m*, **Gurt** *m*
Der Polizist trug einen weißen Ledergürtel.

---

stick [stɪk] *n*
Since my accident I've had to walk with a **stick**.

Stock *m*
Seit meinem Unfall muss ich am Stock gehen.

---

jewellery, *Am* **jewelry** ['dʒuːəlrɪ] *n*
I think she wears too much **jewellery**.

Schmuck *m*

Ich finde, sie trägt zu viel Schmuck.

---

diamond ['daɪəmənd] *n*
My engagement ring is a **diamond**.

Diamant *m*, **Brillant** *m*
Mein Verlobungsring ist ein Brillant.

---

pearl [pɜːl] *n*
Her **pearl** necklace is the only jewellery she wears.

Perle *f*
Ihre Perlenkette ist der einzige Schmuck, den sie trägt.

---

pattern ['pætən] *n*
I like the **pattern**, but the colours are too loud.

Muster *n*
Das Muster gefällt mir, aber die Farben sind zu grell.

---

knit [nɪt] *v/i, v/t*
⚠ **knit(ted)** ['nɪt(əd)], **knit(ted)** ['nɪt(əd)]
She's **knitting** a sweater for her grandson.

stricken

Sie strickt einen Pullover für ihren Enkel.

sew [səʊ] *v/i, v/t*
⚠ **sewed** [səʊd], **sewn** [səʊn]
Could you **sew** this button onto
my jacket?

nähen

Könntest du mir diesen Knopf
an meine Jacke nähen?

1.2.3 ARBEITSWELT

1.2.3.1 FABRIK UND WERKSTATT

«1–2000»

factory ['fæktərɪ] *n syn:* plant
The **factory** produces batteries
for cars.

Fabrik *f*
Die Fabrik stellt Batterien für
Autos her.

tool [tuːl] *n*
I need some **tools** to repair my
bike.

Werkzeug *n*
Ich brauche Werkzeug, um
mein Rad zu reparieren.

repair [rɪ'peə] *n, v/t opp:* damage
The **repair** was expensive.
We must have the tap **repaired**.

Reparatur *f*, **reparieren**

Die Reparatur war teuer.
Wir müssen den Hahn reparieren lassen.

«2001–4000»

industry ['ɪndəstrɪ] *n*
Japan is leading in the car and
computer **industries**.

Industrie *f*, **Gewerbe** *n*
Japan ist führend in der Auto-
und Computerindustrie.

industrial [ɪn'dʌstrɪəl] *adj*
The steam engine started the
first **industrial** revolution.

industriell, Industrie...
Mit der Dampfmaschine begann die erste industrielle Revolution.

workshop ['wɜːkʃɒp] *n*
He has a small **workshop** where
he repairs old clocks.

Werkstatt *f*
Er hat eine kleine Werkstatt, in
der er alte Uhren repariert.

fix [fɪks] *v/t syn:* repair, mend
Can you **fix** the lock in the car
door?

reparieren, in Ordnung bringen
Können Sie das Schloss in der
Wagentür reparieren?

mend [mend] *v/t syn:* repair, fix
We must have that hole in the
roof **mended**.

reparieren, ausbessern, flicken
Wir müssen das Loch im Dach
reparieren lassen.

spare part [ˌspeə ˈpɑːt] *n* It's difficult to get **spare parts** for antique cars.	**Ersatzteil** *n* Es ist schwierig, für Oldtimer Ersatzteile zu bekommen.
service [ˈsɜːvɪs] *n* This computer shop isn't cheap but provides excellent **service**.	**Kundendienst** *m*, **Service** *m* Dieser Computerladen ist nicht billig, aber bietet einen ausgezeichneten Kundendienst.

1.2.3.2   WIRTSCHAFTSLEBEN

1.2.3.2.1 Allgemeines

«1–2000»

business [ˈbɪznɪs] *n* **Business** is very quiet after Christmas. She wants to start her own **business**.	**Geschäft** *n*, **Wirtschaft** *f*, **Betrieb** *m* Nach Weihnachten ist das Geschäft sehr ruhig. Sie möchte einen eigenen Betrieb gründen.
firm [fɜːm] *n syn:* company He's worked 30 years for the same **firm**.	**Firma** *f*, **Betrieb** *m* Er arbeitet seit 30 Jahren in derselben Firma.
company [ˈkʌmpənɪ] *n syn:* firm You must report the accident to your insurance **company**.	**Firma** *f*, **Gesellschaft** *f* Sie müssen den Unfall Ihrer Versicherungsgesellschaft melden.
job [dʒɒb] *n* She's out of work and looking for a **job**.	**(Arbeits)Stelle** *f*, **Arbeitsplatz** *m*, **Stellung** *f* Sie ist arbeitslos und sucht eine Stelle.
unemployed [ˌʌnɪmˈplɔɪd] *adj syn:* jobless, out of work He found a job after being **unemployed** for six months.	**arbeitslos** Er hat eine Stelle gefunden, nachdem er sechs Monate arbeitslos war.
unemployment [ˌʌnɪmˈplɔɪmənt] *n* **Unemployment** is a serious problem.	**Arbeitslosigkeit** *f* Arbeitslosigkeit ist ein ernstes Problem.

pay [peɪ] n syn: wages, salary
I like my work although the pay
(⚠ nicht: **payment**) is bad.

Bezahlung f, **Lohn** m
Meine Arbeit gefällt mir, obwohl
die Bezahlung schlecht ist.

> **TIPP:** payment bezeichnet nur die (Einzel)Zahlung von Beträgen.
> Die Bezahlung (= Lohn) für Arbeit ist allgemein **pay**. **salary**
> entspricht dem deutschen (Monats)Gehalt, **wages** dem (Wochen)Lohn. **income** bezeichnet (regelmäßige) Einkünfte aller Art.

wages ['weɪdʒɪz] pl
Most clothes are manufactured
in Asia because **wages** there
are much lower. → pay

Lohn m, **Löhne**
Die meiste Kleidung wird in
Asien gefertigt, weil die Löhne
dort viel niedriger sind.

busy ['bɪzɪ] adj

I'm very **busy** and can't see you
tonight.

beschäftigt, belebt, voller Betrieb
Ich bin sehr beschäftigt und
kann mich heute Abend nicht
mit dir treffen.

offer ['ɒfə] n, v/t
They made me an **offer** that I
couldn't refuse.

He **offered** me £ 1,000 and I accepted.

Angebot n, **(an)bieten**
Sie haben mir ein Angebot gemacht, das ich nicht ablehnen
konnte.
Er bot mir 1000 Pfund, und ich
nahm an.

order ['ɔːdə] n, v/t

The firm got fewer **orders** and
dismissed ten workers.

Auftrag m, **Bestellung** f, **bestellen**
Die Firma erhielt weniger Aufträge und entließ zehn Arbeiter.

sale [seɪl] n

The **sale** of alcohol to people
under 18 is illegal.

Everything's half price in our
summer **sale**.

Verkauf m, **Ausverkauf** m, **Schlussverkauf** m
Der Verkauf von Alkohol an
Minderjährige ist gesetzlich
verboten.
In unserem Sommerschlussverkauf gibt es alles zum halben Preis.

> **TIPP:** „zu verkaufen" heißt im britischen Englisch **for sale** oder **on
> sale**. Im amerikanischen Englisch bedeutet **on sale** stets „herabgesetzt", „reduziert".

goods [gʊdz] pl
In America **goods** are transported by truck rather than by
train.

Waren, Güter
In Amerika werden die Waren
eher im LKW als mit der Bahn
transportiert.

«2001–4000»

economy [ɪˈkɒnəmɪ] *n*
High interest rates are bad for a country's **economy**.

Wirtschaft *f*, **Ökonomie** *f*
Hohe Zinssätze sind für die Wirtschaft eines Landes schlecht.

---

economic [ˌiːkəˈnɒmɪk] *adj*
A recession is a serious **economic** (⚠ *nicht:* **economical**) crisis.

wirtschaftlich, Wirtschafts...
Eine Rezession ist eine ernste wirtschaftliche Krise.

> **TIPP: economical** *bedeutet auch wirtschaftlich, aber nur im Sinne von sparsam, z. B.* **an economical little car** *(ein wirtschaftliches/ sparsames kleines Auto).*

---

trade [treɪd] *n, v/t*

The value of the dollar is important for **trade** between the USA and Europe.
He'd like to learn a **trade** after school.
England needed a large fleet to **trade** with other countries.

Handel *m*, **Gewerbe** *n*, **Handwerk** *n*, **handeln, Handel treiben**
Der Wert des Dollars ist wichtig für den Handel zwischen den USA und Europa.
Er möchte nach der Schule ein Handwerk lernen.
England brauchte eine große Flotte, um mit anderen Ländern Handel zu treiben.

---

commercial [kəˈmɜːʃl] *adj*

The film is no good, but a huge **commercial** success.

geschäftlich, Geschäfts..., wirtschaftlich, kommerziell
Der Film taugt nichts, aber ist ein riesiger kommerzieller Erfolg.

---

establish [ɪˈstæblɪʃ] *v/t syn:* found, create
The London police force was **established** in 1828 by Sir Robert Peel.

gründen, schaffen, einrichten

Die Londoner Polizei wurde 1828 von Sir Robert Peel gegründet.

---

head [hed] *n syn:* boss, manager
He hopes to become the **head** of the sales department.

Leiter(in), Chef *m*, **Oberhaupt** *n*

Er hofft, Leiter der Verkaufsabteilung zu werden.

---

owner [ˈəʊnə] *n syn:* proprietor
He runs the business but the actual **owner** is his wife.

Besitzer(in), Eigentümer(in)
Er leitet den Betrieb, aber die eigentliche Besitzerin ist seine Frau.

possession [pə'zeʃn] *n*

The **possession** of hard drugs is illegal.

The refugees lost all of their few **possessions**.

Besitz *m*, **Eigentum** *n*

Der Besitz harter Drogen ist illegal.

Die Flüchtlinge verloren ihre gesamte geringe Habe.

---

property ['prɒpətɪ] *n syn:* possession

As long as you lease a car it isn't your **property**.

Eigentum *n*, **Besitz** *m*

Solange Sie ein Auto leasen, ist es nicht Ihr Eigentum.

---

manage ['mænɪdʒ] *syn:* run

She **manages** the business when her husband is away.

führen, leiten

Sie führt den Betrieb, wenn ihr Mann fort ist.

---

manager ['mænɪdʒə] *n syn:* head, director

Waiter! I'd like to speak to the **manager**.

Geschäftsführer(in), Leiter(in)

Herr Ober! Ich möchte mit dem Geschäftsführer sprechen.

TIPP: manager entspricht nur im Sport und Showgeschäft dem deutschen „Manager". „Führungskraft", „leitende(r) Angestellte(r)" werden durch **executive** *[ɪg'zekjətɪv] ausgedrückt, z. B.* **one of the chief executives** *(einer der Topmanager).*

---

management ['mænɪdʒmənt] *n*

There must be more talks between the workers and the **management**.

(Geschäfts)Leitung *f*, **(Unternehmens)Führung** *f*, **Management** *n*

Es muss weitere Gespräche zwischen Arbeitern und Betriebsleitung geben.

---

labour, *Am* **labor** ['leɪbə] *n syn:* work

It took ten days of hard physical **labo(u)r** to build that wall.

They're looking for cheap **labo(u)r** in Asia.

Arbeit *f*, **Mühe** *f*, **Arbeitskräfte** *pl*

Es kostete zehn Tage schwere körperliche Arbeit, die Mauer zu bauen.

Man sucht billige Arbeitskräfte in Asien.

---

employ [ɪm'plɔɪ] *v/t opp:* dismiss

This firm **employs** more women than men.

beschäftigen, einstellen

Diese Firma beschäftigt mehr Frauen als Männer.

---

employer [ɪm'plɔɪə] *n opp:* employee, worker

The film industry is one of America's biggest **employers**.

Arbeitgeber(in)

Die Filmindustrie gehört zu den größten Arbeitgebern Amerikas.

employee [ˌemplɔɪ'iː] *n opp:* employer

Angestellte(r), Arbeitnehmer(in)

In a period of recession **employees** worry about their jobs.

Während einer Rezession machen sich Arbeitnehmer Sorgen um ihre Stellen.

---

employment [ɪm'plɔɪmənt] *n syn:* work, *opp:* unemployment

Beschäftigung *f*, **Arbeit** *f*

Women and older people find it more difficult to find **employment**.

Frauen und älteren Menschen fällt es schwerer, eine Beschäftigung zu finden.

---

retire [rɪ'taɪə] *v/i*

in Rente/Pension/den Ruhestand gehen

Most working people **retire** between the ages of 60 and 65.

Die meisten Berufstätigen gehen im Alter zwischen 60 und 65 in den Ruhestand.

---

notice ['nəʊtɪs] *n*

Kündigung *f*

I'll be out of work soon – they've given me **notice**.

Ich werde bald arbeitslos sein – man hat mir gekündigt.

I'm fed up with my job – I'm going to give in my **notice**.

Ich habe meine Arbeit satt – ich werde kündigen.

(trade) union [(ˌtreɪd) 'juːnjən], *Am* **(labor) union** [(ˌleɪbə) 'juːnjən] *n*

Gewerkschaft *f*

There will be talks between **unions** and employers.

Es wird Gespräche zwischen Gewerkschaften und Arbeitgebern geben.

---

strike [straɪk] *n syn:* walkout

Streik *m*

The steelworkers' union has called a **strike** for better pay.

Die Stahlarbeitergewerkschaft hat einen Streik für bessere Bezahlung ausgerufen.

---

produce [prə'djuːs] *v/t syn:* make

herstellen, produzieren, erzeugen

Henry Ford **produced** his Model T from 1909 to 1927.

Henry Ford stellte sein T-Modell von 1909 bis 1927 her.

---

product ['prɒdʌkt] *n*

Produkt *n*, **Erzeugnis** *n*

New Zealand's main **products** are wool and meat.

Neuseelands wichtigste Erzeugnisse sind Wolle und Fleisch.

---

production [prə'dʌkʃn] *n*

Herstellung *f*, **Produktion** *f*, **Erzeugung** *f*

Production of steel has decreased in the last few years.

Die Stahlproduktion hat in den letzten Jahren abgenommen.

article [ˈɑːtɪkl] *n*
You'll find household **articles** on the ground floor.

Artikel *m*, **Ware** *f*, **Gegenstand** *m*
Sie finden Haushaltsartikel im Erdgeschoss.

available [əˈveɪləbl] *adj*

These sweaters are **available** in all sizes and five different colours.

verfügbar, vorhanden, im Angebot
Diese Pullover werden in allen Größen und fünf verschiedenen Farben angeboten.

demand [dɪˈmɑːnd] *n*
There's not much **demand** for black and white TV sets.
It's all a question of supply and **demand**.

Bedarf *m*, **Nachfrage** *f*
Es besteht wenig Bedarf an Schwarzweißfernsehern.
Es ist alles eine Frage von Angebot und Nachfrage.

scarce [skeəs] *adj*
Petrol was **scarce** during the oil crisis.

knapp, rar
Benzin war während der Ölkrise knapp.

provide [prəˈvaɪd] *v/t syn:* supply
The company **provides** tools and work clothes.

liefern, versorgen, bereitstellen, (zur Verfügung) stellen
Die Firma stellt Werkzeug und Arbeitskleidung zur Verfügung.

supply [səˈplaɪ] *v/t syn:* provide
Scandinavia **supplies** the furniture industry with wood.

liefern, beliefern, versorgen
Skandinavien beliefert die Möbelindustrie mit Holz.

supply [səˈplaɪ] *n*
The water **supply** is threatened by the long dry period.

The snowed-in village has run out of **supplies**.

Versorgung *f*, **Vorrat** *m*
Die Wasserversorgung wird von der langen Trockenzeit bedroht.
Das eingeschneite Dorf hat seine Vorräte aufgebraucht.

store [stɔː] *n*, *v/t syn:* stock
They keep a huge **store** of food for fear of shortages.

Lager *n*, **Vorräte** *pl*, **lagern**
Aus Furcht vor einer Knappheit an Lebensmitteln halten sie ein riesiges Lager.

stock [stɒk] *n syn:* store
If we don't save, our **stocks** won't last much longer.

Vorrat *m*, **Lager** *n*
Wenn wir nicht sparen, werden unsere Vorräte nicht mehr lange reichen.

import [ɪmˈpɔːt] *v/t opp:* export
Germany **imports** most of its natural gas from Russia.
→ *export*

importieren, einführen
Deutschland importiert sein Erdgas zum größten Teil aus Russland.

export [ɪk'spɔːt] *v/t opp:* import
Japan **exports** more than it imports.

exportieren, ausführen
Japan exportiert mehr, als es importiert.

deal [diːl] *n syn:* bargain
That was an excellent **deal** – we made a profit of 200 %.

Geschäft *n*, **Handel** *m*
Das war ein ausgezeichnetes Geschäft – wir haben 200 % Profit gemacht.

bargain ['bɑːgɪn] *n*

This car is a real **bargain** at such a low price.

Gelegenheit(skauf), (gutes) Geschäft *n*
Dieses Auto ist zu solch einem niedrigen Preis eine echte Gelegenheit.

compete [kəm'piːt] *v/i*
Several private parcel services **compete** with the postal service.

konkurrieren
Mehrere private Paketdienste konkurrieren mit dem Postdienst.

competitor [kəm'petɪtə] *n syn:* rival
The U.S. car industry lost much of the market to its Japanese **competitors**.

Konkurrent *m*, **Konkurrenz** *f*

Die Autoindustrie der USA verlor einen Großteil des Marktes an ihre japanischen Konkurrenten.

competition [ˌkɒmpə'tɪʃn] *n*
There is tough **competition** in the computer business.

Konkurrenz *f*, **Wettbewerb** *m*
In der Computerbranche herrscht harte Konkurrenz.

season ['siːzn] *n*
Summer is the main **season** for tourism.

Saison *f*
Der Sommer ist die Hauptsaison für den Tourismus.

1.2.3.2.2 Geschäft

«1–2000»

shop [ʃɒp] *n syn:* store *(Am)*
In England most **shops** are open from 9 a.m. to 5.30 p.m.

Geschäft *n*, **Laden** *m*
In England sind die meisten Geschäfte von 9 bis 17.30 Uhr geöffnet.

*TIPP: Obwohl man auch in Amerika das Wort **shop** für das (vor allem kleinere) Geschäft kennt, ist dort das übliche Wort **store**. In England wird **store** meist nur für sehr große Geschäfte, z. B. kurz für **department store**, gebraucht.*

department store [dɪ'pɑːtmənt stɔː] *n* | **Kaufhaus** *n*, **Warenhaus** *n*

Harrods is England's most famous **department store**. | Harrods ist Englands berühmtestes Kaufhaus.

TIPP: warehouse ['weəhaʊs] *bezeichnet nicht etwa das Warenhaus, sondern das Lagerhaus.*

---

shopping ['ʃɒpɪŋ] *n* | **Einkaufen** *n*, **Einkäufe** *pl*

I'll do the cooking if you do the **shopping**. | Ich koche, wenn du einkaufen gehst.

buy [baɪ] *v/t opp:* sell
⚠ **bought** [bɔːt], **bought** [bɔːt] | **kaufen**

I **bought** this car second-hand. | Ich habe diesen Wagen gebraucht gekauft.

sell [sel] *v/t opp:* buy
⚠ **sold** [səʊld], **sold** [səʊld] | **verkaufen**

She **sold** her old car and bought a new one. | Sie hat ihren alten Wagen verkauft und einen neuen gekauft.

«2001–4000»

dealer ['diːlə] *n syn:* merchant | **Händler(in)**

Contact your local car **dealer** for a test drive. | Wenden Sie sich wegen einer Probefahrt an Ihren örtlichen Autohändler.

TIPP: dealer *kann jede Art von Händler bezeichnen, also nicht nur den Drogenhändler.*

---

deal in ['diːl ɪn]
⚠ **dealt** [delt], **dealt** [delt] | **handeln mit**

This shop **deals in** old and new books. | Dieser Laden handelt mit alten und neuen Büchern.

supermarket ['suːpəmɑːkɪt] *n* | **Supermarkt** *m*

I do my shopping at the **supermarket**. | Ich kaufe im Supermarkt ein.

drugstore ['drʌgstɔː] *n syn:* pharmacy, chemist's | **Drugstore** *m*, **Drogerie** *f*, **Apotheke** *f*

A **drugstore** sells not only medicine but also cosmetics, soft drinks, magazines, etc. | Ein Drugstore verkauft nicht nur Arzneimittel, sondern auch Kosmetikartikel, Erfrischungsgetränke, Zeitschriften usw.

department [dɪ'pɑːtmənt] *n*
You'll find picture books in both
the book and toy **departments**.

Abteilung *f*
Sie finden Bilderbücher sowohl
in der Buch- als auch der Spiel-
zeugabteilung.

---

customer ['kʌstəmə] *n syn:*
client
Most of the small grocery's **cus-
tomers** are children and elderly
people.

Kunde *m*, **Kundin** *f*

Die meisten Kunden des kleinen Lebensmittelladens sind
Kinder und ältere Menschen.

---

advertising ['ædvətaɪzɪŋ] *n*
Cigarette **advertising** shouldn't
be allowed in this country.

Werbung *f*, **Reklame** *f*
Zigarettenwerbung sollte bei
uns nicht erlaubt sein.

---

advertise ['ædvətaɪz] *v/i, v/t*
The new car model is **adver-
tised** in all the media.

inserieren, werben für
Für das neue Automodell wird
in allen Medien geworben.

---

advertisement [əd'vɜːtɪsmənt,
Am ˌædvər'taɪzmənt] *n syn:* ad-
vert *(Brit),* ad
There's an **advertisement** in the
paper – they're selling everything at half price.

Anzeige *f*, **Annonce** *f*, **Inserat** *n*

Es ist eine Anzeige in der Zeitung – da gibt es alles zum halben Preis.

1.2.4 GELD

«1–2000»

---

money ['mʌnɪ] *n*
A college education costs a lot
of **money** in the USA.

Geld *n*
Eine Hochschulausbildung kostet in den USA viel Geld.

---

cash [kæʃ] *n*
We take no cheques – please
pay in **cash**.

Bargeld *n*
Wir nehmen keine Schecks –
bitte zahlen Sie bar.

---

pay [peɪ] *v/i, v/t*
⚠ **paid** [peɪd], **paid** [peɪd]
This car was cheap – I **paid**
£ 2,000 for it.
We had our electricity cut off
because we didn't **pay** the bill.

zahlen, bezahlen, begleichen

Dieses Auto war billig – ich habe 2000 Pfund dafür gezahlt.
Uns wurde der Strom abge-
stellt, weil wir die Rechnung
nicht bezahlt haben.

---

price [praɪs] *n*
Petrol **prices** are going up
again. → prize

Preis *m*
Die Benzinpreise steigen wieder.

expensive [ɪkˈspensɪv] *adj opp:* cheap
In the USA traveling by train is usually more **expensive** than flying.

teuer

Das Reisen mit der Bahn ist in den USA meistens teurer als das Fliegen.

---

cheap [tʃiːp] *adj opp:* expensive
Petrol is **cheaper** in the USA; it's 50 % less than in Europe.

billig, preiswert
Benzin ist in den USA billiger; es kostet 50 % weniger als in Europa.

---

earn [ɜːn] *v/t syn:* make *opp:* spend
We'll get into debt if we spend more than we **earn**.

verdienen

Wir geraten in Schulden, wenn wir mehr ausgeben als wir verdienen.

---

spend [spend] *v/t, v/i*
⚠ **spent** [spent], **spent** [spent]
Car companies **spend** a lot of money on advertising.

ausgeben
Autohersteller geben (⚠ *nicht:* **spenden**) viel Geld für Werbung aus.

---

save [seɪv] *v/i, v/t opp:* spend
Going by bike **saves** money and fuel.

sparen
Radfahren spart Geld und Treibstoff.

---

cost [kɒst] *n*
German firms manufacture in Ireland because labour **costs** are low.

Kosten *pl*
Deutsche Firmen produzieren in Irland, weil die Arbeitskosten niedrig sind.

---

cost [kɒst] *v/t*
⚠ **cost** [kɒst], **cost** [kɒst]
How much does a taxi **cost** from here to the airport?

kosten

Wie viel kostet ein Taxi von hier zum Flughafen?

---

rent [rent] *n, v/t*
The nice shops are disappearing from the centres because of the high **rents**.

Miete *f*, **mieten**
Die netten Läden verschwinden aus den Stadtzentren wegen der hohen Mieten.

---

*TIPP: Vorsicht, **rent** bedeutet nicht Rente! Rente heißt **old age pension**.*

---

tax [tæks] *n*
In America restaurant prices don't include **tax** and service.

Steuer *f*
In Amerika enthalten Restaurantpreise keine Steuer und Bedienung.

bill [bɪl] *n*
They had their phone cut off because they didn't pay the **bill**.

Rechnung *f*
Ihnen wurde das Telefon gesperrt, weil sie die Rechnung nicht bezahlt haben.

---

debt [det] *n*
They had to sell their house to pay their **debts**.

Schuld *f*, **Schulden** *pl*
Sie mussten ihr Haus verkaufen, um ihre Schulden zu bezahlen.

---

bank [bæŋk] *n*
She's got loads of money in (△ *nicht: on*) the **bank**.

Bank *f*
Sie hat einen Haufen Geld auf der Bank.

(bank) note [(ˈbæŋk) nəʊt] *n*
syn: bill *(Am)*
Please give me £ 100 in £ 5 **notes**.

(Geld)Schein *m*, **(Bank)Note** *f*
Bitte geben Sie mir 100 Pfund in 5-Pfund-Scheinen.

---

pound [paʊnd] *n*
A paperback costs between two and ten **pounds**.

Pfund *n*
Ein Taschenbuch kostet zwischen zwei und zehn Pfund.

---

*TIPP: Der Plural von **pound** ist immer **pounds** (mit **s**), außer in Zusammensetzungen wie **a five-pound note**.*

---

penny [ˈpeni] *n*
△ *pl* **pennies** [ˈpeniz], **pence** [pens]
A **penny** is one hundredth of a pound.
You need a 13-**pence** stamp for this letter.

Penny *m*

Ein Penny ist ein Hundertstel eines Pfunds.
Sie brauchen eine 13-Pence-Marke für diesen Brief.

---

dollar [ˈdɒlə] *n*
The Canadian **dollar** is worth less than the US **dollar**.

Dollar *m*
Der kanadische Dollar liegt unter dem U.S.-Dollar.

---

cent [sent] *n*
A nickel is 5 **cents**, a dime 10 **cents**, and a quarter 25 **cents**.

Cent *m*
Ein 'nickel' sind 5 Cent, ein 'dime' 10 Cent und ein 'quarter' 25 Cent.

«2001–4000»

income [ˈɪnkʌm] *n*
They have two **incomes** – they both work full-time. → *pay*

Einkommen *n*
Sie haben zwei Einkommen – sie arbeiten beide ganztags.

savings ['seɪvɪŋz] *pl*
He's unemployed and has used up all his **savings**.

Ersparnisse *pl*
Er ist arbeitslos und hat seine gesamten Ersparnisse aufgebraucht.

can afford [kən ə'fɔːd] *v/t*
My car is old but I **can't afford** a new one.

sich leisten können
Mein Wagen ist alt, aber ich kann mir keinen neuen leisten.

amount [ə'maʊnt] *n syn:* sum
The bank spends large **amounts** of money on security.

Betrag *m*, **Summe** *f*
Die Bank gibt große Beträge für Sicherheitsmaßnahmen aus.

value ['vælju:] *n*
The painting has a **value** of at least £ 5,000.

Wert *m*
Das Gemälde hat einen Wert von mindestens 5000 Pfund.

wealth [welθ] *n*
Saudi Arabia's **wealth** comes from its oil.

Reichtum *m*
Der Reichtum Saudi-Arabiens stammt von seinem Öl.

treasure ['treʒə] *n*
They were hoping to find **treasures** in the wreck of the Titanic.

Schatz *m*
Man hoffte, im Wrack der Titanic Schätze zu finden.

insure [ɪn'ʃʊə] *v/t*
In most western countries cars have to be **insured**.

versichern
In den meisten westlichen Ländern müssen Autos versichert sein.

insurance [ɪn'ʃʊərəns] *n*
The upkeep of a car includes fuel, repairs, tax and **insurance**.

Versicherung *f*
Die laufenden Kosten für ein Auto umfassen Treibstoff, Reparaturen, Steuer und Versicherung.

hire ['haɪə] *v/t syn:* rent
Let's fly to Malta and **hire** a car for a week.

mieten, leihen
Lasst uns nach Malta fliegen und für eine Woche ein Auto mieten.

charge [tʃɑːdʒ] *n, v/t*

There is a $10 **charge** for an extra bed.

Gebühr *f*, **Kosten** *pl*, **verlangen, nehmen, berechnen**
Es wird eine Gebühr von $10 für ein zusätzliches Bett erhoben.

reduce [rɪ'djuːs] *v/t*
We've been selling more since we **reduced** our prices.

herabsetzen, reduzieren
Wir verkaufen mehr, seit wir unsere Preise herabgesetzt haben.

profit ['prɒfɪt] *n opp:* loss
They sold the land and made a **profit** of £ 10,000 on the deal.

Gewinn *m*, **Profit** *m*
Sie verkauften das Land und machten bei dem Geschäft einen Gewinn von 10000 Pfund.

credit ['kredɪt] *n*
If you buy on **credit** you have to pay interest. → *loan*

Kredit *m*
Wenn man auf Kredit kauft, muss man Zinsen zahlen.

loan [ləʊn] *n*
A mortgage is a **loan** (⚠ *nicht:* **credit**) you take out to buy a house.

Kredit *m*, **Darlehen** *n*
Eine Hypothek ist ein Kredit, den man aufnimmt, um ein Haus zu kaufen.

interest ['ɪntrɪst] *n*
If you borrow money, you must pay **interest**.

Zins *m*, **Zinsen** *pl*
Wenn man sich Geld leiht, muss man Zinsen zahlen.

rate [reɪt] *n*

Interest **rates** have dropped, and the inflation **rate** has gone up.

Rate *f*, **Satz** *m*, **Quote** *f*, **Tarif** *m*, **Kurs** *m*
Die Zinssätze sind gefallen, und die Inflationsrate ist gestiegen.

per [pɜː] *prp*
We pay them $ 6 **per** hour.

pro, je
Wir zahlen ihnen 6 Dollar die Stunde.

per cent [pə 'sent] *n, adj*
We're paying about ten **per cent** interest on the money we borrowed.

Prozent *n*
Wir zahlen ungefähr zehn Prozent Zinsen für das Geld, das wir uns geliehen haben.

owe [əʊ] *v/t*
I still **owe** you the £20 you lent me last week.

schulden
Ich schulde dir noch die 20 Pfund, die du mir vorige Woche geliehen hast.

loss [lɒs] *n opp:* profit
During the recession most firms made big **losses**.

Verlust *m*
Während der Rezession machten die meisten Firmen große Verluste.

safe [seɪf] *n*
Please leave your valuables in the hotel **safe**.

Safe *m*, **Tresor** *m*
Bitte lassen Sie Ihre Wertsachen im Hotelsafe.

cheque, *Am* **check** [tʃek] *n*
Do you want cash, or may I give you a **cheque**?

Scheck *m*
Möchten Sie Bargeld, oder darf ich Ihnen einen Scheck geben?

account [ə'kaʊnt] *n*
To pay you, we need the number of your bank **account**.

Konto *n*
Um Sie zu bezahlen, brauchen wir Ihre Kontonummer.

currency ['kʌrənsɪ] *n*
The Swiss franc is the strongest **currency** in Europe.

Währung *f*
Der Schweizer Franken ist die stärkste Währung in Europa.

change [tʃeɪndʒ] *n*
You need **change** to use the buses in New York.

Modern ticket machines will give you your ticket and your **change**.

Kleingeld *n*, **Wechselgeld** *n*
Man braucht Kleingeld, um die Busse in New York zu benutzen.
Bei modernen Fahrscheinautomaten erhält man seinen Fahrschein und das Wechselgeld.

coin [kɔɪn] *n*
Penny, nickel, dime and quarter are the most common **coins** in America.

Münze *f*
1-Cent-, 5-Cent-, 10-Cent- und 25-Cent-Stücke sind die gängigsten Münzen in Amerika.

1.2.5 ÄMTER UND BEHÖRDEN

«1–2000»

office ['ɒfɪs] *n*
The mayor's **office** is on the top floor.

Büro *n*
Das Büro des Bürgermeisters ist in der obersten Etage.

staff [stɑːf] *n syn:* personnel

The need to save has led to **staff** reductions.

Personal *n*, **Belegschaft** *f*, **Mitarbeiter** *pl*
Die Notwendigkeit zu sparen hat zu Personalkürzungen geführt.

sign [saɪn] *v/i, v/t*
Please fill in the form and **sign** it.

unterschreiben
Bitte füllen Sie das Formular aus und unterschreiben es.

«2001–4000»

office ['ɒfɪs] *n*
The Chief Justice of the Supreme Court is the highest **office** in the USA.

Amt *n*
Das Amt des Obersten Bundesrichters ist das höchste in den USA.

organization [ˌɔːɡənaɪˈzeɪʃn] *n*
A large airport depends on perfect **organization**.

Organisation *f*
Ein großer Flughafen hängt von perfekter Organisation ab.

department [dɪ'pɑːtmənt] *n*
He's the head of the sales **department**.
She's a doctor and works for the health **department**.

Abteilung *f*, **Amt** *n*, **Ministerium** *n*
Er ist Leiter der Verkaufsabteilung.
Sie ist Ärztin und arbeitet beim Gesundheitsministerium.

official [ə'fɪʃl] *adj opp:* unofficial
It isn't **official** yet, but I've got the job.

offiziell, amtlich
Es ist noch nicht offiziell, aber ich habe die Stelle.

official [ə'fɪʃl] *n*

The company's future was discussed by government **officials**.

Beamte(r), Offizielle(r), Funktionär(in)
Die Zukunft der Firma wurde von Regierungsbeamten erörtert.

appoint [ə'pɔɪnt] *v/t*
She was **appointed** principal of the school.

ernennen
Sie wurde zur Schulleiterin ernannt.

responsible [rɪ'spɒnsɪbl] *adj*

Parents are **responsible** for their children.

verantwortlich, verantwortungsvoll
Eltern sind für ihre Kinder verantwortlich.

register ['redʒɪstə] *v/i, v/t*

Many Americans think that all guns ought to be **registered**.

(sich) anmelden, (sich) eintragen, registrieren
Viele Amerikaner meinen, daß alle Schusswaffen angemeldet werden sollten.

list [lɪst] *n*
If you're interested, put your name and address on this **list**.

Liste *f*
Wenn Sie Interesse haben, tragen Sie sich mit Namen und Adresse auf dieser Liste ein.

document ['dɒkjʊmənt] *n*
A birth certificate is a person's most important **document**.

Dokument *n*, **Urkunde** *f*
Die Geburtsurkunde ist das wichtigste Dokument eines Menschen.

form [fɔːm] *n*
Please use this **form** if you have goods to declare.

Formular *n*, **Vordruck** *m*
Bitte benutzen Sie dieses Formular, wenn Sie Waren anzumelden haben.

fill in [ˌfɪl 'ɪn], *Am* **fill out** [ˌfɪl 'aʊt] *v/t*
If you want to apply, please **fill in/out** this form.

ausfüllen

Wenn Sie sich bewerben wollen, füllen Sie bitte dieses Formular aus.

signature ['sɪgnətʃə] *n*
We can't accept this cheque without a **signature**.

Unterschrift *f*
Wir können diesen Scheck nicht ohne Unterschrift annehmen.

stamp [stæmp] *n, v/t*
The **stamp** in his passport shows that he entered the country yesterday.

Stempel *m*, **stempeln**
Der Stempel in seinem Pass zeigt, dass er gestern in das Land eingereist ist.

apply (for) [ə'plaɪ (fə)]
He's **applied for** five jobs but has had no luck.

sich bewerben (um)
Er hat sich um fünf Stellen beworben, aber keinen Erfolg gehabt.

application [ˌæplɪ'keɪʃn] *n*
If you're interested in working for us, send in your **application**.

Bewerbung *f*
Wenn Sie Interesse daran haben, bei uns zu arbeiten, schicken Sie uns Ihre Bewerbung.

line [laɪn] *n syn:* queue *(Brit)*
The passengers had to wait in **line** at passport control.

Schlange *f*, **Reihe** *f*
Die Reisenden mussten an der Passkontrolle Schlange stehen.

Brit **queue** [kju:] *n, v/i*

Before the flight passengers **queue** up at the check-in counter.

Schlange *f*, **Reihe** *f*, **Schlange stehen, anstehen, sich anstellen**
Vor dem Flug stellen sich die Reisenden am Abfertigungsschalter an.

1.2.6 POST- UND FERNMELDEWESEN

1.2.6.1 POST

«1–2000»

post [pəʊst] *n syn:* mail
I can send you the letter by **post** or I can fax it. → *mail*

Post *f*
Ich kann Ihnen den Brief mit der Post schicken oder ihn faxen.

mail [meɪl] *n syn:* post
This letter came in the **mail** this morning.

Post *f*
Dieser Brief kam heute Morgen mit der Post.

> *TIPP: Im britischen Englisch wird für Post(dienst) und die Post (= Briefe, Karten usw.) meist **post**, im amerikanischen Englisch meist **mail** verwendet.*

post office ['pəʊst ˌɒfɪs] *n*
I have to take this parcel to the **post office**.

Post *f*, **Postamt** *n*
Ich muss dieses Paket zur Post bringen.

post [pəʊst] *v/t syn:* mail *(Am)*

Make sure you **post** all your Christmas cards a week in advance.

abschicken, einwerfen, zur Post bringen
Denken Sie daran, alle Weihnachtskarten eine Woche vorher abzuschicken.

postman ['pəʊstmən] *n syn:* mailman *(Am)*
The **postman** brings us hundreds of Christmas cards.

Postbote *m*, **Briefträger** *m*

Der Postbote bringt uns Hunderte von Weihnachtskarten.

letter ['letə] *n*
An airmail **letter** to the USA costs three marks.

Brief *m*
Ein Luftpostbrief in die USA kostet drei Mark.

envelope ['envələʊp] *n*
I have writing paper but I ran out of **envelopes**.

(Brief)Umschlag *m*
Ich habe Briefpapier, aber keine Umschläge mehr.

postcard ['pəʊstkɑːd] *n*
We send lots of **postcards** when we are on holiday.

Postkarte *f*
Wir schreiben viele Postkarten, wenn wir im Urlaub sind.

address [ə'dres] *n*
I need your name and **address**.

Adresse *f*, **Anschrift** *f*
Ich brauche Ihren Namen und Ihre Adresse.

stamp [stæmp] *n*
I need **stamps** for three airmail letters to the USA.

Briefmarke *f*
Ich brauche Briefmarken für drei Luftpostbriefe in die USA.

telegram ['telɪgræm] *n*
If you can't reach them on the phone, send them a **telegram**.

Telegramm *n*
Wenn ihr sie nicht telefonisch erreichen könnt, schickt ihnen ein Telegramm.

parcel ['pɑːsl] *n*
The postman brought a **parcel** and several letters this morning.

Päckchen *n*, **Paket** *n*
Der Postbote hat heute Morgen ein Päckchen und mehrere Briefe gebracht.

«2001–4000»

postage ['pəʊstɪdʒ] *n*
What's the **postage** for an airmail letter to Australia?

Porto *n*
Wie hoch ist das Porto für einen Luftpostbrief nach Australien?

airmail ['eəmeɪl] *adj*
You'd better send a fax – an **airmail** letter to the US takes a week.

Luftpost *f*
Schick lieber ein Fax – ein Luftpostbrief in die USA braucht eine Woche.

stamp [stæmp] *v/t*
For a free brochure enclose a **stamped** addressed envelope.

frankieren
Sie erhalten einen Gratisprospekt, wenn Sie einen frankierten adressierten Umschlag beilegen.

sender ['sendə] *n opp:* addressee
Return to **sender**.

Absender *m*
Zurück an den Absender!

Brit **letterbox** ['letəbɒks] *n syn:* mailbox *(Am)*
If you want to post those letters – there's a **letterbox** across the street.

Briefkasten *m*, **Postkasten** *m*
Wenn Sie die Briefe einwerfen wollen – gleich gegenüber ist ein Briefkasten.

1.2.6.2 *TELEFON*

«1–2000»

(tele)phone [(ˈtelə)fəʊn] *n, v/i, v/t*
May I use your **phone**?
Phone before you come.

Telefon *n*, **anrufen**, **telefonieren (mit)**
Darf ich Ihr Telefon benutzen?
Ruft an, bevor ihr kommt.

call [kɔːl] *n, v/t*

Where's Tom? There's a **call** for him from Vienna.

Anruf *m*, **Telefongespräch** *n*, **anrufen**
Wo ist Tom? Da ist ein Anruf aus Wien für ihn.

dial ['daɪəl] *v/t*
First **dial** 1 and then the number.

wählen
Wählen Sie zuerst die 1 und dann die Nummer.

«2001–4000»

Brit **phone box** ['fəʊn bɒks] *n syn:* phone booth
I have to call my office – is there a **phone box** near here?

Telefonzelle *f*

Ich muss mein Büro anrufen – gibt es hier in der Nähe eine Telefonzelle?

phone book ['fəʊn bʊk] *n syp:* telephone directory
Telefonbuch *n*

The number is in the **phone book**.
Die Nummer ist im Telefonbuch.

---

local call ['ləʊkl kɔːl] *n opp:* long-distance call
Ortsgespräch *n*

US phone companies don't charge anything for **local calls**.
Amerikanische Telefongesellschaften berechnen für Ortsgespräche nichts.

---

long-distance call [ˌlɒŋ dɪstns 'kɔːl] *n opp:* local call
Ferngespräch *n*

Long-distance calls are much cheaper in the evening.
Ferngespräche sind abends viel billiger.

Brit **engaged** [ɪn'geɪdʒd] *adj syp:* busy *(Am)*
besetzt

The number is always **engaged**.
Die Nummer ist immer besetzt.

---

answer ['ɑːnsə] *v/i, v/t*
abnehmen, rangehen, ans Telefon gehen

Nobody **answered** the phone.
Es ist niemand ans Telefon gegangen.

---

hang up [ˌhæŋ 'ʌp] *v/i*
auflegen

Don't **hang up** – I'll put you through.
Legen Sie nicht auf – ich verbinde Sie.

---

operator ['ɒpəreɪtə] *n*
Vermittlung *f*, **Amt** *n*, **Telefonist(in)**

To make a long-distance call, ask the **operator** to connect you.
Wenn Sie ein Ferngespräch führen wollen, bitten Sie die Vermittlung, Sie zu verbinden.

---

phonecard ['fəʊnkɑːd] *n*
Telefonkarte *f*

Card phones can only be used with **phonecards**.
Kartentelefone können nur mit Telefonkarten benutzt werden.

---

fax [fæks] *n, v/t*
Fax *n*, **faxen**

I'll **fax** you the report.
Ich faxe Ihnen den Bericht.

---

mobile phone ['məʊbaɪl 'fəʊn] *n syp:* cellular phone, cellphone
Handy *n*, **Mobiltelefon** *n*

You can always reach me over my **mobile phone**.
Du kannst mich immer über mein Handy erreichen.

---

answering machine ['ɑːnsərɪŋ məʃiːn] *n syp:* answerphone *(Brit)*
Anrufbeantworter *m*

If I'm not at home, leave a message on the **answering machine**.
Wenn ich nicht zu Hause bin, sprich mir bitte auf den Anrufbeantworter.

1.2.7 RECHTSWESEN

1.2.7.1 RECHTSPRECHUNG

«1–2000»

law [lɔː] *n*
It is against the **law** to drink and drive.

Gesetz *n*, **Recht** *n*
Alkohol am Steuer verstößt gegen das Gesetz.

police [pə'liːs] *pl*
The **police** have (⚠ *nicht:* **has**) caught the murderer.

Polizei *f*
Die Polizei hat den Mörder gefasst.

policeman [pə'liːsmən] *n*
⚠ *pl* **policemen** [pə'liːsmən]
A **policeman** checked the car registration.

Polizist *m*, **Polizeibeamter** *m*

Ein Polizist kontrollierte die Wagenpapiere.

«2001–4000»

justice ['dʒʌstɪs] *n opp:* injustice
Martin Luther King fought for freedom and **justice**.

Gerechtigkeit *f*, **Recht** *n*
Martin Luther King kämpfte für Freiheit und Gerechtigkeit.

just [dʒʌst] *adj opp:* unjust
Sending him to prison for drunk driving was a **just** decision.

gerecht
Es war eine gerechte Entscheidung, ihn wegen Alkohol am Steuer einzusperren.

legal ['liːgəl] *adj opp:* illegal
In the USA it is **legal** for nearly everyone to own a gun.

legal, gesetzlich (zulässig)
In den USA ist der Besitz von Schusswaffen für fast jedermann legal.

claim [kleɪm] *n, v/t*

I think his **claims** are too high, but a judge will decide.

Anspruch *m*, **Forderung** *f*, **beanspruchen, fordern**
Ich halte seine Forderungen für zu hoch, aber ein Richter wird das entscheiden.

will [wɪl] *n*
His father died and did not leave a **will**.

Testament *n*
Sein Vater starb und hinterließ kein Testament.

*TIPP: Das Wort **testament** wird in diesem Sinne meist nur in der förmlichen Wendung **last will and testament** verwendet.*

case [keɪs] *n*
A child has disappeared – police are working on the **case**.

Fall *m*
Ein Kind ist verschwunden – die Polizei untersucht den Fall.

search [sɜːtʃ] *v/t*
The police **searched** the man but found no weapon on him.

durchsuchen, absuchen
Die Polizei durchsuchte den Mann, fand aber keine Waffe bei ihm.

trace [treɪs] *n*
The police lost all **trace** of the suspect.

Spur *f*
Die Polizei hat von dem Verdächtigen jede Spur verloren.

arrest [ə'rest] *n, v/t*

Several **arrests** were made by the police during the riots.

Verhaftung *f*, **Festnahme** *f*, **festnehmen, verhaften**
Während der Unruhen kam es zu mehreren Festnahmen durch die Polizei.

police station [pə'liːs ˌsteɪʃn] *n*
They took the drunk driver to the **police station**.

Polizeirevier *n*, **Polizeiwache** *f*
Sie brachten den betrunkenen Autofahrer zum Polizeirevier.

accuse of [ə'kjuːz əv] *syn:*
charge with
Two men were arrested and **accused of** selling drugs.

anklagen, beschuldigen

Zwei Männer wurden festgenommen und des Drogenhandels beschuldigt.

judge [dʒʌdʒ] *n*
The **judge** sent him to prison for 10 months.

Richter *m*, **Richterin** *f*
Der Richter schickte ihn für 10 Monate ins Gefängnis.

lawyer ['lɔːjə] *n*

If you're in trouble with the police, you need a **lawyer**.

(Rechts)Anwalt *m*, **(Rechts)Anwältin** *f*
Wenn man Probleme mit der Polizei hat, braucht man einen Anwalt.

court [kɔːt] *n*
She has to appear before the **court** as a witness.

Gericht *n*
Sie muss als Zeugin vor Gericht erscheinen.

trial ['traɪəl] *n*
She's a witness in a murder **trial**.

Prozess *m*
Sie ist Zeugin in einem Mordprozess.

witness ['wɪtnəs] *n*
A little boy saw the crime – he is the only **witness**.

Zeuge *m*, **Zeugin** *f*
Ein kleiner Junge sah das Verbrechen – er ist der einzige Zeuge.

swear [sweə] *v/t*
⚠ **swore** [swɔ:], **sworn** [swɔ:n]
A witness must **swear** to tell the truth.

schwören

Ein Zeuge muss schwören, die Wahrheit zu sagen.

confess [kən'fes] *v/t syn:* admit, *opp:* deny
He was punished although he had never **confessed** his crime.

gestehen

Er wurde bestraft, obwohl er das Verbrechen nie gestanden hatte.

judgment ['dʒʌdʒmənt] *n syn:* decision, verdict
The court has not passed **judgment** in this case.

Urteil *n*

Das Gericht hat in diesem Fall noch kein Urteil gefällt.

punish ['pʌnɪʃ] *v/t*
Motorists should be severely **punished** for reckless driving.

bestrafen

Autofahrer sollten für rücksichtsloses Fahren streng bestraft werden.

punishment ['pʌnɪʃmənt] *n*
The terrorists will not escape **punishment**.

Strafe *f*, **Bestrafung** *f*
Die Terroristen werden ihrer Strafe nicht entgehen.

sentence ['sentəns] *n syn:* judgment, punishment
The **sentence** was two years in prison.

Urteil *n*, **Strafe** *f*

Das Urteil lautete auf zwei Jahre Gefängnis.

prison ['prɪzn] *n syn:* jail
Drunk drivers who hurt people should be sent to **prison**.

Gefängnis *n*
Betrunkene Autofahrer, die Menschen verletzen, sollte man ins Gefängnis stecken.

prisoner ['prɪzənə] *n syn:* convict
Nelson Mandela was a **prisoner** for 25 years.

Gefangene(r), **Häftling** *m*

Nelson Mandela war 25 Jahre lang ein Gefangener.

1.2.7.2 STRAFBARES VERHALTEN

«1–2000»

wrong [rɒŋ] *adj*
Leave my son alone – he hasn't done anything **wrong**!

unrecht, schlecht
Lassen Sie meinen Sohn in Ruhe – er hat nichts Unrechtes getan!

criminal ['krɪmənəl] *n, adj*

Prisons ought to reform rather than punish **criminals**.
Dumping at sea must become a **criminal** offence.

Verbrecher(in), kriminell, strafbar

Gefängnisse sollten Verbrecher bessern, statt sie zu bestrafen.
Abfallverklappung auf See muss eine strafbare Handlung werden.

---

steal [sti:l] *v/i, v/t*
⚠ **stole** [stəʊl], **stolen** ['stəʊlən]
My car was **stolen** while I was shopping.

stehlen

Mein Auto wurde gestohlen, während ich beim Einkaufen war.

---

thief [θi:f] *n*
⚠ *pl* **thieves** [θi:vz]
I saw the **thief** who stole your car.

Dieb *m*, **Diebin** *f*

Ich habe den Dieb gesehen, der Ihren Wagen gestohlen hat.

---

shoot [ʃu:t] *v/i, v/t*
⚠ **shot** [ʃɒt], **shot** [ʃɒt]
The police **shot** at the getaway car but missed it.

schießen, erschießen, niederschießen

Die Polizei schoss auf den Fluchtwagen, verfehlte ihn aber.

TIPP: shoot *kann „erschießen", „niederschießen" oder „anschießen" heißen. Um deutlich zu machen, dass jemand getötet wurde, kann man sagen:* **he was shot and killed** *oder* **he was shot dead**.

---

shot [ʃɒt] *n*
She called the police because she'd heard **shots** from the house next door.

Schuss *m*

Sie rief die Polizei, da sie Schüsse aus dem Nachbarhaus gehört hatte.

---

kill [kɪl] *v/i, v/t syn:* murder
A bomb **killed** two and wounded four this morning.

töten, umbringen

Eine Bombe hat heute Morgen zwei Menschen getötet und vier verletzt.

---

murder ['mɜ:də] *n, v/t*
The terrorists are wanted for **murder**.

Mord *m*, **(er)morden, umbringen**

Die Terroristen werden wegen Mordes gesucht.

«2001–4000»

illegal [ɪ'li:gəl] *adj opp:* legal
In many US states it is **illegal** for people under 21 to drink alcohol.

illegal, (gesetzlich) verboten

In vielen Staaten der USA ist es illegal, unter 21 Jahren Alkohol zu trinken.

offence, *Am* **offense** [ə'fens] *n*
syn: crime
Drunk driving is a serious **offence**.

Vergehen *n*

Alkohol am Steuer ist ein schweres Vergehen.

crime [kraɪm] *n*
The job of the police is to prevent **crime**.

Verbrechen *n*, **Kriminalität** *f*
Es ist die Aufgabe der Polizei, Verbrechen zu verhindern.

victim ['vɪktɪm] *n*
Jack the Ripper killed all his **victims** with a knife.

Opfer *n*
Jack the Ripper brachte alle seine Opfer mit einem Messer um.

suspect [sə'spekt] *v/t*
They **suspect** him of murder because his wife has disappeared.

verdächtigen
Sie verdächtigen ihn des Mordes, weil seine Frau verschwunden ist.

suspect ['sʌspekt] *n*
The police haven't solved the murder case but they have two **suspects**.

Verdächtige(r)
Die Polizei hat den Mordfall nicht aufgeklärt, aber sie hat zwei Verdächtige.

guilty ['gɪltɪ] *adj opp:* innocent
He was found **guilty**.

schuldig
Er wurde für schuldig befunden.

force [fɔːs] *v/t*
The mugger **forced** me to give him all my money.

zwingen
Der Straßenräuber zwang mich, ihm mein ganzes Geld zu geben.

force [fɔːs] *n*
The police had to use **force** to get the drunk out of his car.

Gewalt *f*
Die Polizei musste Gewalt anwenden, um den Betrunkenen aus seinem Wagen zu holen.

violent ['vaɪələnt] *adj opp:* nonviolent
Football fans often become **violent**.

gewalttätig

Fußballanhänger werden oft gewalttätig.

violence ['vaɪələns] *n syn:* force
Martin Luther King fought without **violence** for equal rights.

Gewalt *f*, **Gewalttätigkeit** *f*
Martin Luther King kämpfte ohne Gewalt für die Gleichberechtigung.

swindle ['swɪndl] *v/t syn:* cheat, trick
She **swindled** the old man out of all his savings.

betrügen

Sie hat den alten Mann um seine gesamten Ersparnisse betrogen.

burglar ['bɜːglə] *n*
We had **burglars** last night –
they stole all my jewellery.

Einbrecher *m*
Bei uns ist gestern Nacht einge-
brochen worden – mir wurde
mein ganzer Schmuck gestohlen.

---

rob [rɒb] *v/t*
The famous outlaw Jesse
James **robbed** banks and
trains.

berauben, ausrauben
Der berühmte Bandit Jesse
James raubte Banken und Züge
aus.

---

robber ['rɒbə] *n*
The bank **robbers** escaped with
200,000 pounds.

Räuber *m*
Die Bankräuber entkamen mit
200 000 Pfund.

---

robbery ['rɒbərɪ] *n*
He was sent to prison for armed
robbery.

Raub *m*, **Raubüberfall** *m*
Er kam wegen bewaffneten
Raubüberfalls ins Gefängnis.

1.2.8   ARZT UND KRANKENHAUS

«1–2000»

doctor ['dɒktə] *n*
Is she better, or shall I call a
doctor?

Arzt *m*, **Ärztin** *f*
Geht es ihr besser, oder soll ich
einen Arzt rufen?

---

dentist ['dentɪst] *n*
I've got toothache – I have to go
to the **dentist**.

Zahnarzt *m*, **Zahnärztin** *f*
Ich habe Zahnschmerzen – ich
muss zum Zahnarzt.

---

nurse [nɜːs] *n*
Two doctors and three **nurses**
performed the operation.

Krankenschwester *f*
Zwei Ärzte und drei Kranken-
schwestern führten die Operation durch.

---

patient ['peɪʃnt] *n*
In this hospital **patients** may only be visited between 4 and 6
p.m.

Patient *m*, **Patientin** *f*
In dieser Klinik dürfen die Pati-
enten nur zwischen 16 und 18
Uhr besucht werden.

---

hospital ['hɒspɪtl] *n*
She had an accident and had to
be taken to (a) **hospital**.

Krankenhaus *n*, **Klinik** *f*
Sie hatte einen Unfall und
musste ins Krankenhaus gebracht werden.

medicine ['medsn, *Am* 'med-
əsən] *n syn:* drug
Aspirin is the best **medicine** for
⚠ my headache.

Medizin *f*, **Arznei(mittel)**, **Mittel** *n*
Aspirin ist das beste Mittel ge-
gen meine Kopfschmerzen.

*TIPP: „gegen" (Schmerzen, eine Krankheit usw.) wird im Engli-
schen meist durch **for** ausgedrückt.*

«2001–4000»

medical ['medɪkl] *adj*
The people in the disaster area
need **medical** care.

medizinisch, Medizin. . .
Die Menschen im Katastro-
phengebiet brauchen medizinische Versorgung.

specialist ['speʃəlɪst] *n*
The family doctor sent her to a
lung **specialist** because of her
cough.

Facharzt *m*, **Fachärztin** *f*
Der Hausarzt schickte sie we-
gen ihres Hustens zu einem
Lungenfacharzt.

surgeon ['sɜːdʒən] *n*
Dr. Barnard was the first heart
surgeon to transplant a human
heart.

Chirurg *m*, **Chirurgin** *f*
Dr. Barnard war der erste Herz-
chirurg, der ein menschliches
Herz verpflanzte.

male nurse [ˌmeɪl 'nɜːs] *n*
Male nurses often care for men
in mental hospitals.

Krankenpfleger *m*
Krankenpfleger betreuen oft
Männer in psychiatrischen Kli-
niken.

treatment ['triːtmənt] *n*
She's receiving **treatment** for
her allergy.

Behandlung *f*
Sie ist wegen ihrer Allergie in
Behandlung.

drug [drʌg] *n*

Interferon is a **drug** used to treat
cancer.

Heroin and cocaine are so-
called hard **drugs**.

Arzneimittel *n*, **Droge** *f*, **Rausch-
gift** *n*
Interferon ist ein Arzneimittel,
das für die Krebsbehandlung
verwendet wird.
Heroin und Kokain sind so ge-
nannte harte Drogen.

pill [pɪl] *n syn:* tablet
I took a **pill** – so I didn't get seasick.

Tablette *f*, **Pille** *f*
Ich habe eine Tablette genom-
men und wurde nicht seekrank.

cure [kjʊə] *n, v/t*

There is still no **cure** for AIDS.

Don't leave hospital before you're completely **cured**.

→ *heal*

Heilmittel *n,* **Heilung** *f,* **heilen**

Es gibt noch immer kein Heilmittel gegen AIDS.

Verlass das Krankenhaus nicht, bevor du völlig geheilt bist.

---

operation [ˌɒpə'reɪʃn] *n syn:* surgery

She's going to hospital to have an eye **operation**.

Operation *f*

Sie kommt ins Krankenhaus, um sich einer Augenoperation zu unterziehen.

---

ambulance ['æmbjələns] *n*

An **ambulance** took the injured boy to hospital.

Krankenwagen *m*

Ein Krankenwagen brachte den verletzten Jungen ins Krankenhaus.

TIPP: **ambulance** *darf man nicht mit deutsch „Ambulanz" (= Station für ambulante Behandlung) gleichsetzen – diese heißt meist* **outpatient department**.

---

waiting room ['weɪtɪŋ ruːm] *n*

Please sit down in the **waiting room** until the doctor is ready to see you.

Wartezimmer *n*

Bitte setzen Sie sich ins Wartezimmer, bis der Arzt Zeit für Sie hat.

---

poison ['pɔɪzn] *n*

Some mushrooms contain a deadly **poison**.

Gift *n*

Manche Pilze enthalten ein tödliches Gift.

---

poisonous ['pɔɪzənəs] *adj syn:* toxic

The scorpion is an insect with a **poisonous** sting.

giftig

Der Skorpion ist ein Insekt mit einem giftigen Stachel.

1.2.9   SCHULE UND UNIVERSITÄT

«1–2000»

---

school [skuːl] *n*

They were at **school**.

Schule *f*

Sie waren in der Schule.

---

university [ˌjuːnɪ'vɜːsətɪ] *n*

Oxford and Cambridge are England's most famous **universities**.

Universität *f*

Oxford und Cambridge sind die berühmtesten Universitäten Englands.

teacher ['tiːtʃə] *n syn:* instructor
His wife's a **teacher**, too.

Lehrer *m*, **Lehrerin** *f*
Seine Frau ist auch Lehrerin.

pupil ['pjuːpl] *n syn:* student
More than 22 **pupils** in a class is
too many.

Schüler *m*, **Schülerin** *f*
Über 22 Schüler in einer Klasse
sind zu viel.

*TIPP: pupil verwendet man vor allem im britischen Englisch für
Kinder, in Amerika nennt man auch jüngere Schüler(innen) meist
student.*

student ['stjuːdnt] *n opp:* teacher
She's a law **student** in her third
year. → *pupil*

Student(in), Schüler(in)
Sie ist Jurastudentin im dritten
Studienjahr.

teach [tiːtʃ] *v/i, v/t*
⚠ **taught** [tɔːt], **taught** [tɔːt]
She **teaches** English at an American high school.

unterrichten, lehren

Sie unterrichtet Englisch an
einer amerikanischen High
School.

study ['stʌdɪ] *v/i, v/t*
I **studied** German and English
and became a teacher.

studieren, lernen
Ich habe Deutsch und Englisch
studiert und bin Lehrer geworden.

class [klɑːs], *Am* [klæs] *syn:*
form (*Brit*)
We were in the same **class** at
school.

Klasse *f*

Wir waren in der Schule in derselben Klasse.

subject ['sʌbdʒɪkt] *n*
My favourite **subjects** at school
were Biology and Art.

Fach *n*
Meine Lieblingsfächer in der
Schule waren Biologie und
Kunst.

timetable ['taɪmˌteɪbl] *n syn:*
schedule (*Am*)
Geography is the first lesson on
our **time table**.

Stundenplan *m*

Erdkunde ist die erste Stunde
auf unserem Stundenplan.

lesson ['lesn] *n*
A school **lesson** in the USA lasts
55 minutes.
Our English book has 12 **lessons**.

(Unterrichts)Stunde *f*, **Lektion** *f*
Eine Schulstunde in den USA
dauert 55 Minuten.
Unser Englischbuch hat 12 Lek-
tionen.

course [kɔːs] *n*
You should take a conversation
course to improve your English.

Kurs *m*
Du solltest einen Konversa-
tionskurs belegen, um dein
Englisch zu verbessern.

holidays ['hɒlədeɪz] *pl syn:* vacation *(Am)*
We always go to Spain during the summer **holidays**.

Ferien *pl*
In den Sommerferien fahren wir immer nach Spanien.

language ['læŋgwɪdʒ] *n*
Every European should learn at least two foreign **languages**.

Sprache *f*
Jeder Europäer sollte mindestens zwei Fremdsprachen lernen.

translate [træns'leɪt] *v/t*
I got this letter from a friend in France – can you **translate** it for me?

übersetzen
Ich habe diesen Brief von einer Freundin in Frankreich bekommen – kannst du ihn mir übersetzen?

translation [træns'leɪʃn] *n*
The book's a very bad **translation** of the English original.

Übersetzung *f*
Das Buch ist eine sehr schlechte Übersetzung des englischen Originals.

«2001–4000»

education [ˌedjʊ'keɪʃn] *n*

In Britain and America parents spend a lot of money on their children's **education**.

Erziehung *f*, **Bildung** *f*, **Ausbildung** *f*
In England und Amerika geben Eltern viel Geld für die Bildung ihrer Kinder aus.

training ['treɪnɪŋ] *n*
They get **training** in several skills including computer programming.

Ausbildung *f*
Sie erhalten eine Ausbildung in mehreren Fertigkeiten, unter anderem auch im Programmieren.

train [treɪn] *v/t*
I was **trained** as a teacher but I work as a translator.

ausbilden
Ausgebildet bin ich als Lehrer, aber ich arbeite als Übersetzer.

attend [ə'tend] *v/t*
Most young Americans **attend** (△ *nicht:* **visit**) high school.

besuchen, gehen auf
Die meisten jungen Amerikaner besuchen die High School.

high school ['haɪ skuːl] *n*
After **high school** you can get a job or go to college.

High-School
Nach der High School (△ *nicht:* **Hochschule**) kann man einen Beruf erlernen oder studieren.

college ['kɒlɪdʒ] *n*
After finishing high school she
wants to go to **college**.

College *n*, **Hochschule** *f*
Nach der High School will sie
die Hochschule besuchen.

*TIPP: college bezeichnet fast jede Art höherer Bildungseinrichtun-
gen, d. h. Fach(hoch)schule, Akademie usw., in Amerika auch die
ersten vier Jahre der Universität.*

headmaster [ˌhedˈmɑːstə], **headmistress** [ˌhedˈmɪstrəs] *n syn:*
principal *(Am)*
The **headmistress** welcomed
the new classes.

Schulleiter *m*, **Schulleiterin** *f*

Die Schulleiterin begrüßte die
neuen Klassen.

principal ['prɪnsəpəl] *n syn:*
headmaster, headmistress
The **principal** of a big school
has a lot of responsibility.

Schulleiter *m*, **Schulleiterin** *f*

Der Leiter/Die Leiterin einer
großen Schule trägt viel Verantwortung.

term [tɜːm] *n*
The school year in Britain has
three **terms**.

Trimester *n*, **Semester** *n*
Das Schuljahr in England hat
drei Trimester.

vacation [vəˈkeɪʃn] *n syn:* holi-
day(s) *(Brit)*
The beaches are overcrowded
– all the schoolchildren are on
vacation now. → holidays

Ferien *pl*, **Urlaub** *m*

Die Strände sind überfüllt – alle
Schulkinder haben jetzt Ferien.

topic ['tɒpɪk] *n syn:* subject
The **topic** of today's biology lesson is bacteria.

Thema *n*
Das Thema der heutigen Biolo-
giestunde sind die Bakterien.

research [rɪˈsɜːtʃ] *n*
They are doing a lot of **research**
on a cure for AIDS.

Forschung *f*
Es wird viel Forschung bei der
Suche nach einem AIDS-Heil-
mittel getrieben.

history ['hɪstəri] *n*
The **history** of the English language is fascinating.

Geschichte *f*
Die Geschichte der englischen
Sprache ist faszinierend.

geography [dʒɪˈɒɡrəfɪ] *n*
Our **geography** teacher told us
about the hole in the ozone layer.

Erdkunde *f*, **Geographie** *f*
Durch unsere Erdkundelehre-
rin erfuhren wir von dem Loch
in der Ozonschicht.

biology [baɪˈɒlədʒɪ] *n*
Biology deals with the life of
plants and animals.

Biologie *f*
Die Biologie befasst sich mit dem
Leben der Pflanzen und Tiere.

chemistry ['kemɪstrɪ] *n*
I like **chemistry** because we do
lots of experiments.

Chemie *f*
Chemie gefällt mir, weil wir viele Versuche machen.

mathematics [ˌmæθə'mætɪks]
n syn: maths *(Brit)*, math *(Am)*
Mathematics includes algebra,
geometry and arithmetic.

Mathematik *f*

Mathematik schließt Algebra,
Geometrie und Rechnen ein.

physics ['fɪzɪks] *n*
Nuclear **physics** led to radiotherapy as well as to the atom
bomb.

Physik *f*
Die Kernphysik hat zur Strahlentherapie wie auch zur Atombombe geführt.

blackboard ['blækbɔːd] *n*
Please write the words on the
blackboard.

(Wand)Tafel *f*
Bitte schreib die Wörter an die
Tafel.

ruler ['ruːlə] *n*
You can't draw a straight line
without a **ruler**.

Lineal *n*
Man kann ohne Lineal keine gerade Linie ziehen.

textbook ['tekstbʊk] *n*
At a private school you must
buy your own **textbooks**.

Lehrbuch *n*, **Schulbuch** *n*
Auf einer Privatschule muss
man sich die Lehrbücher (⚠
nicht: **Textbücher**) selbst kaufen.

dictionary ['dɪkʃənərɪ] *n*
Look up the unknown words in
your **dictionaries**.

Wörterbuch *n*, **Lexikon** *n*
Schlagt die unbekannten Wörter in euren Wörterbüchern
nach.

dictation [dɪk'teɪʃn] *n*
Writing **dictations** is the best
way to improve your spelling.

Diktat *n*
Diktate schreiben ist die beste
Methode, die Rechtschreibung
zu verbessern.

homework ['həʊmwɜːk] *n*
Adam never does any **homework** but is the top of his class.

Hausaufgabe(n)
Adam macht nie Hausaufgaben, aber ist der Klassenbeste.

correction [kə'rekʃn] *n*
Most teachers use red ink for
their **corrections**.

Korrektur *f*, **Berichtigung** *f*
Die meisten Lehrer verwenden
rote Tinte für ihre Korrekturen.

report [rɪ'pɔːt], *Am* **report card**
[rɪ'pɔːt kɑːd] *n*
Did you see her **report (card)**?
She got all A's!

Zeugnis *n*

Hast du ihr Zeugnis gesehen?
Sie hat nur Einsen!

exam [ɪgˈzæm] *n*
She passed her **exams** and can now go to college.

Prüfung *f*, **Examen** *n*
Sie hat ihre Prüfungen bestanden und kann nun aufs College gehen.

---

pass [pɑːs] *v/i, v/t opp:* fail
I'm so glad I've **passed** that exam!

bestehen
Ich bin so froh, dass ich die Prüfung bestanden habe!

---

fail [feɪl] *v/i, v/t opp:* pass
If you **fail** this exam twice you can't take it again.

nicht bestehen, durchfallen (bei)
Wenn man diese Prüfung zweimal nicht bestanden hat, kann man sie nicht mehr wiederholen.

1.3 Interessen

1.3.1 KUNST

1.3.1.1 BILDENDE KUNST

«1–2000»

art [ɑːt] *n*
This picture is a work of **art**.

Kunst *f*
Dieses Bild ist ein Kunstwerk.

---

picture [ˈpɪktʃə] *n syn:* painting
This **picture** was painted by Andy Warhol.

Bild *n*, **Gemälde** *n*
Dieses Bild wurde von Andy Warhol gemalt.

---

paint [peɪnt] *v/i, v/t*
Picasso sometimes **painted** several pictures a day.

malen
Picasso malte manchmal mehrere Bilder am Tag.

---

draw [drɔː] *v/i, v/t*
⚠ **drew** [druː], **drawn** [drɔːn]
He can **draw** anybody's portrait within 10 minutes.

zeichnen

Er kann innerhalb von 10 Minuten jedermanns Porträt zeichnen.

«2001–4000»

museum [mjuːˈzɪəm] *n*
The largest **museum** in the world is the Museum of Natural History in New York.

Museum *n*
Das größte Museum der Welt ist das Museum für Naturgeschichte in New York.

gallery ['gælərɪ] *n*
New York has more art **galleries** than any other city.

Galerie *f*
New York hat mehr Kunstgalerien als jede andere Stadt.

exhibition [ˌeksɪ'bɪʃn] *n syn:* show
Millions of people saw the Tutankhamun **exhibition**.

Ausstellung *f*

Millionen von Menschen haben die Tutanchamon-Ausstellung gesehen.

style [staɪl] *n*
The **style** of this painting reminds me of that of Van Gogh.

Stil *m*
Der Stil dieser Malerei erinnert mich an den von Van Gogh.

artist ['ɑːtɪst] *n syn:* painter
J. M. W. Turner was one of the greatest English **artists**.

Künstler(in), Maler(in)
J. M. W. Turner war einer der größten englischen Künstler (⚠ *nicht: **Artisten***).

painter ['peɪntə] *n syn:* artist
To me Van Gogh is the greatest **painter** who ever lived.

Maler(in)
Für mich ist Van Gogh der größte Maler, der je gelebt hat.

painting ['peɪntɪŋ] *n syn:* picture
The Mona Lisa is probably the most famous **painting** in the world.

Gemälde *n*
Die Mona Lisa ist wahrscheinlich das berühmteste Gemälde der Welt.

sculptor ['skʌlptə] *n*
Henry Moore was the greatest English **sculptor**.

Bildhauer(in)
Henry Moore war der größte englische Bildhauer.

sculpture ['skʌlptʃə] *n*
Picasso made **sculptures** from all kinds of objects and materials.

Skulptur *f*, **Plastik** *f*, **Bildhauerei** *f*
Picasso fertigte Skulpturen aus allen Arten von Gegenständen und Materialien.

drawing ['drɔːɪŋ] *n*
She makes several **drawings** before she begins to paint.

Zeichnung *f*
Sie macht mehrere Zeichnungen, bevor sie zu malen anfängt.

print [prɪnt] *n*
This picture is not an original but only a **print**.

Druck *m*, **Druckgraphik** *f*
Dies Bild ist kein Original, sondern nur ein Druck.

1.3.1.2 THEATER, FILM UND FERNSEHEN
«1–2000»

theatre, *Am* **theater** ['θɪətə] *n* In London do not miss seeing a play at one of the many **theatres**.	**Theater** *n* In London sollte man unbedingt ein Stück in einem der vielen Theater sehen.
stage [steɪdʒ] *n* There was applause when the star came on the **stage**.	**Bühne** *f* Es gab Applaus, als der Star auf die Bühne kam.
Brit **cinema** ['sɪnəmə] *n syn:* movie theater *(Am)* Films are more impressive at the **cinema** than on video.	**Kino** *n* Filme sind im Kino eindrucksvoller als auf Video.
show [ʃəʊ] *n syn:* play, program(me) Do not miss one of the great **shows** in Las Vegas.	**Show** *f,* **Schau** *f,* **Revue** *f,* **Stück** *n* Versäumen Sie nicht eine der tollen Shows in Las Vegas.
play [pleɪ] *n syn:* drama ''My Fair Lady'' was based on a **play** by Bernard Shaw.	**(Theater)Stück** *n* „My Fair Lady" wurde nach einem Stück von Bernard Shaw geschrieben.
play [pleɪ] *v/i, v/t* Tom Cruise **played** a pilot in Top Gun.	**spielen, darstellen** Tom Cruise spielte einen Piloten in „Top Gun".
ticket ['tɪkɪt] *n* It's often difficult to get **tickets** for popular plays.	**Karte** *f* Es ist oft schwierig, Karten für beliebte Stücke zu bekommen.

«2001–4000»

performance [pə'fɔːməns] *n* In England a matinée is a **performance** in the afternoon, not in the morning.	**Vorstellung** *f* In England ist eine Matinee eine Vorstellung am Nachmittag und nicht vormittags.
perform [pə'fɔːm] *v/t* Our amateur theatre group **performs** a play every year.	**aufführen, vorführen** Unsere Laienspielgruppe führt jedes Jahr ein Stück auf.
screen [skriːn] *n* To me a real cinema must have a large **screen**. The TV was on but nobody looked at the **screen**.	**Leinwand** *f,* **Bildschirm** *m* Für mich muss ein richtiges Kino eine große Leinwand haben. Der Fernseher lief, aber niemand schaute auf den Bildschirm.

Am **movies** ['muːvɪz] *pl syn:* cinema
We often go to the **movies** on Saturday night.

Kino *n,* **Film** *m*
Wir gehen Samstag abends oft ins Kino.

Am **movie** ['muːvɪ] *n syn:* film
Gone with the Wind is one of the most successful **movies** of all time.

(Spiel)Film *m*
„Vom Winde verweht" gehört zu den erfolgreichsten Filmen aller Zeiten.

comedy ['kɒmədɪ] *n opp:* tragedy
Shakespeare wrote **comedies**, tragedies and historic plays.

Komödie *f*
Shakespeare schrieb Komödien, Tragödien und historische Dramen.

act [ækt] *n*
Most of Shakespeare's plays have five **acts**.

Akt *m,* **Aufzug** *m*
Die meisten Stücke Shakespeares haben fünf Akte.

scene [siːn] *n*
This is one of the funniest **scenes** from Some Like It Hot.

Szene *f*
Dies ist eine der komischsten Szenen aus „Manche mögen's heiß".

actor ['æktə] *n*
Dustin Hoffman and Robert de Niro are my favourite **actors**.

Schauspieler *m*
Dustin Hoffman und Robert de Niro sind meine Lieblingsschauspieler.

actress ['æktrɪs] *n*
Marilyn Monroe played the dumb blonde but was a good **actress**.

Schauspielerin *f*
Marilyn Monroe spielte das blonde Dummchen, war aber eine gute Schauspielerin.

role [rəʊl] *n syn:* part
His **role** in The Silence of the Lambs won Anthony Hopkins an Oscar.

Rolle *f*
Seine Rolle in „Das Schweigen der Lämmer" brachte Anthony Hopkins einen Oscar ein.

direct [dɪ'rekt] *v/t*
Steven Spielberg produced and **directed** Schindler's List.

Regie führen (bei), inszenieren
Steven Spielberg produzierte „Schindlers Liste" und führte Regie.

audience ['ɔːdjəns] *n*
At the end of the show there was enthusiastic applause from the **audience**.

Publikum *n,* **Zuschauer** *pl*
Am Ende der Show spendete das Publikum begeistert Beifall.

popular ['pɒpjʊlə] *adj opp:* un-
popular
Talk shows on TV are very **popular**.

beliebt

Talkshows sind im Fernsehen
sehr beliebt.

1.3.1.3 MUSIK

«1–2000»

music ['mjuːzɪk] *n*
I listen to **music** on my Walkman
when I go jogging.

Musik *f*
Ich höre Musik aus meinem
Walkman, wenn ich jogge.

concert ['kɒnsət] *n*
The Beatles gave their last **concert** in 1969.

Konzert *n*
Die Beatles gaben 1969 ihr letztes Konzert.

band [bænd] *n*
Music is his hobby and he plays
in a **band**.

Band *f*, **Kapelle** *f*
Musik ist sein Hobby, und er
spielt in einer Band.

play [pleɪ] *v/i, v/t*
Mozart started **playing** the piano as a little boy.

spielen
Mozart fing als kleiner Junge
an, Klavier zu spielen.

> **TIPP:** *Im Gegensatz zum Deutschen steht vor dem Instrument
> meist der bestimmte Artikel* **the***, also* **to play the guitar** *(= Gitarre
> spielen).*

song [sɒŋ] *n*
'Yesterday' is my favourite
song.

Lied *n*, **Song** *m*
„Yesterday" ist mein Lieblings-
lied.

sing [sɪŋ] *v/i, v/t*
⚠ **sang** [sæŋ], **sung** [sʌŋ]
She **sings** in the church choir.

singen

Sie singt im Kirchenchor.

«2001–4000»

musical ['mjuːzɪkl] *adj*
My favourite **musical** instrument is the harp.

musikalisch, Musik...
Mein liebstes Musikinstrument
ist die Harfe.

orchestra ['ɔːkəstrə] *n syn:*
band
She plays the violin in a symphony **orchestra**.

Orchester *n*

Sie spielt Geige in einem Sinfonieorchester.

choir ['kwaɪə] *n*
We sing in the church **choir**.

Chor *m*
Wir singen im Kirchenchor.

tune [tjuːn] *n syn:* melody
'Yesterday' – I can't get that
tune out of my mind!

Melodie *f*
„Yesterday" – die Melodie will
mir nicht aus dem Kopf gehen!

rhythm ['rɪðm] *n syn:* beat
Rock 'n' roll has a strong
rhythm.

Rhythmus *m*
Rock'n'Roll hat einen starken
Rhythmus.

musician [mjuːˈzɪʃn] *n*
This symphony orchestra consists of over 80 **musicians**.

Musiker(in)
Dieses Sinfonieorchester besteht aus über 80 Musikern.

singer ['sɪŋə] *n*
Many of the best opera **singers**
are black.

Sänger(in)
Viele der besten Opernsänge-
rinnen sind schwarz.

conductor [kənˈdʌktə] *n*
Leonard Bernstein was a great
composer and **conductor**.

Dirigent(in)
Leonard Bernstein war ein großer Komponist und Dirigent.

composer [kəmˈpəʊzə] *n*
George Gershwin was one of
America's greatest **composers**.

Komponist(in)
George Gershwin war einer der
größten Komponisten Amerikas.

instrument ['ɪnstrʊmənt] *n*
I like to sing but I don't play any
instrument.

Instrument *n*
Ich singe gern, aber ich spiele
kein Instrument.

piano [pɪˈænəʊ] *n*
Why do you take **piano** lessons
if you never practise?

Klavier *n*
Warum nimmst du Klavierun-
terricht, wenn du nie übst?

violin [ˌvaɪəˈlɪn] *n*
A string quartet is for two **vio-
lins**, viola and cello.

Geige *f*, **Violine** *f*
Ein Streichquartett ist für zwei
Geigen, Bratsche und Cello.

guitar [gɪˈtɑː] *n*
Spanish music is unthinkable
without the **guitar**.

Gitarre *f*
Spanische Musik ist ohne die
Gitarre undenkbar.

string [strɪŋ] *n*
One of the **strings** on my guitar
has broken.

Saite *f*
Eine der Saiten an meiner Gitarre ist gerissen.

1.3.2 KOMMUNIKATIONSMITTEL

«1–2000»

newspaper [ˈnjuːsˌpeɪpə, *Am* ˈnuːzˌpeɪpər] *n syn:* paper	**Zeitung** *f*
The Times is England's most famous **newspaper**.	Die Times ist die berühmteste Zeitung Englands.

paper [ˈpeɪpə] *n syn:* newspaper	**Zeitung** *f*
He's a reporter for the local **paper**.	Er ist Reporter bei der Lokalzeitung.

print [prɪnt] *v/t*	**drucken**
Most papers are **printed** at night and sold in the morning.	Die meisten Zeitungen werden nachts gedruckt und morgens verkauft.

television [ˈteləˌvɪʒən] *n syn:* TV	**Fernsehen** *n*
We saw the cup final on **television**.	Wir sahen das Pokalendspiel im Fernsehen.

programme, *Am* **program** [ˈprəʊɡræm] *n*	**Programm** *n*, **Sendung** *f*
Sesame Street is my children's favourite TV **program(me)**. → *channel*	„Sesamstraße" ist die Lieblingssendung meiner Kinder.

«2001–4000»

media [ˈmiːdɪə] *pl*	**Medien** *pl*
The most important **media** are the press, TV and radio.	Die wichtigsten Medien sind die Presse, Fernsehen und Radio.

press [pres] *n*	**Presse** *f*
She works as a journalist for the **press** and TV.	Sie arbeitet als Journalistin für die Presse und das Fernsehen.

publish [ˈpʌblɪʃ] *v/t*	**veröffentlichen, herausbringen**
She wrote her memoirs but never **published** them.	Sie hat ihre Memoiren geschrieben, sie aber nie veröffentlicht.

magazine [ˌmægəˈziːn] n

To keep up-to-date I read **magazines** like Time and Newsweek.

Zeitschrift f, **Magazin** n, **Illustrierte** f
Um mich auf dem Laufenden zu halten, lese ich Zeitschriften wie Time und Newsweek.

---

issue [ˈɪʃuː] n
Where's the latest **issue** of the paper?

Ausgabe f
Wo ist die neueste Ausgabe der Zeitung?

---

headline [ˈhedlaɪn] n
The royal family is in the **headlines** again.

Schlagzeile f
Die königliche Familie ist schon wieder in den Schlagzeilen.

---

radio [ˈreɪdɪəʊ] n
We turned on the **radio** to listen to the news.

Radio n, **Rundfunk** m
Wir schalteten das Radio ein, um Nachrichten zu hören.

---

channel [ˈtʃænl] n
Some people receive up to 100 **channels** on TV.
→ program(me)

Programm n, **Kanal** m
Manche Leute empfangen bis zu 100 Programme im Fernsehen.

---

broadcast [ˈbrɔːdkɑːst] n syn: programme
We saw a live **broadcast** of the car race in Indianapolis.

Übertragung f, **Sendung** f

Wir sahen eine Direktübertragung des Autorennens in Indianapolis.

---

broadcast [ˈbrɔːdkɑːst] v/i, v/t
⚠ **broadcast** [ˈbrɔːdkɑːst], **broadcast** [ˈbrɔːdkɑːst]
The football world cup will be **broadcast** live to all parts of the world.

senden, **übertragen**, **ausstrahlen**

Die Fußballweltmeisterschaft wird live in alle Teile der Erde übertragen.

---

live [laɪv] adj, adv opp: recorded
This talk show is not **live**, but recorded.

live, **direkt**
Diese Talkshow ist nicht live, sondern aufgezeichnet.

---

announce [əˈnaʊns] v/t

The host of the talk show **announced** his next guest.

ansagen, **ankündigen**, **bekannt geben**
Der Moderator der Talkshow sagte seinen nächsten Gast an.

---

interview [ˈɪntəvjuː] n, v/t

The coach gave an **interview** right after the match.

Interview n, **interviewen**, **befragen**
Der Trainer gab gleich nach dem Spiel ein Interview.

poster ['pəʊstə] *n*
Before elections you see **posters** with pictures of the heads of politicians everywhere.

Plakat *n*, **Poster** *n*
Vor Wahlen sieht man überall Plakate mit den Köpfen von Politikern.

1.3.3 ERHOLUNG UND FREIZEIT

1.3.3.1 ERHOLUNG

«1–2000»

holiday ['hɒlədeɪ] *n syn:* vacation *(Am)*
In August most British workers are on **holiday**. → *holidays*

Urlaub *m*, **Ferien** *pl*
Im August haben die meisten britischen Arbeiter Urlaub.

rest [rest] *n, v/i opp:* work
You've worked too much – you need some **rest**.
I **rest** for an hour when I get home from work.

Ruhe *f*, **Erholung** *f*, **sich ausruhen**
Du hast zu viel gearbeitet – du brauchst Ruhe.
Ich ruhe mich eine Stunde aus, wenn ich von der Arbeit komme.

break [breɪk] *n*
We worked 12 hours without a **break**.

Pause *f*
Wir haben 12 Stunden ohne Pause gearbeitet.

walk [wɔːk] *n*
The sun's shining – let's go for a **walk**.

Spaziergang *m*
Die Sonne scheint – lasst uns einen Spaziergang machen!

«2001–4000»

leisure ['leʒə, *Am* 'liːʒər] *n opp:* work
She works hard and doesn't get much **leisure**.

Freizeit *f*, **Muße** *f*
Sie arbeitet schwer und hat nicht viel Freizeit.

relax [rɪ'læks] *v/i*
On Sundays I just **relax** and do nothing.

sich entspannen
Sonntags entspanne ich mich nur und tue gar nichts.

1.3.3.2 *FREIZEITBESCHÄFTIGUNGEN UND HOBBYS*

«1–2000»

play [pleɪ] *v/i, v/t*
Children like to **play** outdoors.

spielen
Kinder spielen gerne draußen.

game [geɪm] *n*
The kids played Monopoly and other **games**.
They're showing the baseball **game** on TV. → *match*

Spiel *n*
Die Kinder spielten Monopoly und andere Spiele.
Das Baseballspiel wird im Fernsehen gezeigt.

dance [dɑːns, *Am* dæns] *n, v/i, v/t*
Cha-cha is my favourite **dance**.

Tanz *m*, **tanzen**
Cha-Cha-Cha ist mein Lieblingstanz.

camera [ˈkæmərə] *n*
My **camera** is old but takes excellent pictures.

Kamera *f*, **Fotoapparat** *m*
Meine Kamera ist alt, aber macht ausgezeichnete Aufnahmen.

photograph [ˈfəʊtəgrɑːf] *n, v/t*
This **photograph** won first prize in a photo competition.

He **photographed** her in her new swimsuit.

Foto(grafie), Bild *n*, **fotografieren**
Dieses Foto (⚠ *nicht: dieser Fotograf*) gewann den ersten Preis in einem Fotowettbewerb.
Er fotografierte sie in ihrem neuen Badeanzug.

picture [ˈpɪktʃə] *n syn:* photo(graph)
He took a **picture** of her.

Foto *n*, **Aufnahme** *f*, **Bild** *n*
Er machte ein Foto von ihr.

film [fɪlm] *n*
I need a new **film** for my camera.

Film *m*
Ich brauche einen neuen Film für meine Kamera.

TV (set) [ˌtiːˈviː set] *n*
We bought a new colour **TV (set)**.

Fernseher *m*, **Fernsehapparat** *m*
Wir haben uns einen neuen Farbfernseher gekauft.

record [ˈrekɔːd, *Am* ˈrekərd] *n*
Most new **records** come out as CD's.

Schallplatte *f*
Die meisten neuen Schallplatten kommen als CDs heraus.

«2001—4000»

hobby ['hɒbɪ] n syn: pastime
Repairing old cars is his **hobby**.

Hobby n, **Steckenpferd** n
Alte Autos reparieren ist sein Hobby.

---

doll [dɒl] n
There's nothing wrong with girls who don't play with **dolls**.

Puppe f
Es ist völlig normal, wenn Mädchen nicht mit Puppen spielen.

---

puzzle ['pʌzl] n
Grandma does all the **puzzles** she can get hold of.

Rätsel n
Oma löst alle Rätsel (⚠ nicht: **Puzzles**), die sie zu fassen kriegt.

---

*TIPP: puzzle bezeichnet das Rätsel, z.B. **crossword puzzle** (Kreuzworträtsel). Das „Puzzle" (= Zusammensetzspiel) heißt **jigsaw (puzzle)**.*

---

hike [haɪk] v/i
I like to go hiking (⚠ nicht: **wandering**) in the Black Forest.

wandern
Ich gehe gern im Schwarzwald wandern.

---

*TIPP: wander bedeutet (ziellos umher)wandern, -ziehen oder -irren. Für wandern (= eine Wanderung machen) ist **hike** das richtige Wort.*

---

climb [klaɪm]
He's **climbed** several 3,000-metre peaks in the Alps.

klettern (auf), (be)steigen
Er hat mehrere Dreitausender in den Alpen bestiegen.

---

camp [kæmp] n
Many American children go to holiday **camps** in summer.

Lager n
Viele amerikanische Kinder fahren im Sommer ins Ferienlager.

---

hunt [hʌnt] v/i, v/t syn: shoot
It is illegal to **hunt** elephants.

jagen
Es ist strafbar, Elefanten zu jagen.

---

hunter ['hʌntə] n
White **hunters** killed about 50 million American buffaloes.

Jäger m
Weiße Jäger töteten etwa 50 Millionen amerikanische Büfel.

---

photography [fə'tɒgrəfɪ] n
My hobbies are travelling and **photography**. → photograph

Fotografieren n, **Fotografie** f
Meine Hobbys sind Reisen und Fotografieren.

slide [slaɪd] *n*
I'll show you some **slides** from our last holiday.

Dia *n*, **Lichtbild** *n*
Ich zeige euch ein paar Dias von unserem letzten Urlaub.

print [prɪnt] *n*
I need the negatives of the film to order some extra **prints**.

Abzug *m*
Ich brauche die Negative des Films, um Abzüge nachzubestellen.

record player ['rekɔːd ˌpleɪə] *n*
People want CD players – there's not much demand for conventional **record players**.

Plattenspieler *m*
CD-Spieler wollen die Leute – herkömmliche Plattenspieler sind kaum gefragt.

cassette recorder [kə'set rɪˌkɔːdə] *n*
A ghetto blaster is a large portable **cassette recorder**.

Kassettenrekorder *m*

Ein „Ghetto-Blaster" ist ein großer tragbarer Kassettenrekorder.

stereo (set) ['sterɪəʊ (set)] *n*
I like the sound of your new **stereo (set)**.

Stereoanlage *f*, **Musikanlage** *f*
Der Klang deiner neuen Stereoanlage gefällt mir.

speaker ['spiːkə] *n syn:* loudspeaker
These **speakers** (⚠ *nicht:* **boxes**) have a super sound.

Lautsprecher *m*, **Box** *f*

Diese Boxen haben einen tollen Klang.

video ['vɪdɪəʊ] *n*
The kids are watching a **video** of The Jungle Book.

Video *n*, **Video...**
Die Kinder sehen ein Video vom „Dschungelbuch".

tape [teɪp] *n*, *v/t*

(Ton)Band *n*, **(Video)Kassette** *f*, **auf (Video)Band aufnehmen, aufzeichnen**

You missed the match on TV? I've got it all on **tape**.

Du hast das Spiel im Fernsehen verpasst? Ich habe alles auf Band.

I **taped** the talk show for you.

Ich habe die Talkshow für dich aufgenommen.

record [rɪ'kɔːd] *v/t syn:* tape
This talk show is **recorded**, not live.

aufzeichnen, aufnehmen
Diese Talkshow ist aufgezeichnet und keine Livesendung.

bet [bet] *n*
The English are mad about gambling – they make **bets** on nearly everything.

Wette *f*
Die Engländer sind fanatische Spieler – sie schließen auf nahezu alles Wetten ab.

bet [bet] *v/i, v/t* ⚠ **bet** [bet], **bet** [bet] I **bet** you ten pounds Glasgow will win.	**wetten** Ich wette mit dir um zehn Pfund, dass Glasgow gewinnt.
prize [praɪz] *n syn:* award She won first **prize** (⚠ *nicht: price*) in a beauty contest.	**Preis** *m*, **Gewinn** *m*, **Auszeichnung** *f* Sie hat den ersten Preis bei einem Schönheitswettbewerb gewonnen.

1.3.3.3 *VERGNÜGEN UND GENUSS*

«1–2000»

enjoy [ɪnˈdʒɔɪ] *v/t* The weather was great – we really **enjoyed** our holidays. I **enjoy** riding my bike.	**genießen, sehr gern tun** Das Wetter war toll – wir haben unsere Ferien richtig genossen. Ich fahre sehr gern Rad.
smoker [ˈsməʊkə] *n* **Smokers** risk dying of lung cancer.	**Raucher(in)** Raucher riskieren es, an Lungenkrebs zu sterben.
cigarette [ˌsɪɡəˈret] *n* I used to smoke 30 **cigarettes** a day but I quit.	**Zigarette** *f* Früher rauchte ich 30 Zigaretten am Tag, aber ich habe aufgehört.
pipe [paɪp] *n* Smoking a **pipe** is less dangerous to your health.	**Pfeife** *f* Pfeife rauchen ist nicht so gefährlich für die Gesundheit.
cigar [sɪˈɡɑː] *n* Winston Churchill always smoked a **cigar**.	**Zigarre** *f* Winston Churchill rauchte immer eine Zigarre.
tobacco [təˈbækəʊ] *n* Dunhill is famous for its **tobacco** and its pipes.	**Tabak** *m* Die Firma Dunhill ist berühmt für ihren Tabak und ihre Pfeifen.

«2001–4000»

entertainment [ˌentəˈteɪnmənt] *n* Most TV viewers are looking for **entertainment**.	**Unterhaltung** *f* Die meisten Fernsehzuschauer suchen Unterhaltung.
amusement [əˈmjuːzmənt] *n* *syn:* entertainment Television is many old people's only **amusement**.	**Vergnügen** *n*, **Unterhaltung** *f*, **Zeitvertreib** *m* Das Fernsehen ist die einzige Unterhaltung vieler alter Menschen.
entertaining [ˌentəˈteɪnɪŋ] *adj* *syn:* amusing It isn't great literature but very **entertaining**.	**unterhaltsam** Es ist keine große Literatur, aber sehr unterhaltsam.
enjoy oneself [ɪnˈdʒɔɪ wʌnˌself] I really **enjoyed myself** at your party.	**sich amüsieren, Spaß haben** Ich habe mich auf deiner Party wirklich amüsiert.
pleased [pliːzd] *adj syn:* satisfied, glad He was very **pleased** that his team had won.	**erfreut, zufrieden, froh** Er freute sich sehr, dass seine Mannschaft gewonnen hatte.
joke [dʒəʊk] *n, v/i* He makes the kids laugh by telling **jokes**. Don't be angry – I was only **joking**.	**Witz** *m*, **Scherz** *m*, **scherzen, Spaß machen** Er bringt die Kinder zum Lachen, indem er Witze erzählt. Sei nicht böse, ich habe nur Spaß gemacht.

1.3.4 SPORT

«1–2000»

sport [spɔːt] *n* He does a lot of **sport** to keep fit. American football is a rough **sport**.	**Sport** *m*, **Sportart** *f* Er treibt viel Sport, um fit zu bleiben. American Football ist ein rauer Sport.
team [tiːm] *n* A football **team** consists of 11 players.	**Mannschaft** *f*, **Team** *n* Eine Fußballmannschaft besteht aus 11 Spielern.

football ['fʊtbɔːl] *n syn:* soccer
Football is the most popular sport in Europe and South America.

Fußball *m*
Fußball ist die beliebteste Sportart in Europa und Südamerika.

player ['pleɪə] *n*
In rugby there are 13 or 15 **players** on a team.

Spieler(in)
Beim Rugby sind 13 oder 15 Spieler in einer Mannschaft.

ball [bɔːl] *n*
In American football you can pick up the **ball** and throw it.

Ball *m*
Beim American Football darf man den Ball aufnehmen und ihn werfen.

train [treɪn] *v/i syn:* practise
Top athletes **train** several hours a day.

trainieren
Spitzensportler trainieren mehrere Stunden täglich.

match [mætʃ] *n syn:* game
I saw the **match** between Manchester United and Arsenal London.

Spiel *n*
Ich habe das Spiel zwischen Manchester United und Arsenal London gesehen.

TIPP: In Amerika wird für Spiele in Mannschaftssportarten das Wort **game** *vorgezogen, z. B.* **ball game** *(Baseballspiel).*

race [reɪs] *n*
Jockey Lester Piggott won over 4,000 **races**.

Rennen *n*
Der Jockei Lester Piggott hat über 4000 Rennen gewonnen.

start [stɑːt] *n, v/i*
The American sprinter took the lead right after the **start**.

Start *m*, **starten**
Der amerikanische Sprinter ging gleich nach dem Start in Führung.

record ['rekɔːd, *Am* 'rekərd] *n*
That is a new world **record**.

Rekord *m*
Das ist ein neuer Weltrekord.

run [rʌn] *v/i, v/t*
⚠ **ran** [ræn], **run** [rʌn]
A horse can **run** at about 35 m.p.h.

laufen, rennen

Ein Pferd kann etwa 55 km/h schnell laufen.

swim [swɪm] *v/i, v/t*
⚠ **swam** [swæm], **swum** [swʌm]
It takes at least nine hours to **swim** across the English Channel. → *float*

schwimmen

Man braucht mindestens neun Stunden, um über den Ärmelkanal zu schwimmen.

ski [skiː] *n, v/i*
Skis were first used in Norway.

We always go **skiing** at Easter.

Ski *m*, **Ski laufen**
Skier wurden zum ersten Mal in Norwegen benutzt.
Wir gehen immer zu Ostern Ski laufen.

---

ride [raɪd] *v/i, v/t*
⚠ **rode** [rəʊd], **ridden** ['rɪdn]
In the Derby, the jockeys **ride** three-year-old horses.

reiten

Im Derby (in Epsom) reiten die Jockeis drei Jahre alte Pferde.

---

row [rəʊ] *v/i, v/t*
She likes rowing.

rudern
Sie rudert gern.

«2001−4000»

athlete ['æθliːt] *n*
Stuntmen must be good **athletes**.

Sportler(in), Athlet(in)
Stuntmen müssen gute Sportler sein.

---

captain ['kæptɪn] *n*

Bobby Moore was England's **captain** when they won the 1966 World Cup.

(Mannschafts)Kapitän *m*, **Spielführer(in)**
Bobby Moore war Englands Mannschaftskapitän, als es 1966 die Weltmeisterschaft gewann.

---

coach [kəʊtʃ] *n syn:* trainer
She's the **coach** of the women's volleyball team.

Trainer *m*, **Trainerin** *f*
Sie ist Trainerin der Volleyball-Damenmannschaft.

---

training ['treɪnɪŋ] *n*
He won the fight after weeks of hard **training**.

Training *n*
Er gewann den Kampf nach Wochen harten Trainings.

---

competition [ˌkɒmpəˈtɪʃn] *n*
Jack Nicklaus has won more **competitions** than any other living golfer.

Wettkampf *m*, **Turnier** *n*
Jack Nicklaus hat mehr Wettkämpfe gewonnen als jeder andere lebende Golfspieler.

---

champion ['tʃæmpɪən] *n*
At 21 Floyd Patterson was the youngest world heavyweight **champion**.

Meister *m*, **Meisterin** *f*
Mit 21 war Floyd Patterson der jüngste Weltmeister im Schwergewicht.

---

round [raʊnd] *n*
The champion was knocked out in the 1st **round**.

Runde *f*, **Durchgang** *m*
Der Meister wurde in der 1. Runde k.o. geschlagen.

final(s) ['faɪnl(z)] *n (pl)*
This year's Wimbledon **final** wasn't as exciting as last year's.

Endspiel *n*, **Finale** *n*
Dieses Jahr war das Wimbledon-Finale nicht so spannend wie letztes Jahr.

medal ['medl] *n*
Princess Anne won a gold **medal** for horse-riding in 1972.

Medaille *f*
Prinzessin Anne gewann 1972 eine Goldmedaille im Reiten.

spectator [spek'teɪtə, *Am* 'spekteɪtər] *n*
This car race attracts more than one million **spectators**.

Zuschauer(in)

Dieses Autorennen zieht über eine Million Zuschauer an.

referee [ˌrefə'riː] *n*
The **referee** can stop the match at any time.

Schiedsrichter(in)
Der Schiedsrichter kann das Spiel jederzeit unterbrechen.

whistle ['wɪsl] *n, v/i*
The referee's **whistle** interrupted the match.

Pfeife *f*, **Pfiff** *m*, **pfeifen**
Der Pfiff des Schiedsrichters unterbrach das Spiel.

score [skɔː] *n*
The **score** was 1:1 at half time.

Spielstand *m*
Das Spiel stand zur Halbzeit 1:1.

score [skɔː] *v/i, v/t*

Celtic **scored** in the 90th minute and won.

(Punkt, Treffer usw.) erzielen, (Tor) schießen
Celtic schoss in der 90. Minute ein Tor und gewann.

goal [gəʊl] *n*
Our team won the football match by 3 **goals** to 1.

Tor *n*
Unsere Mannschaft gewann das Fußballspiel mit 3 zu 1 Toren.

target ['tɑːgɪt] *n*
He aimed and fired but missed the **target**.

Ziel *n*, **Zielscheibe** *f*
Er zielte und schoss, aber verfehlte das Ziel.

stadium ['steɪdɪəm] *n*
The football cup final takes place in Wembley **Stadium**.

Stadion *n*
Das Fußballpokal-Endspiel findet im Wembley-Stadion statt.

field [fiːld] *n*
The two teams are already on the **field**.

(Spiel)Feld *n*
Die beiden Mannschaften sind schon auf dem Spielfeld.

pool [puːl] *n*
Let's go for a swim in the **pool**.

Schwimmbecken *n*, **Pool** *m*
Lasst uns im Pool baden gehen!

saddle ['sædl] *n*
Indians rode their horses without a **saddle**.

Sattel *m*
Die Indianer ritten ihre Pferde ohne Sattel.

whip [wɪp] *n*
Jockeys sometimes use their **whips** to drive their horses.

Peitsche *f*
Jockeis benutzen machmal die Peitsche, um ihre Pferde anzutreiben.

racket ['rækɪt] *n*
Different **rackets** are used for tennis, squash and badminton.

Schläger *m*
Für Tennis, Squash und Badminton benutzt man unterschiedliche Schläger.

throw [θrəʊ] *v/i, v/t*
⚠ **threw** [θruː], **thrown** [θrəʊn]
In football the goalkeeper is allowed to **throw** the ball.

werfen

Beim Fußball darf der Torwart den Ball werfen.

kick [kɪk] *n, v/t*

In Thai boxing both punches and **kicks** are allowed.

Tritt *m*, **Stoß** *m*, **Schuss** *m*, **treten, kicken, schießen**
Beim Thai-Boxen sind sowohl Faustschläge als auch Fußtritte erlaubt.

dive [daɪv] *v/i*
⚠ **dived** [daɪvd], *Am* **dove** [dəʊv], **dived** [daɪvd]
Wet suits are worn for surfing and **diving**.

tauchen, (ins Wasser) springen

Kälteschutzanzüge werden beim Surfen und Tauchen getragen.

sail [seɪl] *v/i*
You want to go **sailing** in my new yacht?

segeln
Wollt ihr auf meiner neuen Jacht segeln gehen?

1.4 Öffentliches Leben

1.4.1 STAATSWESEN

1.4.1.1 STAAT UND POLITIK

«1–2000»

politics ['pɒlɪtɪks] *n*
People who are interested in **politics** read the Guardian.

Politik *f*
Menschen, die sich für Politik interessieren, lesen den Guardian.

political [pə'lɪtɪkl] *adj*
The Queen has little **political** power.

politisch
Die Königin hat wenig politische Macht.

country ['kʌntrɪ] *n syn:* state, nation
More and more **countries** are becoming members of the European Union. → *land*

Land *n*, **Staat** *m*
Immer mehr Länder werden Mitglied der Europäischen Union.

government ['gʌvənmənt] *n*
Does Britain have a Labour or Conservative **government**?

Regierung *f*
Ist in England die Labour- oder die Konservative Partei an der Regierung?

govern ['gʌvən] *v/t syn:* rule
The Queen is the head of state but the country is **governed** by politicians.

regieren
Die Königin ist das Staatsoberhaupt, aber das Land wird von Politikern regiert.

party ['pɑːtɪ] *n*
The two big political **parties** in the USA are the Republicans and the Democrats.

Partei *f*
Die beiden großen politischen Parteien in den USA sind die Republikaner und die Demokraten.

king [kɪŋ] *n*
Queen Elizabeth's father was **King** George VI.

König *m*
Königin Elisabeths Vater war König Georg VI.

queen [kwiːn] *n*
Elizabeth II became **Queen** of England in 1952.

Königin *f*
Elisabeth II. wurde 1952 Königin von England.

prince [prɪns] *n*
A **prince** is either a son of a queen or king, or the ruler of a small state.

Prinz *m*, **Fürst** *m*
Ein Prinz ist entweder Sohn einer Königin oder eines Königs oder Herrscher eines kleinen Staates.

president ['prezɪdənt] *n*
J. F. Kennedy became **President** in 1961.

Präsident *m*, **Präsidentin** *f*
J. F. Kennedy wurde 1961 Präsident.

minister ['mɪnɪstə] *n*
The cabinet consists of the **ministers** of the government.

Minister *m*, **Ministerin** *f*
Das Kabinett besteht aus den Ministern der Regierung.

border ['bɔːdə] *n*
San Diego is on the **border** between the US and Mexico.

Grenze *f*
San Diego liegt an der Grenze zwischen den USA und Mexiko.

foreign ['fɒrən] *adj opp:* native, domestic

Every European should learn at least two **foreign** languages.

Some countries try to keep out **foreign** products.

fremd, ausländisch

Jeder Europäer sollte mindestens zwei Fremdsprachen lernen.

Einige Länder versuchen, die Einfuhr ausländischer Erzeugnisse zu verhindern.

---

foreigner ['fɒrənə] *n syn:* stranger

In summer there are more **foreigners** in London than Londoners.

Ausländer *m*, **Ausländerin** *f*

Im Sommer sind mehr Ausländer in London als Londoner.

---

home [həʊm] *n*

For many young Pakistanis, Britain is their **home**.

Heimat *f*

Für viele junge Pakistani ist England die Heimat.

«2001–4000»

people ['piːpl] *n syn:* nation

The Japanese are a hard-working **people**. → *people*

Volk *n*

Die Japaner sind ein fleißiges Volk.

---

state [steɪt] *n*

The USA consists of 50 (federated) **states**.

Staat *m*

Die USA bestehen aus 50 (Bundes)Staaten.

---

nation ['neɪʃn] *n syn:* country, state

The industrialized **nations** must help the poor **nations**.

Nation *f*, **Staat** *m*, **Land** *n*

Die Industrienationen müssen den armen Nationen helfen.

---

national ['næʃənl] *adj opp:* international

The Bank of England is Britain's **national** bank.

National..., **Staats...**, **staatlich**

Die Bank of England ist die britische Staatsbank.

---

nationality [ˌnæʃə'nælətɪ] *n*

In London you can see people of many different **nationalities**.

Nationalität *f*, **Staatsangehörigkeit** *f*

In London kann man Menschen vieler verschiedener Nationalitäten sehen.

---

flag [flæg] *n*

The "Stars and Stripes" is the **flag** of the USA.

Flagge *f*, **Fahne** *f*

Das „Sternenbanner" ist die Flagge der USA.

kingdom ['kɪŋdəm] *n*
The United **Kingdom** consists of Great Britain and Northern Ireland.

Königreich *n*
Das Vereinigte Königreich besteht aus Großbritannien und Nordirland.

royal ['rɔɪəl] *adj*
The English like to read about the Queen and members of the **royal** family.

königlich
Die Engländer lesen gerne über die Königin und Mitglieder der königlichen Familie.

crown [kraʊn] *n, v/t*
The **Crown** Jewels include the **crowns** and swords of the kings of England.

Krone *f,* **krönen**
Die Kronjuwelen enthalten die Kronen und Schwerter der Könige von England.

rule [ru:l] *n, v/i, v/t*

The Republic of Ireland is no longer under British **rule**.

Ireland had been **ruled** by England for over 300 years.

Herrschaft *f,* **regieren, herrschen (über)**
Die Republik Irland steht nicht mehr unter britischer Herrschaft.
Irland war über 300 Jahre lang von England beherrscht worden.

colony ['kɒlənɪ] *n*
Commonwealth countries are former British **colonies**.

Kolonie *f*
Commonwealth-Länder sind ehemalige britische Kolonien.

republic [rɪ'pʌblɪk] *n*
Ireland became an independent **republic** in 1921.

Republik *f*
Irland wurde 1921 unabhängige Republik.

parliament ['pɑ:ləmənt] *n*
Most **parliaments** have a Lower and an Upper House.

Parlament *n*
Die meisten Parlamente haben ein Unter- und ein Oberhaus.

freedom ['fri:dəm] *n syn:* liberty
The American Civil War brought **freedom** for the slaves.

Freiheit *f*
Der amerikanische Bürgerkrieg brachte den Sklaven die Freiheit.

independent [ˌɪndɪ'pendənt] *adj opp:* dependent
The USA became **independent** in 1776.

unabhängig

Die USA wurden 1776 unabhängig.

democracy [dɪ'mɒkrəsɪ] *n*
There is no **democracy** without free elections.

Demokratie *f*
Es gibt keine Demokratie ohne freie Wahlen.

union ['juːnjən] *n*
These states used to belong to the Soviet **Union**.

Union *f*, **Bund** *m*, **Vereinigung** *f*
Diese Staaten gehörten früher zur Sowjetunion.

unite [juːˈnaɪt] *v/i,v/t opp:* divide
More and more European countries are **uniting** in the European Union.

(sich) vereinigen
Immer mehr europäische Länder vereinigen sich in der Europäischen Union.

politician [ˌpɒlɪˈtɪʃn] *n*
Margaret Thatcher was the best-known British **politician** after the war.

Politiker *m*, **Politikerin** *f*
Margaret Thatcher war die bekannteste britische Politikerin nach dem Kriege.

council ['kaʊnsl] *n*
The crisis will be discussed by the Security **Council** of the United Nations.

Rat *m*, **Gemeinderat** *m*
Die Krise wird vom Sicherheitsrat der Vereinten Nationen erörtert werden.

speech [spiːtʃ] *n*
"I Have a Dream" is the famous **speech** made by Martin Luther King in 1963.

Rede *f*
,,Ich habe einen Traum" heißt die berühmte Rede, die Martin Luther King 1963 hielt.

speaker ['spiːkə] *n*
The chairman introduced the first **speaker**.

Redner *m*, **Rednerin** *f*
Der Vorsitzende stellte den ersten Redner vor.

succeed [səkˈsiːd] *v/i,v/t*

Clinton **succeeded** Bush as U.S. President.

Nachfolger(in) werden, nachfolgen
Clinton wurde Nachfolger von Bush als amerikanischer Präsident.

supporter [səˈpɔːtə] *n syn:* follower, *opp:* opponent
She is a **supporter** of green politics.

Anhänger *m*, **Anhängerin** *f*

Sie ist Anhängerin einer ,,grünen" Politik.

election [ɪˈlekʃn] *n*
At a general **election** the voters decide who will govern the country. → *vote*

Wahl *f*
Bei einer Parlamentswahl entscheiden die Wähler, wer das Land regieren wird.

elect [ɪˈlekt] *v/t*
Kennedy was **elected** President in 1960. → *vote*

wählen (zu)
Kennedy wurde 1960 zum Präsidenten gewählt.

vote [vəʊt] *n v/i*

At the next election I'll give my **vote** to the Greens.

The **vote** was 6 to 3 against the motion.

Which party are you going to **vote** for?

Stimme *f*, **Abstimmung** *f*, **wählen, (ab)stimmen**
Bei der nächsten Wahl werde ich meine Stimme den Grünen geben.

Die Abstimmung ging 6 zu 3 gegen den Antrag aus.

Für welche Partei wirst du stimmen?

---

voter ['vəʊtə] *n*
The majority of black **voters** in the U.S. vote Democrat.

Wähler *m*, **Wählerin** *f*
Die Mehrheit der schwarzen Wähler in den USA wählt die Demokratische Partei.

---

majority [mə'dʒɒrɪtɪ] *n opp:* minority
The **majority** of South Africans voted for black politicians.

Mehrheit *f*

Die Mehrheit der Südafrikaner wählte schwarze Politiker.

---

minority [maɪ'nɒrɪtɪ] *n opp:* majority
African-Americans are the largest **minority** in the USA.

Minderheit *f*

Die Afroamerikaner sind die größte Minderheit in den USA.

---

native ['neɪtɪv] *n, adj*

A **native** of Austria, Arnold Schwarzenegger became a star in Hollywood.

Einheimische(r), einheimisch, gebürtig, Heimat..., Landes...
Als gebürtiger Österreicher wurde Arnold Schwarzenegger in Hollywood ein Star.

---

home [həʊm] *adj syn:* domestic, *opp:* foreign
Car models for export are different from those for the **home** market.

inländisch, Inland(s)..., Binnen...
Automodelle für den Export unterscheiden sich von denjenigen für den Inlandsmarkt.

---

foreign ['fɒrən] *adj opp:* domestic, home
Europe's **foreign** ministers met to discuss immigration problems.

Außen..., Auslands...

Europas Außenminister trafen sich, um Einwanderungsprobleme zu erörtern.

---

international [ˌɪntə'næʃənl] *adj opp:* national
Interpol is an **international** organization.

international

Interpol ist eine internationale Organisation.

immigrant ['ɪmɪɡrənt] *n opp:* emigrant
In the 19th century most **immigrants** came from Europe to America.

Einwanderer *m*, **Einwanderin** *f*

Im 19. Jahrhundert kamen die meisten Einwanderer von Europa nach Amerika.

immigration [ˌɪmɪ'ɡreɪʃn] *n opp:* emigration
Illegal **immigration** is a great problem in many western countries.

Einwanderung *f*

Illegale Einwanderung ist ein großes Problem in vielen westlichen Ländern.

security [sɪ'kjʊərɪtɪ] *n*
There will be strict **security** measures during the President's visit.

Sicherheit *f*
Es wird strenge Sicherheitsmaßnahmen während des Präsidentenbesuchs geben.

spy [spaɪ] *n, v/i*

During the Cold War there were lots of **spies** on both sides.

Spion(in), Spionage treiben, spionieren
Während des Kalten Krieges gab es viele Spione auf beiden Seiten.

crisis ['kraɪsɪs] *n*
△ *pl* **crises** ['kraɪsiːz]
An embargo of the OPEC countries led to the oil **crisis**.

Krise *f*

Ein Embargo der OPEC-Länder führte zur Ölkrise.

revolution [ˌrevə'luːʃn] *n*
The French **Revolution** began in 1789.

Revolution *f*
Die Französische Revolution begann 1789.

1.4.1.2 KRIEG UND FRIEDEN

«1–2000»

war [wɔː] *n opp:* peace
The **war** in Vietnam lasted from 1954 to 1975.

Krieg *m*
Der Krieg in Vietnam dauerte von 1954 bis 1975.

peace [piːs] *n opp:* war
Most of Europe has enjoyed **peace** since 1945.

Frieden *m*
Fast ganz Europa erlebt seit 1945 Frieden.

enemy ['enəmɪ] *n opp:* friend
The USA and Japan were **enemies** in World War II.

Feind *m*, **Feindin** *f*
Die USA und Japan waren im 2. Weltkrieg Feinde.

soldier ['səʊldʒə] n opp: civilian
The **soldiers** in the US Army are
called GI's.

Soldat m, **Soldatin** f
Die Soldaten in der US-Armee
werden GIs genannt.

battle ['bætl] n
In the **Battle** of Hastings the
Normans defeated the
Anglo-Saxons.

Schlacht f, **Kampf** m
In der Schlacht bei Hastings besiegten die Normannen die An-
gelsachsen.

«2001–4000»

military ['mɪlɪtərɪ] adj
The **military** police deal with
soldiers who do something
wrong.

Militär..., **militärisch**
Die Militärpolizei befasst sich
mit Soldaten, die sich etwas zu-
schulden kommen lassen.

troops [tru:ps] pl
The government sent in **troops**
to stop the riots.

Truppen pl, **Militär** n
Die Regierung setzte Militär
ein, um die Krawalle zu beenden.

army ['ɑ:mɪ] n
The **army**, navy and air force
make up a nation's armed
forces.

Heer n, **Armee** f, **Militär** n
Das Heer, die Marine und die
Luftwaffe bilden die Streitkräfte
eines Staates.

navy ['neɪvɪ] n
The **navy** (⚠ nicht: **marine**) is
that branch of the military
forces that fights at sea.

Marine f
Die Marine ist derjenige Zweig
der Streitkräfte, der zur See
kämpft.

officer ['ɒfɪsə] n
A major is an **officer**, a sergeant
a noncommissioned **officer**.

Offizier m
Ein Major ist ein Offizier, ein
Feldwebel ein Unteroffizier.

general ['dʒenərəl] n
Washington and Eisenhower
were **generals** who became US
Presidents.

General m
Washıngton und Eisenhower
waren Generale, die Präsidenten der USA wurden.

arm [ɑ:m] v/i, v/t opp: disarm

They were **armed** with the most
modern weapons.

(sich) bewaffnen, ausrüsten,
(auf)rüsten
Sie waren mit den modernsten
Waffen ausgerüstet.

weapon ['wepən] n
There must be a ban on nuclear, biological and chemical
weapons.

Waffe f
ABC-Waffen müssen geächtet
werden.

arms [ɑːmz] *pl syn:* weapons
The Indians were brave but the white soldiers had better **arms**.

Waffen
Die Indianer waren tapfer, aber die weißen Soldaten hatten bessere Waffen.

---

bomb [bɒm] *n, v/t*
A **bomb** exploded and killed three people.
All major cities in Germany were **bombed** by British and American planes.

Bombe *f,* **bombardieren**
Eine Bombe explodierte und tötete drei Menschen.
Alle größeren Städte in Deutschland wurden von britischen und amerikanischen Flugzeugen bombardiert.

---

gun [ɡʌn] *n*
The whites defeated the Indians because they had better **guns**.

Gewehr *n,* **Kanone** *f,* **Schusswaffe** *f*
Die Weißen besiegten die Indianer, weil sie bessere Gewehre hatten.

---

nuclear ['njuːklɪə, *Am* 'nuːklɪər] *adj syn:* atomic
Who would want to survive a **nuclear** war?

Atom..., atomar, Nuklear...

Wer würde einen Atomkrieg überleben wollen?

---

sword [sɔːd] *n*
A samurai's weapon is the **sword**.

Schwert *n*
Die Waffe eines Samurai ist das Schwert.

---

march [mɑːtʃ] *n, v/i*
It was a three-hour **march** from the barracks to the camp.

Marsch *m,* **marschieren**
Es war ein dreistündiger Marsch von den Kasernen zum Lager.

---

fight [faɪt] *v/i*
⚠ **fought** [fɔːt], **fought** [fɔːt]
In the War of Independence the USA **fought** against England.

kämpfen

Im Unabhängigkeitskrieg kämpften die USA gegen England.

---

fight [faɪt] *n syn:* battle
It was a long hard **fight** before Ireland gained her independence.

Kampf *m,* **Schlacht** *f*
Es war ein langer, harter Kampf, bis Irland seine Unabhängigkeit erlangte.

---

front [frʌnt] *n syn:* front line
There were terrible losses among the troops fighting at the **front**.

Front *f*
Es gab furchtbare Verluste bei den Truppen, die an der Front kämpften.

---

attack [ə'tæk] *n, v/i, v/t*
The **attack** on Pearl Harbor began on Dec. 7, 1941, early in the morning.

Angriff *m,* **Anschlag** *m,* **angreifen**
Der Angriff auf Pearl Harbor begann am 7. 12. 1941 am frühen Morgen.

defend [dɪ'fend] *v/t opp:* attack
You can't **defend** a country against a nuclear attack.

verteidigen
Man kann ein Land nicht gegen einen Atomangriff verteidigen.

---

defence, *Am* **defense** [dɪ'fens] *n opp:* attack
Soldiers should be for a country's **defence** only.

Verteidigung *f*

Soldaten sollten nur für die Verteidigung eines Landes da sein.

---

victory ['vɪktərɪ] *n opp:* defeat
The Indians won their last major **victory** at the Little Bighorn.

Sieg *m*
Die Indianer errangen ihren letzten größeren Sieg am Little Big Horn.

---

defeat [dɪ'fiːt] *n, v/t*

Hiroshima meant the final **defeat** of Japan.

Niederlage *f,* **besiegen, schlagen**
Hiroshima bedeutete die endgültige Niederlage Japans.

---

occupy ['ɒkjəpaɪ] *v/t*
Allied troops **occupied** Berlin in 1945.

besetzen
Alliierte Truppen besetzten 1945 Berlin.

---

occupation [ˌɒkjə'peɪʃn] *n*
Spain was under Moorish **occupation** for about 700 years.

Besetzung *f,* **Besatzung(szeit)** *f*
Spanien stand etwa 700 Jahre unter maurischer Besatzung.

---

resistance [rɪ'zɪstəns] *n*
Gandhi practised passive **resistance** to gain Indian independence.

Widerstand *m*
Gandhi leistete passiven Widerstand, um Unabhängigkeit für Indien zu gewinnen.

---

flee [fliː] *v/i syn:* escape
⚠ **fled** [fled], **fled** [fled]
The civilian population is **fleeing** from the war zones.

fliehen, flüchten

Die Zivilbevölkerung flüchtet aus den Kampfgebieten.

---

flight [flaɪt] *n*
Lots of people die during the **flight** from war zones.

Flucht *f*
Viele Menschen sterben auf der Flucht aus den Kampfgebieten.

---

escape [ɪ'skeɪp] *v/i syn:* flee
The people were trying to **escape** from the burning village.

flüchten, entkommen
Die Menschen versuchten, aus dem brennenden Dorf zu entkommen.

---

refugee [ˌrefjʊ'dʒiː] *n*
The **refugees** lost everything and need help badly.

Flüchtling *m*
Die Flüchtlinge haben alles verloren und brauchen dringend Hilfe.

hero ['hɪərəʊ] *n*
△ *pl* **heroes** ['hɪərəʊz]
The real **heroes** of war are those who save other people's lives.

Held *m*

Die wirklichen Helden des Krieges sind diejenigen, die anderen das Leben retten.

---

knight [naɪt] *n*
Knights rode on horseback and fought with lances and swords.

Ritter *m*

Ritter saßen zu Pferde und kämpften mit Lanzen und Schwertern.

---

treaty ['triːtɪ] *n*
The whites and Indians signed many **treaties**.

(Friedens)Vertrag *m*

Die Weißen und Indianer unterzeichneten viele Verträge.

1.4.2   KIRCHE UND RELIGION

«1–2000»

church [tʃɜːtʃ] *n*
Many Christians go to **church** on Sunday.

Kirche *f*, **Gottesdienst** *m*

Viele Christen gehen sonntags in die Kirche.

God, god [gɒd] *n*
Churches are places where people pray to **God**.
Mars was the Roman **god** of war.

Gott *m*

Kirchen sind Orte, wo Menschen zu Gott beten.
Mars war der römische Gott des Krieges.

Christmas ['krɪsməs] *n*
English-speaking peoples celebrate **Christmas** on the 25th of December and not on **Christmas** Eve.

Weihnachten *n*

Englischsprachige Völker feiern Weihnachten am 25. Dezember und nicht am Heiligabend.

Easter ['iːstə] *n*
School holidays are at **Easter**, in the summer and at Christmas.

Ostern *n*

Ferien gibt es Ostern, im Sommer und zu Weihnachten.

---

religion [rɪˈlɪdʒn] *n*
Christianity, Islam and Buddhism are some of the great **religions**.

Religion *f*

Das Christentum, der Islam und der Buddhismus gehören zu den großen Religionen.

religious [rɪ'lɪdʒəs] *adj*
The Puritans emigrated to America for **religious** reasons.

I'm not very **religious** – I rarely go to church.

religiös, fromm, Religions...
Die Puritaner wanderten aus religiösen Gründen nach Amerika aus.

Ich bin nicht sehr fromm – ich gehe selten in die Kirche.

«2001–4000»

Bible ['baɪbl] *n*
The **Bible** consists of the Old and the New Testament.

Bibel *f*
Die Bibel besteht aus dem Alten und dem Neuen Testament.

holy ['həʊlɪ] *adj*
The Bible is the **holy** book of the Christians.

heilig
Die Bibel ist das heilige Buch der Christen.

Christian ['krɪstʃən] *n, adj*
I'm not a **Christian** (⚠ *nicht:* **Christ**) but I believe in God.
The **Christian** religion is divided into the Protestant, Roman Catholic, and Orthodox churches.

Christ(in), christlich
Ich bin kein Christ, aber ich glaube an Gott.
Die christliche Religion ist in die protestantischen, katholischen und orthodoxen Kirchen unterteilt.

*TIPP: Christ (gesprochen mit /aɪ/ wie in **ice**) heißt nicht Christ, sondern Christus.*

faith [feɪθ] *n syn:* belief
Martin Luther King never lost his **faith** in nonviolence.

Glaube *m*
Martin Luther King verlor nie den Glauben an die Gewaltlosigkeit.

belief [bɪ'liːf] *n syn:* faith
They had to emigrate because of their religious **beliefs**.

Glaube *m*, **Überzeugung** *f*
Sie mussten wegen ihres Glaubens auswandern.

believe [bɪ'liːv] *v/i,v/t*
Many religions **believe** in life after death.

glauben
Viele Religionen glauben an ein Leben nach dem Tode.

conscience ['kɒnʃəns] *n*
I have a bad **conscience** because I lied to her.

Gewissen *n*
Ich habe ein schlechtes Gewissen, weil ich sie belogen habe.

sin [sɪn] *n, v/i*
In all major religions murder is a **sin**.

Sünde *f*, **sündigen**
In allen großen Religionen ist Mord eine Sünde.

heaven ['hevn] *n opp:* hell

Good people are believed to go to **heaven** (⚠ *nicht:* **the**) when they die. → *hell*

Himmel *m*

Gute Menschen sollen in den Himmel kommen, wenn sie sterben.

TIPP: heaven *bezeichnet Himmel nur im übertragenen Sinne, sonst heißt er* **sky**.

hell [hel] *n opp:* heaven

War is **hell** (⚠ *nicht:* **the**) on earth.

Hölle *f*

Der Krieg ist die Hölle auf Erden.

angel ['eɪndʒəl] *n*

Many altarpieces show Jesus and the Virgin Mary surrounded by **angels**.

Engel *m*

Viele Altarbilder zeigen Jesus und die Jungfrau Maria von Engeln umgeben.

devil ['devl] *n syn:* Satan *opp:* God

Faust sold his soul to the **devil**.

Teufel *m*

Faust hat seine Seele dem Teufel verkauft.

ghost [gəʊst] *n*

He looked as if he'd seen a **ghost**.

Gespenst *n,* **Geist** *m*

Er sah aus, als ob er ein Gespenst gesehen hätte.

priest [priːst] *n*

Cardinals are the highest **priests** in the Catholic Church. → *minister*

Priester *m,* **Pfarrer** *m*

Kardinäle sind die höchsten Priester in der katholischen Kirche.

minister ['mɪnɪstə] *m*

Martin Luther King was a **minister** in the Baptist Church.

Pfarrer(in), Pastor(in)

Martin Luther King war Pfarrer in der baptistischen Kirche.

TIPP: minister *bezeichnet meist den protestantischen,* **priest** *den katholischen Pfarrer.*

monk [mʌŋk] *n*

Buddhist **monks** shave their heads and wear yellow clothes.

Mönch *m*

Buddhistische Mönche rasieren sich den Kopf und tragen gelbe Kleidung.

nun [nʌn] *n*

Many **nuns** work in hospitals, schools and kindergartens.

Nonne *f*

Viele Nonnen arbeiten in Krankenhäusern, Schulen und Kindergärten.

service ['sɜ:vɪs] *n*
In Christian churches most **services** are on Sundays.

Gottesdienst *m*
In christlichen Kirchen finden die meisten Gottesdienste sonntags statt.

---

bell [bel] *n*
Church **bells** ring on Sundays to announce the service.

Glocke *f*
Kirchenglocken läuten sonntags, um den Gottesdienst anzukündigen.

---

pray [preɪ] *v/i*
Jews go to the synagogue to **pray**.

beten
Juden gehen zur Synagoge, um zu beten.

prayer ['preə] *n*
Muslims kneel on rugs when they say their **prayers**.

Gebet *n*
Moslems knien auf Teppichen, wenn sie ihre Gebete sprechen.

---

kneel [ni:l] *v/i*
△ **knelt** [nelt], **knelt** [nelt]
Muslims **kneel** down when the muezzin calls them to prayer.

knien

Moslems knien nieder, wenn der Muezzin sie zum Gebet aufruft.

---

bless [bles] *v/t*
The Pope **blessed** the crowd that had gathered on St. Peter's Square.

segnen
Der Papst segnete die Menge, die sich auf dem Petersplatz versammelt hatte.

1.5 Umwelt

1.5.1 DORF UND STADT

«1–2000»

---

place [pleɪs] *n*
Is this the **place** where it happened?
You parked your car in the wrong **place**. → *room*.

Ort *m*, **Platz** *m*
Ist dies der Ort, an dem es geschah?
Sie haben Ihr Auto am falschen Platz geparkt.

---

town [taʊn] *n syn:* city
This **town** is famous.

Stadt *f*
Die Stadt ist berühmt.

---

city ['sɪtɪ] *n syn:* town, *opp:* village, country
Would you rather live in the **city** or in the country?

Stadt *f*

Würdest du lieber in der Stadt oder auf dem Lande leben?

*TIPP: Im Deutschen wird „City" für Innenstadt verwendet. Im Englischen bezeichnet **city** die (große) Stadt, **(city) centre** das (Stadt)Zentrum.*

---

country ['kʌntrɪ] *n opp:* city, town

Land *n*

I like living in the **country** – city life is too hectic.

Ich lebe gern auf dem Land – das Stadtleben ist zu hektisch.

---

village ['vɪlɪdʒ] *n*

Dorf *n*

Charles Dickens was born in a small **village**.

Charles Dickens wurde in einem kleinen Dorf geboren.

---

centre, *Am* **center** ['sentə] *n*

Zentrum *n*, **Stadtmitte** *f*, **Innenstadt** *f*

Trafalgar Square is in the **centre** of London. → *city*

Der Trafalgar Square liegt im Zentrum Londons.

---

building ['bɪldɪŋ] *n*

Gebäude *n*

The tallest **building** in the world is the Sears Tower in Chicago.

Das höchste Gebäude der Welt ist der Sears Tower in Chicago.

---

castle ['kɑːsl] *n*

Burg *f*, **Schloss** *n*

Is Dover **Castle** the oldest **castle** in Britain?

Ist Dover Castle die älteste Burg Großbritanniens?

---

tower ['taʊə] *n*

Turm *m*

In 1889 the Eiffel **Tower** was the tallest **tower** in the world.

1889 war der Eiffelturm der höchste Turm der Welt.

---

square [skweə] *n*

Platz *m*

The candidate made a speech in the market **square**.

Der Kandidat hielt auf dem Marktplatz eine Rede.

---

hall [hɔːl] *n*

Halle *f*, **Saal** *m*

Carnegie **Hall** is the most famous concert **hall** in the USA.

Carnegie Hall ist der berühmteste Konzertsaal in den USA.

---

road [rəʊd] *n*

Straße *f*, **Landstraße** *f*

The old **road** (⚠ *nicht:* **street**) along the coast is dangerous.

Die alte Straße an der Küste ist gefährlich.

---

*TIPP: **street** bezeichnet eine Straße in einem Ort mit Wohnhäusern und Geschäften, **road** eine Verbindungsstraße zwischen Orten oder Ortsteilen.*

---

street [striːt] *n*

Straße *f*

We strolled through the narrow **streets** of the old town. → *road*

Wir bummelten durch die schmalen Straßen der Altstadt.

bridge [brɪdʒ] *n* They stood on the **bridge**.	**Brücke** *f* Sie standen auf der Brücke.
farm [fɑːm] *n* We live on a **farm** and breed cattle.	**Bauernhof** *m*, **Farm** *f* Wir wohnen auf einem Bauernhof und züchten Rinder.
fence [fens] *n* Most of our neighbours have a **fence** or hedge round their garden.	**Zaun** *m* Die meisten unserer Nachbarn haben einen Zaun oder eine Hecke um ihren Garten.

«2001-4000»

area ['eərɪə] *n syn:* region People in this **area** used to be poor.	**Gegend** *f*, **Gebiet** *n* Die Menschen in dieser Gegend waren früher arm.
local ['ləʊkl] *adj opp:* regional, national I found a flat through an ad in the **local** paper.	**Orts...**, **örtlich**, **Lokal...** Ich habe durch eine Anzeige in der Lokalzeitung eine Wohnung gefunden.
capital ['kæpɪtl] *n* Canberra, not Sydney, is the **capital** of Australia.	**Hauptstadt** *f* Canberra, nicht Sydney, ist die Hauptstadt von Australien.
population [ˌpɒpjə'leɪʃn] *n* The USA has a **population** of about 230 million.	**Bevölkerung** *f* Die USA haben eine Bevölkerung von etwa 230 Millionen.
suburb ['sʌbɜːb] *n opp:* centre Most Londoners live in the **suburbs**.	**Vorort** *m* Die meisten Londoner wohnen in den Vororten.
surroundings [sə'raʊndɪŋz] *pl syn:* environment I'm looking for a house in quiet **surroundings**.	**Umgebung** *f* Ich suche ein Haus in ruhiger Umgebung.
surround [sə'raʊnd] *v/t* The farm is **surrounded** by fields and meadows.	**umgeben** Der Bauernhof ist von Feldern und Wiesen umgeben.
monument ['mɒnjəmənt] *n* Nelson's Column is one of London's best-known **monuments**.	**Denkmal** *n* Die Nelson-Säule gehört zu den bekanntesten Denkmälern Londons.

cathedral [kə'θiːdrəl] *n*
We visited Cologne **Cathedral** (⚠ *nicht: dome*).

Dom *m*, **Kathedrale** *f*, **Münster** *n*
Wir besuchten den Kölner Dom.

---

town hall [ˌtaʊn 'hɔːl], *Am* **city hall** [ˌsɪtɪ 'hɔːl] *n*
The mayor welcomed his guests in the **town/city hall**.

Rathaus *n*

Der Bürgermeister begrüßte seine Gäste im Rathaus.

---

ruins ['ruːɪnz] *pl*
In Malta you can see many **ruins**.

Ruine *f*
Auf Malta kann man viele Ruinen sehen.

---

fountain ['faʊntn] *n*
If you throw a coin in the **fountain**, you'll return.

(Spring)Brunnen *m*
Wenn man eine Münze in den Brunnen wirft, kommt man wieder.

---

mill [mɪl] *n*
Mills were used to grind grain into flour.

Mühle *f*
Mühlen verwendete man, um Getreide zu Mehl zu mahlen.

---

hut [hʌt] *n*
The refugees had to live in small wooden **huts**.

Hütte *f*
Die Flüchtlinge mussten in kleinen Holzhütten wohnen.

---

grave [greɪv] *n*
At the end of a funeral the coffin is lowered into the **grave**.

Grab *n*
Am Ende der Beerdigung wird der Sarg in das Grab gelassen.

---

cemetery ['semətrɪ] *n syt:* graveyard
They are buried in the **cemetery**.

Friedhof *m*

Sie sind auf dem Friedhof begraben.

---

zoo [zuː] *n*
Many animals live in **zoos**.

Zoo *m*, **Tierpark** *m*
Viele Tiere leben im Zoo.

1.5.2 LANDSCHAFT

«1–2000»

view [vjuː] *n*
Our hotel room has a wonderful **view** of the coast.

Aussicht *f*, **Blick** *m*
Unser Hotelzimmer hat eine wunderbare Aussicht auf die Küste.

ground [graʊnd] *n syn:* soil, earth
In arctic regions the **ground** is frozen all year.

Boden *m*, **Erde** *f*
In arktischen Gebieten ist der Boden das ganze Jahr gefroren.

hill [hɪl] *n*
Except for a few **hills**, the country is flat.

Hügel *m*
Mit Ausnahme einiger Hügel ist das Land flach.

mountain ['maʊntɪn] *n*
opp: valley
Mount Everest is the highest **mountain** in the world.

Berg *m*

Der Mount Everest ist der höchste Berg der Welt.

top [tɒp] *n syn:* summit, peak
You have a fantastic view from the **top** of the mountain.

Gipfel *m*, **Spitze** *f*
Man hat einen herrlichen Blick vom Gipfel des Berges.

valley ['vælɪ] *n opp:* mountain
We skied downhill into the **valley**.

Tal *n*
Wir fuhren auf Skiern ins Tal hinunter.

coast [kəʊst] *n*
Brighton is on the south **coast** of England.

Küste *f*
Brighton liegt an der Südküste Englands.

beach [biːtʃ] *n*
We went to the **beach** to sunbathe.

Strand *m*
Wir gingen an den Strand, um uns zu sonnen.

river ['rɪvə] *n*
Some lakes and **rivers** are so polluted that you can't swim there. → *stream*

Fluss *m*, **Strom** *m*
Manche Seen und Flüsse sind so verschmutzt, dass man nicht darin schwimmen kann.

lake [leɪk] *n*
After school we often go swimming in a small **lake** (⚠ *nicht:* **sea**). → *sea*

See *m*
Nach der Schule gehen wir oft in einem kleinen See schwimmen.

spring [sprɪŋ] *n*
The hikers filled their water bottles at a mountain **spring**.

Quelle *f*
Die Wanderer füllten ihre Feldflaschen an einer Bergquelle.

forest ['fɒrɪst] *n syn:* woods
Canada is a country of lakes and **forests**.

Wald *m*
Kanada ist ein Land der Seen und Wälder.

field [fiːld] *n*
Tractors have made working in the **fields** much easier.

Feld *n*
Traktoren haben die Arbeit auf den Feldern viel leichter gemacht.

park [pɑːk] *n* The **parks** are full of joggers early in the morning.	**Park** *m* Am frühen Morgen sieht man in den Parks viele Jogger.
path [pɑːθ] *n* There's a **path** leading up the hill.	**Pfad** *m*, **Weg** *m* Es gibt einen Pfad, der auf den Hügel führt.

«2001–4000»

scenery [ˈsiːnərɪ] *n* You see fantastic **scenery** in the Lake District.	**Landschaft** *f*, **Gegend** *f* Man sieht herrliche Landschaft im Lake District *(Seengebiet in Nordengland).*
region [ˈriːdʒən] *n* There is a lot of sunshine in the southern **regions** of England.	**Gegend** *f*, **Region** *f* In den südlichen Regionen Englands gibt es viel Sonnenschein.
soil [sɔɪl] *n syn:* ground, earth The rich **soil** of Kent is excellent for farming.	**Boden** *m*, **Erde** *f* Der fruchtbare Boden der Grafschaft Kent ist ausgezeichnet für den Ackerbau.
sand [sænd] *n* Like many other beaches, Brighton has no **sand**, but pebbles.	**Sand** *m* Wie viele andere Strände hat Brighton keinen Sand, sondern Kieselsteine.
rock [rɒk] *n syn:* stone To find oil they had to drill through solid **rock**.	**Fels(en)** *m*, **Stein** *m* Um Öl zu finden, musste man durch massiven Fels bohren.
plain [pleɪn] *n* The American West consists of high mountains and extensive **plains**.	**Ebene** *f*, **Flachland** *n* Der amerikanische Westen besteht aus hohen Bergen und ausgedehnten Ebenen.
slope [sləʊp] *n* We skied down a very steep **slope**.	**Hang** *m*, **Abhang** *m* Wir fuhren einen sehr steilen Hang hinab.
steep [stiːp] *adj* The mountain road is too **steep** to drive up in a normal car.	**steil** Die Bergstraße ist zu steil, um mit einem normalen Auto hochzufahren.

cliff [klɪf] n
Returning to England, many people are happy to see the white **cliffs** of Dover.

Felswand f, **Felsen** m, **Kliff** n
Bei der Rückkehr nach England sind viele glücklich, die weißen Felsen von Dover zu sehen.

cave [keɪv] n
In the Stone Age, man lived in **caves**.

Höhle f
In der Steinzeit lebte der Mensch in Höhlen.

source [sɔːs] n opp: mouth
The **source** of the Colorado River is in Utah.

Quelle f
Die Quelle des Colorado-Flusses befindet sich in Utah.

stream [striːm] n syn: brook, creek
The hikers cooled their feet in a mountain **stream**.
We had to row against the **stream**. → river

Bach m, **Flüsschen** n, **Strom** m, **Strömung** f
Die Wanderer kühlten ihre Füße in einem Bergbach.
Wir mussten gegen den Strom rudern.

pond [pɒnd] n
In the park there is a **pond** with ducks.

Teich m
Im Park ist ein Teich mit Enten.

bay [beɪ] n
We sailed into a little **bay** to be safe from the storm.

Bucht f, **Golf** m
Wir segelten in eine kleine Bucht, um vor dem Sturm sicher zu sein.

current ['kʌrənt] n
No swimming – the **current** is too strong.

Strömung f
Schwimmen verboten – die Strömung ist zu stark.

bank [bæŋk]
Thousands watch the boat race from the **banks** of the River Thames.

(Fluss)Ufer n
Tausende sehen die Regatta vom Ufer der Themse aus.

island ['aɪlənd] n
The West Indies are a group of **islands** in the Caribbean.

Insel f
Westindien ist eine Gruppe von Inseln in der Karibik.

desert ['dezət] n
Las Vegas is in the middle of the **desert**. → dessert

Wüste f
Las Vegas liegt mitten in der Wüste.

jungle ['dʒʌŋgl] n
Tarzan was brought up in the **jungle** by apes.

Dschungel m, **Urwald** m
Tarzan wurde im Urwald von Affen großgezogen.

meadow ['medəʊ] n
We had a picnic in a **meadow** by the river.

Wiese f, **Weide** f
Wir haben ein Picknick auf einer Wiese am Fluss gemacht.

canal [kə'næl] *n*
Birmingham has more **canals**
(⚠ *nicht: channels*) than Venice.

Kanal *m*
Birmingham hat mehr Kanäle
als Venedig.

ditch [dɪtʃ] *n*
The car skidded on the icy road
and landed in a **ditch**.

Graben *m*
Der Wagen rutschte auf der ver-
eisten Straße und landete im
Graben.

1.5.3 NATUR

1.5.3.1 ALLGEMEINES

«1–2000»

nature ['neɪtʃə] *n*
In the Lake District you can admire **nature** (⚠ *nicht: the*) in all
its beauty.

Natur *f*
Im Lake District *(Seengebiet in
Nordengland)* kann man die Natur in ihrer ganzen Schönheit
bewundern.

natural ['nætʃrəl] *adj opp:* artificial, man-made
Wool, cotton and leather are
natural materials.

natürlich

Wolle, Baumwolle und Leder
sind natürliche Stoffe.

light [laɪt] *n opp:* dark(ness)
There isn't enough **light** to take
a photograph.

Licht *n*
Es ist nicht genug Licht da, um
zu fotografieren.

air [eə] *n*
You can't breathe without **air**.

Luft *f*
Ohne Luft kann man nicht atmen.

water ['wɔːtə] *n*
You should boil the **water** before drinking it.

Wasser *n*
Das Wasser sollte vor dem Trinken abgekocht werden.

wave [weɪv] *n*
Swimming is dangerous when
the **waves** are so high.

Welle *f*, **Woge** *f*
Das Baden ist gefährlich, wenn
die Wellen so hoch sind.

heat [hiːt] *n opp:* cold
They leave Florida in the summer because of the **heat**.

Hitze *f*, **Wärme** *f*
Sie verlassen Florida im Sommer wegen der Hitze.

fire ['faɪə] *n*
Much of Yellowstone was destroyed by **fire** in 1988.

Feuer *n*, **Brand** *m*
Yellowstone wurde 1988 zum
großen Teil durch Feuer zerstört.

cold [kəʊld] *adj, n*
New York is too hot in summer
and too **cold** in winter.

kalt, Kälte *f*
New York ist im Sommer zu
heiß und im Winter zu kalt.

cool [kuːl] *adj opp:* warm
Even in August San Francisco
is pleasantly **cool**.

kühl
Selbst im August ist San Francisco angenehm kühl.

ice [aɪs] *n*
The **ice** on the lake is still too
thin to walk on.

Eis *n*
Das Eis auf dem Teich ist noch
zu dünn, um darauf zu gehen.

«2001–4000»

growth [grəʊθ] *n*
Plants need water and light for
growth.

Wachstum *n*
Pflanzen brauchen für ihr
Wachstum Wasser und Licht.

gas [gæs] *n*
⚠ *pl* **gases** ['gæsɪz]
Ozone is a **gas** which protects
the earth from UV rays.

Gas *n*

Ozon ist ein Gas, welches die
Erde vor UV-Strahlen schützt.

steam [stiːm] *n*
Water becomes **steam** when
heated.

Dampf *m*
Wasser wird zu Dampf, wenn es
erhitzt wird.

flood [flʌd] *n opp:* drought
There are **floods** in India during
the rainy season.

Überschwemmung *f,* **Flut** *f*
Während der Regenzeit gibt es
in Indien Überschwemmungen.

mud [mʌd] *n*
Lots of cars got stuck in the
mud.

Schlamm *m*
Viele Autos blieben im Schlamm
stecken.

flame [fleɪm] *n*
We saw **flames** coming out of
the windows.

Flamme *f*
Wir sahen, wie Flammen aus
den Fenstern schlugen.

melt [melt] *v/i, v/t opp:* freeze
Snow **melts** in the sun.

schmelzen
Schnee schmilzt in der Sonne.

shadow ['ʃædəʊ] *n*
In autumn the **shadows** get
longer. → *shade*

Schatten *m*
Im Herbst werden die Schatten
länger.

shade [ʃeɪd] *n opp:* sun
It's too hot in the sun – let's get
into the **shade** (⚠ *nicht:* **shadow**). → *shadow*

Schatten *m*
Es ist zu heiß in der Sonne –
gehen wir in den Schatten!

1.5.3.2 TIERWELT

«1–2000»

animal ['ænɪml] *n*
I'd rather watch **animals** in the wild than in a zoo.

Tier *n*
Ich sehe Tiere lieber in freier Wildbahn als im Zoo.

wild [waɪld] *adj opp:* tame
On a safari you can see lots of **wild** animals.

wild
Auf einer Safari kann man viele wilde Tiere sehen.

bird [bɜːd] *n*
Penguins are **birds** that cannot fly.

Vogel *m*
Pinguine sind Vögel, die nicht fliegen können.

fly [flaɪ] *v/i*
⚠ **flew** [fluː], **flown** [fləʊn]
A lot of birds **fly** south for the winter.

fliegen

Viele Vögel fliegen für den Winter in den Süden.

fish [fɪʃ] *n*
⚠ *pl* **fish** [fɪʃ], **fishes** ['fɪʃɪz]
We went fishing and caught a lot of **fish**.

Fisch *m*

Wir waren angeln und haben eine Menge Fische gefangen.

dog [dɒg] *n*
We keep a **dog** to guard our home.

Hund *m*
Wir halten einen Hund, um unser Haus zu bewachen.

cat [kæt] *n*
Tigers and lions are big **cats**.

Katze *f*
Tiger und Löwen sind große Katzen.

chicken ['tʃɪkɪn] *n*
We only eat eggs from our own **chickens**.

Huhn *m*
Wir essen nur Eier von unseren eigenen Hühnern.

pig [pɪg] *n*
Bacon is salted or smoked meat from a **pig.**
→ *pork*

Schwein *n*
Speck ist gesalzenes oder geräuchertes Fleisch vom Schwein.

horse [hɔːs] *n*
A cowboy can't do his job without a **horse**.

Pferd *n*
Ein Cowboy kann ohne Pferd nicht seine Arbeit tun.

cow [kaʊ] *n opp:* bull
The meat from a **cow** or bull is called beef. → *beef*

Kuh *f*
Das Fleisch von einer Kuh oder einem Bullen heißt Rindfleisch.

cattle ['kætl] *pl*
The **cattle** were (⚠ *nicht:* **was**) grazing in the field. → *beef*

(Rind)Vieh *n*, **Rinder** *pl*
Das Vieh graste auf der Weide.

sheep [ʃiːp] *n*
⚠ *pl* **sheep** [ʃiːp]
Sheep are kept for their wool and meat.

Schaf *n*

Schafe werden wegen ihrer Wolle und ihres Fleisches gehalten.

mouse [maʊs] *n*
⚠ *pl* **mice** [maɪs]
Cats catch **mice**.

Maus *f*

Katzen fangen Mäuse.

tail [teɪl] *n*
A rat has a very long **tail**.

Schwanz *m*
Eine Ratte hat einen sehr langen Schwanz.

«2001–4000»

creature ['kriːtʃə] *n syn:* being
The chameleon is a strange **creature**.

Geschöpf *n*, **Lebewesen** *n*
Das Chamäleon ist ein seltsames Geschöpf.

pet [pet] *n*
No dogs or other **pets** are allowed in this hotel.

Haustier *n*
In diesem Hotel sind keine Hunde oder andere Haustiere gestattet.

tame [teɪm] *adj*
Flipper was a popular TV series about a **tame** dolphin.

zahm
Flipper war eine beliebte Fernsehserie um einen zahmen Delphin.

feed [fiːd] *v/t, v/i*
⚠ **fed** [fed], **fed** [fed]
Swallows **feed** their young on insects.
Cows **feed** on grass.

füttern, fressen, sich ernähren

Schwalben füttern ihre Jungen mit Insekten.
Kühe fressen Gras.

breed [briːd] *v/t*
⚠ **bred** [bred], **bred** [bred]
Many Indian tribes **bred** their own horses.

züchten

Viele Indianerstämme züchteten ihre eigenen Pferde.

bark [bɑːk] *v/i*
Our dog **barks** every time someone is at the door.

bellen
Unser Hund bellt jedes Mal, wenn jemand an der Tür ist.

bite [baɪt] v/i, v/t

⚠ **bit** [bɪt], **bitten** ['bɪtn]

Postmen are often **bitten** by dogs.

beißen

Briefträger werden oft von Hunden gebissen.

---

bull [bʊl] n opp: cow

In a Portuguese bullfight the **bull** is not killed.

→ beef

Stier m, **Bulle** m

Bei einem portugiesischen Stierkampf wird der Stier nicht getötet.

---

horn [hɔːn] n

A buffalo's **horns** are dangerous weapons.

Horn n

Die Hörner eines Büffels sind gefährliche Waffen.

---

calf ['kɑːf] n

⚠ pl **calves** [kɑːvz]

A **calf** is the young of a cow or an elephant. → veal

Kalb n

Ein Kalb ist das Junge einer Kuh oder eines Elefanten.

---

lamb [læm] n

A **lamb** is a young sheep.

Lamm n

Ein Lamm ist ein junges Schaf.

---

goat [gəʊt] n

A **goat** is smaller than a sheep and is mainly kept for its milk.

Ziege f

Eine Ziege ist kleiner als ein Schaf und wird hauptsächlich wegen ihrer Milch gehalten.

---

donkey ['dɒŋkɪ] n syn: ass

A **donkey** is smaller than a horse and has longer ears.

Esel m

Ein Esel ist kleiner als ein Pferd und hat längere Ohren.

---

hen [hen] n opp: cock

Hens lay eggs.

Henne f

Hennen legen Eier.

---

cock [kɒk] n syn: rooster (Am)

Our neighbour's **cock** crows every morning at dawn.

Hahn m

Der Hahn unseres Nachbarn kräht jeden Morgen bei Tagesanbruch.

---

duck [dʌk] n

We could hear the **ducks** quacking on the pond.

Ente f

Wir konnten die Enten auf dem Teich quaken hören.

---

goose [guːs] n

⚠ pl **geese** [giːs]

Roast **goose** is the traditional German Christmas dinner.

Gans f

Gebratene Gans ist das traditionelle deutsche Weihnachtsessen.

---

pigeon ['pɪdʒɪn] n

In the past **pigeons** were used to deliver messages.

Taube f

Früher wurden Tauben dazu benutzt, Nachrichten zu überbringen.

turkey ['tɜːkɪ] *n*
Turkey is the traditional English
Christmas dinner.

Truthahn *m*
Truthahn ist das traditionelle
englische Weihnachtsessen.

feather ['feðə] *n*
Indians used to wear **feathers** in
their hair.

Feder *f*
Indianer trugen früher Federn
im Haar.

wing [wɪŋ] *n*
The albatross can spread its
wings up to more than 11 feet.

Flügel *m*, **Schwinge** *f*
Der Albatros kann seine Flügel
bis zu etwa 3,5 m spreizen.

nest [nest] *n*
Eagles build their **nests** on
mountain tops.

Nest *n*
Adler bauen ihre Nester auf
Berggipfeln.

game [geɪm] *n*
Elephant guns are used in killing elephants or other big
game.

Wild *n*
Elefantenbüchsen benutzt man
zum Schießen von Elefanten
und anderem Großwild.

track [træk] *n*
The hunters followed the animals' **tracks** in the snow.

Spur *f*, **Fährte** *f*
Die Jäger folgten den Spuren
der Tiere im Schnee.

fur [fɜː] *n*
Trappers catch wild animals for
their **fur**.

Pelz *m*
Fallensteller fangen wilde
Tiere wegen ihrer Pelze.

rabbit ['ræbɪt] *n*
Rabbits like carrots.

Kaninchen *n*
Kaninchen fressen gern Mohr-
rüben.

deer [dɪə] *n*
⚠ *pl* **deer** [dɪə]
'Bambi' is a famous film about a
young **deer**.

Reh *n*, **Hirsch** *m*

„Bambi" ist ein berühmter Film
über ein junges Reh.

rat [ræt] *n*
Rats are used a lot in animal
experiments.

Ratte *f*
Ratten werden viel in Tierver-
suchen verwendet.

fox [fɒks] *n*
Foxes hunt alone.

Fuchs *m*
Füchse jagen alleine.

wolf [wʊlf] *n*
⚠ *pl* **wolves** [wʊlvz]
Wolves hunt in packs.

Wolf *m*

Wölfe jagen im Rudel.

lion ['laɪən] *n*
The **lion** is called the king of the
animals.

Löwe *m*
Den Löwen nennt man König
der Tiere.

elephant ['elɪfənt] *n*
The African **elephant** is the largest living land animal.

Elefant *m*
Der afrikanische Elefant ist das größte lebende Landsäugetier.

monkey ['mʌŋkɪ] *n*
Chimpanzees are thought to be the most intelligent **monkeys**.

Affe *m*
Schimpansen hält man für die intelligentesten Affen.

whale [weɪl] *n*
Blue **whales** are the largest and heaviest animals in the world.

Wal *m*
Blauwale sind die größten und schwersten Tiere der Welt.

shark [ʃɑːk] *n*
Sharks are dangerous fish that sometimes kill swimmers.

Hai *m*
Haie sind gefährliche Fische, die manchmal Schwimmer töten.

insect ['ɪnsekt] *n*
All **insects**, such as flies and mosquitoes, have six legs.

Insekt *n*
Alle Insekten, wie Fliegen und Mücken, haben sechs Beine.

mosquito [məˈskiːtəʊ] *n*
Malaria is passed on to humans by **mosquitoes**.

Moskito *m*, **(Stech)Mücke** *f*
Malaria wird durch Moskitos auf Menschen übertragen.

spider ['spaɪdə] *n*
A **spider** catches insects with a web.

Spinne *f*
Eine Spinne fängt Insekten mit einem Netz.

beetle ['biːtl] *n syn:* bug
A ladybird is a little red **beetle** with black spots.

Käfer *m*
Der Marienkäfer ist ein kleiner roter Käfer mit schwarzen Punkten.

butterfly ['bʌtəflaɪ] *n*
Butterflies are beautiful.

Schmetterling *m*
Schmetterlinge sind sehr schön.

bee [biː] *n*
This honey comes from our own **bees**.

Biene *f*
Dieser Honig kommt von unseren eigenen Bienen.

wasp [wɒsp] *n*
Lots of people get stung by **wasps**.

Wespe *f*
Viele Menschen werden von Wespen gestochen.

sting [stɪŋ] *v/i, v/t*
⚠ **stung** [stʌŋ], **stung** [stʌŋ]
Some insects, such as bees and wasps, **sting**.

stechen

Einige Insekten, wie z. B. Bienen und Wespen, stechen.

snake [sneɪk] *n*
A big **snake** can swallow a mouse in one piece.

Schlange *f*
Eine große Schlange (⚠ *nicht: Schnecke*) kann eine Maus im Ganzen verschlingen.

worm [wɜːm] *n*
Birds feed their young on **worms** and insects.

Wurm *m*
Vögel füttern ihre Jungen mit Würmern und Insekten.

1.5.3.3 PFLANZENWELT

«1–2000»

plant [plɑːnt] *n, v/t*
Coffee is made from the fruits of the coffee **plant**.

Pflanze *f,* **pflanzen**
Kaffee wird aus den Früchten der Kaffeepflanze gemacht.

tree [triː] *n*
Air pollution is killing our **trees**.

Baum *m*
Die Luftverschmutzung lässt unsere Bäume sterben.

bush [bʊʃ] *n*
They have beautiful rose **bushes** in their garden.

Busch *m*
Sie haben schöne Rosenbüsche in ihrem Garten.

grass [grɑːs] *n*
Cattle feed on **grass**.

Gras *n*
Rinder fressen Gras.

leaf [liːf] *n*
⚠ *pl* **leaves** [liːvz]
In autumn most trees shed their **leaves**.

Blatt *n*

Im Herbst verlieren die meisten Bäume ihre Blätter.

fruit [fruːt] *n*
This is made from several tropical **fruits**. → *fruit*

Frucht *f*
Dies ist aus verschiedenen tropischen Früchten.

flower ['flaʊə] *n*
Roses are my favourite **flowers**.

Blume *f*
Rosen sind meine Lieblingsblumen.

«2001–4000»

grow [grəʊ] *v/t*
⚠ **grew** [gruː], **grown** [grəʊn]
Cotton is **grown** in the American South.

anbauen, züchten

Baumwolle wird im amerikanischen Süden angebaut.

sow [səʊ] *v/t*

⚠ **sowed** [səʊd], **sown** [səʊn]

Wheat is **sown** several times a year.

säen

Weizen wird mehrere Male im Jahr gesät.

seed [siːd] *n*

You can buy grass and flower **seed** in paper bags.

Samen *m*

Man kann Gras- und Blumensamen in Papiertüten kaufen.

blossom ['blɒsəm] *n*

The cherry trees are in full **blossom**.

Blüte *f*

Die Kirschbäume stehen in voller Blüte.

harvest ['hɑːvɪst] *n*

On a small farm, all help with the **harvest**.

Ernte *f*

Auf einem kleinen Bauernhof helfen alle bei der Ernte.

crop [krɒp] *n*

America's farmers have the biggest wheat **crops** in the world.

Ernte *f*, **Ertrag** *m*

Die amerikanischen Bauern haben die größten Weizenernten der Welt.

weed [wiːd] *n*

I have to do more garden work – there are so many **weeds**.

Unkraut *n*

Ich muss mehr im Garten arbeiten – es ist zu viel Unkraut da.

hedge [hedʒ] *n*

There is a low **hedge** around our front garden.

Hecke *f*

Um unseren Vorgarten ist eine niedrige Hecke.

hay [heɪ] *n*

In winter farmers feed their cattle with **hay**.

Heu *n*

Im Winter füttern die Bauern ihr Vieh mit Heu.

grain [greɪn] *n*

The US exports most of its **grain,** mainly wheat.

→ *corn*

Getreide *n*, **Korn** *n*

Die USA exportieren den größten Teil ihres Getreides, vor allem Weizen.

corn [kɔːn] *n*

The US is the world's greatest producer of **corn**.

Mais *m (Am)*, **Korn** *n (Brit.)*

Die USA sind der bedeutendste Erzeuger von Mais/Korn der Welt.

TIPP: corn bezeichnet in Amerika nur Mais, in England Korn/Getreide allgemein. Dort heißt der Mais maize [meɪz], aber Puffmais heißt überall popcorn!

wheat [wiːt] *n*

White bread is made from **wheat**.

Weizen *m*

Weißbrot wird aus Weizen hergestellt.

trunk [trʌŋk] *n*
In rainforests there are lots of
fallen tree **trunks**.

(Baum)Stamm *m*
In Regenwäldern gibt es viele
umgestürzte Baumstämme.

branch [brɑːntʃ] *n*
The **branches** of the apple trees
are heavy with fruit.

Zweig *m*, **Ast** *m*
Die Zweige der Apfelbäume
biegen sich unter der Last der
Früchte.

root [ruːt] *n*
You must pull out the weeds by
the **roots**.

Wurzel *f*
Man muss das Unkraut mit der
Wurzel ausreißen.

mushroom ['mʌʃruːm] *n*
Some **mushrooms** are edible,
but others are poisonous.

Pilz *m*
Manche Pilze sind essbar, aber
andere sind giftig.

1.5.3.4 *HIMMEL UND ERDE*

«1–2000»

world [wɜːld] *n*
It is a creature from another
world.

Welt *f*
Es ist ein Wesen aus einer anderen Welt.

moon [muːn] *n*
There's no life on the **moon**.

Mond *m*
Es gibt kein Leben auf dem
Mond.

earth [ɜːθ] *n*
The distance between the moon
and the **earth** is about 240,000
miles.

Erde *f*
Die Entfernung zwischen dem
Mond und der Erde beträgt et-
wa 240 000 Meilen (400 000 km).

star [stɑː] *n*
It was a clear sky and the **stars**
were shining.

Stern *m*
Es war eine klare Nacht, und
die Sterne leuchteten.

sun [sʌn] *n*
Children shouldn't stay in the
sun too long.

Sonne *f*
Kinder sollten nicht zu lange in
der Sonne bleiben.

shine [ʃaɪn] *v/i*
⚠ **shone** [ʃɒn], **shone** [ʃɒn]
The sun **shines** 189 days per
year in Phoenix, Arizona.

scheinen

Die Sonne scheint an 189 Tagen
pro Jahr in Phoenix, Arizona.

sky [skaɪ] *n* The **sky** was blue and the sun was shining. → *heaven*	**Himmel** *m* Der Himmel war blau, und die Sonne schien.
north [nɔːθ] *n, adj, adv opp:* south Liverpool is in the **north** of England. Canada is **north** of the USA.	**Norden** *m*, **nördlich**, **Nord**... Liverpool liegt im Norden Englands. Kanada liegt nördlich von den USA.
south [saʊθ] *n, adj, adv opp:* north Miami is in the **south** of Florida.	**Süden** *m*, **südlich**, **Süd**... Miami liegt im Süden Floridas.
east [iːst] *n, adj, adv opp:* west Detroit is **east** of Chicago.	**Osten, östlich, Ost**... Detroit liegt östlich von Chicago.
west [west] *n, adj, adv opp:* east The sun sets in the **west**.	**Westen** *m*, **westlich**, **West**... Die Sonne geht im Westen unter.
sea [siː] *n syn:* ocean Oil spills pollute the **sea** and beaches. → *lake*	**Meer** *n*, **See** *f* Ölunfälle verseuchen das Meer und die Strände.
ocean ['əʊʃn] *n syn:* sea Lindbergh flew alone across the **ocean** from New York to Paris in 1927.	**Ozean** *m*, **Meer** *n* Lindbergh flog 1927 allein über den Ozean von New York nach Paris.
map [mæp] *n* I'll show you on this **map** where we are now.	**Landkarte** *f*, **Stadtplan** *m* Ich zeige dir auf dieser Karte, wo wir jetzt sind.

«2001–4000»

space [speɪs] *n* Yuri Gagarin was the first man in **space** (△ *nicht: the space*).	**(Welt)Raum** *m*, **Weltall** *n* Juri Gagarin war der erste Mensch im Weltraum.
universe ['juːnɪvɜːs] *n* We are part of the **universe**.	**Universum** *n*, **Weltall** *n* Wir sind Teil des Universums.
planet ['plænɪt] *n* The earth is called the 'blue **planet**'.	**Planet** *m* Die Erde wird der „Blaue Planet'' genannt.

rise [raɪz] v/i opp: set   **aufgehen**
⚠ **rose** [rəʊz], **risen** ['rɪzn]
The sun **rises** in the east and   Die Sonne geht im Osten auf
sets in the west.   und im Westen unter.

set [set] v/i opp: rise   **untergehen**
⚠ **set** [set], **set** [set]
In winter the sun **sets** in the   Im Winter geht die Sonne nach-
afternoon.   mittags unter.

sunrise ['sʌnraɪz] n opp: sunset   **Sonnenaufgang** m
Vampires have to be back in   Vampire müssen bis zum Son-
their coffins by **sunrise**.   nenaufgang wieder in ihren
                         Särgen liegen.

sunset ['sʌnset] n opp: sunrise   **Sonnenuntergang** m
I must be home before **sunset**.   Ich muss vor Sonnenuntergang
                         daheim sein.

ray [reɪ] n syn: beam   **Strahl** m
It's dangerous to expose fair   Es ist gefährlich, helle Haut den
skin to the sun's **rays**.   Strahlen der Sonne auszuset-
                         zen.

pole [pəʊl] n   **Pol** m
The earth has two **poles,** the   Die Erde hat zwei Pole, den
North **Pole** and the South **Pole.**   Nordpol und den Südpol.

continent ['kɒntɪnənt] n   **Erdteil** m, **Kontinent** m
Australia was the last **continent**   Australien ist der Erdteil, der
to be discovered.   als letzter entdeckt wurde.

land [lænd] n   **Land** n
Columbus' crew sighted **land**   Kolumbus' Mannschaft sah am
on October 12, 1492.   12. Oktober 1492 Land.
To raise cattle you need a lot of   Um Rinder zu züchten, braucht
land.   man viel Land.

northern ['nɔːðən] adj opp: **nördlich, Nord...**
southern
There are few people in the   In den nördlichen Regionen Ka-
northern regions of Canada.   nadas leben wenig Menschen.

southern ['sʌðən] adj opp: **südlich, Süd...**
northern
Most seaside resorts are found   Die meisten Badeorte findet
in the **southern** regions of Eng-   man in den südlichen Regionen
land.   Englands.

eastern ['iːstən] *adj opp:* western

There is more rain in the **eastern** regions of the US.

östlich, Ost...

In den östlichen Landesteilen der USA regnet es mehr.

western ['westən] *adj opp:* eastern

Some of the **western** states of the US are nearly all desert.

westlich, West...

Ein paar der westlichen Staaten der USA bestehen fast ganz aus Wüste.

tide [taɪd] *n*

Swimmers must be careful because of the **tides**.

Gezeiten *pl,* **Ebbe und Flut**

Schwimmer müssen wegen der Gezeiten aufpassen.

low tide [ˌləʊ 'taɪd] *n opp:* high tide

Swimming can be dangerous at **low tide**.

Ebbe *f,* **Niedrigwasser** *n*

Bei Ebbe kann Baden gefährlich sein.

high tide [ˌhaɪ 'taɪd] *n opp:* low tide

High tide is at 9 a.m. tomorrow.

Flut *f,* **Hochwasser** *n*

Hochwasser ist morgen um 9 Uhr früh!

1.5.4   WETTER UND KLIMA

«1–2000»

weather ['weðə] *n*

The **weather's** too mild for snow.

Wetter *n*

Das Wetter ist zu mild für Schnee.

temperature ['temprətʃə] *n*

You must drink a lot when the **temperatures** are so high.

Temperatur *f*

Man muss viel trinken, wenn die Temperaturen so hoch sind.

snow [snəʊ] *n, v/i*

We had hardly any **snow** last winter – it was too mild.

Schnee *m,* **schneien**

Letzen Winter hatten wir kaum Schnee – es war zu mild.

freeze [friːz] *v/i, v/t*
⚠ **froze** [frəʊz], **frozen** ['frəʊzn]

Water begins to **freeze** at 0° Celsius.

frieren, gefrieren, erfrieren

Wasser beginnt bei 0° Celsius zu gefrieren.

wind [wɪnd] *n*
I'd like to go sailing but there isn't enough **wind**.

Wind *m*
Ich würde gern segeln gehen, aber es ist nicht genug Wind da.

storm [stɔːm] *n*
The boat got into a **storm** and sank.

Sturm *m*, **Gewitter** *n*
Das Boot geriet in einen Sturm und sank.

blow [bləʊ] *v/i, v/t*
⚠ **blew** [bluː], **blown** [bləʊn]
The strong wind **blew** the rain-clouds away.

blasen, wehen

Der starke Wind blies die Regenwolken fort.

cloud [klaʊd] *n*
The sky was blue and there were no **clouds**.

Wolke *f*
Der Himmel war blau und ohne Wolken.

fog [fɒg] *n*
The plane could not take off due to **fog**.

Nebel *m*
Das Flugzeug konnte wegen Nebel nicht starten.

rain [reɪn] *n, v/i*
It's been so hot and dry – we need some **rain**.
You can't go to the beach – it's still **raining**.

Regen *m*, **regnen**
Es ist so heiß und trocken – wir brauchen Regen.
Ihr könnt nicht zum Strand – es regnet noch.

shower [ˈʃaʊə] *n*
The weather was fine except for a few **showers**.

(Regen)Schauer *m*
Abgesehen von ein paar Schauern war das Wetter schön.

«2001–4000»

climate [ˈklaɪmɪt] *n*
The ozone hole is expected to cause major changes in the **climate**.

Klima *n*
Das Ozonloch wird voraussichtlich starke Änderungen im Klima verursachen.

sunshine [ˈsʌnʃaɪn] *n opp: rain*
We had a lot of **sunshine** and very little rain.

Sonnenschein *m*
Wir hatten viel Sonnenschein und sehr wenig Regen.

sunny [ˈsʌnɪ] *adj opp: rainy*
It will be mostly **sunny** with a few showers.

sonnig, Sonnen...
Es wird meist sonnig mit einigen Schauern.

mist [mɪst] *n*
The sun came out and the **mist** disappeared.

Dunst *m*, **(feiner) Nebel** *m*
Die Sonne kam heraus, und der Dunst löste sich auf.

rainy [ˈreɪnɪ] *adj opp:* sunny	**regnerisch, Regen...**
The weather was great – we didn't have a single **rainy** day.	Das Wetter war toll – wir hatten nicht einen einzigen Regentag.
frost [frɒst] *n*	**Frost** *m*
There was a hard **frost** that killed several young trees.	Es herrschte strenger Frost, der mehrere junge Bäume eingehen ließ.
thunderstorm [ˈθʌndəstɔːm] *n*	**Gewitter** *n*
The plane got into a **thunderstorm** and was struck by lightning.	Das Flugzeug geriet in ein Gewitter und wurde vom Blitz getroffen.
thunder [ˈθʌndə] *n, v/i*	**Donner** *m,* **donnern**
The hot day ended with **thunder** and lightning.	Der heiße Tag ging mit Blitz und Donner zu Ende.
lightning [ˈlaɪtnɪŋ] *n*	**Blitz** *m*
The farmhouse was struck by **lightning** and burnt down.	Der Hof wurde vom Blitz getroffen und brannte nieder.
flash [flæʃ] *n*	**Blitz** *m*
I saw a **flash** of lightning and heard thunder at the same time.	Ich sah einen Blitz und hörte gleichzeitig ein Donnern.

1.5.5 Umweltprobleme

«1–2000»

environment [ɪnˈvaɪərənmənt] *n*	**Umwelt** *f*
Oil pollutes the **environment** more than anything else.	Nichts verschmutzt die Umwelt mehr als das Öl.
pollution [pəˈluːʃn] *n*	**(Umwelt)Verschmutzung** *f,* **Belastung** *f*
Fewer cars mean less **pollution** of the air.	Weniger Autos bedeuten weniger Luftverschmutzung.
pollute [pəˈluːt] *v/t*	**verschmutzen, verseuchen**
Oil tanker accidents **pollute** the sea and beaches.	Öltankerunfälle verschmutzen das Meer und die Strände.
smoke [sməʊk] *n*	**Rauch** *m*
Coal-fired power stations give off a lot of **smoke**. → *smog*	Kohlekraftwerke stoßen viel Rauch aus.

waste [weɪst] *n syt:* rubbish, garbage
To avoid **waste**, more materials must be recycled and reused.

Abfall *m*, **Müll** *m*
Um Müll zu vermeiden, müssen mehr Stoffe wieder verwertet und wieder verwendet werden.

«2001–4000»

smog [smɒg] *n*
To fight **smog**, cars should be banned from the city centres.

Smog *m*
Um den Smog zu bekämpfen, sollten Autos aus den Innenstädten verbannt werden.

acid rain [ˌæsɪd ˈreɪn] *n*
Acid rain is killing our forests.

saurer Regen
Saurer Regen lässt unsere Wälder sterben.

dump [dʌmp] *n, v/t*

No chemical waste is allowed at the city **dump**.

Waste paper ought to be recycled rather than **dumped**.

Müllabladeplatz *m*, **Deponie** *f*, **abladen, auf den Müll werfen**
Auf dem städtischen Müllabladeplatz sind chemische Abfälle nicht erlaubt.
Altpapier sollte nicht auf den Müll geworfen, sondern wieder verwertet werden.

recycle [ˌriːˈsaɪkl] *v/t*
This book is made from **recycled** paper only.

recyceln, wieder verwerten
Dieses Buch besteht ganz aus recyceltem Papier.

alternative [ɔːlˈtɜːnətɪv] *adj*
We must use more **alternative** forms of energy.

alternativ, Alternativ...
Wir müssen mehr alternative Energieformen verwenden.

catalytic converter [ˌkætəˈlɪtɪk kənˈvɜːtə] *n*
A car with a **catalytic converter** causes less air pollution.

Katalysator *m*

Ein Auto mit Katalysator verursacht weniger Luftverschmutzung.

unleaded [ˌʌnˈledɪd] *adj syn:* lead-free, *opp:* leaded
Unleaded fuel is less harmful to the environment.

bleifrei

Bleifreier Kraftstoff ist weniger schädlich für die Umwelt.

1.6 Technik und Materialien

1.6.1 ENERGIE UND TECHNIK

«1–2000»

energy ['enədʒı] *n syn:* power
A quarter of the world's population uses 85 % of the world's **energy** supply.

Energie *f*
Ein Viertel der Weltbevölkerung verbraucht 85 % des Energieangebots.

power ['paʊə] *n syn:* energy, electricity
Switzerland gets most of its energy from water **power**.

Kraft *f*, **Energie** *f*, **Strom** *m*

Die Schweiz erhält den größten Teil ihrer Energie von der Wasserkraft.

electricity [ɪˌlek'trɪsətɪ] *n syn:* power
Electricity is produced by a battery or a generator.

Elektrizität *f*, **Strom** *m*

Elektrizität wird durch eine Batterie oder einen Generator erzeugt.

machine [mə'ʃiːn] *n*
Huge **machines** are used in modern road building.

Please use the ticket **machines** for local trains.

Maschine *f*, **Gerät** *n*, **Automat** *m*
Beim modernen Straßenbau werden riesige Maschinen eingesetzt.
Bitte benutzen Sie die Fahrscheinautomaten für den Nahverkehr.

engine ['endʒɪn] *n*
The diesel **engine** was invented in the late 19th century.
The introduction of the steam **engine** started the Industrial Revolution.

Motor *m*, **Maschine** *f*
Der Dieselmotor wurde Ende des 19. Jahrhunderts erfunden.
Mit der Einführung der Dampfmaschine begann die industrielle Revolution.

motor ['məʊtə] *n*
Electric **motors** are technically simpler than petrol engines and cause less pollution.

Motor *m*
Elektromotoren sind technisch einfacher als Benzinmotoren und verursachen weniger Umweltverschmutzung.

line [laɪn] *n*
The storm disconnected all the telephone **lines**.

Leitung *f*
Der Sturm unterbrach alle Telefonleitungen.

pump [pʌmp] *n, v/t*
The first working steam engine drove a **pump** which **pumped** water out of a coal mine.

Pumpe *f*, **pumpen**
Die erste funktionierende Dampfmaschine trieb eine Pumpe an, die Wasser aus einem Kohlebergwerk pumpte.

pipe [paɪp] *n syn:* tube
The latest cold spell caused lots of burst **pipes**.

Rohr *n*, **Röhre** *f*
Die letzte Kältewelle hat zu vielen Rohrbrüchen geführt.

spring [sprɪŋ] *n*
A quartz watch does not need **spring** (⚠ *nicht: feather*).

Feder *f*
Eine Quarzuhr braucht keine Feder.

work [wɜːk] *v/i*
If the starter doesn't **work**, first check the battery.

funktionieren
Wenn der Starter nicht funktioniert, überprüfen Sie zuerst die Batterie.

«2001–4000»

technology [tekˈnɒlədʒɪ] *n*
Technology (⚠ *nicht: technique*) is applied science.

Technik *f*, **Technologie** *f*
Technik ist angewandte Wissenschaft.

technique [tekˈniːk] *n syn:* method
They are working on a new **technique** for preserving food.

Technik *f*, **Verfahren** *n*, **Methode** *f*
Sie arbeiten an einer neuen Technik, Lebensmittel haltbar zu machen.

technical [ˈteknɪkl] *adj*
The start was delayed for **technical** reasons.

technisch
Der Start verzögerte sich aus technischen Gründen.

technological [ˌteknəˈlɒdʒɪkl] *adj*
A lot of people think that the computer is the greatest **technological** (⚠ *nicht: technical*) advance since the steam engine.

technisch, technologisch
Viele halten den Computer für den größten technischen Fortschritt seit der Dampfmaschine.

engineering [ˌendʒɪˈnɪərɪŋ] *n*

Genetic **engineering** still is a controversial subject.

Technik *f*, **Ingenieurwissenschaft** *f*
Die Gentechnik ist immer noch ein umstrittenes Thema.

mechanical [mɪ'kænɪkl] *adj*
A **mechanical** (⚠ *nicht: mechanic*) watch must be wound regularly.

mechanisch
Eine mechanische Uhr muss regelmäßig aufgezogen werden.

electric(al) [ɪ'lektrɪk(l)] *adj*
I got an **electric** shock when I touched the wire.

elektrisch
Ich bekam einen elektrischen Schlag, als ich den Draht berührte.

Power stations supply **electrical** energy.

Kraftwerke liefern elektrische Energie.

current ['kʌrənt] *n*
The red button switches the **current** on.

(elektrischer) Strom *m*
Der rote Knopf schaltet den Strom ein.

electronic [ɪˌlek'trɒnɪk] *adj*
All our accounting is done by **electronic** data processing.

elektronisch, Elektronen...
Unsere gesamte Buchführung erfolgt durch elektronische Datenverarbeitung.

nuclear ['n(j)uːklɪə] *adj syn:* atomic
Nuclear power is produced by the splitting of the atom.

Kern..., Atom..., nuklear

Kernkraft wird durch Atomkernspaltung erzeugt.

power station ['pauə ˌsteɪʃn] *n syn:* reactor
Coal-fired **power stations** cause a lot of air pollution.

Kraftwerk *n*

Kohlekraftwerke verursachen erhebliche Luftverschmutzung.

solar ['səʊlə] *adj*
Solar power is free and practically unlimited.

Sonnen..., Solar...
Solarenergie kostet nichts und ist praktisch unbegrenzt.

wire ['waɪə] *n*
If you touch this **wire,** you'll get a shock!

Draht *m*, **Kabel** *n*
Wenn du diesen Draht berührst, bekommst du einen Schlag!

cable ['keɪbl] *n*
This **cable** connects the printer to the computer.

Kabel *n*
Dieses Kabel verbindet den Drucker mit dem Computer.

tube [tjuːb] *n*
Most fluorescent **tubes** give off a hard white light.

Röhre *f*
Die meisten Leuchtstoffröhren geben ein hartes weißes Licht.

bar [bɑː] *n*
We fitted iron **bars** to our basement windows.

Stab *m*, **Stange** *f*
Wir haben Eisenstäbe an unseren Kellerfenstern angebracht.

scale [skeɪl] *n*
This thermometer has one **scale** in Celsius and one in Fahrenheit.

Skala *f*, **Maßstab** *m*
Dieses Thermometer hat eine Skala für Celsius und eine für Fahrenheit.

pressure ['preʃə] *n*
The **pressure** of the natural gas or water presses the crude oil to the surface.

Druck *m*
Der Druck des Erdgases oder Wassers drückt das Rohöl an die Oberfläche.

switch [swɪtʃ] *n, v/t*
This is the on/off **switch.** You use it to **switch** the computer on or off.

Schalter *m*, **schalten**
Dies ist der Ein-/Ausschalter. Damit schaltet man den Computer ein oder aus.

control [kən'trəʊl] *v/t syn:* regulate
In an automated production line computers **control** the machine, and robots check the products.
→ *check (S. 96)*

überwachen, steuern

In einer automatisierten Fertigungsstraße überwachen Computer die Maschinen und kontrollieren Roboter die Produkte.

regulate ['regjəleɪt] *v/t syn:* control
A thermostat automatically **regulates** the temperature.

regeln, einstellen, steuern

Ein Thermostat regelt automatisch die Temperatur.

operate ['ɒpəreɪt] *v/t syn:* work
This huge machine is **operated** by only one man.

bedienen
Diese riesige Maschine wird von nur einem Mann bedient.

rust [rʌst] *n, v/i*
Rust will eat away the paint and then the metal.

Rost *m*, **rosten**
Der Rost frisst die Farbe und dann das Metall weg.

1.6.2 INFORMATIONSTECHNIK

«1-2000»

computer [kəm'pjuːtə] *n*
An office without a **computer** is almost unthinkable now.

Computer *m*, **Rechner** *m*
Heute ist ein Büro ohne Computer nahezu unvorstellbar.

hardware ['hɑːdweə] *n opp:* software
Computer **hardware**, such as monitors and printers, has become cheaper.

Hardware *f*

Die Computer-Hardware, wie z. B. Monitore und Drucker, ist billiger geworden.

software ['sɒftweə] *n opp:* hardware

They offer excellent **software** – for example a new word processing program.

Software *f*

Sie bieten ausgezeichnete Software an, z. B. ein neues Textverarbeitungsprogramm.

---

data ['deɪtə] *n*

The keyboard is used to enter **data** into the computer.

Daten

Die Tastatur verwendet man, um Daten in den Computer einzugeben.

---

menu ['menjuː] *n*

The **menu** shows you which operations you can choose from.

Menü *n*

Das Menü zeigt einem, welche Arbeitsschritte man wählen kann.

---

printer ['prɪntə] *n*

The **printer** is usually connected to a computer by a cable.

Drucker *m*

Der Drucker ist meist durch ein Kabel mit einem Computer verbunden.

«2001–4000»

personal computer [ˌpɜːsənəl kəm'pjuːtə], **PC** [ˌpiː'siː] *n*

A workstation usually consists of a desk with a **personal computer** for a single person.

Personalcomputer *m*, **PC** *m*

Ein Computerarbeitsplatz besteht meist aus einem Tisch mit einem Personalcomputer für eine Einzelperson.

---

keyboard ['kiːbɔːd] *n*

This is a German **keyboard**.

Tastatur *f*

Dies ist eine deutsche Tastatur.

---

floppy disk [ˌflɒpɪ 'dɪsk] *n syn:* diskette, *opp:* hard disk

Floppy disks can store data.

Floppydisk *f*

Floppydisks können Daten speichern.

---

hard disk [ˌhɑːd 'dɪsk] *n opp:* floppy disk

A **hard disk** can store more data than a floppy disk.

Festplatte *f*

Eine Festplatte kann mehr Daten speichern als eine Diskette.

---

word processing ['wɜːd ˌprəʊsesɪŋ] *n*

You use **word processing** programs for typing letters.

Textverarbeitung *f*

Man benutzt Textverarbeitungssysteme, um Briefe zu schreiben.

e-mail ['i:meɪl] *n, v/i, v/t syn:* email, E-mail
You can also send me an **e-mail**. You can also **e-mail** me.

E-Mail *f,* **eine E-Mail schicken, per E-Mail senden**
Du kannst mir auch eine E-Mail schicken.

modem ['məʊdəm] *n*
You need a **modem** to get into the Internet.

Modem *n*
Du brauchst ein Modem, um ins Internet zu kommen.

file [faɪl] *n*
Copy all **files** from the hard disk onto a diskette.

Datei *f*
Alle Dateien von der Festplatte auf Diskette kopieren!

1.6.3 MATERIALIEN

«1–2000»

hard [hɑːd] *adj opp:* soft
Diamonds are **harder** than steel.

hart
Diamanten sind härter als Stahl.

soft [sɒft] *adj opp:* hard
Lead is one of the **softest** metals.

weich
Blei gehört zu den weichsten Metallen.

dry [draɪ] *adj opp:* wet
Wait until the paint is completely **dry**.

trocken
Warte, bis die Farbe völlig trocken ist.

wet [wet] *adj opp:* dry
Careful, the paint is still **wet**!

nass
Vorsicht, die Farbe ist noch nass!

smooth [smuːð] *adj opp:* rough
Sand the surface until it's perfectly **smooth**.

glatt, eben
Schleif die Oberfläche, bis sie vollkommen glatt ist.

rough [rʌf] *adj opp:* smooth
Tweed is a **rough** woollen cloth.

rauh, grob, uneben
Tweed ist ein grober Wollstoff.

powder ['paʊdə] *n*
Cement is a grey **powder**.

Pulver *n,* **Puder** *m*
Zement ist ein graues Pulver.

from [frɒm] *prp syn:* (out) of
Recycled paper is made **from** waste paper.

aus
Umweltpapier wird aus Altpapier hergestellt.

(out) of [(aʊt)əv] *prp syn:* from
Corks are made **(out) of** the bark of the cork oak.

aus
Korken werden aus der Rinde der Korkeiche hergestellt.

real [rɪəl] *adj*
I think it's glass and not a **real** diamond.

echt
Ich glaube, es ist Glas und kein echter Diamant.

---

wood [wʊd] *n*
These chairs are all **wood**.

Holz *n*
Diese Stühle sind ganz aus Holz.

---

wooden ['wʊdn] *adj*
Nothing beats **wooden** floors for a cosy atmosphere.

Holz..., **hölzern**
Holzfußböden sind unschlagbar, wenn es um Gemütlichkeit geht.

---

stone [stəʊn] *n*
The cottage has a wooden roof and walls of **stone**.

Stein *m*
Das Häuschen hat ein Dach aus Holz und Wände aus Stein.

---

coal [kəʊl] *n*
Oil, **coal** and natural gas are fossil fuels.

Kohle *f*
Öl, Kohle und Erdgas sind fossile Brennstoffe.

---

oil [ɔɪl] *n*
Spilt **oil** pollutes the sea and beaches for years.

Öl *n*
Ausgelaufenes Öl verschmutzt Meer und Strände auf Jahre.

---

gas [gæs] *n*
We heat our home with **gas**, but we cook with electricity.

Gas *n*
Wir heizen unser Haus mit Gas, aber wir kochen mit Strom.

---

cotton ['kɒtn] *n*
Cotton is more comfortable to wear than synthetics.

Baumwolle *f*
Baumwolle ist angenehmer zu tragen als Kunstfasern.

---

wool [wʊl] *n*
The best **wool** comes from sheep in Scotland.

Wolle *f*
Die beste Wolle stammt von schottischen Schafen.

---

woollen, *Am* **woolen** ['wʊlən] *adj*
It might be wise to take a **wool(l)en** sweater.

Woll..., **wollen**
Vielleicht wäre es vernünftig, einen Wollpullover mitzunehmen.

---

metal ['metl] *n*
Gold and silver are precious **metals**.

Metall *n*
Gold und Silber sind Edelmetalle.

---

gold [gəʊld] *n*
A goldsmith makes **gold** into jewellery.

Gold *n*
Ein Goldschmied verarbeitet Gold zu Schmuck.

---

silver ['sɪlvə] *n*
Sterling **silver** has a fineness of 0.925.

Silber *n*
Sterling-Silber hat einen Feingehalt von 925 auf 1000 Teile.

«2001–4000»

material [məˈtɪərɪəl] *n syn:* substance Modern industry is mainly using man-made **materials**.	**Stoff** *m*, **Material** *n* Die moderne Industrie verwendet hauptsächlich synthetische Stoffe.
substance [ˈsʌbstəns] *n syn:* material Car exhaust gases contain lots of toxic **substances**.	**Stoff** *m*, **Substanz** *f* Autoabgase enthalten viele giftige Stoffe.
fuel [ˈfjuːəl] *n* Fossil **fuels**, such as oil, are too precious to be burned.	**Brennstoff** *m*, **Treibstoff** *m* Fossile Brennstoffe wie Öl sind zu kostbar, verbrannt zu werden.
solid [ˈsɒlɪd] *adj opp:* liquid This stove runs on coal or any other **solid** fuel.	**fest** Dieser Ofen kann mit Kohle oder jedem anderen festen Brennstoff betrieben werden.
liquid [ˈlɪkwɪd] *n, adj opp:* solid The measure of **liquids** in Germany is a litre. Candles are made by pouring **liquid** wax into a mould.	**Flüssigkeit** *f*, **flüssig** Das Maß für Flüssigkeiten ist in Deutschland ein Liter. Kerzen stellt man her, indem man flüssiges Wachs in eine Form gießt.
solid [ˈsɒlɪd] *adj* This cupboard is made of **solid** oak.	**massiv** Dieser Schrank ist aus massiver Eiche.
chemical [ˈkemɪkl] *n, adj* Our rivers and lakes are heavily polluted by **chemicals**. **Chemical** weapons must be internationally banned.	**Chemikalie** *f*, **chemisch** Unsere Flüsse und Seen sind durch Chemikalien stark belastet. Chemische Waffen müssen international geächtet werden.
artificial [ˌɑːtɪˈfɪʃl] *adj opp:* natural **Artificial** flowers are made of plastic or silk.	**künstlich** Künstliche Blumen werden aus Plastik oder Seide hergestellt.
pure [pjʊə] *adj* This sweater is made of **pure** cashmere.	**rein, pur** Dieser Pullover ist aus reinem Kaschmir.

mix [mɪks] *v/t*
You get concrete by **mixing** sand, stones, cement and water.

(ver)mischen
Beton erhält man, indem man Sand, Steine, Zement und Wasser miteinander mischt.

mixture ['mɪkstʃə] *n*
Smog is a **mixture** of smoke and fog.

Mischung *f*
Smog ist eine Mischung aus Rauch und Nebel.

iron ['aɪən] *n, adj*
Concrete is made stronger by **iron**.

Eisen *n*, **eisern**
Beton wird durch Eisen verstärkt.

steel [stiːl] *n*
Iron is turned into **steel** in a steelworks.

Stahl *m*
In einem Stahlwerk wird Eisen zu Stahl verarbeitet.

tin [tɪn] *n*
Tin cans should not be dumped, but recycled.

Blech *n*
Blechdosen gehören nicht in den Müll, sondern sollten wieder verwertet werden.

copper ['kɒpə] *n*
Electric wire is made of **copper**.

Kupfer *n*
Elektrodraht besteht aus Kupfer.

lead [led] *n*
Lead is a soft grey heavy metal.

Blei *n*
Blei ist ein weiches graues Schwermetall.

rubber ['rʌbə] *n*
Tyres, balls, condoms and many other articles are made of **rubber**.

Gummi *m*
Reifen, Bälle, Kondome und viele andere Artikel werden aus Gummi hergestellt.

plastic ['plæstɪk] *n*
Credit cards are often called **plastic** money.

Plastik *n*, **Kunststoff** *m*
Kreditkarten nennt man oft Plastikgeld.

cloth [klɒθ] *n*
Blue jeans are made of a strong cotton **cloth**.

Stoff *m*, **Tuch** *n*
Bluejeans sind aus festem Baumwollstoff.

silk [sɪlk] *n*
Silk and cashmere are among the most expensive fabrics.

Seide *f*
Seide und Kaschmir gehören zu den teuersten Stoffen.

leather ['leðə] *n*
Motorcyclists wear **leather** clothes for protection.

Leder *n*
Motorradfahrer tragen Lederkleidung zu ihrem Schutz.

fibre, *Am* **fiber** ['faɪbə] *n*
Nylon was one of the first synthetic **fibres**.

Faser *f*, **Fiber** *f*
Nylon war eine der ersten Kunstfasern.

brick [brɪk] *n*
The old court house is built of
red **brick**.

Ziegel(stein) *m*, **Backstein** *m*
Das alte Gerichtsgebäude ist
aus rotem Backstein.

concrete ['kɒnkriːt] *n*
Modern architecture mainly
uses **concrete**, glass and steel.

Beton *m*
In der modernen Architektur
werden hauptsächlich Beton,
Glas und Stahl verwendet.

1.7 Essen und Trinken

1.7.1 ALLGEMEINES

«1–2000»

food [fuːd] *n*

We must produce enough **food**
to fight the hunger in the world.

Nahrung *f*, **Lebensmittel** *pl*,
Essen *n*
Wir müssen genug Lebensmittel erzeugen, um den Hunger in
der Welt zu bekämpfen.

eat [iːt] *v/i*, *v/t*
⚠ **ate** [et, *Am* eɪt], **eaten** ['iːtn]
You'll get fat if you **eat** so much.

essen

Du wirst dick, wenn du so viel isst.

drink [drɪŋk] *v/i*, *v/t*
⚠ **drank** [dræŋk], **drunk** [drʌŋk]
Americans **drink** a lot of water
with their meals.

trinken

Amerikaner trinken viel Wasser
zum Essen.

have [hæv] *v/t*
⚠ **had** [hæd], **had** [hæd]
I usually **have** tea for breakfast.

I just **had** a sandwich for lunch.

essen, trinken, rauchen

Ich trinke meistens Tee zum
Frühstück.
Ich habe zum Mittagessen nur
ein belegtes Brot gegessen.

hungry ['hʌŋgrɪ] *adj opp:* thirsty
I'm so **hungry** – what's for supper?

hungrig
Ich habe so einen Hunger – was
gibt es zum Abendessen?

hunger ['hʌŋgə] *n opp:* thirst
In Africa people die of **hunger**
every minute.

Hunger *m*
In Afrika sterben in jeder Minute Menschen an Hunger.

thirsty ['θɜːstɪ] *adj opp:* hungry
Working in this heat makes you
thirsty.

durstig
Bei dieser Hitze zu arbeiten,
macht einen durstig.

thirst [θɜːst] *n opp:* hunger	**Durst** *m*
I had quite a **thirst** after jogging for an hour.	Ich hatte ganz schönen Durst, nachdem ich eine Stunde gejoggt war.

meal [miːl] *n*	**Mahlzeit** *f*, **Essen** *n*
Dinner is usually the main **meal** of the day in America.	Das Abendessen ist in Amerika meistens die Hauptmahlzeit des Tages.

breakfast ['brekfəst] *n*	**Frühstück** *n*
Do you have tea or coffee for **breakfast**?	Trinken Sie Tee oder Kaffee zum Frühstück?

lunch [lʌntʃ] *n*	**Mittagessen** *n*
For **lunch** I usually have a salad or a sandwich.	Mein Mittagessen besteht meistens aus einem Salat oder Sandwich.
→ *breakfast, dinner*	

dinner ['dɪnə] *n*	**Abendessen** *n*, **Mittagessen** *n*, **Essen** *n*
Dinner will be served at 7 p.m.	Das Abendessen wird um 19 Uhr serviert.

dish [dɪʃ] *n*	**Gericht** *n*, **Speise** *f*
Paella is my favourite rice **dish**.	Paella ist mein liebstes Reisgericht.

«2001–4000»

appetite ['æpɪtaɪt] *n*	**Appetit** *m*
Eating before meals will spoil your **appetite**.	Wenn man vor den Mahlzeiten isst, verdirbt man sich den Appetit.

TIPP: *Für „Guten Appetit!" gibt es im Englischen keine rechte Entsprechung, man hört aber – besonders in Amerika – oft den Wunsch:* **Enjoy (your meal)!**

flavour, *Am* **flavor** ['fleɪvə] *n syn:* taste	**Geschmack** *m*, **Aroma** *n*
This dish has the typical **flavour** of Italian food.	Dieses Gericht hat den typischen Geschmack der italienischen Küche.

chew [tʃuː]	**kauen**
This meat is so tough I can't **chew** it.	Dieses Fleisch ist so zäh, dass ich es nicht kauen kann.

swallow ['swɒləʊ] *v/t*
Chew your food well before you
swallow it.

(herunter)schlucken
Kau das Essen tüchtig, bevor
du es herunterschluckst.

---

supper ['sʌpə] *n syn:* dinner
Small children usually go to
bed right after **supper**.
→ *breakfast, dinner*

Abendessen *n*
Kleine Kinder gehen meistens
gleich nach dem Abendessen
schlafen.

---

snack [snæk] *n*
I usually have coffee and a
snack during my lunch break.

Imbiss *m*, **Kleinigkeit** *f*
In meiner Mittagspause trinke
ich meistens Kaffee und esse
eine Kleinigkeit.

---

dessert [dɪ'zɜːt] *n*
Would you like ice cream or
fruit for **dessert** (⚠ *nicht:* **desert**)?

Nachtisch *m*, **Nachspeise** *f*
Möchten Sie Eis oder Obst zum
Nachtisch?

1.7.2 LEBENSMITTEL

1.7.2.1 ALLGEMEINES

«1–2000»

---

bread [bred] *n*
For grilled cheese sandwiches
you need **bread,** cheese, butter
and mustard.

Brot *n*
Für Käsetoast braucht man
Brot, Käse, Butter und Senf.

*TIPP: „ein Brot" ist **a loaf of bread**.*

---

roll [rəʊl] *n*
A hot dog is a small sausage in
a split **roll**.

Brötchen *n*, **Semmel** *f*
Ein Hotdog ist ein Würstchen in
einem aufgeschnittenen Brötchen.

---

milk [mɪlk] *n*
In Britain the **milk** is brought to
your door every morning.

Milch *f*
In England wird einem die Milch
jeden Morgen an die Tür gebracht.

---

butter ['bʌtə] *n*
Spread my toast with **butter** and
jam, please.

Butter *f*
Bestreich meinen Toast bitte
mit Butter und Marmelade.

cream [kriːm] *n*
I prefer my coffee without sugar but with a lot of **cream**.

Sahne *f*, **Rahm** *m*, **Creme** *f*
Ich mag meinen Kaffee am liebsten ohne Zucker, aber mit viel Sahne.

cheese [tʃiːz] *n*
I want my pizza with tomato and **cheese** only.

Käse *m*
Ich möchte meine Pizza nur mit Tomaten und Käse.

egg [eg] *n*
A full English breakfast includes bacon and **eggs**.

Ei *n*
Zu einem kompletten englischen Frühstück gehören Speck und Eier.

rice [raɪs] *n*
Rice is the most important food in Asia.

Reis *m*
Reis ist das wichtigste Lebensmittel Asiens.

potato [pə'teɪtəʊ] *n*
⚠ *pl* **potatoes** [pə'teɪtəʊz]
I'd like a baked **potato** with my steak.

Kartoffel *f*

Ich möchte eine Folienkartoffel zu meinem Steak.

soup [suːp] *n*
Would you like a **soup** or salad with your meal?

Suppe *f*
Möchten Sie eine Suppe oder Salat zum Essen?

jam [dʒæm] *n*
She likes her toast with butter and strawberry **jam** (⚠ *nicht: marmalade*).

Marmelade *f*, **Konfitüre** *f*
Sie isst ihren Toast gern mit Butter und Erdbeermarmelade.

TIPP: marmalade – mit a geschrieben – wird nur aus Orangen und anderen Zitrusfrüchten gemacht.

cake [keɪk] *n*
I baked a **cake** for your birthday.

Kuchen *m*, **Torte** *f*
Ich habe dir zum Geburtstag einen Kuchen gebacken.

chocolate ['tʃɒklət] *n*
She ate a whole bar of **chocolate** and now feels sick.

Schokolade *f*
Sie hat eine ganze Tafel Schokolade gegessen, und jetzt ist ihr schlecht.

ice cream [ˌaɪs 'kriːm] *n*
Americans prefer frozen yoghurt to **ice cream**.

(Speise)Eis *n*, **Eiscreme** *f*
Amerikaner ziehen gefrorenen Joghurt der Eiscreme vor.

sweets [swiːts] *pl*
Eating **sweets** is bad for your teeth.

Süßigkeiten *pl*
Süßigkeiten sind schädlich für die Zähne.

sweet [swiːt] *adj opp:* sour, bitter | **süß**
This wine is **sweet** – don't you have a dry one? | Dieser Wein ist süß – haben Sie keinen trockenen?

sugar [ˈʃʊgə] *n opp:* salt | **Zucker** *m*
The tea's too sweet – I took too much **sugar.** | Der Tee ist zu süß – ich habe zu viel Zucker genommen.

sour [ˈsaʊə] *adj opp:* sweet | **sauer**
Keep the milk in the fridge or it'll go **sour.** | Bewahrt die Milch im Kühlschrank auf, sonst wird sie sauer.

bitter [ˈbɪtə] *adj opp:* sweet | **bitter**
Coffee without sugar tastes **bitter.** | Kaffee ohne Zucker schmeckt bitter.

salt [sɔːlt] *n opp:* sugar | **Salz** *n*
Put some **salt** and oil in the water for the spaghetti. | Geben Sie etwas Salz und Öl in das Spaghetti-Wasser.

pepper [ˈpepə] *n* | **Pfeffer** *m*
There's salt and **pepper** on every table. | Salz und Pfeffer stehen auf jedem Tisch.

tin [tɪn] *n syn:* can | **Dose** *f*
Instead of opening a **tin** you should use fresh vegetables. | Statt eine Dose zu öffnen, sollte man frisches Gemüse verwenden.

can [kæn] *n syn:* tin *(Brit)* | **Dose** *f*, **Büchse** *f*
He took a **can** of beer out of the fridge. | Er nahm eine Dose Bier aus dem Kühlschrank.

«2001–4000»

flour [ˈflaʊə] *n* | **Mehl** *n*
To bake a cake you need **flour**, eggs, sugar and butter. | Um einen Kuchen zu backen, braucht man Mehl, Eier, Zucker und Butter.

fat [fæt] *n* | **Fett** *n*
Pork contains a lot of **fat.** | Schweinefleisch enthält viel Fett.

cereal ['sɪərɪəl] *n*

Cereals such as cornflakes are often eaten for breakfast.

Getreideflocken *pl,* **Frühstücksflocken** *pl*
Getreideflocken, wie z. B. Cornflakes, werden viel zum Frühstück gegessen.

---

honey ['hʌnɪ] *n*
I use **honey** instead of sugar to sweeten my tea.

Honig *m*
Ich nehme Honig statt Zucker, um meinen Tee zu süßen.

---

spice [spaɪs] *n*
Mexican food contains lots of pepper and other **spices**.

Gewürz *n*
Mexikanisches Essen enthält viel Pfeffer und andere Gewürze.

---

salad ['sæləd] *n*
All meals include soup or **salad**.
→ *lettuce*

Salat *m*
Alle Gerichte schließen Suppe oder Salat mit ein.

---

pie [paɪ] *n*
Pies can be filled with fruit or meat and always have a crust.

Pastete *f,* **Pie** *m,* **Kuchen** *m*
Pies können mit Obst oder Fleisch gefüllt sein und haben immer eine Teigkruste.

---

chips [tʃɪps] *pl*
Fish and **chips** are very popular in Britain.

Pommes frites
'Fish and Chips' (frittierter Fisch mit Pommes frites) ist in England sehr beliebt.

TIPP: **chips** *ist die traditionelle britische Bezeichnung für Pommes frites, die in den USA und in Hamburger-Restaurants* **French fries** *heißen. (Kartoffel)Chips heißen in England* **(potato) crisps***, in den USA* **(potato) chips***.*

1.7.2.2 FLEISCH UND FISCH

«1–2000»

meat [miːt] *n*
I'm not a vegetarian, but I don't like **meat**.

Fleisch *n*
Ich bin kein Vegetarier, aber ich esse nicht gern Fleisch.

---

pork [pɔːk] *n*
Jews and Muslims don't eat **pork**.

Schweinefleisch *n,* **Schweine...**
Juden und Moslems essen kein Schweinefleisch.

beef [biːf] *n*

A lot of **beef** is needed for the big hamburger chains.

Rindfleisch *n*, **Rinds...**, **Rinder...**

Für die großen Hamburger-Ketten wird viel Rindfleisch gebraucht.

chicken ['tʃɪkɪn] *n*

My mother fed me **chicken** soup when I was ill.

Huhn *n*, **Hähnchen** *n*, **Hühner...**

Meine Mutter gab mir Hühnersuppe zu essen, wenn ich krank war.

sausage ['sɒsɪdʒ, *Am* 'sɒːsɪdʒ] *n*

Frankfurters are small reddish smoked **sausages**.

Wurst *f*, **Würstchen** *n*

Frankfurter sind kleine rötliche, geräucherte Würstchen.

«2001–4000»

seafood ['siːfuːd] *n*

This restaurant specializes in shrimps and other **seafood**.

(Fisch und) Meeresfrüchte *pl*

Dieses Restaurant ist auf Krabben und andere Meeresfrüchte spezialisiert.

veal [viːl] *n*

A Wiener schnitzel is a breaded and fried **veal** cutlet.
→ *chop*

Kalbfleisch *n*, **Kalbs...**

Ein Wiener Schnitzel ist ein paniertes und gebratenes Kalbsschnitzel.

lamb [læm] *n*

The British like roast **lamb** with mint sauce.

Lammfleisch *n*, **Lamm...**

Die Briten essen gern Lammbraten mit Minzsoße.

steak [steɪk] *n*

Would you like your **steak** rare, medium or well-done?

Steak *n*

Möchten Sie Ihr Steak „englisch", „medium" oder gut durchgebraten?

chop [tʃɒp] *n*

We're having lamb **chops** with French fries and green beans.

Kotelett *n*

Es gibt Lammkoteletts mit Pommes frites und grünen Bohnen.

ham [hæm] *n*

Americans often have **ham** and eggs for breakfast.

Schinken *m*

Amerikaner essen oft Eier und Schinken zum Frühstück.

bacon ['beɪkən] *n*
Bacon and eggs is always included in a full English breakfast.

Speck *m*
Eier und Speck gehören stets zu einem kompletten englischen Frühstück.

raw [rɔː]
Food prepared with **raw** eggs can be dangerous.

roh
Mit rohen Eiern zubereitete Nahrung kann gefährlich sein.

lean [liːn] *adj opp:* fatty
Lean meat is said to be healthier than fatty meat.

mager
Mageres Fleisch soll gesünder sein als fettes.

tender ['tendə] *adj opp:* tough
Only very **tender** meat should be eaten as steaks.

zart
Nur ganz zartes Fleisch sollte man als Steaks essen.

tough [tʌf] *adj opp:* tender
Steaks become **tough** when cooked too long.

zäh
Steaks werden zäh, wenn sie zu lange gebraten werden.

1.7.2.3 OBST UND GEMÜSE

«1–2000»

fruit [fruːt] *n*
You should eat less meat and more **fruit** and vegetables.

Obst *n*, **Früchte** *pl*
Sie sollten weniger Fleisch und mehr Obst und Gemüse essen.

vegetables ['vedʒtəblz] *pl*
We grow our own potatoes, tomatoes and other **vegetables**.

Gemüse *n*
Wir bauen unsere eigenen Kartoffeln, Tomaten und anderes Gemüse an.

apple ['æpl] *n*
An **apple** a day keeps the doctor away. (Sprichwort)

Apfel *m*
Etwa: Ein Apfel am Tag hält dich gesund.

pear [peə] *n*
These are apples and **pears** from our own garden.

Birne *f*
Dies sind Äpfel und Birnen aus unserem eigenen Garten.

orange ['ɒrɪndʒ] *n*
Marmalade is made of **oranges** and other citrus fruits.

Orange *f*, **Apfelsine** *f*
Marmelade wird aus Orangen und anderen Zitrusfrüchten hergestellt.

cherry ['tʃerɪ] *n*
Kirsch is a strong alcoholic drink made from **cherries**.

Kirsche *f*
Kirschwasser ist ein starker Schnaps, der aus Kirschen gemacht wird.

nut [nʌt] *n*
I like my muesli ['mjuːzlɪ] with lots of **nuts** and raisins.

Nuss *f*
Ich esse mein Müsli gern mit vielen Nüssen und Rosinen.

«2001–4000»

bean [biːn] *n*
Mexican chil(l)i is made from meat, **beans** and spices.

Bohne *f*
Mexikanisches Chili macht man aus Fleisch, Bohnen und Gewürzen.

pea [piː] *n*
For vegetables we'll have carrots and green **peas** from our garden.

Erbse *f*
Als Gemüse gibt es Möhren und grüne Erbsen aus unserem Garten.

carrot ['kærət] *n*
Rabbits love **carrots**.

Möhre *f*, **Mohrrübe** *f*
Kaninchen fressen sehr gern Möhren.

tomato [tə'mɑːtəʊ, *Am* tə'meɪtəʊ] *n*
⚠ *pl* **tomatoes** [-təʊz]
I like spaghetti with **tomato** sauce.

Tomate *f*

Ich esse gern Spaghetti mit Tomatensoße.

lettuce ['letɪs] *n*
She made a mixed salad from **lettuce,** tomatoes and cucumbers. → *salad*

Kopfsalat *m*
Sie machte einen gemischten Salat aus Kopfsalat, Tomaten und Gurken.

cabbage ['kæbɪdʒ] *n*
Sauerkraut is made from **cabbage**.

Kohl *m*, **Kraut** *n*
Sauerkraut wird aus Kohl gemacht.

onion ['ʌnjən] *n*
Cutting up **onions** makes my eyes water.

Zwiebel *f*
Wenn ich Zwiebeln schneide, tränen mir die Augen.

herb [hɜːb] *n*
I grow parsley, dill and other **herbs** in my garden.

(Würz)Kraut *n*, **Heilkraut** *n*
Ich baue Petersilie, Dill und andere Kräuter in meinem Garten an.

strawberry ['strɔːbərɪ] *n*
At Wimbledon spectators eat **strawberries** with cream.

Erdbeere *f*
In Wimbledon essen die Zuschauer Erdbeeren mit Sahne.

plum [plʌm] *n*
Cherries and **plums** have stones.

Pflaume *f*, **Zwetschge** *f*
Kirschen und Pflaumen haben Steine.

grapes [greɪps] *pl*
Grapes are used for making wine.

Weintrauben *pl*
Weintrauben verwendet man, um Wein herzustellen.

banana [bəˈnɑːnə, *Am* bə-ˈnænə] *n*
Monkeys like **bananas**.

Banane *f*

Affen essen gern Bananen.

lemon ['lemən] *n*
Fried fish is served with slices of **lemon**.

Zitrone *f*
Gebratener Fisch wird mit Zitronenscheiben serviert.

ripe [raɪp] *adj*
Don't eat these apples – they aren't **ripe** yet.

reif
Esst diese Äpfel nicht – sie sind noch nicht reif.

1.7.2.4 GETRÄNKE

«1–2000»

drink [drɪŋk] *n*

Let's go to a pub for a **drink**.

This restaurant sells soft **drinks** only.

Getränk *n*, **Drink** *m*, **etwas zu trinken**
Gehen wir in ein Pub etwas trinken!

Dieses Restaurant führt nur alkoholfreie Getränke.

tea [tiː] *n*
The British drink **tea** several times a day.

Tee *m*
Die Briten trinken mehrmals am Tag Tee.

coffee ['kɒfɪ] *n*
Do you want tea or **coffee** for breakfast?

Kaffee *m*
Möchten Sie Tee oder Kaffee zum Frühstück?

beer [bɪə] *n*
In a pub the British usually drink **beer**.

Bier *n*
In einem Pub trinken die Briten meist Bier.

wine [waɪn] *n*
I'd like a glass of red **wine** with my spaghetti.

Wein *m*
Ich hätte gern ein Glas Rotwein zu den Spaghetti.

bottle ['bɒtl] *n*
It's cheaper to order a **bottle**.

Flasche *f*
Es ist billiger, wenn Sie eine Flasche bestellen.

«2001–4000»

refreshments [rɪ'freʃmənts] *pl*

Refreshments will be served during the flight.

Erfrischungen *pl*, **Getränke und Imbiss** *m*
Während des Fluges werden wir Ihnen Getränke und einen Imbiss servieren.

juice [dʒuːs] *n*
I like freshly-pressed orange **juice**.

Saft *m*
Ich trinke gern frisch ausgepressten Orangensaft.

soft drink ['sɒft drɪŋk] *n opp:* hard drink
We don't sell beer or wine, but we do sell all kinds of **soft drinks**.

alkoholfreies Getränk *n*, **Erfrischungsgetränk** *n*
Bier und Wein führen wir nicht, aber alkoholfreie Getränke aller Art.

alcohol ['ælkəhɒl] *n*
Cocktails are mixed drinks usually containing **alcohol**.

Alkohol *m*
Cocktails sind Mixgetränke, die meist Alkohol enthalten.

dry [draɪ] *adj opp:* sweet
This wine's too sweet – don't you have a **dry** one?

trocken
Dieser Wein ist zu süß – haben Sie nicht einen trockenen?

barrel ['bærəl] *n syn:* keg
I have to tap a new **barrel**.

Fass *n*
Ich muss ein neues Fass anstechen.

drunk [drʌŋk] *adj opp:* sober
He was so **drunk** he couldn't stand up straight.

betrunken
Er war so betrunken, dass er nicht gerade stehen konnte.

1.7.3 ZUBEREITUNG DER SPEISEN

«1–2000»

boil [bɔɪl] *v/i, v/t*
Water **boils** (⚠ *nicht: **cooks***) at 100° Celsius.

kochen, sieden
Wasser kocht bei 100° Celsius.

*TIPP: to boil heißt kochen im Sinne von auf (über) 100°C erhitzen oder bei dieser Temperatur kochen, z. B. **to boil an egg** (ein Ei kochen). **to cook** heißt (warmes Essen) zubereiten, z. B. **to cook the dinner** (das Abendessen machen).*

bake [beɪk] *v/t*
Shall we **bake** her a cake for her birthday?

backen
Wollen wir ihr zum Geburtstag einen Kuchen backen?

fry [fraɪ] *v/t*
The steaks will get tough if you **fry** them too long.

braten
Die Steaks werden zäh, wenn man sie zu lange brät.

*TIPP: **to fry** heißt meist in der Pfanne braten oder frittieren, **to roast** im Backofen braten.*

roast [rəʊst] *v/t, adj*
Roast the meat in the oven at 200°C.

braten, gebraten, ...braten
Brate das Fleisch im Backofen bei 200°C.

slice [slaɪs] *n*
She spread butter and jam on a **slice** of toast.

Scheibe *f*
Sie bestrich eine Scheibe Toast mit Butter und Marmelade.

drop [drɒp] *n*
Put a few **drops** of oil into the spaghetti water.

Tropfen *m*
Gib ein paar Tropfen Öl ins Spaghetti-Wasser.

«2001–4000»

prepare [prɪ'peə] *v/t*
I did the dishes while she was **preparing** dinner.

zubereiten, vorbereiten
Ich spülte das Geschirr, während sie das Essen zubereitete.

stir [stɜ:] *v/t*
She put sugar in her coffee and **stirred** it.

umrühren, rühren
Sie tat Zucker in ihren Kaffee und rührte ihn um.

spread [spred] *v/t*   **streichen, bestreichen**
⚠ **spread** [spred], **spread** [spred]
She **spread** butter on the bread.   Sie bestrich das Brot mit Butter.

1.7.4 GESCHIRR UND BESTECK

«1–2000»

dish [dɪʃ] *n* The waiter brought a large **dish** of spaghetti.	**Schüssel** *f* Der Kellner brachte eine große Schüssel Spaghetti.
pot [pɒt] *n* There's a **pot** of hot chili on the kitchen stove. We ordered a **pot** of tea and biscuits.	**Topf** *m*, **Kanne** *f*, **Kännchen** *n* Auf dem Küchenherd steht ein Topf heißes Chili. Wir bestellten ein Kännchen Tee und Kekse.
pan [pæn] *n* She fried bacon and eggs in a large iron (frying) **pan**.	**Pfanne** *f*, **(Stiel)Topf** *m* Sie briet Speck und Eier in einer großen eisernen Pfanne.
plate [pleɪt] *n* She put another pancake on his **plate**.	**Teller** *m* Sie legte ihm noch einen Pfannkuchen auf den Teller.
cup [kʌp] *n* She poured some more tea in my **cup**.	**Tasse** *f* Sie goss noch etwas Tee in meine Tasse.
glass [glɑːs] *n* 'Cheers!' he said and raised his **glass**.	**Glas** *n* ,,Prost!'', sagte er und erhob das Glas.
fork [fɔːk] *n* Children must learn how to eat with a knife and **fork**.	**Gabel** *f* Kinder müssen lernen, wie man mit Messer und Gabel isst.
knife [naɪf] *n* ⚠ *pl* **knives** [naɪvz] You need a sharp **knife** to cut this meat.	**Messer** *n* Man braucht ein scharfes Messer, um dieses Fleisch zu schneiden.
spoon [spuːn] *n* A little milk and two **spoons** of sugar, please.	**Löffel** *m* Etwas Milch und zwei Löffel Zucker, bitte.

«2001–4000»

china ['tʃaɪnə] n She laid the table with her best **china** and crystal glasses.	**Porzellan** n Sie deckte den Tisch mit ihrem besten Porzellan und Kristallgläsern.
set [set] n I got a 21-piece tea **set** for my birthday.	**Service** n, **Garnitur** f, **Satz** m Ich habe ein 21-teiliges Teeservice zum Geburtstag bekommen.
bowl [bəʊl] n The waiter brought a dish of chop suey and a **bowl** of rice.	**Schüssel** f, **Schale** f Der Kellner brachte eine Platte Chopsuey und eine Schüssel Reis.
saucer ['sɔːsə] n She laid the breakfast table with plates and cups and **saucers**.	**Untertasse** f Sie deckte den Frühstückstisch mit Tellern und Tassen und Untertassen.
kettle ['ketl] n He put the **kettle** on to make tea.	**Teekessel** m Er setzte den Teekessel auf, um Tee zu machen.
lid [lɪd] n Boil it for 10 minutes with the **lid** closed.	**Deckel** m 10 Minuten bei geschlossenem Deckel kochen lassen!
handle ['hændl] n I bought a heavy iron frying pan with a wooden **handle**.	**Griff** m, **Stiel** m, **Henkel** m Ich habe eine schwere eiserne Bratpfanne mit einem hölzernen Griff gekauft.
tray [treɪ] n Put the breakfast dishes on a **tray** and take it to the kitchen.	**Tablett** n Stellt das Frühstücksgeschirr auf ein Tablett und tragt es in die Küche.
tablecloth ['teɪblklɒθ] n Sorry, I've spilt some coffee on the **tablecloth**.	**Tischtuch** n, **Tischdecke** f Tut mir Leid, ich habe Kaffee auf das Tischtuch gekleckert.
opener ['əʊpənə] n Don't forget to take a bottle **opener** and a tin (Am can) **opener**.	**Öffner** m Vergesst nicht, einen Flaschenöffner und Dosenöffner mitzunehmen.
cork [kɔːk] n He pulled out the champagne **cork** with a pop.	**Korken** m Er ließ beim Öffnen den Sektkorken knallen.

1.7.5   RESTAURANT

«1–2000»

restaurant ['restərənt] *n*
There are many Chinese and Indian **restaurants** in London.

Restaurant *n*
Es gibt viele chinesische und indische Restaurants in London.

---

bar [bɑː] *n*
Let's have a drink at the **bar**.

Bar *f*, **Theke** *f*
Trinken wir etwas an der Bar!

---

pub [pʌb] *n*
In a **pub** you buy your drink at the bar.

Pub *n*, **Kneipe** *f*
In einem Pub holt man sich sein Getränk an der Theke.

---

service ['sɜːvɪs] *n*
The service is very bad here.

Bedienung *f*, **Service** *m*
Die Bedienung hier lässt sehr zu wünschen übrig.

---

waiter ['weɪtə] *n*
The **waiter** brought us the menu.

Kellner *m*, **Ober** *m*
Der Kellner brachte uns die Speisekarte.

---

waitress ['weɪtrɪs] *n*
Jane works as a **waitress** in a small restaurant.

Kellnerin *f*, **Bedienung** *f*
Jane arbeitet als Kellnerin in einem kleinen Restaurant.

---

serve [sɜːv] *v/i*, *v/t*
In most US states a barman won't **serve** you if you're under 21.
Gazpacho is a Spanish vegetable soup which is **served** cold.

bedienen, servieren, anbieten
In den meisten Staaten der USA bedient einen ein Barkeeper nicht, wenn man unter 21 ist.
Gazpacho ist eine spanische Gemüsesuppe, die kalt serviert wird.

---

order ['ɔːdə] *n*, *v/t*
He always **orders** more food than he can eat.

Bestellung *f*, **(sich) bestellen**
Er bestellt sich immer mehr zu essen, als er schaffen kann.

---

tip [tɪp] *n*
In the US a 15 % **tip** is expected for service.

Trinkgeld *n*
In den USA wird für die Bedienung ein Trinkgeld von 15 % erwartet.

«2001–4000»

inn [ɪn] *n syn:* pub, hotel
I know a nice old **inn** where you could stay.

Gasthaus *n*, **Hotel** *n*
Ich kenne ein nettes altes Gasthaus, wo ihr wohnen könntet.

snack bar ['snæk bɑː] *n* | **Imbissstube** *f*
We bought some hot dogs and drinks at a **snack bar**. | Wir kauften uns Würstchen und Getränke in einer Imbissstube.

self-service [ˌselfˈsɜːvɪs] *n, adj* | **Selbstbedienung** *f*, **Selbstbedienungs...**
Most fast-food restaurants are **self-service**. | In den meisten Schnellrestaurants ist Selbstbedienung.

menu ['menjuː] *n* | **Speisekarte** *f*
May I have the **menu**, please? | Kann ich bitte die Speisekarte (⚠ *nicht: **das Menü***) haben?

*TIPP: **menu** ist die Speisekarte. Dem deutschen Menü entsprechen **set meal** oder **set lunch**.*

1.8 Reise und Verkehr

1.8.1 REISE

«1–2000»

go [gəʊ] *v/i* | **fahren, reisen**
⚠ **went** [went], **gone** [gɒn]
Going by train can be much faster than **going** by car. | Mit dem Zug zu fahren, kann viel schneller gehen als mit dem Auto.
→ *drive*

travel ['trævl] *v/i* | **reisen**
You should **travel** 1st class during the holiday season. | Man sollte in der Urlaubszeit erster Klasse fahren.

trip [trɪp] *n* | **Reise** *f*, **Ausflug** *m*
I'd like to take a **trip** round the whole world. | Ich möchte eine Reise um die ganze Welt machen.
The English like to take day **trips** to France. | Die Engländer machen gern Tagesausflüge nach Frankreich.

start [stɑːt] *v/i* | **aufbrechen, abreisen, losfahren**
It's a long trip – we'll have to **start** early to get there on the same day. | Es ist eine lange Reise – wir müssen früh losfahren, um am selben Tag hinzukommen.

leave [liːv] *v/i opp:* arrive | **abfahren, abreisen, abfliegen**
⚠ **left** [left], **left** [left]
We're **leaving** from Euston Station at 7 a. m. | Wir fahren um 7.00 am Euston-Bahnhof ab.

run [rʌn] v/i
⚠ **ran** [ræn], **run** [rʌn]
The trains from London to Brighton **run** every hour.

fahren, verkehren

Die Züge zwischen London und Brighton verkehren stündlich.

timetable ['taɪmˌteɪbl] n syn: schedule *(Am)*
You can see the departure and arrival times on the **timetable**.

Fahrplan m, **Flugplan** m

Man kann die Abfahrts- und Ankunftszeiten auf dem Fahrplan sehen.

arrival [əˈraɪvl] n opp: departure
Due to fog there will be some late **arrivals**.

Ankunft f

Wegen Nebels wird es manche verspätete Ankunft geben.

departure [dɪˈpɑːtʃə] n opp: arrival
What is the **departure** time of your flight to London?

Abflug m, **Abfahrt** f

Wann ist deine Abflugzeit nach London?

catch [kætʃ] v/t opp: miss
⚠ **caught** [kɔːt], **caught** [kɔːt]
If we arrive on time, we'll **catch** the Inter City train.

erreichen, bekommen

Wenn wir pünktlich ankommen, erreichen wir den Intercity.

miss [mɪs] v/t opp: catch

We **missed** our plane because the train to Frankfurt was late.

versäumen, verpassen, nicht erreichen

Wir verpassten unser Flugzeug, weil der Zug nach Frankfurt Verspätung hatte.

passenger ['pæsɪndʒə] n

The driver and ten **passengers** were hurt in the accident.

Passagier m, **Fahr-, Fluggast** m, **Reisende(r), Insasse** m

Der Fahrer und zehn Fahrgäste wurden bei dem Unfall verletzt.

ticket ['tɪkɪt] n

You need a **ticket**.

Fahrkarte f, **Fahrschein** m, **Flugticket** n

Sie brauchen einen Fahrschein.

luggage ['lʌgɪdʒ] n syn: baggage *(Am)*
Let's take our **luggage** to the check-in counter.

Gepäck n

Bringen wir unser Gepäck zum Abfertigungsschalter!

abroad [əˈbrɔːd] adv opp: (at) home
More Britons spend their holidays at home than **abroad**.

im Ausland, ins Ausland

Mehr Briten verbringen ihren Urlaub zu Hause als im Ausland.

customs ['kʌstəmz] *pl*
First you show your passport, then you go through **customs**.

Zoll *m*, **Zollabfertigung** *f*
Zuerst zeigen Sie Ihren Pass, dann gehen Sie durch den Zoll.

---

way [weɪ] *n*
Let's ask a policeman if this is the **way** to the White House.

Weg *m*, **Richtung** *f*
Fragen wir einen Polizisten, ob dies der Weg zum Weißen Haus ist.

---

guide [gaɪd] *n*
You can't visit the caves without a **guide**.
You can buy the **guide** to the Tate Gallery in 10 different languages.

Führer(in), **Reiseführer** *m*
Man darf die Höhlen nicht ohne Führer besichtigen.
Man kann den Führer durch die Tate-Gallery in 10 verschiedenen Sprachen kaufen.

---

stay [steɪ] *n*, *v/i*

We did a lot of sightseeing during our **stay** in London.

We **stayed** (⚠ *nicht: lived*) at a small motel outside San Francisco.

Aufenthalt *m*, **sich aufhalten, wohnen**
Wir haben während unseres Londonaufenthalts viel besichtigt.

Wir wohnten in einem kleinen Motel außerhalb San Franciscos.

---

hotel [həʊ'tel] *n*
In Britain bed and breakfasts are cheaper than **hotels**.

Hotel *n*
In England sind Frühstückspensionen billiger als Hotels.

«2001–4000»

journey ['dʒɜːnɪ] *n syn:* trip
It's a three-day **journey** by train from the east to the west coast.

Reise *f*
Es ist eine dreitägige Reise mit der Bahn von der Ost- zur Westküste.

---

via ['vaɪə] *prp*
We're flying to New York **via** Amsterdam.

über
Wir fliegen über Amsterdam nach New York.

Brit **return ticket** [rɪ'tɜːn ˌtɪkɪt] *n*, *Am* **round-trip ticket** [ˌraʊnd trɪp 'tɪkɪt] *n*
Do you want a single or **return ticket** (*Am* a one-way or **round-trip ticket**)?

Rückfahrkarte *f*

Möchten Sie eine einfache oder eine Rückfahrkarte?

fare [feə] *n*
The bus **fare** from the airport to the city centre is £ 10.

Fahrpreis *m*
Der Busfahrpreis vom Flughafen zum Stadtzentrum beträgt 10 Pfund.

pick up [ˌpɪk 'ʌp] *v/t*
My train arrives at 5 p. m. – can you **pick** me **up** at the station?

abholen, mitnehmen
Mein Zug kommt um 17 Uhr an – kannst du mich vom Bahnhof abholen?

on board [ɒn 'bɔːd]
I feel sick as soon as I'm on **board** a plane.

an Bord
Mir wird schlecht, sobald ich an Bord eines Flugzeugs bin.

depart [dɪ'pɑːt] *v/i opp:* arrive
Trains to Scotland **depart** from Euston Station.

abfahren, abfliegen, abreisen
Die Züge nach Schottland fahren vom Euston-Bahnhof ab.

land [lænd] *v/i opp:* take off, sail
The plane **landed** in London after a six-hour flight.

landen
Das Flugzeug landete nach einem sechsstündigen Flug in London.

crash [kræʃ] *n syn:* accident
Twenty people were killed in a plane **crash**.

Unfall *m*, **Absturz** *m*
Zwanzig Menschen kamen bei einem Flugzeugabsturz ums Leben.

tourist ['tʊərɪst] *n*
In the summer there are more **tourists** than students in Oxford.

Tourist(in), Urlauber(in)
Im Sommer sind mehr Touristen als Studenten in Oxford.

traveller, *Am* **traveler** ['trævlə] *n*
Most **travel(l)ers** go by plane.

Reisende(r)
Die meisten Reisenden nehmen das Flugzeug.

travel agency ['trævl ˌeɪdʒnsɪ] *n*
I book all my flights at my **travel agency**.

Reisebüro *n*
Ich buche alle meine Flüge bei meinem Reisebüro.

tour [tʊə] *n*

We're going on a bicycle **tour** round South Wales.

Rundfahrt *f*, **Rundgang** *m*, **Tour** *f*, **Tournee** *f*
Wir machen eine Fahrradtour durch Südwales.

sightseeing ['saɪtˌsiːɪŋ] *n*

I don't do much **sightseeing**.

Besichtigung *f* **(von Sehenswürdigkeiten)**
Ich sehe mir nicht viele Sehenswürdigkeiten an.

sights [saɪts] *pl*
It is one of the most popular **sights** of London.

Sehenswürdigkeiten *pl*
Es gehört zu den beliebtesten Sehenswürdigkeiten Londons.

---

suitcase ['suːtkeɪs] *n syn:* case, bag
I've packed my **suitcase** and I'm ready to leave.

Koffer *m*

Ich habe meinen Koffer gepackt und bin reisefertig.

---

bag [bæg] *n syn:* (suit)case

Let's check in our **bags** and then go to the duty-free shop.

Gepäckstück *n*, **Koffer** *m*, **Tasche** *f*
Lass uns das Gepäck aufgeben und in den Duty-free-Shop gehen.

---

pack [pæk] *v/i, v/t opp:* unpack
I'm leaving tomorrow but haven't **packed** yet.

packen, einpacken
Ich fahre morgen, aber habe noch nicht gepackt.

---

passport ['pɑːspɔːt] *n*
To enter the USA, you need a **passport** but no visa.

Reisepass *m*
Um in die USA einzureisen, braucht man einen Pass, aber kein Visum.

---

visa ['viːzə] *n*
Citizens of EU countries do not need **visa** for Britain.

Visum *n*
Bürger von EU-Staaten brauchen kein Visum für Großbritannien.

---

declare [dɪ'kleə] *v/t*
Have you something to **declare**?

verzollen, anmelden
Haben Sie etwas zu verzollen?

---

duty ['djuːtɪ] *n*
If you bring more than 200 cigarettes, you'll have to pay **duty** on them. → *customs*

Zoll *m*
Wenn man mehr als 200 Zigaretten mitbringt, muss man Zoll für sie zahlen.

---

accommodation [ə,kɒmə'deɪʃn] *n*
Hotel **accommodation** in New York is not cheap.

Unterkunft *f*, **Unterbringung** *f*

Hotelunterkünfte in New York sind nicht billig.

---

bed and breakfast [,bedn-'brekfəst] *n*
We like to stay at **bed and breakfasts**.

Frühstückspension *f*, **Zimmer mit Frühstück**
Wir übernachten gern in Frühstückspensionen.

---

youth hostel ['juːθ ,hɒstl] *n*
On our bicycle tour we only stayed at **youth hostels**.

Jugendherberge *f*
Auf unserer Radtour haben wir nur in Jugendherbergen übernachtet.

double room [ˌdʌblˈruːm] *n*
opp: single room
We're a party of six, so we need
three **double rooms**.

Doppelzimmer *n*

Wir sind zu sechst, also brauchen wir drei Doppelzimmer.

single room [ˌsɪŋgl ˈruːm] *n*
opp: double room
A **single room** usually has only
one bed.

Einzelzimmer *n*

Ein Einzelzimmer hat meist nur
ein Bett.

reception [rɪˈsepʃn] *n syn:* desk
First we have to go to the **reception** to check in.

Rezeption *f*, **Empfang** *m*
Zuerst müssen wir zur Rezeption und uns anmelden.

check in [ˌtʃek ˈɪn] *v/i opp:*
check out
You have to **check in** before you
board the plane.

**einchecken, sich abfertigen las-
sen, sich anmelden**
Man muss einchecken, bevor
man an Bord des Flugzeugs
kann.

camping [ˈkæmpɪŋ] *n*
For families, **camping** is cheaper than staying at a hotel.

Campen *n*, **Camping** *n*
Für Familien ist Campen billiger als ein Hotelaufenthalt.

tent [tent] *n*
We found a nice campsite and
put up our **tent**.

Zelt *n*
Wir fanden einen schönen
Campingplatz und bauten un-
ser Zelt auf.

1.8.2 VERKEHR

1.8.2.1 STRASSENVERKEHR

1.8.2.1.1 Allgemein

«1–2000»

traffic [ˈtræfɪk] *n*
The **traffic** comes to a standstill
during the rush hour.

Verkehr *m*
Der Verkehr kommt während
der Stoßzeiten zum Erliegen.

noise [nɔɪz] *n*
There's so much **noise** from the
street.

Lärm *m*, **Krach** *m*
Von der Straße her kommt
solch ein Lärm.

driver [ˈdraɪvə] *n*
A **driver** is responsible for the
safety of his car.

Fahrer *m*, **Fahrerin** *f*
Der Fahrer ist für die Sicherheit
seines Wagens verantwortlich.

drive [draɪv] v/i, v/t ⚠ **drove** [drəʊv], **driven** ['drɪvn] She **drove** us to the airport in her new car. Shall we walk or **drive**?	**fahren, Auto fahren** Sie fuhr uns in ihrem neuen Wagen zum Flughafen. Wollen wir zu Fuß gehen oder mit dem Auto fahren?
ride [raɪd] v/i, v/t ⚠ **rode** [rəʊd], **ridden** ['rɪdn] You must be 16 to **ride** (⚠ nicht: **drive**) a motorbike.	**fahren** Man muss 16 sein, um Motorrad zu fahren.
turn [tɜːn] v/i, n Follow this street and **turn** right after the bank. Make a left **turn** at the end of this road.	**abbiegen, Abbiegen** n Folgen Sie der Straße und biegen Sie nach der Bank rechts ab. Biegen Sie am Ende der Straße links ab.
cross [krɒs] v/t Look both ways before you **cross** the road.	**überqueren** Schau nach rechts und links, bevor du die Straße überquerst.
park [pɑːk] v/i, v/t It's almost impossible to find a place to **park**.	**parken** Es ist fast unmöglich, einen Parkplatz zu finden.
stop [stɒp] n Get off at the next **stop**.	**Haltestelle** f, **Halt** m Steigen Sie an der nächsten Haltestelle aus!
bus stop ['bʌs stɒp] n The British always queue at a **bus stop**.	**Bushaltestelle** f Die Briten stehen an Bushaltestellen immer Schlange.
Brit **petrol** ['petrəl] n syn: gas Modern cars run on unleaded **petrol** only. → gas	**Benzin** n Moderne Autos fahren nur mit bleifreiem Benzin.
Am **gas** [gæs] n syn: petrol (Brit) We've got enough **gas** to reach the next filling station.	**Benzin** n Wir haben genug Benzin, um die nächste Tankstelle zu erreichen.

«2001–4000»

crowded ['kraʊdɪd] adj During the rush hour buses and underground trains are **crowded**.	**überfüllt** Während des Berufsverkehrs sind die Busse und U-Bahnen überfüllt.

noisy ['nɔɪzɪ] *adj opp:* quiet
I couldn't live in the town centre
– it's far too **noisy**!

laut
Im Stadtzentrum könnte ich
nicht wohnen – es ist viel zu
laut!

---

rush hour ['rʌʃ aʊə] *n*

Let's leave the city centre before the **rush hour**.

Hauptverkehrszeit *f,* **Berufsver-
kehr** *m*
Lasst uns vor dem Berufsver-
kehr die Innenstadt verlassen.

---

block [blɒk] *v/t*
A large furniture van **blocked**
the street.

versperren, absperren
Ein großer Möbelwagen ver-
sperrte die Straße.

Brit **motorway** ['məʊtəweɪ] *n*
syn: freeway, expressway *(Am)*
The M 1 is the **motorway** that
connects London and Leeds.

Autobahn *f*

Die M 1 ist die Autobahn, die
London mit Leeds verbindet.

Am **freeway** ['fri:weɪ] *n syn:* motorway *(Brit),* expressway *(Am)*
There's a dense network of
freeways.

Autobahn *f*

Es gibt ein dichtes Netz von
Autobahnen.

---

speed limit ['spi:d ˌlɪmɪt] *n*

The **speed limit** on British mo-
torways is 70 miles per hour.

**zulässige Höchstgeschwindig-
keit** *f,* **Geschwindigkeitsbegren-
zung** *f*
Die zulässige Höchstgeschwin-
digkeit auf britischen Autobahnen beträgt 70 Meilen pro Stunde (ca. 112 kmh).

---

traffic sign ['træfɪk saɪn] *n syn:*
roadsign
Motorists must pay attention to
the **traffic signs**.

Verkehrsschild *n,* **Verkehrszei-
chen** *n*
Autofahrer müssen auf die Ver-
kehrsschilder achten.

---

crossroads ['krɒsrəʊdz] *n syn:*
intersection
The **crossroads** was blocked.

Kreuzung *f*

Die Kreuzung ist verstopft.

---

bend [bend] *n syn:* curve
There are lots of very sharp
bends in the old mountain road.

Kurve *f*
Die alte Bergstraße hat viele
sehr scharfe Kurven.

---

traffic light(s) ['træfɪk laɪt(s)] *n
(pl)*
He didn't notice the **traffic
light(s)** and crashed into another car.

(Verkehrs)Ampel *f,* **Ampelanla-
ge** *f*
Er bemerkte die Ampel nicht
und stieß mit einem anderen
Wagen zusammen.

pedestrian [pɪˈdestrɪən] n
They are turning many old parts of the town into **pedestrian** precincts.

Fußgänger(in)
Viele Teile der Altstadt werden zu Fußgängerzonen gemacht.

Brit **car park** [ˈkɑː pɑːk] n *syn:* parking lot *(Am)*
On Saturdays all the **car parks** in city centres are full.

Parkplatz m, **Parkhaus** n

Samstags sind alle Parkplätze in den Innenstädten besetzt.

---

garage [ˈgærɑːʒ, *Am* gəˈrɑːʒ] n
We had to push the car to the nearest **garage**.
→ garage

Autowerkstatt f
Wir mussten das Auto zur nächsten Werkstatt schieben.

---

filling station [ˈfɪlɪŋ ˌsteɪʃn] n *syn:* petrol station *(Brit)*, gas station *(Am)*
The tank's almost empty – let's stop at the next **filling station**.

Tankstelle f

Der Tank ist fast leer – halten wir an der nächsten Tankstelle!

---

breakdown [ˈbreɪkdaʊn] n
Our car had a **breakdown** – could you give us a tow?

Panne f
Unser Auto hat eine Panne – könnten Sie uns abschleppen?

---

break down [ˌbreɪk ˈdaʊn] v/i
We need a new car – this one **breaks down** every few miles.

eine Panne haben
Wir brauchen ein neues Auto – dieses hat alle paar Meilen eine Panne.

---

tow [təʊ] v/t
Our car broke down and had to be **towed** to the nearest garage.

(ab)schleppen
Unser Wagen hatte eine Panne und musste zur nächsten Werkstatt geschleppt werden.

TIPP: tow reimt sich auf blow und throw, nicht auf how und now.

---

run over [ˈrʌn ˌəʊvə] v/t *syn:* knock down
A child ran out onto the street and was **run over** by a bus.

überfahren

Ein Kind lief auf die Straße und wurde von einem Bus überfahren.

Brit **driving licence** [ˈdraɪvɪŋ ˌlaɪsns], *Am* **driver's license** [ˈdraɪvəz ˌlaɪsns] n
You must be 16 in the US and 17 in Britain to get your **driving licence/driver's license**.

Führerschein m

In den USA muss man 16 und in England 17 sein, wenn man seinen Führerschein machen will.

seat belt ['siːt belt] n syn: safety belt
Seat belts in cars are required by law.

Sicherheitsgurt m

Sicherheitsgurte in Autos sind gesetzlich vorgeschrieben.

crash helmet ['kræʃ ˌhelmɪt] n
It's illegal to ride a motorcycle without a **crash helmet**.

Sturzhelm m
Es ist verboten, ohne Sturzhelm Motorrad zu fahren.

hitchhike ['hɪtʃhaɪk] v/i
Young people often **hitchhike**.

per Anhalter fahren
Junge Menschen fahren oft per Anhalter.

1.8.2.1.2 Fahrzeuge

«1–2000»

car [kɑː] n
Most people leave their **cars** at home.

Auto n, **Wagen** m
Die meisten Menschen lassen ihr Auto zu Hause.

motorcycle ['məʊtəˌsaɪkl] n syn: motorbike
The Harley-Davidson is the most famous **motorcycle**.

Motorrad n

Die Harley Davidson ist das berühmteste Motorrad.

bicycle ['baɪsɪkl] n syn: bike
He rides his **bicycle** to school every morning.

Fahrrad n
Er fährt jeden Morgen mit dem Fahrrad zur Schule.

bus [bʌs] n
The best way to see the sights in London is to take a **bus**.

Bus m
Die Sehenswürdigkeiten Londons lernt man am besten mit dem Bus kennen.

Brit **coach** [kəʊtʃ] syn: bus (Am)
Day trips by **coach** are very popular in Britain.

(Reise)Bus m
Tagesausflüge mit dem Bus sind in England sehr beliebt.

Brit **tram** [træm] n syn: streetcar (Am)
Trams are the most environmentally friendly means of public transport.

Straßenbahn f

Straßenbahnen sind die umweltfreundlichsten öffentlichen Verkehrsmittel.

taxi ['tæksɪ] n syn: cab
Let's take a **taxi** from the station to the hotel.

Taxi n
Nehmen wir ein Taxi vom Bahnhof zum Hotel!

wheel [wiːl] *n*
Cars have four **wheels** – bicycles have only two.

Rad *n*
Autos haben vier Räder, Fahrräder nur zwei.

«2001–4000»

vehicle ['viːɪkl] *n*
Motor **vehicles** aren't allowed in pedestrian precincts.

Fahrzeug *n*
Motorfahrzeuge sind in Fußgängerzonen nicht erlaubt.

truck [trʌk] *n syn:* lorry *(Brit)*
Big **trucks** carry food and other goods all across the USA.

Lastwagen *m*, **Laster** *m*, **LKW** *m*
Große Laster befördern Lebensmittel und andere Güter quer durch ganz Amerika.

Brit **lorry** ['lɒrɪ] *n syn:* truck
Most fruit and vegetables are transported by **lorries**.

Lastwagen *m*, **Laster** *m*, **LKW** *m*
Das meiste Obst und Gemüse wird von Lastwagen transportiert.

bike [baɪk] *n syn:* bicycle
In the summer I go to work by **bike**.

Rad *n*
Im Sommer fahre ich mit dem Rad zur Arbeit.

tyre, *Am* **tire** ['taɪə] *n*
We had a puncture and had to change a **tyre**.

Reifen *m*
Wir hatten einen Platten und mussten einen Reifen wechseln.

Brit **caravan** ['kærəvæn] *n syn:* trailer *(Am)*
A **caravan** is like a house on wheels pulled by a car.

Wohnwagen *m*

Ein Wohnwagen ist wie ein Haus auf Rädern, von einem Auto gezogen.

trailer ['treɪlə] *n*
We transport our boat on a **trailer** behind our car.

Anhänger *m*
Wir transportieren unser Boot auf einem Anhänger an unserem Wagen.

1.8.2.2 EISENBAHN

«1–2000»

railway ['reɪlweɪ], *Am* **railroad** ['reɪlrəʊd] *n*
Britain had the first **railways** that used steam locomotives.

(Eisen)Bahn *f*

England besaß die ersten Eisenbahnen, die Dampfloks benutzten.

train [treɪn] *n*
The **train** arrived at the station five minutes late.

Zug *m*, **Bahn** *f*
Der Zug erreichte den Bahnhof mit fünf Minuten Verspätung.

engine ['endʒɪn] *n*
Modern trains have diesel or electric **engines**.

Lok *f*, **Lokomotive** *f*
Moderne Züge haben Diesel- oder Elektroloks.

Brit **underground** ['ʌndə-graʊnd] *n syn:* subway *(Am)*
The **Underground** is the fastest traffic system in London.

U-Bahn *f*

Die U-Bahn ist das schnellste Verkehrssystem in London.

station ['steɪʃn] *n*
Most trains from the Continent arrive at Victoria **Station**.

Bahnhof *m*, **Station** *f*
Die meisten Züge vom Festland kommen am Victoria-Bahnhof an.

change ['tʃeɪndʒ] *v/i*
You have to **change** in Edinburgh for Aberdeen.

umsteigen
Nach Aberdeen müssen Sie in Edinburgh umsteigen.

«2001–4000»

rail [reɪl] *n*
Passengers must not cross the **rails**.
Travelling by **rail** is less harmful to the environment.

Schiene *f*, **Gleis** *n*, **Bahn** *f*
Reisenden ist es verboten, die Gleise zu überqueren.
Das Reisen mit der Bahn ist weniger umweltbelastend.

express train [ɪk'spres treɪn] *n*
Is there an **express train** that goes nonstop to Brighton?

D-Zug *m*, **Schnellzug** *m*
Gibt es einen D-Zug ohne Zwischenhalt nach Brighton?

Brit **tube** [tjuːb] *n syn:* underground *(Brit)*, subway *(Am)*
The fastest way to get around London is by **tube**.

U-Bahn *f*

Mit der U-Bahn kommt man in London am schnellsten herum.

carriage ['kærɪdʒ] *n syn:* car *(Am)*
I like to sit in the **carriage** next to the dining car.

(Eisenbahn)Wagen *m*

Ich sitze gern in dem Wagen neben dem Speisewagen.

dining car ['daɪnɪŋ kɑː] *n*
I like to go to the **dining car** during a long train journey.

Speisewagen *m*
Auf einer langen Bahnreise gehe ich gern in den Speisewagen.

compartment [kəm'pɑ:tmənt] *n*
Sorry, this isn't a smoking **compartment**.

Abteil *n*
Tut mir Leid, dies ist kein Raucherabteil.

Brit **guard** [gɑ:d] *n syn:* conductor *(Am)*
You have to show your ticket to the **guard**.

Schaffner(in)

Man muss dem Schaffner die Fahrkarte zeigen.

connection [kə'nekʃn] *n*
If this train is late, I'll miss my **connection** at Paris.

Verbindung *f,* **Anschluss** *m*
Wenn dieser Zug Verspätung hat, verpasse ich meinen Anschluss in Paris.

platform ['plætfɔ:m] *n*
Your connection leaves from the same **platform**.

Bahnsteig *m*
Ihr Anschlusszug fährt vom selben Bahnsteig.

waiting room ['weitiŋ ru:m] *n*
Let's sit in the **waiting room** until our train leaves.

Wartesaal *m*
Setzen wir uns in den Wartesaal, bis unser Zug abfährt!

ticket office ['tikit ˌɒfis] *n*
Buy your ticket of the **ticket office**.

Fahrkartenschalter *m*
Kaufen Sie Ihre Fahrkarte am Fahrkartenschalter.

1.8.2.3 FLUGZEUG

«1–2000»

plane [plein] *n syn:* aircraft
The jumbo jet is one of the largest **planes**.

Flugzeug *n*
Der Jumbo ist eines der größten Flugzeuge.

flight [flait] *n*
There are several nonstop **flights** a day.

Flug *m*
Es gibt täglich mehrere Nonstop-Flüge.

airport ['eəpɔ:t] *n*
London has three international **airports**.

Flughafen *m*
London hat drei internationale Flughäfen.

airline ['eəlain] *n*
Most **airlines** offer nonstop flights to New York.

Fluggesellschaft *f*
Die meisten Fluggesellschaften bieten Non-stop-Flüge nach New York an.

«2001–4000»

aircraft ['eəkrɑːft] *n syn:* plane ⚠ *pl* **aircraft** ['eəkrɑːft] The Concorde is a passenger **aircraft**.	**Flugzeug** *n* Die Concorde ist ein Passagierflugzeug.
jet [dʒet] *n* The first **jets** were fighter planes.	**Düsenflugzeug** *n* Die ersten Düsenflugzeuge waren Jagdflugzeuge.
wing [wɪŋ] *n* The engines of a jumbo jet are under its **wings**.	**Tragfläche** *f*, **Flügel** *m* Die Triebwerke eines Jumbos sind unter seinen Tragflächen.
Brit **airhostess** ['eəˌhəʊstɪs] *n syn:* stewardess, flight attendant *(Am)* An **airhostess** looks after the passengers during a flight.	**Stewardess** *f*, **Flugbegleiterin** *f* Eine Stewardess kümmert sich während eines Flugs um die Passagiere.
takeoff ['teɪkɒf] *n opp:* touchdown Some minutes before **takeoff** the plane taxies to the runway.	**Start** *m*, **Abflug** *m* Einige Minuten vor dem Abflug rollt das Flugzeug zur Startbahn.
take off [ˌteɪk'ɒf] *v/i opp:* land Planes land and **take off** on the runway.	**starten, abheben** Flugzeuge landen und starten auf der Start- und Landebahn.
crash [kræʃ] *v/i* In 1988 a plane **crashed** near Lockerbie, Scotland, killing 270 people.	**abstürzen, verunglücken** 1988 stürzte ein Flugzeug bei Lockerbie in Schottland ab, wobei 270 Menschen umkamen.

1.8.2.4 SCHIFF

«1–2000»

ship [ʃɪp] *n syn:* boat Slaves were taken from Africa to America by **ship**.	**Schiff** *n* Die Sklaven wurden mit dem Schiff von Afrika nach Amerika gebracht.

boat [bəʊt] *n*

We have a small **boat** for fishing.
In the 1950's most people travelled to America by **boat**.

Boot *n*, **Schiff** *n*

Wir haben ein kleines Boot zum Angeln.
In den 50-er Jahren reiste man mit dem Schiff nach Amerika.

port [pɔːt] *n syn:* harbour
Pipelines transport the oil from the **ports**.

Hafen *m*, **Hafenstadt** *f*
Pipelines transportieren das Öl von den Häfen.

harbour, *Am* **harbor** [ˈhɑːbə] *n*
syn: port
The boats stayed in the **harbour** because of the storm.

Hafen *m*

Die Boote blieben wegen des Sturms im Hafen.

captain [ˈkæptn] *n*
The **captain** is the person in command of a ship.

Kapitän *m*
Der Kapitän führt das Kommando über ein Schiff.

«2001–4000»

voyage [ˈvɔɪdʒ] *n*

On his first **voyage** to America, Columbus landed in the West Indies.

(See)Reise *f*, **Schiffsreise** *f*, **Fahrt** *f*
Auf seiner ersten Reise nach Amerika landete Kolumbus in Westindien.

cruise [kruːz] *n*
We're going on a ten-day **cruise** in the Caribbean.

Kreuzfahrt *f*
Wir machen eine zehntägige Kreuzfahrt durch die Karibik.

crossing [ˈkrɒsɪŋ] *n*
There were strong winds and we had a rough **crossing**.

Überfahrt *f*
Es herrschte starker Wind, und die Überfahrt war stürmisch.

ferry [ˈferɪ] *n*
Most people cross the English Channel by **ferry**.

Fähre *f*
Die meisten Menschen überqueren den Ärmelkanal mit der Fähre.

sailor [ˈseɪlə] *n syn:* seaman
He's a **sailor** on a big oil tanker.

Matrose *m*, **Seemann** *m*
Er ist Matrose auf einem großen Öltanker.

sail [seɪl] *n, v/i*
We struck the **sails** because of the storm.
This ship **sails** tomorrow for Cardiff.

Segel *n*, **segeln, auslaufen**
Wir holten wegen des Sturms die Segel ein.
Dieses Schiff läuft morgen in Richtung Cardiff aus.

steer [stɪə] *v/t*
A pilot helps the captain **steer** his ship into the harbour.

steuern, lenken
Ein Lotse hilft dem Kapitän, das Schiff in den Hafen zu steuern.

---

drown [draʊn] *v/i*
A sailor fell overboard and **drowned**.

ertrinken
Ein Seemann fiel über Bord und ertrank.

---

wreck [rek] *n*
They found the **wreck** of the Titanic after more than 70 years.

Wrack *n*
Man hat nach über 70 Jahren das Wrack der Titanic gefunden.

1.8.2.5 *RAUMFAHRT*

«1–2000»

satellite ['sætɪlaɪt] *n*
International phone calls and TV programmes are transmitted by **satellite**.

Satellit *m*
Internationale Telefongespräche und Fernsehprogramme werden über Satellit gesendet.

---

rocket ['rɒkɪt] *n*
Powerful **rockets** are needed to launch spaceships.

Rakete *f*
Man benötigt mächtige Raketen, um Raumschiffe zu starten.

---

astronaut ['æstrənɔːt] *n*
Astronaut Neil Armstrong was the first man on the moon.

Astronaut *m*, **Astronautin** *f*
Der Astronaut Neil Armstrong war der erste Mensch auf dem Mond.

«2001–4000»

space flight ['speɪs flaɪt] *n*
The history of manned **space flight** begins with Yuri Gagarin.

Raumfahrt *f*
Die Geschichte der bemannten Raumfahrt fängt mit Juri Gagarin an.

---

spacecraft ['speɪskrɑːft] *n syn:* spaceship
pl **spacecraft** ['speɪskrɑːft]
NASA sent six Apollo **spacecraft** to the moon.

Raumschiff *n*

Die NASA hat sechs Apollo-Raumschiffe zum Mond geschickt.

space shuttle ['speɪs ˌʃʌtl] *n*
Space shuttles are manned
spaceships that return to earth
after a mission.

Raumfähre *f*
Raumfähren sind bemannte
Raumschiffe, die nach einem
Einsatz zur Erde zurückkehren.

launch [lɔːntʃ] *v/t*
Space shuttles are **launched**
from Cape Canaveral.

starten, abschießen
Die Raumfähren werden von
Cape Canaveral aus gestartet.

1.9 Länder und Völker

1.9.1 LÄNDER

«1–2000»

Africa ['æfrɪkə]	**Afrika** *n*
America [ə'merɪkə]	**Amerika** *n*
England ['ɪŋglənd]	**England** *n*
Europe ['jʊərəp]	**Europa** *n*
Germany ['dʒɜːmənɪ]	**Deutschland** *n*
Great Britain [ˌgreɪt 'brɪtn]	**Großbritannien** *n*
the **United States** [jʊˌnaɪtɪd 'steɪts], *the* **USA** [ˌjuːes'eɪ]	*die* **Vereinigten Staaten**, *die* **USA** *pl*
⚠ *Singular*	

«2001–4000»

Asia ['eɪʃə]	**Asien** *n*
Australia [ɒ'streɪljə]	**Australien** *n*
Austria ['ɒstrɪə]	**Österreich** *n*
Belgium ['beldʒəm]	**Belgien** *n*
China ['tʃaɪnə]	**China** *n*
the **Commonwealth** ['kɒmənwelθ]	*das* **(britische) Commonwealth**
Denmark ['denmɑːk]	**Dänemark** *n*
the **European Union** [ˌjʊərəpiːən 'juːnjən]	*die* **Europäische Union**
the **Federal Republic of Germany** [ˌfedərəl rɪˌpʌblɪk əv 'dʒɜːmənɪ]	*die* **Bundesrepublik Deutschland**
France [frɑːns]	**Frankreich** *n*

Greece [griːs]	**Griechenland** n
Hungary ['hʌŋgərɪ]	**Ungarn** n
India ['ɪndɪə]	**Indien** n
Ireland ['aɪələnd]	**Irland** n
Italy ['ɪtəlɪ]	**Italien** n
Japan [dʒə'pæn]	**Japan** n
the **Netherlands** ['neðələnds]	die **Niederlande** pl
⚠ Singular	
Norway ['nɔːweɪ]	**Norwegen** n
Poland ['pəʊlənd]	**Polen** n
Portugal ['pɔːtʃʊgl]	**Portugal** n
Russia ['rʌʃə]	**Russland** n
Scotland ['skɒtlənd]	**Schottland** n
Spain [speɪn]	**Spanien** n
Sweden ['swiːdn]	**Schweden** n
Switzerland ['swɪtsələnd]	die **Schweiz**
Turkey ['tɜːkɪ]	die **Türkei**
Wales [weɪlz]	**Wales** n

1.9.2   BEWOHNER

«1–2000»

American [ə'merɪkən] n	**Amerikaner(in)**
Englishman ['ɪŋglɪʃmən] n	**Engländer** m
pl -men [-mən]	
the **English** ['ɪŋglɪʃ] n pl	die **Engländer**
Englishwoman ['ɪŋglɪʃwʊmən] n	**Engländerin** f
pl -women [-wɪmɪn]	
European [ˌjʊərə'piːən] n	**Europäer(in)**
German ['dʒɜːmən] n	**Deutsche(r)**

«2001–4000»

African ['æfrɪkən] n	**Afrikaner(in)**
American Indian [ə'merɪkən 'ɪndɪən] n, **Native American** [ˌneɪtɪv ə'merɪkən] n	**Indianer(in)**

Austrian [ˈɒstrɪən] *n*	**Österreicher(in)**
the **British** *pl*	*die* **Briten**
Chinese [ˌtʃaɪˈniːz] *n*	**Chinese** *m*, **Chinesin** *f*
the **Chinese** [ˌtʃaɪˈniːz] *pl*	*die* **Chinesen**
Dutchman [ˈdʌtʃmən] *n*	**Holländer** *m*
pl -**men** [-mən]	
the **Dutch** [dʌtʃ] *pl*	*die* **Holländer**
Dutchwoman [ˈdʌtʃˌwʊmən] *n*	**Holländerin** *f*
pl -**women** [-ˌwɪmɪn]	
Frenchman [ˈfrentʃmən] *n*	**Franzose** *m*
pl -**men** [-mən]	
the **French** [frentʃ] *pl*	*die* **Franzosen** *m/pl*
Frenchwoman [ˈfrentʃˌwʊmən] *n*	**Französin** *f*
pl -**women** [-ˌwɪmɪn]	
Greek [griːk] *n*	**Grieche** *m*, **Griechin** *f*
Indian [ˈɪndɪən] *n*	**Inder(in)**
Irishman [ˈaɪərɪʃmən] *n*	**Ire** *m*
pl -**men** [-mən]	
the **Irish** [ˈaɪərɪʃ] *pl*	*die* **Iren**
Irishwoman [ˈaɪərɪʃˌwʊmən] *n*	**Irin** *f*
pl -**women** [-ˌwɪmɪn]	
Italian [ɪˈtæljən] *n*	**Italiener(in)**
Japanese [ˌdʒæpəˈniːz] *n*	**Japaner(in)**
the **Japanese** [ˌdʒæpəˈniːz] *pl*	*die* **Japaner**
Russian [ˈrʌʃn] *n*	**Russe** *m*, **Russin** *f*
Scot [skɒt] *n*	**Schotte** *m*, **Schottin** *f*
the **Scots** [skɒts] *pl*	*die* **Schotten**
the **Swiss** [swɪs] *pl*	*die* **Schweizer**

1.9.3 SPRACHEN UND NATIONALITÄTEN

«1–2000»

American [əˈmerɪkən] *adj*	**amerikanisch**
British [ˈbrɪtɪʃ] *adj*	**britisch**
English [ˈɪŋglɪʃ] *adj, n*	**englisch, Englisch** *n*
European [ˌjʊərəˈpiːən] *adj*	**europäisch**
German [ˈdʒɜːmən] *adj, n*	**deutsch, Deutsch** *n*

«2001–4000»

African ['æfrɪkən] *adj*	afrikanisch
Austrian ['ɒstrɪən] *adj*	österreichisch
Chinese [ˌtʃaɪ'niːz] *adj, n*	chinesisch, Chinesisch *n*
Dutch [dʌtʃ] *adj, n*	holländisch, Niederländisch *n*
French [frentʃ] *adj, n*	französisch, Französisch *n*
Greek [griːk] *adj, n*	griechisch, Griechisch *n*
Irish ['aɪərɪʃ] *adj, n*	irisch, Irisch *n*
Italian [ɪ'tæljən] *adj, n*	italienisch, Italienisch *n*
Japanese [ˌdʒæpə'niːz] *adj, n*	japanisch, Japanisch *n*
Portuguese [ˌpɔːtʃʊ'giːz] *adj, n*	portugiesisch, Portugiesisch *n*
Russian ['rʌʃn] *adj, n*	russisch, Russisch *n*
Scottish ['skɒtɪʃ] *adj, n*	schottisch, Schottisch *n*
Spanish ['spænɪʃ] *adj, n*	spanisch, Spanisch *n*
Swiss [swɪs] *adj*	schweizerisch, Schweizer *adj*
Turkish ['tɜːkɪʃ] *adj, n*	türkisch, Türkisch *n*

2 ALLGEMEINE BEGRIFFE

2.1 Zeit

2.1.1 JAHRESABLAUF

«1–2000»

year [jɪə] *n*	**Jahr** *n*
A **year** has twelve months.	Ein Jahr hat zwölf Monate.

> **TIPP:** *ein halbes oder dreiviertel Jahr wird im Englischen meist durch **six** oder **nine months** ausgedrückt.*

season ['siːzn] *n*	**Jahreszeit** *f*, ...**zeit** *f*
The four **seasons** are spring, summer, fall and winter.	Die vier Jahreszeiten sind Frühling, Sommer, Herbst und Winter.

spring [sprɪŋ] *n*	**Frühling** *m*, **Frühjahr** *n*
Leaves and flowers come out in **spring**.	Im Frühling kommen die Blätter und Blumen hervor.

summer ['sʌmə] *n opp:* winter	**Sommer** *m*
Swallows come to northern countries in **summer**.	Die Schwalben kommen im Sommer in nördliche Länder.

autumn [ˈɔːtəm] *n syn:* fall *(Am)* In **autumn** the leaves begin to fall.	**Herbst** *m* Im Herbst beginnen die Blätter zu fallen.
Am **fall** [fɔːl] *n syn:* autumn Indian summer is a period of fine weather in **fall**.	**Herbst** *m* Der Altweibersommer ist eine Schönwetterperiode im Herbst.
winter [ˈwɪntə] *n opp:* summer **Winter** is the coldest time of the year.	**Winter** *m* Der Winter ist die kälteste Zeit im Jahr.
month [mʌnθ] *n* February is the shortest **month** of the year.	**Monat** *m* Der Februar ist der kürzeste Monat des Jahres.
week [wiːk] *n* A **week** has seven days.	**Woche** *f* Eine Woche hat sieben Tage.
day [deɪ] *n opp:* night Most people work five **days** a week.	**Tag** *m* Die meisten Menschen arbeiten fünf Tage in der Woche.
daily [ˈdeɪlɪ] *adj* The Guardian is the best **daily** newspaper in Britain.	**täglich, Tages...** Der Guardian ist die beste Tageszeitung Großbritanniens.
holiday [ˈhɒlədeɪ] *n* The 4th of July is a legal **holiday** in the USA. → *holidays*	**Feiertag** *m* Der 4. Juli ist gesetzlicher Feiertag in den USA.

«2001–4000»

monthly [ˈmʌnθlɪ] *adj, adv* The National Geographic is a **monthly** magazine.	**monatlich, Monats...** Das National Geographic ist eine Monatszeitschrift.
weekly [ˈwiːklɪ] *adj, adv* The Observer is a **weekly** paper.	**wöchentlich, Wochen...** Der Observer ist eine Wochenzeitung.
weekday [ˈwiːkdeɪ] *n* Banks in England are open on **weekdays** from 9.30 to 3.30.	**Wochentag** *m*, **Werktag** *m* Die Banken sind in England an Werktagen von 9.30 Uhr bis 15.30 Uhr geöffnet.

weekend [ˌwiːk'end, *Am* 'wiːk-end] *n*

Wochenende *n*

We spend most of our **weekends** in our cottage at the seaside.

Wir verbringen die meisten unserer Wochenenden in unserem Häuschen an der See.

TIPP: *Im britischen Englisch heißt es* **at the weekend** *oder* **at weekends** *(am Wochenende, an den Wochenenden), im amerikanischen Englisch dagegen* **on the weekend** *oder* **on weekends.**

New Year [ˌnjuː'jɪə, *Am* ˌnuː'jɪər] *n*

neues Jahr, Neujahr *n*

Merry Christmas and a happy **New Year!**

Fröhliche Weihnachten und ein glückliches neues Jahr!

New Year's Eve [ˌn(j)uːjɪə(r)z-'iːv] *n*

Silvester *n*

Many Londoners celebrate **New Year's Eve** in Trafalgar Square.

Viele Londoner feiern Silvester auf dem Trafalgar Square.

2.1.2 MONATSNAMEN

January ['dʒænjʊərɪ] *n*	**Januar** *m*
February ['februərɪ] *n*	**Februar** *m*
March [mɑːtʃ] *n*	**März** *m*
April ['eɪprəl] *n*	**April** *m*
May [meɪ] *n*	**Mai** *m*
June [dʒuːn] *n*	**Juni** *m*
July [dʒʊ'laɪ] *n*	**Juli** *m*
August ['ɔːgəst] *n*	**August** *m*
September [sep'tembə] *n*	**September** *m*
October [ɒk'təʊbə] *n*	**Oktober** *m*
November [nəʊ'vembə] *n*	**November** *m*
December [dɪ'sembə] *n*	**Dezember** *m*

2.1.3 WOCHENTAGE

Sunday ['sʌndeɪ] *n*	**Sonntag** *m*
Monday ['mʌndeɪ] n	**Montag** *m*
Tuesday ['tjuːzdeɪ] *n*	**Dienstag** *m*

Wednesday ['wenzdeɪ] *n*	**Mittwoch** *m*
Thursday ['θɜːzdeɪ] *n*	**Donnerstag** *m*
Friday ['fraɪdeɪ] *n*	**Freitag** *m*
Saturday ['sætədeɪ] *n*	**Samstag** *m*, **Sonnabend** *m*

2.1.4 TAGESZEIT

«1–2000»

morning ['mɔːnɪŋ] *n opp:* evening Most newspapers come out in the **morning**.	**Morgen** *m* Die meisten Zeitungen kommen am Morgen/morgens heraus.
afternoon [ˌɑːftə'nuːn] *n* Let's meet in the late **afternoon** or early evening.	**Nachmittag** *m* Treffen wir uns am späten Nachmittag oder frühen Abend!
evening ['iːvnɪŋ] *n opp:* morning Most people watch TV in the **evening**.	**Abend** *m* Die meisten Menschen sehen am Abend/abends fern.
night [naɪt] *n opp:* day The best TV programmes are late at **night**.	**Nacht** *f*, **Abend** *m* Die besten Fernsehprogramme gibt es spät am Abend.

«2001–4000»

noon [nuːn] *n opp:* midnight Many shops close at **noon** for lunch.	**Mittag** *m* Viele Läden schließen mittags zur Mittagspause.
midnight ['mɪdnaɪt] *n opp:* noon a. m. means after **midnight**, before noon.	**Mitternacht** *f* a. m. bedeutet nach Mitternacht, vor 12 Uhr mittags.

2.1.5 UHRZEIT

«1–2000»

what time [ˌwɒt ˈtaɪm] **What time** does the match begin?	**um wie viel Uhr** Um wie viel Uhr fängt das Spiel an?
at [ət, *betont:* æt] *prp* The concert begins **at** eight.	**um** Das Konzert fängt um acht an.
o'clock [əˈklɒk] School begins at 8 **o'clock**.	**Uhr** *(in Zeitangaben)* Die Schule fängt um acht Uhr an.
hour [ˈaʊə] *n* I'll be back in half an **hour**.	**Stunde** *f* Ich bin in einer halben Stunde zurück.
quarter [ˈkwɔːtə] *n* My train leaves at (a) **quarter** to five. → *past*	**Viertel** *n* Mein Zug fährt um viertel vor fünf.
minute [ˈmɪnɪt] *n* A quarter of an hour has 15 **minutes**.	**Minute** *f* Eine Viertelstunde hat 15 Minuten.
second [ˈsekənd] *n* A minute has 60 **seconds**.	**Sekunde** *f* Eine Minute hat 60 Sekunden.
past [pɑːst] *prp* It's (a) quarter **past** one (⚠ *nicht: o'clock*). It's half **past** two (⚠ *nicht: o'clock*).	**nach** Es ist Viertel nach eins. Es ist halb drei (⚠ *nicht: halb zwei*).

TIPP: *Es ist oft einfacher und klarer, die Uhrzeit wie im Fahrplan auszudrücken, also 1.15 (one fifteen), 2.30 (two thirty) oder 4.45 (four forty-five).*

to [tə] *prp* It's ten (minutes) **to** three. → *past*	**vor** Es ist zehn (Minuten) vor drei.

2.1.6   ANDERE ZEITBEGRIFFE

2.1.6.1 *HEUTE, GESTERN UND MORGEN*

«1–2000»

time [taɪm] *n* I'd love to come but I haven't got (the) **time**. What's the **time**? – It's ten o'clock.	**Zeit** *f* Ich würde sehr gern kommen, aber ich habe keine Zeit. Wie spät ist es? – Es ist zehn Uhr.
when [wen] *adv* **When** are you going on holiday?	**wann** Wann gehst du in Urlaub?
when [wen] *cj* I always take the train **when** I go to London. **When** I last stayed there, I saw The Phantom of the Opera. → *if*	**wenn, als** Ich nehme immer den Zug, wenn ich nach London fahre. Als ich das letzte Mal dort war, habe ich ,,Das Phantom der Oper'' gesehen.
in [ɪn] *prp* World War I began **in** 1914 and ended **in** 1918.	**im Jahre** Der Erste Weltkrieg begann (im Jahre) 1914 und endete 1918.
while [waɪl] *cj syn:* as, when Our house was broken into **while** we were away on holiday. → *during*	**während, als** Bei uns wurde eingebrochen, während (⚠ *nicht:* **weil**) wir im Urlaub waren.
during ['djʊərɪŋ] *prp* I never watch TV **during** the day.	**während** Ich sehe während des Tages nie fern.
century ['sentʃərɪ] *n* The Industrial Revolution began in the middle of the 18th **century**.	**Jahrhundert** *n* Die industrielle Revolution begann Mitte des 18. Jahrhunderts.
date [deɪt] *n* What's the **date** today? – It's the first of June.	**Datum** *n* Welches Datum haben wir heute? – Den ersten Juni.
now [naʊ] *adv* Don't wait – act **now**!	**jetzt, nun, heute** Warte nicht – handle jetzt!
present ['preznt] *n, adj opp:* past, future We live in the **present** and not in the past.	**Gegenwart** *f*, **gegenwärtig, jetzig** Wir leben in der Gegenwart und nicht in der Vergangenheit.

today [təˈdeɪ] *adv*
If you post the letter **today**, it will get there tomorrow.

heute
Wenn Sie den Brief heute einwerfen, ist er morgen dort.

moment [ˈməʊmənt] *n*
It will take a **moment**.

Moment *m*, **Augenblick** *m*
Es dauert einen Augenblick.

past [pɑːst] *n opp:* present, future
Don't think of the **past** – you're living now!

Vergangenheit *f*

Denkt nicht an die Vergangenheit – ihr lebt heute!

former [ˈfɔːmə] *adj*
George Bush is a **former** U.S. President.

ehemalige(r), frühere(r)
George Bush ist ein ehemaliger Präsident der USA.

yesterday [ˈjestədɪ] *adv*
I only started **yesterday**.

gestern
Ich habe erst gestern angefangen.

ago [əˈgəʊ] *adj*
World War II ended over 50 years **ago** (⚠ *nicht: for 50 years*).
→ *for*

vor
Der Zweite Weltkrieg endete vor über 50 Jahren.

future [ˈfjuːtʃə] *n opp:* past
A fortune-teller claims to be able to see into the **future**.

Zukunft *f*
Eine Wahrsagerin behauptet, sie könne in die Zukunft sehen.

near [nɪə] *adj*
We won't solve the ozone problem in the **near** future.

nahe
In naher Zukunft werden wir das Ozonproblem nicht lösen.

tomorrow [təˈmɒrəʊ] *adv*
You can speak to the boss **tomorrow**.

morgen
Sie können den Chef morgen sprechen.

«2001–4000»

period [ˈpɪərɪəd] *n syn:* time, age
Prohibition was the **period** from 1919 to 1933 when alcohol was illegal in the US.

Zeit *f*, **Zeitraum** *m*, **Periode** *f*

Die Prohibition war der Zeitraum von 1919 bis 1933, als Alkohol in den USA verboten war.

this [ðɪs] *adj*
I had to get up early **this** morning.

heute ...
Ich musste heute Morgen früh aufstehen.

nowadays ['naʊədeɪz] *adv syn:* these days

heutzutage

We used to have three TV channels to choose from – **nowadays** we have up to 100!

Früher hatten wir drei Fernsehprogramme zur Wahl – heutzutage haben wir bis zu 100!

tonight [tə'naɪt] *adv syn:* this evening

heute Abend

Let's go dancing **tonight**.

Lass uns heute Abend tanzen gehen!

meanwhile ['miːnwaɪl] *adv syn:* in the meantime

inzwischen, mittlerweile

The ozone debate started years ago. **Meanwhile** the size of the ozone hole tripled.

Die Ozondiskussion begann vor Jahren. Inzwischen hat sich die Größe des Ozonlochs verdreifacht.

then [ðen] *adv opp:* now, nowadays

damals

I remember the first landing on the moon – I was a little boy **then**.

Ich erinnere mich an die erste Mondlandung – damals war ich ein kleiner Junge.

last night [ˌlɑːst 'naɪt] *adv*

gestern Abend, letzte Nacht

Did you see the talk show at 9 o'clock **last night**?

→ *night*

Hast du gestern Abend um 9 Uhr die Talkshow im Fernsehen gesehen?

the day before yesterday [ðə 'deɪ bɪˌfɔː 'jestədeɪ] *adv*

vorgestern

I hope the steaks are still o.k. – I bought them **the day before yesterday**.

Ich hoffe, die Steaks sind noch gut – ich habe sie vorgestern gekauft.

the day after tomorrow [ðə 'deɪ ˌɑːftə tə'mɒrəʊ] *adv*

übermorgen

It's a long flight – we'll arrive in Australia **the day after tomorrow**.

Es ist ein langer Flug, wir kommen übermorgen in Australien an.

2.1.6.2 DAUER

«1–2000»

until [ʌn'tɪl] *prp syn:* till, to

bis

Office workers in Britain usually start at 9 and work **until** 5 o'clock.

In England fangen Bürokräfte meist um 9 Uhr an und arbeiten bis 17 Uhr.

till [tɪl] *prp syn:* until, to
I'll take care of the baby **till** you come back.

bis
Ich kümmere mich um das Baby, bis du wiederkommst.

---

for [fə] *prp*
I lived in America **for** one year.

... lang
Ich wohnte ein Jahr lang (⚠ *nicht: vor einem Jahr*) in Amerika.

---

since [sɪns] *prp, cj*
She's been ill **since** last week.

It's been a week **since** she fell ill.

seit
Sie ist seit letzter Woche krank (⚠ *nicht: ist krank gewesen*).

Es ist eine Woche her, seit sie krank wurde.

---

for [fə] *prp*
She's been ill **for** (⚠ *nicht: since*) a week.

seit
Sie ist seit einer Woche krank (⚠ *nicht: ist krank gewesen*).

TIPP: Das deutsche „seit" wird durch **for** *ausgedrückt, wenn es sich auf einen Zeitraum bezieht, z.B.* **for two months** *(seit zwei Monaten), durch* **since,** *wenn es sich auf einen Zeitpunkt bezieht, z.B.* **since January** *(seit Januar).*

---

still [stɪl] *adv*
It was **still** dark when we left.

noch, immer noch
Es war noch dunkel, als wir abfuhren.

---

long [lɒŋ] *adj, adv*
It's a **long** flight from Frankfurt to Melbourne.

lang, lange
Es ist ein langer Flug von Frankfurt nach Melbourne.

---

forever [fər'evə] *adv*
The Beatles will be remembered **forever**.

(für) immer, ewig
An die Beatles wird man ewig denken.

«2001−4000»

while [waɪl] *n*
I saw her a little **while** ago.

Weile *f*
Ich habe sie vor einer Weile gesehen.

---

length [leŋθ] *n*
The average **length** of a film is about 100 minutes.

Länge *f*, **Dauer** *f*
Die normale Länge eines Films beträgt etwa 100 Minuten.

Brit **fortnight** ['fɔːtnaɪt] *n*
I'm going on holiday for a **fortnight**.

14 Tage, zwei Wochen
Ich mache 14 Tage Urlaub.

2.1.6.3 Häufigkeit

«1–2000»

ever ['evə] *adv*
Have you **ever** been there?

je, jemals, schon einmal
Waren Sie schon einmal dort?

always ['ɔːlweɪz] *adv opp:*
never
In tennis one player **always**
wins.

immer

Beim Tennis gewinnt immer ein
Spieler.

often ['ɒfn] *adv opp:*rarely, seldom
I like the theatre but I don't **often**
have time to go.

oft

Ich gehe gern ins Theater, aber
ich habe nicht oft Zeit dazu.

sometimes ['sʌmtaɪmz] *adv*
Sometimes I go by car, but
usually I take the bus.

manchmal
Manchmal fahre ich mit dem
Auto, aber meistens nehme ich
den Bus.

rarely ['reəlɪ] *adv syn:* seldom,
opp: often
They've moved away, so we
rarely see them.

selten, kaum

Sie sind weggezogen, deshalb
sehen wir sie selten.

never ['nevə] *adv opp:* always
I've heard of him but I've **never**
met him.

nie, niemals
Ich habe von ihm gehört, ihn
aber nie kennen gelernt.

«2001–4000»

frequent ['friːkwənt] *adj*
He takes his portable computer
on his **frequent** flights.

häufig
Er nimmt auf seinen häufigen
Flügen seinen tragbaren Com-
puter mit.

seldom ['seldəm] *adv syn:* rarely, *opp:* often
I'm not a vegetarian, but I very
seldom eat meat.

selten

Ich bin kein Vegetarier, doch
ich esse sehr selten Fleisch.

2.1.6.4 FRÜHER UND SPÄTER

«1–2000»

already [ɔːlˈredɪ] *adv*
I'm not coming – I've **already**
seen the film. → *yet*

schon, bereits
Ich komme nicht mit – ich habe
den Film schon gesehen.

before [bɪˈfɔː] *prp, cj, adv opp:*
after
I always jog **before** breakfast.

She was a teacher **before** she
became a writer.
I don't know her name but I've
seen her **before**.

**vor, bevor, vorher, (früher)
schon einmal**
Ich jogge immer vor dem Frühstück.
Sie war Lehrerin, bevor sie
Schriftstellerin wurde.
Ich kenne ihren Namen nicht,
aber ich habe sie schon einmal
gesehen.

just [dʒʌst] *adv*
I don't know anybody – I've **just**
moved here.

gerade, soeben
Ich kenne niemanden – ich bin
gerade hergezogen.

on time [ɒn ˈtaɪm] *adv opp:* late
We started late but arrived **on
time**.

pünktlich
Wir fuhren verspätet ab, aber
kamen pünktlich an.

in time [ɪn ˈtaɪm] *adv*
We arrived just **in time** to catch
our train.

rechtzeitig
Wir kamen gerade rechtzeitig,
um unseren Zug zu erreichen.

early [ˈɜːlɪ] *adj, adv opp:* late

The plane was due at 12 but
arrived 20 minutes **early**.

**früh(zeitig), zu früh, früher (als
üblich** *usw.***)**
Das Flugzeug sollte um 12 landen, kam aber 20 Minuten früher an.

only [ˈəʊnlɪ] *adv*
Stay a little longer – it's **only** ten
o'clock.

erst
Bleibt noch etwas – es ist erst
zehn Uhr!

soon [suːn] *adv*
Don't be afraid – your mother
will **soon** be back.

bald
Hab keine Angst – deine Mutter
ist bald wieder da.

first [fɜːst] *adv*
There's so much work I don't
know what to do **first**.
→ *at first*

zuerst, erst, als erste(r, -s)
Es gibt so viel Arbeit, dass ich
nicht weiß, was ich zuerst tun
soll.

at once [ət 'wʌns] *adv*
Don't wait – do it **at once**!
I don't understand anything if
you're all talking **at once**!

sofort, gleichzeitig, auf einmal
Warte nicht – tu es sofort!
Ich verstehe nichts, wenn ihr alle gleichzeitig redet!

then [ðen] *adv*
First the President spoke and
then his guest.

dann, danach
Zuerst sprach der Präsident
und dann sein Gast.

after ['ɑːftə] *prp, cj, adv opp:* before
He likes to take a nap **after** dinner.
He went to college **after** he had
finished school.

nach, nachdem, danach

Er macht nach dem Essen gern
ein Nickerchen.
Er ging aufs College, nachdem
er die Schule abgeschlossen
hatte.

afterwards ['ɑːftəwədz] *adv*
Let's go to a show and have a
drink **afterwards**.

danach, nachher
Lass uns ins Theater gehen und
danach etwas trinken.

late [leɪt] *adj, adv opp:* early

If I don't catch the train, I'll be
late for work.

At weekends I go to bed **late** (⚠
nicht: **lately**). → *latest, lately*

**spät, verspätet, zu spät, später
(als üblich** *usw.***)**
Wenn ich den Zug nicht erreiche, komme ich zu spät zur Arbeit.
An Wochenenden gehe ich spät
ins Bett.

later ['leɪtə] *adv*
Bye now, I'll see you **later**.

später
Tschüss erst mal, bis später!

last [lɑːst] *adj, adv opp:* first
The **last** train leaves around
midnight.
As usual, Fred arrived **last**.
→ *latest*

letzte(r), als letzte(r, -s), zuletzt
Der letzte Zug fährt gegen Mitternacht.
Wie gewöhnlich erschien Fred
als Letzter.

at last [ət 'lɑːst] *adv syn:* finally
I thought they weren't coming,
but here they are **at last**!

endlich
Ich dachte, sie kämen nicht,
aber da sind sie endlich!

«2001–4000»

yet [jet] *adv*
I'm looking for Sue – have you
seen her **yet**?

schon
Ich suche Sue – hast du sie
schon gesehen?

immediately [ɪˈmiːdjətlɪ] *adv*
syn: at once
Send an ambulance **immedi-**
ately!

sofort, unverzüglich

Schicken Sie sofort einen Krankenwagen!

---

at first [ət ˈfɜːst] *adv*
At first I didn't like New York,
but now it's my favourite place.

zuerst
Zuerst mochte ich New York
nicht, aber jetzt bin ich am
liebsten dort.

---

recently [ˈriːsntlɪ] *adv*

The film came out only **recently**,
I haven't seen it yet.

kürzlich, vor kurzem, in letzter
Zeit
Der Film ist erst vor kurzem
herausgekommen, ich habe ihn
noch nicht gesehen.

---

lately [ˈleɪtlɪ] *adv*
I haven't watched much TV **late-**
ly. → *late*

in letzter Zeit
Ich habe in letzter Zeit wenig
ferngesehen.

---

punctual [ˈpʌŋktʃʊəl] *adj syn:*
on time
I have a date with Peter at eight
but he's never **punctual**.

pünktlich

Ich habe mit Peter für acht eine
Verabredung, aber er ist nie
pünktlich.

---

final [ˈfaɪnl] *adj*
I won't do it – and that's **final**!

She's happy – she passed her
final exams.

endgültig, End..., (Ab)Schluss...
Ich tue es nicht – und das ist
endgültig!
Sie ist glücklich – sie hat die
Abschlussprüfung bestanden.

---

finally [ˈfaɪnəlɪ] *adv syn:* at last
After several traffic jams we
finally reached Brighton.

schließlich, endlich
Nach mehreren Staus erreich-
ten wir schließlich Brighton.

2.1.7 Zeitlicher Ablauf

«1–2000»

ready [ˈredɪ] *adj*
Is dinner **ready**? I'm hungry.
→ *finished*

fertig
Ist das Essen fertig? Ich habe
Hunger.

begin [bɪˈgɪn] *v/i, v/t syn:* start,
opp: end, finish
⚠ **began** [bɪˈgæn], **begun**
[bɪˈgʌn]
World War II **began** in 1939 and
ended in 1945.

beginnen, anfangen

Der Zweite Weltkrieg begann
1939 und endete 1945.

start [stɑːt] *n, v/i, v/t*
She **started** to say something
but stopped.

Anfang *m*, **anfangen, beginnen**
Sie fing an etwas zu sagen,
aber hörte dann auf.

stay [steɪ] *v/i opp:* leave
Our friends came to see us last
night and **stayed** till 2 a.m.

bleiben
Unsere Freunde besuchten uns
gestern Abend und blieben bis
2 Uhr nachts.

keep [kiːp] *v/i*
⚠ **kept** [kept], **kept** [kept]
Try to **keep** calm – it's quite
safe.

bleiben

Versucht ruhig zu bleiben – es
ist ganz sicher.

continue [kənˈtɪnjuː] *v/i, v/t syn:*
go on *opp:* stop, end
Many school-leavers want to
continue their education at college.

weitergehen,   weitermachen,
fortfahren, fortsetzen
Viele Schulabgänger wollen ihre Ausbildung an einem College fortsetzen.

go on [ˌgəʊ ˈɒn] *v/i syn:* happen,
continue
What the hell's **going on** here?
You can't **go on** like that – you
need some rest.

vorgehen,   geschehen,   weitermachen, fortfahren
Was zum Teufel geht hier vor?
Du kannst so nicht weitermachen, du brauchst Ruhe.

time [taɪm] *n*
Is this your first **time** in London?
– No, I've been here many
times. → *twice*

Mal *n*
Sind Sie zum ersten Mal in Lon-
don? – Nein, ich bin schon viele
Male hier gewesen.

once [wʌns] *adv*
Once (⚠ *nicht:* **one time**) a
week, on Tuesdays, I go to football practice. → *twice*
London **once** was a Roman
town.

einmal
Einmal die Woche, dienstags,
gehe ich zum Fußballtraining.

London war einmal eine römische Stadt.

twice [twaɪs] *adv*
I go jogging **twice** (⚠ *nicht:* **two
times**) a week, on Wednesdays
and Sundays.

zweimal
Ich gehe zweimal die Woche
joggen, mittwochs und sonntags.

again [ə'gen] *adv syn:* once more

wieder, noch einmal

The song is so nice – play it **again**, Sam!

Das Lied ist so nett – spiel es noch einmal, Sam!

repeat [rɪ'piːt] *v/t*

wiederholen

If you fail the test you can **repeat** it once.

Wenn man die Prüfung nicht besteht, kann man sie einmal wiederholen.

progress ['prəʊgres] *n*

Fortschritt(e)

He's still in hospital but making good **progress**.

Er liegt noch im Krankenhaus, macht aber gute Fortschritte.

become [bɪ'kʌm] *v/i*
⚠ **became** [bɪ'keɪm], **become** [bɪ'kʌm]

werden

Elizabeth II **became** Queen of England in 1952.

Elisabeth II wurde 1952 Königin von England.

TIPP: become heißt nicht ,,bekommen", sondern ,,werden".

get [get] *v/i syn:* become
⚠ **got** [gɒt], **got** [gɒt], *Am* **gotten** ['gɒːtn]

werden

Summers are **getting** hotter every year. → become

Die Sommer werden jedes Jahr heißer.

follow ['fɒləʊ] *v/i, v/t*

folgen (auf), nachfolgen

The earthquake was **followed** by huge fires.

Dem Erdbeben folgten gewaltige Brände.

change [tʃeɪndʒ] *n, v/i, v/t*

(Ver)Änderung *f*, **Wechsel** *m*, **sich (ver)ändern, (ver)ändern**

The computer brought many **changes** in all areas of life.

Der Computer hat viele Veränderungen in allen Lebensbereichen gebracht.

He hasn't **changed** at all since I last saw him.

Er hat sich überhaupt nicht verändert, seit ich ihn das letzte Mal sah.

stop [stɒp] *v/i opp:* start

aufhören

Could you **stop** talking? I'm trying to think.

Könntet ihr aufhören zu reden? Ich versuche nachzudenken.

finish ['fɪnɪʃ] *v/i, v/t syn:* end, stop

aufhören, enden, beenden, (ab)schließen

What time does the programme **finish**?

Um wie viel Uhr endet das Programm?

end [end] *n, v/i, v/t syn:* stop, *opp:* start
The **end** of World War II began with the Allied invasion in 1944.

Ende *n*, **enden, aufhören, beenden**
Das Ende des Zweiten Weltkriegs begann 1944 mit der Invasion der Alliierten.

The atom bomb **ended** World War II in 1945.

Die Atombombe beendete 1945 den Zweiten Weltkrieg.

---

finished ['fɪnɪʃt] *adj*
My essay is almost **finished** (⚠ *nicht:* **ready**). → *ready*

fertig
Mein Aufsatz ist fast fertig.

---

over ['əʊvə] *adv syn:* finished
Let's go home – the party's **over**.

zu Ende, vorüber, vorbei
Gehen wir nach Hause – die Party ist vorbei.

«2001–4000»

beginning [bɪ'gɪnɪŋ] *n syn:* start, *opp:* end
I enjoyed the book from the **beginning** to the end.

Anfang *m*, **Beginn** *m*
Das Buch hat mir vom Anfang bis zum Schluss gut gefallen.

---

introduction [ˌɪntrə'dʌkʃn] *n*
The **introduction** of the steam engine led to the Industrial Revolution.

Einführung *f*
Die Einführung der Dampfmaschine führte zur industriellen Revolution.

---

take place [ˌteɪk 'pleɪs] *v/i*
In Britain most weddings **take place** in church.

stattfinden
In England finden die meisten Trauungen in der Kirche statt.

---

last [lɑːst] *v/i*
The cold weather **lasted** from January to March.

dauern
Das kalte Wetter dauerte von Januar bis März.

---

remain [rɪ'meɪn] *v/i*
Please **remain** seated till the plane has come to a standstill.

übrig bleiben, bleiben
Bitte bleiben Sie sitzen, bis das Flugzeug zum Stehen gekommen ist.

---

keep [kiːp] *v/t*
⚠ **kept** [kept], **kept** [kept]
Keep going till you see a gate on your right.

etwas **weiter** *tun*, **nicht aufhören** *etwas* **zu tun**
Fahren Sie weiter, bis Sie zu Ihrer Rechten ein Tor sehen.

permanent ['pɜːmənənt] *adj*
opp: temporary
I spend a lot of time here but it isn't my **permanent** home.

ständig, dauernd, dauerhaft, fest

Ich verbringe hier viel Zeit, aber es ist nicht mein ständiger Wohnsitz.

---

develop [dɪ'veləp] *v/i, v/t*
Buds **develop** into blossoms.

Carmakers are **developing** non-polluting engines.

(sich) entwickeln
Knospen entwickeln sich zu Blüten.
Die Autohersteller entwickeln umweltfreundliche Motoren.

---

development [dɪ'veləpmənt] *n*
Oil is important for the Arab countries' **development**.
→ *develop*

Entwicklung *f*
Öl ist für die Entwicklung der arabischen Länder wichtig.

---

stage [steɪdʒ] *n*
Electric cars are still at the experimental **stage** (⚠ *nicht: stadium*).

Stadium *n*, **Stufe** *f*, **Phase** *f*
Elektroautos befinden sich noch im Versuchsstadium.

---

up-to-date [ˌʌp tə 'deɪt] *adj*

This new book gives you **up-to-date** facts and figures.

aktuell, modern, auf dem neuesten Stand
Dieses neue Buch bietet Ihnen aktuelle Fakten und Zahlen.

---

interrupt [ˌɪntə'rʌpt] *v/t*
He **interrupts** his wife every time she says something.

unterbrechen
Er unterbricht seine Frau jedes Mal, wenn sie etwas sagt.

---

delay [dɪ'leɪ] *n, v/t*

At the airport there were lots of **delays** due to fog.

Verspätung *f*, **verzögern, verschieben**
Auf dem Flughafen gab es viele Verspätungen wegen Nebels.

2.2 Raum

2.2.1 RÄUMLICHE BEGRIFFE

«1–2000»

place [pleɪs] *n*
I know this **place** – I've been here before.
Let's look for a **place** in the shade. → *room, space*

Ort *m*, **Stelle** *f*, **Platz** *m*
Ich kenne diesen Ort, ich war schon einmal hier.
Lass uns einen Platz im Schatten suchen!

where [weə] *adv*
Where are you going on holiday?

wo, wohin
Wohin fahrt ihr in Urlaub?

here [hɪə] *adv opp:* there
I've lived **here** all my life.

hier, hierher, hierhin
Ich wohne hier schon mein ganzes Leben lang.

there [ðeə] *adv*
I tried to call you, but you weren't **there**.
Are **there** any more questions?

da, dort, dahin, (dort)hin
Ich habe versucht Sie anzurufen, aber Sie waren nicht da.
Gibt es noch weitere Fragen?

to [tə, tʊ] *prp*
It's about 400 miles from Los Angeles **to** San Francisco.

nach, bis, zu
Von Los Angeles bis San Francisco sind es etwa 400 Meilen.

in [ɪn] *prp, adv*
Always keep the eggs **in** the refrigerator!

in, herein, hinein, ein
Bewahrt die Eier immer im Kühlschrank auf!

on [ɒn] *prp*
I've never sat **on** a horse before.
There are beautiful pictures **on** all the walls.

auf, an
Ich habe noch nie auf einem Pferd gesessen.
An allen Wänden hängen schöne Bilder.

at [ət, *betont:* æt] *prp*
We're meeting **at** the station at 7 a.m.
The police shot **at** the car but missed it.

an, in, auf, nach
Wir treffen uns um 7 Uhr am Bahnhof.
Die Polizei schoss auf den Wagen, traf ihn aber nicht.

out [aʊt] *adv opp:* in
She put on her coat and walked **out**.

hinaus, (he)raus, draußen
Sie zog den Mantel an und ging hinaus.

away [ə'weɪ] *adv*
They jumped on their bicycles and rode **away**.
The Mexican border is only a few miles **away** from San Diego.

fort, weg, entfernt
Sie sprangen auf ihre Räder und fuhren fort.
Die mexikanische Grenze ist nur wenige Meilen von San Diego entfernt.

somewhere ['sʌmweə] *adv*
Try to find him – he must be **somewhere**.

irgendwo, irgendwohin
Versucht ihn zu finden – irgendwo muss er sein.

anywhere ['enɪweə] *adv*

Have you seen my glasses **anywhere**? I can't find them.

irgendwo(hin), überall(hin)

Hast du meine Brille irgendwo gesehen? Ich kann sie nicht finden.

---

nowhere ['nəʊweə] *adv opp:* everywhere

The missing person was **nowhere** to be found.

nirgends, nirgendwo

Die vermisste Person war nirgends zu finden.

---

everywhere ['evrɪweə] *adv opp:* nowhere

In Britain you'll find a nice pub **everywhere**.

überall

In England findet man überall eine nette Kneipe.

---

room [ruːm] *n syn:* space

There's enough **room** (⚠ *nicht:* **place**) for a family of four.
→ *place*

Platz *m*

Es ist genug Platz für eine vierköpfige Familie vorhanden.

---

distance ['dɪstəns] *n*

The Channel Tunnel allows trains to cover the **distance** between London and Paris in about three hours.

Entfernung *f,* **Distanz** *f,* **Strecke** *f*

Durch den Kanaltunnel überwinden Züge die Entfernung zwischen London und Paris in etwa drei Stunden.

---

far [fɑː] *adj, adv opp:* near
⚠ **farther** ['fɑːðə], **further** ['fɜːðə], **farthest** ['fɑːðəst], **furthest** ['fɜːðəst]

We can walk there – it isn't **far**.

weit (weg)

Wir können zu Fuß hingehen – es ist nicht weit.

---

*TIPP: Die Steigerungsformen **farther, farthest** werden nur räumlich verwendet. Dagegen können **further, furthest** sowohl in räumlicher als auch übertragener Bedeutung gebraucht werden, z. B. **two miles further** (zwei Meilen weiter), **further reasons** (weitere Gründe).*

---

near [nɪə] *adj, adv, prp syn:* close, *opp:* far

Can you tell me where the **nearest** (⚠ *nicht:* **next**) bus stop is?
I live quite **near,** I can walk home.

nahe, in der Nähe (von), bei

Können Sie mir sagen, wo die nächste Bushaltestelle ist?
Ich wohne ganz in der Nähe, ich kann zu Fuß nach Hause gehen.

---

*TIPP: **nearest** bedeutet „nächstgelegene", **next** „der/die/das nächste" in der Reihenfolge, z. B. **Get off at the next stop!** (Steigen Sie an der nächsten Haltestelle aus!)*

next to ['neks tə] *prp syn:* beside
She's an old friend – we sat **next to** each other at school.

neben
Sie ist eine alte Freundin – wir saßen in der Schule nebeneinander.

---

opposite ['ɒpəzɪt] *adj, prp*
Turn around and go in the **opposite** direction.

The teacher usually stands **opposite** the class.

entgegengesetzt, gegenüber
Drehen Sie um und fahren Sie in der entgegengesetzten Richtung.
Der Lehrer steht meist der Klasse gegenüber.

---

against [ə'genst] *prp*
Put the ladder **against** the wall.

gegen, an
Lehne die Leiter an die Wand!

---

front [frʌnt] *n, adj opp:* back, rear
The dining car is at the **front** of the train.
Passengers in the **front** seats run the highest risk.

Vorderteil *n*, **Vorderseite** *f*, **vordere(r, -s), Vorder...**
Der Speisewagen befindet sich im vorderen Teil des Zuges.
Die Fahrgäste auf den Vordersitzen sind am meisten gefährdet.

---

in front of [ɪn 'frʌnt əv] *prp opp:* behind
Lots of people were standing **in front of** the cinema.

vor
Vor dem Kino standen viele Menschen.

---

middle ['mɪdl] *n*
Germany is right in the **middle** of Europe.

Mitte *f*
Deutschland liegt genau in der Mitte Europas.

---

among [ə'mʌŋ] *prp*
There are several valuable examples **among** (⚠ *nicht:* **under**) your stamps.

unter, zwischen, inmitten
Unter deinen Briefmarken befinden sich mehrere wertvolle Stücke.

---

back [bæk] *adv*
I'm going away and will be **back** on Sunday.

zurück, wieder (da)
Ich verreise und bin Sonntag zurück.

---

back [bæk] *n, adj opp:* front
Children should sit in the **back** of a car.

Hinterseite *f*, **hinterer Teil** *m*, **hintere(r, -s), Rück...**
Kinder sollten im Auto hinten sitzen.

---

behind [bɪ'haɪnd] *prp, adv*
He was hiding **behind** a tree.

hinter, dahinter
Er versteckte sich hinter einem Baum.

beside [bɪ'saɪd] *prp syn:* next to
Bride and groom stand **beside** each other during the wedding ceremony.

neben
Braut und Bräutigam stehen während der Trauungszeremonie nebeneinander.

side [saɪd] *n*
In Britain cars drive on the left **side** of the road.

Seite *f*
In England fahren die Autos auf der linken Seite der Straße.

TIPP: side bezeichnet auch die (Vorder- oder Rück)Seite eines Blattes, doch die Seite im Buch usw. heißt stets page.

right [raɪt] *n, adj, adv opp:* left

On your **right** you can see Tower Bridge.
Turn **right** at the crossroads.

rechte Seite *f,* **Rechte** *f,* **rechte(r, -s), rechts**
Zu Ihrer Rechten sehen Sie die Tower-Brücke.
Biegen Sie an der Kreuzung rechts ab!

left [left] *n, adj, adv opp:* right

In Britain you have to drive on the **left**.
Make a **left** turn at the traffic lights.

linke Seite *f,* **Linke** *f,* **linke(r, -s), links**
In England muss man auf der linken Seite fahren.
Biegen Sie bei der Ampel links ab!

up [ʌp] *adv, prp opp:* down

She went **up** to the first floor to put the children to bed.

The ghost town Bodie is high **up** in the mountains.

hinauf, (he)rauf, hoch, (nach) oben, auf
Sie ging in den ersten Stock hinauf, um die Kinder ins Bett zu bringen.
Die Geisterstadt Bodie liegt hoch oben in den Bergen.

over ['əʊvə] *prp, adv*
The dog jumped **over** the fence and ran away.
We're having a little party – are you coming **over**?

über, (he)rüber, hinüber
Der Hund sprang über den Zaun und lief davon.
Wir feiern ein bisschen – kommt ihr rüber?

above [ə'bʌv] *prp, adv opp:* below
The plane was flying far **above** the clouds.

über, oberhalb, oben, darüber
Das Flugzeug flog weit über den Wolken.

upper ['ʌpə] *adj opp:* lower
The bedrooms are on the **upper** floor.

obere(r, -s), Ober...
Die Schlafzimmer sind im oberen Stockwerk.

high [haɪ] *adj, adv opp:* low, deep	**hoch**
Mount Everest is the **highest** mountain.	Der Mount Everest ist der höchste Berg.

under [ˈʌndə] *prp opp:* over, above	**unter**
Most of the iceberg is **under** the surface of the water. → *among*	Der größte Teil des Eisbergs liegt unter der Wasseroberfläche.

down [daʊn] *adv, prp opp:* up	**hinunter, (he)runter, unten**
He went **down** to the cellar to look at the heating.	Er ging in den Keller hinunter, um nach der Heizung zu sehen.

low [ləʊ] *adj, adv opp:* high	**tief, niedrig**
The clouds are very **low** – it's going to rain.	Die Wolken sind sehr niedrig – es wird regnen.

deep [diːp] *adj*	**tief**
Careful when you go swimming – the water's very **deep**!	Vorsicht beim Baden – das Wasser ist sehr tief!

surface [ˈsɜːfɪs] *n*	**Oberfläche** *f*
Oil is pumped to the **surface** from the underground oilfields.	Das Öl wird aus den unterirdischen Ölfeldern an die Oberfläche gepumpt.

flat [flæt] *adj*	**flach, eben**
East of the Rocky Mountains the land is mostly **flat**.	Östlich der Rocky Mountains ist das Land meist flach.

long [lɒŋ] *adj opp:* short	**lang**
The **longest** rivers are the Amazon and the Nile.	Die längsten Flüsse sind der Amazonas und der Nil.

straight [streɪt] *adj, adv*	**gerade**
I can't draw a **straight** line without a ruler.	Ich kann ohne Lineal keine gerade Linie ziehen.

wide [waɪd] *adj, adv*	**breit, weit**
Our garage isn't **wide** enough for your big car.	Unsere Garage ist für dein großes Auto nicht breit genug.

narrow [ˈnærəʊ] *adj opp:* wide, broad	**schmal**
The street is too **narrow** for buses and lorries.	Die Straße ist zu schmal für Busse und Lastwagen.

«2001–4000»

space [speis] *n syn:* room
There isn't enough **space** (⚠ *nicht: place*) in the living room for all our furniture. → *place*

Platz *m*, **Raum** *m*
Im Wohnzimmer ist nicht genug Platz für alle unsere Möbel.

---

position [pə'zɪʃn] *n syn:* location
San Francisco is known for its beautiful **position** overlooking the Bay.

Lage *f*, **Standort** *m*, **Stellung** *f*
San Francisco ist bekannt für seine schöne Lage mit dem Blick über die Bucht.

---

spot [spɒt] *n syn:* place
Let's look for a nice **spot** for a picnic.

Stelle *f*, **Ort** *m*, **Fleck(en)** *m*
Suchen wir uns eine hübsche Stelle zum Picknicken!

---

all over ['ɔːl ˌəʊvə] *prp syn:* throughout
In London you can see tourists from **all over** the world.

überall in/auf
In London sieht man Touristen aus der ganzen Welt.

---

throughout [θruː'aʊt] *prp syn:* all over
Fish 'n' chip shops are to be found **throughout** England.

überall in/auf
Fischbratküchen findet man überall in England.

---

distant ['dɪstənt] *adj syn:* faraway, *opp:* nearby
Their fast ships took the Vikings to **distant** countries.

(weit) entfernt, fern
Ihre schnellen Schiffe brachten die Wikinger in ferne Länder.

---

inside [ɪn'saɪd] *n, adv, prp opp:* outside
When you wash the car, please clean the **inside,** too.

We'd rather stay **inside** when it is so cold.

Inneres *n*, **(nach) innen, drinnen, im Inneren, innerhalb**
Wenn Sie den Wagen waschen, reinigen Sie bitte auch das Innere.

Wir bleiben lieber drinnen, wenn es so kalt ist.

---

inner ['ɪnə] *adj*
Crime and poverty are problems of **inner** cities.

innere(r, -s), Innen...
Kriminalität und Armut gehören zu den Problemen in Innenstädten.

---

central ['sentrəl] *adj*
Our hotel in London was very **central.**

zentral (gelegen), Mittel...
Unser Hotel in London war sehr zentral gelegen.

outer [ˈaʊtə] *adj opp:* inner
The thick **outer** walls of the house keep the inside cool.

äußere(r, -s), Außen...
Die dicken Außenwände des Hauses halten das Innere kühl.

outside [aʊtˈsaɪd] *n, adv, prp opp:* inside

Äußeres *n*, **Außenseite, -front** *f*, **(nach) draußen, außerhalb (von)**

The **outside** of the building needs painting.
Die Außenfront des Gebäudes muss gestrichen werden.

The kids always play **outside** when the weather's good.
Die Kinder spielen immer draußen, wenn das Wetter gut ist.

aside [əˈsaɪd] *adv*
The boy stepped **aside** to let the old woman pass.

zur Seite, beiseite
Der Junge trat zur Seite, um die alte Frau vorbeizulassen.

top [tɒp] *n, adj*

Oberteil *n*, **Spitze** *f*, **ober(st)es Ende** *n*, **Dach** *n*, **obere(r, -s), höchste(r, -s)**

A penthouse is an exclusive flat built on **top** of a tall building.
Ein Penthouse ist eine exklusive Wohnung auf dem Dach eines Hochhauses.

on top of [ɒn ˈtɒp əv] *prp*
Put the hamburger on the roll and a slice of cheese **on top of** it.

oben auf
Leg den Hamburger auf das Brötchen und eine Scheibe Käse oben drauf.

at the top (of) [æt ðə ˈtɒp (əv)]
Your chances are good – you're **at the top of** the waiting list.

oben (auf)
Ihre Chancen stehen gut – Sie sind oben auf der Warteliste.

height [haɪt] *n*
The **height** of Mount Everest is 29,028 feet.

Höhe *f*
Die Höhe des Mount Everest beträgt 29 028 Fuß.

below [bɪˈləʊ] *prp syn:* under, *opp:* above
There's a lot of oil **below** the surface of the desert.

unter, unterhalb

Unter der Oberfläche der Wüste liegt viel Öl.

at the bottom (of) [æt ðə ˈbɒtəm (əv)]
Look at the picture **at the bottom of** page 12.

unten (auf)

Schaut euch das Bild auf Seite 12 unten an!

depth [depθ] *n*
This diver's watch is water resistant to a **depth** of 100 metres.

Tiefe *f*
Diese Taucheruhr ist wassergeschützt bis zu einer Tiefe von 100 Metern.

broad [brɔːd] *adj syn:* wide, *opp:* narrow	**breit**
Bodybuilders have **broad** shoulders and a slim waist.	Bodybuilder haben breite Schultern und eine schlanke Taille.

width [wɪdθ] *n*	**Breite** *f*
We are measuring the length and **width** of the room.	Wir messen die Länge und Breite des Zimmers aus.

2.2.2 BEWEGUNG UND RUHE

«1–2000»

move [muːv] *v/i, v/t*	**(sich) bewegen**
Don't open the door while the train's **moving**.	Nicht die Tür öffnen, solange sich der Zug bewegt!

turn [tɜːn] *v/i, v/t*	**sich (um-, herum)drehen, sich (um)wenden**
The wheels were **turning** but the car didn't move.	Die Räder drehten sich, aber das Auto bewegte sich nicht.
She **turned** around and waved at us.	Sie drehte sich um und winkte uns zu.

step [step] *n, v/i*	**Schritt** *m*, **treten**
There's a nice pub only a few **steps** further along.	Nur ein paar Schritte von hier ist eine nette Kneipe.
Step back when a train comes in.	Zurücktreten, wenn ein Zug einfährt!

jump [dʒʌmp] *v/i*	**springen, hüpfen**
Horses can **jump** over high fences.	Pferde können über hohe Zäune springen.

rise [raɪz] *v/i opp:* fall ⚠ **rose** [rəʊz], **risen** ['rɪzən]	**(an)steigen, auf-, hochsteigen, sich erheben**
The road **rises** steeply and leads up the mountain.	Die Straße steigt steil an und führt den Berg hinauf.
The members of the jury **rose** from their seats.	Die Geschworenen erhoben sich von den Plätzen.

TIPP: to rise und to raise werden oft verwechselt. rise bedeutet (selbstständig) „in die Höhe steigen" und steht ohne direktes Objekt, z. B. we rose (wir erhoben uns). to raise dagegen wird immer mit einem direkten Objekt gebraucht und bedeutet etwas oder jemanden in eine höhere Position bringen, z. B. we raised the wreck (wir hoben das Wrack).

---

sink [sɪŋk] *v/i, v/t*
⚠ **sank** [sæŋk], **sunk** [sʌŋk]
Two days after the flood the water **sank** to normal again.

Torpedoes are used to **sink** enemy ships.

sinken, versinken, untergehen, versenken
Zwei Tage nach der Überschwemmung sank das Wasser wieder auf normal.

Torpedos werden verwendet, um feindliche Schiffe zu versenken.

---

drop [drɒp] *v/i syn:* fall
The bottle **dropped** on the floor and broke.

(herunter)fallen, sinken
Die Flasche fiel auf den Boden und zerbrach.

---

fall [fɔːl] *v/i syn:* drop
⚠ **fell** [fel], **fallen** [ˈfɔːlən]
She **fell** off her horse and broke her arm.

fallen, stürzen

Sie fiel vom Pferd und brach sich den Arm.

---

fall [fɔːl] *n*
Grandma is in hospital after a bad **fall**.

Sturz *m*, **Fall** *m*
Oma liegt nach einem schweren Sturz in der Klinik.

---

lie [laɪ] *v/i*
⚠ **lay** [leɪ], **lain** [leɪn]
A week from now we'll be **lying** on the beach in Florida.
She likes to **lie** down for a while after lunch.

liegen, sich legen

Heute in einer Woche werden wir in Florida am Strand liegen.
Sie legt sich nach dem Mittagessen gern etwas hin.

TIPP: to lie and to lay sind unregelmäßige Verben, die oft verwechselt werden, z. B. weil lay auch die Vergangenheit von to lie ist. Man muss sich die Formen gut einprägen und auch beachten, dass es mit to lie, lied, lied (= lügen) ein weiteres Verb gibt, sodass he was lying sowohl „er lag" als auch „er log" bedeuten kann.

---

sit [sɪt] *v/i*
⚠ **sat** [sæt], **sat** [sæt]
I usually **sit** at my desk when I work.
Come in and **sit** down, please.

sitzen, sich setzen

Ich sitze meistens am Schreibtisch, wenn ich arbeite.
Kommen Sie herein und setzen Sie sich bitte.

stand [stænd] v/i
⚠ **stood** [stʊd], **stood** [stʊd]
We often have to **stand** when the bus is full.

stehen
Wir müssen oft stehen, wenn der Bus vollbesetzt ist.

«2001–4000»

presence ['prezns] n
He felt her **presence**.

Anwesenheit f, **Gegenwart** f, **Vorhandensein** n
Er spürte ihre Anwesenheit.

balance ['bæləns] n
She lost her **balance** and fell into the pool.

Gleichgewicht n
Sie verlor das Gleichgewicht und fiel ins Becken.

movement ['muːvmənt] n
A karate fighter's **movements** must be as quick as lightning.

Bewegung f
Die Bewegungen eines Karatekämpfers müssen blitzschnell sein.

hang [hæŋ] v/i
⚠ **hung** [hʌŋ], **hung** [hʌŋ]
The clothes are **hanging** on a clothesline to dry.

hängen
Die Kleidung hängt zum Trocknen an einer Wäscheleine.

roll [rəʊl] v/i, v/t
The ball **rolled** into the hole.

rollen
Der Ball rollte ins Loch.

flow [fləʊ] v/i
The Mississippi **flows** from Minnesota to the Gulf of Mexico.

fließen, strömen
Der Mississippi fließt von Minnesota bis zum Golf von Mexiko.

float [fləʊt] v/i
Wood usually **floats** (⚠ nicht: swims) on the water.

schwimmen, treiben
Holz schwimmt normalerweise auf dem Wasser.

rise [raɪz] n syn: increase, opp: fall
Are the long, hot summers a result of a general **rise** in temperature?

Anstieg m, **Zunahme** f
Sind die langen heißen Sommer Folge eines allgemeinen Temperaturanstiegs?

push [pʊʃ] v/i, v/t
Please don't **push** – there's room for everybody.

drängen, drängeln
Bitte nicht drängeln, es ist Platz für alle da!

rock [rɒk] v/i, v/t
The boat was **rocking** on the waves.

schaukeln, wiegen
Das Boot schaukelte auf den Wellen.

shock [ʃɒk] *n*
The **shock** of the explosion was felt miles away.

Erschütterung *f*, **Schlag** *m*
Die durch die Explosion ausgelöste Erschütterung war meilenweit entfernt zu spüren.

---

slip [slɪp] *v/i*
I **slipped** on the ice and fell.

(aus)rutschen, gleiten
Ich rutschte auf dem Eis aus und stürzte.

---

creep [kriːp] *v/i*
⚠ **crept** [krept], **crept** [krept]
The cat **crept** towards the bird.

kriechen, schleichen

Die Katze schlich auf den Vogel zu.

2.2.3 SCHNELL UND LANGSAM

«1–2000»

speed [spiːd] *n*
The Concorde can reach **speeds** of Mach 2 and higher.

Geschwindigkeit *f*, **Tempo** *n*
Die Concorde erreicht Geschwindigkeiten von Mach 2 und mehr.

---

run [rʌn] *v/i*
⚠ **ran** [ræn], **run** [rʌn]
He is walking. If you **run** you will catch him (up).

laufen

Er geht zu Fuß. Wenn du schnell läufst, holst du ihn ein.

*TIPP: laufen (= [zu Fuß] gehen) wird durch **to walk** ausgedrückt.*

---

hurry [ˈhʌrɪ, *Am* ˈhɜːrɪ] *n, v/i*
There's no **hurry**.
We've got to **hurry**.

Eile *f*, **sich beeilen, eilen**
Es hat keine Eile!
Wir müssen uns beeilen.

---

be in a hurry [ˌbiː ɪn ə ˈhʌrɪ]
Can this wait till tomorrow? I'm **in a hurry**.

es eilig haben, in Eile sein
Hat das bis morgen Zeit? Ich habe es eilig.

---

quick [kwɪk] *adj syn:* fast, *opp:* slow
Young children learn very **quickly**.

schnell

Kleine Kinder lernen sehr schnell.

---

fast [fɑːst] *adj, adv syn:* quick(ly), *opp:* slow(ly)
She's a **fast**, but careful driver:

schnell

Sie ist eine schnelle, aber vorsichtige Fahrerin.

slow [sləʊ] *adj opp:* quick, fast
Seeing London by bus is fun but
very **slow**.

langsam
London im Bus zu erleben
macht Spaß, geht aber sehr
langsam.

rush [rʌʃ] *v/i syn:* hurry
The fire engine **rushed** to the
scene of the fire.

eilen, rasen, stürzen
Die Feuerwehr raste zur Brand-
stelle.

overtake [ˌəʊvə'teɪk] *v/i, v/t*
syn: pass
⚠ **overtook** [ˌəʊvə'tʊk], **over-
taken** [ˌəʊvə'teɪkən]
Don't **overtake** if you can't see
the oncoming traffic.

überholen

Nicht überholen, wenn man den
entgegenkommenden Verkehr
nicht sehen kann.

slow down [ˌsləʊ 'daʊn] *v/i, v/t*
opp: speed up
Slow down – the speed limit is
25 mph!

**langsamer fahren/gehen/wer-
den, abbremsen**
Fahr langsamer – hier darf man
nicht schneller als 25 Meilen
pro Stunde fahren!

2.2.4 RICHTUNG

«1–2000»

direction [dɪ'rekʃn] *n*
He is walking in the wrong **direction**.

Richtung *f*
Er läuft in die falsche Richtung.

along [ə'lɒŋ] *prp, adv*
He was hit by a car while he was
walking **along** the street.

entlang, vorwärts, weiter
Er wurde von einem Auto ange-
fahren, als er die Straße ent-
langging.

on [ɒn] *adv*
We walked **on** and **on** and finally
got there.

weiter
Wir gingen immer weiter und
kamen schließlich an.

about [ə'baʊt], *Am* **around** [ə'raʊnd] *adv*

herum, umher

In most big cities you can see homeless people wandering **about/around** aimlessly.

In den meisten Großstädten kann man Obdachlose ziellos umherwandern sehen.

---

round [raʊnd], *Am* **around** [ə'raʊnd] *prp, adv*

um (herum), herum

The earth turns **(a)round** the sun.

Die Erde dreht sich um die Sonne.

A merry-go-round goes **(a)round** in a circle.

Ein Karussell dreht sich im Kreis herum.

---

for [fə] *prp*

nach, in Richtung, mit dem Ziel

The ferry left **for** Harwich this morning.

Die Fähre ist heute Morgen nach Harwich ausgelaufen.

---

towards [tə'wɔːdz, *Am* tɔːdz] *prp*

auf ... zu, ... zu, nach ... hin

I got a fright when I saw a big dog running **towards** me.

Ich bekam einen Schreck, als ich einen großen Hund auf mich zulaufen sah.

---

into ['ɪntə] *prp*

in (hinein)

It's getting cold – let's go **into** the house.

Es wird kalt – gehen wir ins Haus!

---

out of ['aʊt əv] *prp opp: into*

aus (heraus)

He jumped **out of** bed when the alarm clock rang.

Er sprang aus dem Bett, als der Wecker klingelte.

---

from [frɒm] *prp*

von, aus

Sean comes **from** Ireland.

Sean kommt aus Irland.

I got a letter **from** Tom this morning.

Ich habe heute Morgen einen Brief von Tom bekommen.

---

off [ɒf] *adv, prp*

ab, aus, davon, weg

Get **off** (the bus) at the next stop.

Steigen Sie an der nächsten Haltestelle aus!

She got into her car and drove **off**.

Sie stieg in ihren Wagen und fuhr davon.

---

through [θruː] *prp*

durch

Our train is going **through** the Channel Tunnel.

Unser Zug fährt durch den Kanaltunnel.

---

across [ə'krɒs] *prp, adv*

über, hinüber, darüber

A ferry took us **across** the river.

Eine Fähre brachte uns über den Fluss.

«2001–4000»

forward ['fɔːwəd] *adv opp:* backwards	**vor, vorwärts, voran**
We put the clocks **forward** to switch to summer time.	Wir stellen die Uhren vor, um auf die Sommerzeit zu gehen.
approach [ə'prəʊtʃ] *v/t*	**sich ... nähern**
As the ship **approached** New York City, the first thing we saw was the Statue of Liberty.	Als sich das Schiff New York näherte, war die Freiheitsstatue das Erste, was wir sahen.
backwards ['bækwədz] *adv opp:* forward	**rückwärts**
In a countdown you count **backwards** in seconds to zero.	Bei einem Count-down zählt man in Sekunden rückwärts bis Null.

2.2.5 KOMMEN UND GEHEN

«1–2000»

come [kʌm] *v/i* ⚠ **came** [keɪm], **come** [kʌm]	**kommen**
I want you to **come** to my birthday party.	Ich möchte, dass du zu meiner Geburtstagsfeier kommst.
appear [ə'pɪə] *v/i*	**erscheinen, auftauchen**
He said he'd be here by six but he hasn't **appeared** yet.	Er sagte, er werde um sechs hier sein, ist aber bis jetzt nicht erschienen.
arrive [ə'raɪv] *v/i opp:* depart, leave	**ankommen, eintreffen**
The train **arrives** in London at 10.30.	Der Zug kommt um halb elf in London an.
enter ['entə] *v/i, v/t opp:* leave	**eintreten, betreten**
Don't forget to knock on the door before you **enter**.	Vergiss nicht, an die Tür zu klopfen, bevor du eintrittst.
go [gəʊ] *v/i opp:* stay, come ⚠ **went** [went], **gone** [gɒn]	**gehen**
I'd like to stay a little longer, but I really must **go** now. → *walk, drive*	Ich würde gern noch etwas bleiben, aber ich muss jetzt wirklich gehen.

leave [liːv] *v/i*
△ **left** [left], **left** [left]
To catch my bus I have to **leave** at 7.30.

fort-, weggehen, aufbrechen, losgehen
Um den Bus zu erreichen, muss ich um halb acht losgehen.

---

walk [wɔːk] *v/i*
Most babies learn to **walk** (△ *nicht: go*) when they are over a year old.
We had no car, so we had to **walk** (△ *nicht: go*). → *go*

laufen, (zu Fuß) gehen
Die meisten Babys lernen laufen, wenn sie über ein Jahr alt sind.
Wir hatten kein Auto, also mussten wir zu Fuß gehen.

---

get [get] *v/i*
△ **got** [gɒt], **got** [gɒt], *Am* **gotten** [ˈgɑːtn]
How can we **get** there without a car?

(hin)kommen, ankommen

Wie kann man ohne Wagen dort hinkommen?

---

pass [pɑːs] *v/i, v/t*

She always waves at me when she **passes** my home.

vorbeigehen, -fahren, -kommen (an), überholen
Sie winkt mir jedes Mal zu, wenn sie an meinem Haus vorbeikommt.

---

stop [stɒp] *v/i, v/t*

Don't get off the train before it **stops**.
We **stopped** to look at the shop windows.
The police **stopped** him because he was driving too fast.

(an)halten, stehen bleiben, stoppen
Nicht aussteigen, bevor der Zug hält!
Wir blieben stehen, um uns die Schaufenster anzusehen.
Die Polizei hielt ihn an, weil er zu schnell fuhr.

---

return [rɪˈtɜːn] *n, v/i*

I leave at 7.30 in the morning and **return** from work around five.

Rückkehr *f,* **Heimkehr** *f,* **zurückkehren, -kommen**
Ich gehe morgens um halb acht fort und komme gegen fünf von der Arbeit zurück.

«2001–4000»

wander [ˈwɒndə] *v/i, v/t*

In most cities there are homeless people **wandering** (the) streets. → *hike*

(umher)wandern (in), ziehen (durch), streifen (durch), umherirren in
In den meisten Städten gibt es Obdachlose, die in den Straßen umherwandern.

reach [riːtʃ] *v/t*
The train **reached** Victoria Station 20 minutes late.

erreichen, herankommen an
Der Zug erreichte den Victoria-Bahnhof mit 20 Minuten Verspätung.

We couldn't **reach** the fruit without a ladder.

Wir kamen an das Obst nicht ohne Leiter heran.

settle ['setl] *v/i*
California was first **settled** by the Spanish.

(be)siedeln, sich niederlassen
Kalifornien wurde zuerst von den Spaniern besiedelt.

disappear [ˌdɪsə'pɪə] *v/i opp:*
appear
One day he **disappeared** and was never seen again.

verschwinden

Eines Tages verschwand er und wurde nie wieder gesehen.

2.3 Menge und Maß

2.3.1 MENGENBEGRIFFE

«1–2000»

another [ə'nʌðə] *adj*
Would you like **another** cup of coffee?

noch ein(e), ein(e) weitere(r, -s)
Möchten Sie noch eine Tasse Kaffee?

both [bəʊθ] *adj, pron*
Both of my parents are teachers. → both ... and

beide, beides
Meine Eltern sind beide Lehrer.

dozen ['dʌzn] *n*
He made pancakes from a **dozen** eggs.

Dutzend *n*
Er hat Pfannkuchen aus einem Dutzend Eier gemacht.

quarter ['kwɔːtə] *n*
My car is worth only a **quarter** of its original value.

Viertel *n*
Mein Auto besitzt nur noch ein Viertel seines ursprünglichen Werts.

half [hɑːf] *n, adj, pron*
⚠ *pl* **halves** [hɑːvz]
You cut a grapefruit into two **halves**.
226 grams is **half** a pound in English-speaking countries.

Hälfte *f*

Man schneidet eine Grapefruit in zwei Hälften.
Ein halbes Pfund sind in englischsprachigen Ländern 226 Gramm.

enough [ɪ'nʌf] *adj, adv, pron*
We don't have enough **money** to
go on holiday.

genug, genügend
Wir haben nicht genug Geld, um
in Urlaub zu fahren.

a lot of [ə 'lɒt əv] *syn:* much,
many, *opp:* little, few
You can make **a lot of** money as
a professional footballer.

viel(e), eine Menge

Als Berufsfußballer kann man
viel Geld verdienen.

much [mʌtʃ] *adj, adv, pron syn:*
a lot (of), *opp:* little
I don't go out **much** because I
haven't got **much** time.

viel

Ich gehe nicht viel aus, weil ich
nicht viel Zeit habe.

many ['menɪ] *adj, pron syn:* a lot
of, *opp:* few
⚠ **more** [mɔ:], **most** [məʊst]
I haven't got **many** records but
I've got a lot of books.

viele

Ich habe nicht viele Platten,
aber ich habe viele Bücher.

more [mɔ:] *adj, adv, pron opp:*
less, fewer
You'll see **more** of London if you
use the bus.

mehr

Man sieht mehr von London,
wenn man mit dem Bus fährt.

over ['əʊvə] *prp*
We receive **over** 100 channels
by satellite.

über, mehr als
Wir empfangen über hundert
Programme per Satellit.

most [məʊst] *adj, adv, pron opp:*
least
Most (⚠ *nicht:* **the most**) people
are against war.
What the kids enjoyed **most** was
the clowns.

meiste, am meisten

Die meisten Menschen sind gegen den Krieg.
Was die Kinder am meisten ge-
nossen, waren die Clowns.

all [ɔ:l] *adj*
He lost **all** his money at the
races.
I like **all** kinds of sport.

all(e, -es), ganz(e, -es)
Er hat sein ganzes Geld beim
Pferderennen verloren.
Ich mag jede Art von Sport.

a few [ə 'fju:] *syn:* some
The weather was fine except for
a few rainy days.

ein paar, einige
Abgesehen von ein paar Re-
gentagen, war das Wetter schön.

a little [ə 'lɪtl]
I need a few eggs and **a little**
butter for the omelette.

etwas, ein wenig
Ich brauche ein paar Eier und
etwas Butter für das Omelette.

little [ˈlɪtl] *adj, adv, pron opp:* much, a lot (of)
⚠ **less** [les], **least** [liːst]
I'm afraid there's **little** I can do for you.
There's so much work that I have **little** time to relax.

wenig, gering

Ich fürchte, ich kann wenig für Sie tun.
Ich habe so viel Arbeit, dass ich wenig Zeit zum Entspannen habe.

---

few [fjuː] *adj, pron opp:* a lot of, many
Many people become 80 and older, but **few** live to be 100.

wenig(e)

Viele Menschen werden 80 Jahre und älter, aber wenige werden 100 Jahre alt.

---

less [les] *adj, adv, pron opp:* more
Bed-and-breakfasts are **less** expensive than hotels. → *little*

weniger

Frühstückspensionen sind weniger teuer als Hotels.

---

least [liːst] *adj, adv, pron opp:* most
It's one of the **least** known of his films. → *little*

wenigste(r, -s), geringste(r, -s), am wenigsten/geringsten
Es ist einer seiner am wenigsten bekannten Filme.

---

no [nəʊ] *adj, adv*
There were not enough doctors, and **no** hospitals.

kein(e)
Es gab nicht genügend Ärzte und keine Krankenhäuser.

---

nothing [ˈnʌθɪŋ] *pron, adv opp:* something, everything
The safe's empty – there's **nothing** in it.

nichts

Der Safe ist leer – es ist nichts darin.

«2001–4000»

---

contain [kənˈteɪn] *v/t*
Skimmed milk **contains** less fat.

enthalten
Entrahmte Milch enthält weniger Fett.

---

contents [ˈkɒntents] *pl*
Heat the **contents** of the can in a pan.

Inhalt *m*
Erhitzen Sie den Inhalt der Dose in einem Topf.

---

quantity [ˈkwɒntətɪ] *n opp:* quality
Quality is more important than **quantity**.

Menge *f,* **Quantität** *f*

Qualität ist wichtiger als Quantität.

double ['dʌbl] *adj, v/i, v/t*

Would you like a **double** bed or twin beds?

doppelt, Doppel..., (sich) ver-doppeln
Möchten Sie ein Doppelbett oder zwei Einzelbetten?

---

several ['sevrəl] *adj*
There are **several** ways to see London – the nicest is by bus.

mehrere, verschiedene
Es gibt mehrere Möglichkeiten, sich London anzusehen – die schönste ist vom Bus aus.

---

plenty of ['plentɪ əv] *syn:* a lot of
Children need **plenty of** food.

viel(e), eine Menge, reichlich
Kinder müssen reichlich zu essen bekommen.

---

mass [mæs] *n*
Henry Ford introduced **mass** production and made cars cheaper.

Masse *f*, **Massen...**
Henry Ford führte die Massenproduktion ein und machte die Autos billiger.

---

pile [paɪl] *n syn:* heap
There are **piles** of dirty dishes on the kitchen table.

Stapel *m*, **Haufen** *m*, **Stoß** *m*
Auf dem Küchentisch stehen ganze Stapel schmutzigen Geschirrs.

---

heap [hiːp] *n syn:* pile
There are **heaps** of books and documents on his desk.

Haufen *m*, **Stapel** *m*, **Stoß** *m*
Auf seinem Schreibtisch liegen Stapel von Büchern und Schriftstücken.

---

majority [mə'dʒɒrətɪ] *n opp:* minority
The **majority** of South Africans are black.

Mehrheit *f*, **Mehrzahl** *f*

Die Mehrheit der Südafrikaner ist schwarz.

---

total ['təʊtl] *n, adj*

You get the **total** by adding 3 % tax and 15 % service to the bill.

Gesamtsumme *f*, **-betrag** *m*, **gesamte(r, -s), Gesamt...**
Man kommt auf den Gesamtbetrag, indem man zur Rechnung 3 % Steuer und 15 % Bedienung hinzurechnet.

---

minority [maɪ'nɒrətɪ] *n opp:* majority
Only a small **minority** of women can be found in top management.

Minderheit *f*, **Minderzahl** *f*

Im Topmanagement findet sich nur eine kleine Minderheit von Frauen.

---

only ['əʊnlɪ] *adj*
Until the 1930's the **only** way to get to America was by ship.

einzige(r, -s)
Bis in die 30-er Jahre war die Schiffsreise die einzige Möglichkeit, nach Amerika zu kommen.

neither ... nor [ˈnaɪðə ... ˈnɔː]	**weder ... noch**
Nuclear power is **neither** safe **nor** clean.	Kernkraft ist weder sicher noch sauber.

none [nʌn] *pron*	**keine(r, -s)**
I tried three public phones but **none** of them was working.	Ich probierte es an drei öffentlichen Telefonzellen, aber keine funktionierte.

2.3.2 GRUNDZAHLEN

«1–2000»

0 **zero** [ˈzɪərəʊ], *(beim Telefonieren:)* 0 [əʊ]	18 **eighteen** [ˌeɪˈtiːn]
1 **one** [wʌn]	19 **nineteen** [ˌnaɪnˈtiːn]
2 **two** [tuː]	20 **twenty** [ˈtwentɪ]
3 **three** [θriː]	21 **twenty-one** [ˌtwentɪˈwʌn]
4 **four** [fɔː]	22 **twenty-two** [ˌtwentɪˈtuː]
5 **five** [faɪv]	30 **thirty** [ˈθɜːtɪ]
6 **six** [sɪks]	40 **forty** [ˈfɔːtɪ] (⚠ *ohne* **u**)
7 **seven** [ˈsevn]	50 **fifty** [ˈfɪftɪ]
8 **eight** [eɪt]	60 **sixty** [ˈsɪkstɪ]
9 **nine** [naɪn]	70 **seventy** [ˈsevntɪ]
10 **ten** [ten]	80 **eighty** [ˈeɪtɪ]
11 **eleven** [ɪˈlevn]	90 **ninety** [ˈnaɪntɪ]
12 **twelve** [twelv]	100 **a** (*oder* **one**) **hundred** [ə (*oder* wʌn) ˈhʌndrəd]
13 **thirteen** [ˌθɜːˈtiːn]	
14 **fourteen** [ˌfɔːˈtiːn]	1,000 **a** (*oder* **one**) **thousand** [ə (*oder* ˌwʌn) ˈθaʊznd]
15 **fifteen** [ˌfɪfˈtiːn]	
16 **sixteen** [ˌsɪksˈtiːn]	1,000,000 **a** (*oder* **one**) **million** [ə (*oder* ˌwʌn) ˈmɪljən]
17 **seventeen** [ˌsevnˈtiːn]	

number [ˈnʌmbə] *n*	**Zahl** *f*, **Nummer** *f*
Many people think that 7 is a lucky and 13 an unlucky **number**.	Viele glauben, dass die 7 eine Glücks- und die 13 eine Unglückszahl ist.

sum [sʌm] *n*	**Summe** *f*, **Betrag** *m*
The **sum** of 6 and 4 is ten.	Die Summe aus 6 und 4 ist zehn.
The US bought Alaska from Russia for the **sum** of $ 7,200,00	Die USA haben Alaska den Russen für einen Betrag von 7,2 Millionen Dollar abgekauft.

«2001–4000»

figure [ˈfɪgə, *Am* ˈfɪgjər] *n*	**Zahl** *f*, **Ziffer** *f*
I don't know the latest **figures**.	Ich kenne die neuesten Zahlen nicht.

billion [ˈbɪljən] *m, pron*	**Milliarde** *f*
The world population is about five **billion**.	Die Weltbevölkerung beträgt etwa fünf Milliarden (⚠ *nicht: Billionen*).

> **TIPP: billion** bedeutet *Milliarde. Deutsch Billion heißt* **trillion** *oder* ***a thousand billion.***

add [æd] *v/t opp:* subtract	**zusammenzählen, addieren, hinzufügen**
If you **add** 6 to 4 you get 10.	Wenn man 6 und 4 zusammenzählt, erhält man 10.

subtract [səbˈtrækt] *v/t opp:* add	**abziehen, subtrahieren**
If you **subtract** 10 from 100 you get 90.	Wenn man 10 von 100 abzieht, erhält man 90.

multiply [ˈmʌltɪplaɪ] *v/t opp:* divide	**malnehmen, multiplizieren**
You get the number of kilometres by **multiplying** miles by 1.6.	Man erhält die Zahl der Kilometer, wenn man die Meilen mit 1,6 malnimmt.

divide [dɪˈvaɪd] *v/t opp:* multiply	**teilen, dividieren**
You convert kilometres into miles by **dividing** them by 1.6.	Man rechnet Kilometer in Meilen um, indem man sie durch 1,6 teilt.

2.3.3 MASSE UND GEWICHTE

«1–2000»

foot [fʊt] *n* **(ft)** *pl* **feet** [fiːt] 1 foot = 12 inches = 30.48 cm	**Fuß** *m*
inch [ɪntʃ] *n* **(in)** 1 inch = 2.54 cm	**Zoll** *m*
met|re, *Am* **-er** [ˈmiːtə] *n* **(m)** 1 meter = 39.37 inches	**Meter** *m, auch n*

mile [maɪl] *n* (**m**, *Am* **mi**)   **Meile** *f*
1 mile = 1.609 km
1 nautical mile = 1.852 km

yard [jɑːd] *n* (**yd**)   **Yard** *n*
1 yard = 3 feet = 91.44 cm

pound [paʊnd] *n* (**lb**)   **Pfund** *n*
1 pound = 453.59 g

«2001–4000»

centimet|re, *Am* **-er** [ˈsentɪ-   **Zentimeter** *m*
ˌmiːtə] *n* (**cm**)
1 centimetre = 0.3937 inches

kilomet|re, *Am* **-er** [ˈkɪlɑːˌmətə,   **Kilometer** *m*
Am kɪˈlɒmɪtər] *n* (**km**)
1 kilometre = 0.6214 miles

barrel [ˈbærəl] *n* (**bl**)   **Barrel** *n*
1 barrel = *ca.* 30–40 gallons,
(Erdöl:) = 159 l

gallon [ˈgælən] *n* (**gal**)   **Gallone** *f*
1 gallon = *Brit* 4.546 l
= *Am* 3.785 l

lit|re, *Am* **-er** [ˈliːtə] *n* (**l**)   **Liter** *m, auch n*
1 litre = *Brit* 1.76 pints = 0.22 gallons *(Brit)*
Am 2.11 pints = 0.26 gallons *(Am)*

pint [paɪnt] *n* (**pt**)   **Pinte** *f (etwa* $\frac{1}{2}$ *l)*
1 pint = *Brit* 0.57 l
= *Am* 0.47 l

gram [græm] *n* (**g**)   **Gramm** *n*
1 gram = 0.35 ounces

kilo [ˈkiːləʊ]   **Kilo(gramm)** *n*
kilo|gram [ˈkɪləgræm] *n* (**kg**)
1 kilo = 2.2 pounds

ounce [aʊns] *n* (**oz**)   **Unze** *f*
1 ounce = 28.25 gram

ton [tʌn] *n*   **Tonne** *f*
1 long ton   = 2 240 pounds
1 short ton   = 2 000 pounds
1 metric ton   (*auch* **tonne** [tʌn])
               = *Brit* 0.984 (long) tons
               = *Am* 1.023 (short) tons
               = 1 000 kg

---

measure ['meʒə] *n, v/i, v/t*   **Maß** *n*, **messen**
Foot and inch are **measures** of   Fuß und Zoll sind Längenmaße.
length.
Temperatures are **measured** in   Temperaturen werden in Cel-
Celsius or Fahrenheit.   sius oder Fahrenheit gemes-
                                        sen.

---

length [leŋθ] *n*   **Länge** *f*
A brontosaurus had a **length** of   Ein Brontosaurier wies eine
70 feet and a height of 14 feet.   Länge von 70 Fuß (ca. 20 m) und
                                        eine Höhe von 14 Fuß (4 m) auf.

---

weigh [weɪ] *v/t*   **wiegen**
Jockeys seldom **weigh** more   Jockeis wiegen selten über 50
than 50 kilos.   Kilo.

weight [weɪt] *n*   **Gewicht** *n*
She went on a diet and lost a lot   Sie ging auf Diät und verlor viel
of **weight**.   an Gewicht.

2.4   Ordnung

2.4.1   ORDNUNGSBEGRIFFE

«1–2000»

kind [kaɪnd] *n syn:* sort, type   **Art** *f*, **Sorte** *f*
There are 50 different **kinds** of   Es gibt 50 verschiedene Arten
kangaroos in Australia.   von Kängurus in Australien.

sort [sɔːt] *n syn:* kind, type   **Sorte** *f*, **Art** *f*
In England you can buy many   In England kann man viele ver-
different **sorts** of tea.   schiedene Sorten Tee kaufen.

type [taɪp] *n syn:* kind, sort   **Typ** *m*, **Art** *f*, **Sorte** *f*
Jeeps and Land Rovers are   Jeeps und Landrover sind ähn-
similar **types** of vehicles.   liche Fahrzeugtypen.

size [saɪz] *n*
This is too small – have you got
a larger **size**?

Größe *f*
Dies ist zu klein – haben Sie
eine größere Größe?

quality [ˈkwɒlətɪ] *n opp:* quantity
It costs more but it's also better
quality.

Qualität *f*
Es kostet mehr, ist aber auch
bessere Qualität.

class [klɑːs] *n*
Are you travelling first or second **class**?

Klasse *f*
Reisen Sie erster oder zweiter
Klasse?

order [ˈɔːdə] *n*
The names on this list are in
alphabetical **order**.

Reihenfolge *f*, **Folge** *f*, **Ordnung** *f*
Die Namen auf dieser Liste sind
in alphabetischer Reihenfolge.

pair [peə] *n*
The socks you are wearing
aren't a **pair**!

He put on a new shirt and a
clean **pair** of trousers.

Paar *n*
Die Socken, die du anhast, sind
kein Paar/gehören nicht zusammen!
Er zog sich ein neues Hemd und
eine saubere Hose an.

TIPP: *Für zweiteilige Gegenstände usw. wird sehr oft* **pair of** *verwendet, z. B.* **a pair of scissors** *(eine Schere).*

---

group [gruːp] *n*
Travelling in a **group** can be
more fun than travelling alone.

Gruppe *f*
Das Reisen in der Gruppe
macht manchmal mehr Spaß
als allein zu reisen.

«2001–4000»

rule [ruːl] *n*
Where people live together,
there must be some **rules**.

Regel *f*, **Vorschrift** *f*
Wo Menschen zusammenle-
ben, muss es Regeln geben.

arrange [əˈreɪndʒ] *v/t*
The books on this shelf are **arranged** in alphabetical order.

ordnen, anordnen, arrangieren
Die Bücher in diesem Regal
sind alphabetisch geordnet.

level [ˈlevl] *n*

You can park on the top **level** of
the building.
We get high **levels** of ozone in
summer.

Ebene *f*, **Niveau** *n*, **Stufe** *f*, **Spiegel** *m*, **Wert(e)**
Man kann auf der obersten Ebene des Gebäudes parken.
Hier kommt es im Sommer zu
hohen Ozonwerten.

degree [dɪ'griː] *n*
It was very cold – 15 **degrees** below zero.

Grad *m*, **Stufe** *f*
Es war sehr kalt – 15 Grad unter null.

extent [ɪk'stent] *n*
We don't know the full **extent** of damage to trees by acid rain.

Ausmaß *n*, **Umfang** *m*, **Größe** *f*
Wir kennen nicht das gesamte Ausmaß der Waldschäden durch sauren Regen.

standard ['stændəd] *n*
Switzerland and Sweden are among the countries with the highest **standard** of living.

Standard *m*
Die Schweiz und Schweden gehören zu den Ländern mit dem höchsten Lebensstandard.

brand [brænd] *n*
What **brand** of chewing gum do you like best?

Marke *f*, **Sorte** *f*
Welche Marke magst du bei Kaugummi am liebsten?

turn [tɜːn] *n*
Who's next? – I think it's my **turn**.

Reihe *f*, **Reihenfolge** *f*
Wer ist der Nächste? – Ich glaube, ich bin an der Reihe.

row [rəʊ] *n*
In the theatre I like to sit in the first **row**.

Reihe *f*
Im Theater sitze ich gern in der ersten Reihe.

series ['sɪəriːz, *Am* 'sɪriːz] *n*
⚠ *pl* **series** ['sɪəriːz]
One driver's mistake led to a whole **series** of accidents.

'Dallas' and 'Dynasty' ['daɪnəstɪ] were very successful TV **series**.

Reihe *f*, **Serie** *f*

Der Fehler eines Fahrers führte zu einer ganzen Reihe von Unfällen.

,,Dallas'' und ,,Denver'' waren sehr erfolgreiche Fernsehserien.

set [set] *n*
Our wedding present is a 21-piece tea **set**.

Satz *m*, **Garnitur** *f*, **Service** *n*
Unser Hochzeitsgeschenk ist ein 21-teiliges Teeservice.

2.4.2   UNTERSCHIED UND EINTEILUNG

«1–2000»

not a(n) ['nɒt ə(n)] *syn:* no
A whale is **not a** fish.

kein(e)
Ein Wal ist kein Fisch.

only ['əʊnlɪ] *adv*
There were **only** two of us against five of them.

nur
Wir waren nur zu zweit gegen fünf.

alone [ə'ləʊn] *adj, adv*
Are you **alone** or is there someone with you?

allein
Bist du allein, oder ist jemand bei dir?

single ['sɪŋgl] *adj*
I don't remember a **single** word of what she said.

einzeln, Einzel..., einzig
Ich kann mich an kein einziges Wort von ihr erinnern.

piece [piːs] *n*
For dessert you can have ice cream or a **piece** of apple pie.

Stück *n*, **Stückchen** *n*
Zum Nachtisch können Sie Eis oder ein Stück Apfelkuchen haben.

part [pɑːt] *n*
Tyres, brakes and other **parts** of a car must be checked regularly.

Teil *m, n*
Reifen, Bremsen und andere Teile eines Autos müssen regelmäßig kontrolliert werden.

besides [bɪ'saɪdz] *prp*
Besides the nicotine, it's the tar that makes cigarettes dangerous.

neben, außer
Neben dem Nikotin ist es der Teer, der Zigaretten gefährlich macht.

next [nekst] *adj*
We have to get off at the **next** station. → *near*.

nächste(r, -s)
Wir müssen an der nächsten Haltestelle aussteigen.

together [tə'geðə] *adv*

I like to go out **together** with my friends.

zusammen, miteinander, gemeinsam
Ich gehe gern zusammen mit meinen Freunden aus.

like [laɪk] *prp*
It looks **like** gold but it isn't. → *like this*

wie
Es sieht aus wie Gold, ist aber keines.

as ... as [əz ... əz]
It's urgent – come **as** soon **as** possible!

so ... wie
Es ist dringend – kommt so schnell wie möglich!

the same [ðə 'seɪm] *adj, pron*

Women still don't get the **same** wages as men.

We stayed at the **same** hotel as (⚠ *nicht: like*) last year.

der/die/das gleiche, der-, die-, dasselbe

Frauen bekommen immer noch nicht die gleichen Löhne wie Männer.

Wir haben in demselben Hotel wie letztes Jahr gewohnt.

another [ə'nʌðə] *adj, pron*
His wife ran away with **another** man.

ein(e) andere(r, -s)
Seine Frau ist ihm mit einem anderen Mann davongelaufen.

other [ˈʌðə] *adj, pron*
There's only one woman on the board, all the **others** are men.
→ *different*

andere(r, -s), weitere(r, -s)
Es ist nur eine Frau im Vorstand, alle anderen sind Männer.

---

else [els] *adv*
Is there anything **else** I can do for you?
This food's awful – let's order something **else**.

noch, sonst (noch), andere(r, -s)
Kann ich sonst noch etwas für Sie tun?
Dieses Essen ist furchtbar – lass uns etwas anderes bestellen!

---

rest [rest] *n*
I gave the waiter 20 pounds and told him to keep the **rest**.

Rest *m*
Ich gab dem Kellner 20 Pfund und sagte ihm, er könne den Rest behalten.

---

different [ˈdɪfrənt] *adj opp:* the same
The cars look the same but have **different** (⚠ *nicht:* **other**) engines.

anders, verschieden, unterschiedlich
Die Auto sehen gleich aus, aber haben verschiedene Motoren.

---

than [ðæn, *unbetont:* ðən] *cj*
He's only 15, but taller **than** his father.

als
Er ist erst 15, aber größer als sein Vater.

---

regular [ˈregjələ] *adj*
Trains between Dover and London run at **regular** intervals.

regelmäßig
Die Züge zwischen Dover und London verkehren in regelmäßigen Abständen.

---

common [ˈkɒmən] *adj opp:* uncommon
Sean is quite a **common** name in Ireland.

gewöhnlich, normal, üblich

Sean (gesprochen [ʃɔːn]) ist in Irland ein völlig üblicher Name.

---

very [ˈverɪ] *adv*
San Francisco is a big city but not a **very** big one.

sehr
San Francisco ist eine große, aber keine sehr große Stadt.

---

very much [ˌverɪ ˈmʌtʃ] *adv*
I like New York **very much** but I hate the climate.

sehr
Ich mag New York sehr, aber ich hasse das Klima.

---

special [ˈspeʃl] *adj*
I wear my black suit on **special** occasions only.

besondere(r, -s), Sonder...
Ich trage meinen schwarzen Anzug nur bei besonderen Anlässen.

There are several **special** trains to take the fans to the match.

Es gibt mehrere Sonderzüge, die die Fans zum Spiel bringen.

especially [ɪˈspeʃlɪ] *adv*
Mountain roads are dangerous,
especially at night.

besonders, vor allem
Bergstraßen sind gefährlich,
besonders nachts.

«2001–4000»

consist of [kənˈsɪst əv]
The United Kingdom **consists** of
Britain and Northern Ireland.

bestehen aus
Das Vereinigte Königreich besteht aus Großbritannien und
Nordirland.

include [ɪnˈkluːd] *v/t*

The price of a meal **includes**
soup and salad.

(mit) einschließen, (mit) enthalten
Der Preis für ein Essen schließt
Suppe und Salat mit ein.

combine [kəmˈbaɪn] *v/t*
Fog **combined** with air pollution
leads to smog.

verbinden, kombinieren
Nebel, verbunden mit Luftverschmutzung, führt zu Smog.

either ... or [ˈaɪðə ... ˈɔː]
Make up your mind – say **either**
yes **or** no.

entweder ... oder
Entscheide dich – sag entweder
Ja oder Nein!

separate [ˈseprət] *adj*
The children share a room but
sleep in **separate** beds.

getrennt, separat
Die Kinder haben ein gemeinsames Zimmer, schlafen aber
in getrennten Betten.

separate [ˈsepəreɪt] *v/i, v/t*
They **separated** after 15 years
of marriage.

trennen, sich trennen
Sie haben sich nach 15 Jahren
Ehe getrennt.

both ... and [ˌbəʊð ... ənd]
Both John F. **and** Robert Kennedy were killed by assassins.

sowohl ... als auch
Sowohl John F. als auch Robert
Kennedy wurden von Attentätern ermordet.

extra [ˈekstrə] *adj, adv*
The hotel charges **extra** for the
use of the garage.

zusätzlich, extra
Das Hotel berechnet die Garagenbenutzung zusätzlich.

but [bət] *prp syn:* except
The weather's awful – rain,
nothing **but** rain!

außer, als, mit Ausnahme von
Das Wetter ist furchtbar – Regen, nichts als Regen!

except [ık'sept] *prp*

The museum is open daily **except** on Mondays.

außer, ausgenommen, mit Ausnahme von
Das Museum ist täglich außer montags geöffnet.

exception [ık'sepʃn] *n*
A woman at the head of a company is an **exception**.

Ausnahme *f*
Eine Frau an der Spitze eines Konzerns ist eine Ausnahme.

describe [dı'skraıb] *v/t*
The police asked her to **describe** the man who had robbed her.

beschreiben, schildern
Die Polizei bat sie, den Mann zu beschreiben, der sie beraubt hatte.

description [dı'skrıpʃn] *n*
She was able to give an exact **description** of the criminal.

Beschreibung *f*, **Schilderung** *f*
Sie konnte eine genaue Beschreibung des Verbrechers geben.

compare [kəm'peə] *v/t*
You can't **compare** them.

vergleichen
Man kann sie nicht miteinander vergleichen.

equal ['i:kwəl] *adj syn:* the same, *opp:* different
They demand **equal** pay for equal work.

gleich

Sie verlangen gleiche Bezahlung für die gleiche Arbeit.

similar ['sımılə] *adj*
A grizzly is **similar** to a brown bear.

ähnlich
Ein Grislybär sieht einem Braunbären ähnlich.

match [mætʃ] *v/i*, *v/t*
The pink curtains and the green carpet do not **match**.

zusammenpassen, passen (zu)
Die rosa Gardinen und der grüne Teppich passen nicht zusammen.

difference ['dıfrəns] *n*
I see no **difference** between the original and the copy.

Unterschied *m*
Ich sehe keinen Unterschied zwischen dem Original und der Kopie.

opposite ['ɒpəzıt] *n*
The **opposite** of 'interesting' is 'boring'.

Gegenteil *n*, **Gegensatz** *m*
Das Gegenteil von ,,interessant" ist ,,langweilig".

contrary ['kɒntrərı] *n*
Is it very hot in San Francisco? – On the **contrary**, it's quite cool.

Gegenteil *n*
Ist es sehr heiß in San Francisco? – Im Gegenteil, es ist ziemlich kühl.

normal [ˈnɔːml] *adj opp:* unusual
normal, üblich

Normal working hours in Britain are from nine to five.
Die normale Arbeitszeit geht in England von 9 bis 17 Uhr.

usual [ˈjuːʒʊəl] *adj syn:* normal, *opp:* unusual
üblich, gewöhnlich, gewohnt

She got home later than **usual**.
Sie kam später als gewöhnlich nach Hause.

general [ˈdʒenərəl] *adj opp:* special
allgemein, Allgemein...

You should get a good **general** education.
Man sollte sich eine gute Allgemeinbildung verschaffen.

ordinary [ˈɔːdnərɪ] *adj opp:* extraordinary
gewöhnlich, normal

Today is just an **ordinary** workday.
Heute ist ein ganz gewöhnlicher Arbeitstag.

typical [ˈtɪpɪkl] *adj*
typisch

He is a **typical** Englishman.
Er ist ein typischer Engländer.

average [ˈævərɪdʒ] *n, adj*
Durchschnitt *m,* **durchschnittlich, Durchschnitts...**

Her income is above **average** but she also works very hard.
Ihr Einkommen liegt über dem Durchschnitt, aber sie arbeitet auch sehr hart.

mark [mɑːk] *n, v/t*
Zeichen *n,* **Spur** *f,* **Markierung** *f,* **kennzeichnen, markieren**

The police examined the tyre **marks** at the scene of the accident.
Die Polizei untersuchte die Reifenspuren an der Unfallstelle.

The trees **marked** with a cross will be cut down.
Die mit einem Kreuz gekennzeichneten Bäume werden gefällt.

for example [fər ɪgˈzɑːmpl] *syn:* for instance
zum Beispiel

In some regions, **for example** Antarctica, it gets colder than −80 °C.
In manchen Regionen, z. B. in der Antarktis, wird es kälter als −80 °C.

detail [ˈdiːteɪl] *n*
Einzelheit *f,* **Detail** *n*

There is a plan, but no **details** yet.
Es gibt einen Plan, bisher aber keine Einzelheiten.

main [meın] *adj syn:* chief

Dinner is the **main** meal.

Haupt..., hauptsächlich, wichtigste(r, -s)

Das Abendessen ist die Hauptmahlzeit.

---

chief [tʃiːf] *adj syn:* main

Unemployment is one of the **chief** causes of poverty.

Haupt..., hauptsächlich

Arbeitslosigkeit ist eine der Hauptursachen der Armut.

---

whole [həʊl] *adj*

Many exchange students spend a **whole** year abroad.

ganze(r, -s)

Viele Austauschschüler(innen) verbringen ein ganzes Jahr im Ausland.

---

middle ['mıdl] *adj*

He was **middle**-aged when he became a star.

mittlere(r, -s), Mittel...

Er war mittleren Alters, als er ein Star wurde.

---

irregular [ı'regjələ] *adj opp:* regular

The verb 'to dream' can be regular or **irregular**.

unregelmäßig

Das Verb ‚to dream' kann regelmäßig oder unregelmäßig sein.

---

particular [pə'tıkjələ] *adj syn:* special, *opp:* ordinary

Is there any **particular** colour you prefer?

besondere(r, -s), bestimmte(r, -s)

Bevorzugen Sie irgendeine bestimmte Farbe?

---

extreme [ık'striːm] *adj*

Extreme temperatures in the American Southwest are above 50 °C.

äußerste(r, -s), höchste(r, -s), extrem

Die höchsten Temperaturen im amerikanischen Südwesten liegen bei über 50 °C.

---

rare [reə] *adj*

The eagle is a **rare** bird in Europe.

selten

Der Adler ist in Europa ein seltener Vogel.

---

limit ['lımıt] *n, v/t*

You need not pay duty on gifts but there is a **limit** of £ 100.

The time allowed to speak should be **limited** to 15 minutes.

Grenze *f*, **Begrenzung** *f*, **begrenzen**

Man braucht für Geschenke keinen Zoll zu zahlen, aber es gibt eine Begrenzung auf £ 100.

Die zulässige Redezeit sollte auf 15 Minuten begrenzt sein.

2.4.3 ORDNUNGSZAHLEN

«1–2000»

1st	**first** [fɜːst] *erste*
2nd	**second** ['sekənd] *zweite*
3rd	**third** [θɜːd] *dritte*
4th	**fourth** [fɔːθ] *vierte*
5th	**fifth** [fɪfθ] *fünfte* (⚠ *geschrieben mit* **f**)
6th	**sixth** [sɪksθ] *sechste*
7th	**seventh** ['sevnθ] *sieb(en)te*
8th	**eighth** [eɪtθ] *achte*
9th	**ninth** [naɪnθ] *neunte* (⚠ *ohne* **e** *geschrieben*)
10th	**tenth** [tenθ] *zehnte*
11th	**eleventh** [ɪ'levənθ] *elfte*
12th	**twelfth** [twelfθ] *zwölfte* (⚠ *mit* **f**)
13th	**thirteenth** [ˌθɜː'tiːnθ] *dreizehnte*
14th	**fourteenth** [ˌfɔː'tiːnθ] *vierzehnte*
15th	**fifteenth** [ˌfɪf'tiːnθ] *fünfzehnte*
16th	**sixteenth** [ˌsɪks'tiːnθ] *sechzehnte*
17th	**seventeenth** [ˌsevn'tiːnθ] *siebzehnte*
18th	**eighteenth** [ˌeɪ'tiːnθ] *achtzehnte*
19th	**nineteenth** [ˌnaɪn'tiːnθ] *neunzehnte*
20th	**twentieth** ['twentɪəθ] *zwanzigste* (⚠ **drei** *Silben*)
21st	**twenty-first** [ˌtwentɪ'fɜːst] *einundzwanzigste*
22nd	**twenty-second** [ˌtwentɪ'sekənd] *zweiundzwanzigste*
23rd	**twenty-third** [ˌtwentɪ'θɜːd] *dreiundzwanzigste*
24th	**twenty-fourth** [ˌtwentɪ'fɔːθ] *vierundzwanzigste*
30th	**thirtieth** ['θɜːtɪəθ] *dreißigste*
40th	**fortieth** ['fɔːtɪəθ] *vierzigste*
50th	**fiftieth** ['fɪftɪəθ] *fünfzigste*
60th	**sixtieth** ['sɪkstɪəθ] *sechzigste*
70th	**seventieth** ['sevntɪəθ] *siebzigste*
80th	**eightieth** ['eɪtɪəθ] *achtzigste*
90th	**ninetieth** ['naɪntɪəθ] *neunzigste*
100th	**hundredth** ['hʌndrədθ] *hundertste*

«2001–4000»

1,000th	**thousandth** ['θauznθ] *tausendste*
1,000,000th	**millionth** ['mɪljənθ] *millionste*

2.5 Ursache und Wirkung

«1–2000»

why [waɪ] *adj, cj* I don't know **why** she doesn't like me.	**warum, weshalb** Ich weiß nicht, warum sie mich nicht leiden kann.
reason ['riːzn] *n syn:* cause I understand your **reasons**.	**Grund** *m* Ich verstehe Ihre Gründe.
because [bɪ'kɒz] *cj syn:* since, as You can't get a driving licence **because** you aren't 17.	**weil, da** Du bekommst keinen Führerschein, weil du nicht 17 bist.
in order to [ɪn 'ɔːdə tə] *syn:* to He took the clock apart **in order to** repair it.	**um zu** Er nahm die Uhr auseinander, um sie zu reparieren.

«2001–4000»

origin ['ɒrɪdʒɪn] *n* 'Cow' is a Germanic word, 'beef' is of French **origin**.	**Ursprung** *m*, **Herkunft** *f* ,,Cow'' ist ein germanisches Wort, ,,beef'' ist französischen Ursprungs.
original [ə'rɪdʒɪnəl] *n, adj* This is not the **original** but a copy. In advertising you need **original** ideas.	**Original** *n*, **Original...**, **ursprünglich**, **originell** Dies ist nicht das Original, sondern eine Kopie. In der Werbung braucht man originelle Ideen.
cause [kɔːz] *n, v/t* Bad brakes were the **cause** of the accident. The forest fire was **caused** by lightning.	**Ursache** *f*, **verursachen** Defekte Bremsen waren die Ursache des Unfalls. Der Waldbrand wurde durch Blitzschlag verursacht.

because of [bɪ'kɒz əv]
He is absent **because of** illness.

wegen
Er fehlt wegen Krankheit.

as [æz] *cj syn:* because, since
As she is away for a week, she can't attend the meeting.

da, weil
Da sie eine Woche verreist ist, kann sie an der Konferenz nicht teilnehmen.

since [sɪns] *cj syn:* because, as
Since we haven't got enough money, we can't buy it.

da, weil
Da wir nicht genug Geld haben, können wir es nicht kaufen.

due to ['djuː tə]
Due to fog, several flights had to be cancelled.

aufgrund von, wegen
Wegen Nebels mussten mehrere Flüge abgesagt werden.

so [səʊ] *cj syn:* therefore
All flights were booked up, **so** I had to go by train.

also, darum, deshalb
Alle Flüge waren ausgebucht, deshalb musste ich mit der Bahn fahren.

therefore ['ðeəfɔː] *adv*
Blue whales are very rare and **therefore** a protected species.

deshalb, daher
Blauwale sind sehr selten und stehen deshalb unter Artenschutz.

consequence ['kɒnsəkwəns] *n*
The discovery of gold in the West had disastrous **consequences** for the Indians.

Folge *f*, **Konsequenz** *f*
Die Entdeckung von Gold im Westen hatte katastrophale Folgen für die Indianer.

result [rɪ'zʌlt] *n syn:* effect, consequence
The ozone hole is the **result** of many years of air pollution.

Folge *f*, **Ergebnis** *n*, **Erfolg** *m*
Das Ozonloch ist die Folge langjähriger Luftverschmutzung.

effect [ɪ'fekt] *n*
Loss of hair is one of the side **effects** of chemotherapy.

Wirkung *f*, **Auswirkung** *f*, **Effekt** *m*
Haarausfall gehört zu den Nebenwirkungen der Chemotherapie.

condition [kən'dɪʃn] *n*
I'll sell it to you on one **condition**: that you pay in cash.

Bedingung *f*
Ich verkaufe es Ihnen unter einer Bedingung: dass Sie bar zahlen.

relationship [rɪ'leɪʃnʃɪp] *n*
At this school there's a good **relationship** between teachers and students.

Beziehung *f*, **Verhältnis** *n*
An dieser Schule besteht ein gutes Verhältnis zwischen Lehrern und Schülern.

2.6 Art und Weise

«1–2000»

way [weɪ] *n*

Eating less is the best **way** to lose weight. → *art*

Art *f* **(und Weise** *f*)**, Weise** *f*, **Methode** *f*
Weniger essen ist die beste Methode abzunehmen.

how [haʊ] *adv*
Often it doesn't matter what you say but **how** you say it.

wie
Oft kommt es nicht darauf an, was man sagt, sondern wie man es sagt.

like this/that [laɪk 'ðɪs/'ðæt]
That's not the right way to cut onions – do it **like this**.
I can't change him – he's always been **like that**.

so
Du schneidest die Zwiebeln nicht richtig – mach es so!
Ich kann ihn nicht ändern – er war schon immer so.

so [səʊ] *adv*
Stop eating **so** much – you're going to get fat.
Will we win? – I hope **so** but I don't think **so**.

so
Hör auf, so viel zu essen – du wirst dick!
Werden wir gewinnen? – Ich hoffe es, aber ich glaube es nicht.

at all [ə'tɔːl]
She drinks little alcohol and no hard liquor **at all**.

überhaupt
Sie trinkt wenig Alkohol und überhaupt keinen Schnaps.

not at all [ˌnɒt ət'ɔːl]
I did**n't** think 'A Fish Named Wanda' was funny **at all**.

überhaupt nicht
Ich fand „Ein Fisch namens Wanda" überhaupt nicht komisch.

in vain [ɪn 'veɪn]
We tried to extinguish the fire but our efforts were **in vain**.

umsonst, vergeblich
Wir versuchten das Feuer zu löschen, aber unsere Anstrengungen waren vergeblich.

hardly ['hɑːdlɪ] *adv syn:* scarcely **kaum**

They like their teacher but have Sie haben ihren Lehrer gern,
hardly learned anything. aber kaum etwas gelernt.

> **TIPP:** *Das Adverb zu* **hard** *(hart, schwer, fleißig usw.) heißt* **hard**
> *und nicht* **hardly**, *welches nur die Bedeutung „kaum" hat, also* I
> **studied hard for the test** *(Ich habe viel für die Arbeit gelernt), aber*
> I **hardly studied for the test** *(Ich habe kaum für die Arbeit gelernt).*

a bit [ə 'bɪt] *syn:* a little **etwas, ein bisschen**
I'm **a bit** tired and am going to Ich bin ein bisschen müde und
lie down for a while. lege mich etwas hin.

at least [ət 'liːst] **wenigstens, mindestens, zumindest**

The hotel isn't good but **at least** Das Hotel ist nicht gut, aber weit's cheap. nigstens billig.
A Rolex costs **at least** £ 1,000. Eine Rolex kostet mindestens
£ 1 000.

almost ['ɔːlməʊst] *adv syn:* **fast, beinahe**
nearly
Only a few more days – our holi- Nur noch ein paar Tage – unse-
day's **almost** over. re Ferien sind fast vorbei.

quite [kwaɪt] *adv syn:* rather **ganz, ziemlich, recht**
Could you wait a minute? I'm Würden Sie einen Moment war-
not **quite** ready yet. ten? Ich bin noch nicht ganz fertig.
It takes **quite** a while to get from Es dauert ziemlich lange, vom
the airport to the centre. Flughafen zum Zentrum zu
→ *quiet* kommen.

rather ['rɑːðə] *adv syn:* quite **ziemlich, lieber**
12 °C in September – that's 12 °C im September – das ist
rather cold. ziemlich kalt.
I'd **rather** have supper at home Ich würde heute Abend lieber
than go out tonight. zu Hause essen als ausgehen.

usually ['juːʒəlɪ] *adv* **meistens, normalerweise, gewöhnlich**

We **usually** go to bed around Wir gehen meistens gegen Mit-
midnight. ternacht schlafen.

mostly ['məʊstlɪ] *adv*
The visitors to Madame Tussaud's are **mostly** foreign tourists.

hauptsächlich, meistens
Die Besucher des Madame-Tussaud-Museums sind hauptsächlich ausländische Touristen.

---

all [ɔːl] *adv syn:* completely
Since her husband died, she's lived **all** alone.

ganz, völlig
Seit dem Tod ihres Mannes lebt sie ganz allein.

---

just [dʒʌst] *adv*
It was neither too hot nor too cold, but **just** right.

genau, gerade
Es war weder zu heiß noch zu kalt, sondern genau richtig.

---

really ['rɪəlɪ] *adv*
Wrestlers on TV don't **really** hurt each other.

wirklich
Die Catcher im Fernsehen tun sich nicht wirklich weh.

---

hard [hɑːd] *adv*
You're working too **hard** – you're going to get ill. → *hardly*

schwer, hart, fleißig, fest
Du arbeitest zu hart – du wirst krank.

---

by the way [ˌbaɪ ðə 'weɪ]
Oh **by the way,** could I borrow your car for a few hours?

übrigens
Ach, übrigens, könnte ich mir deinen Wagen ein paar Stunden ausleihen?

---

also ['ɔːlsəʊ] *adv syn:* too, as well
She speaks English and French and **also** a little German.

auch, ebenfalls
Sie spricht Englisch und Französisch und auch etwas Deutsch.

---

too [tuː] *adv syn:* also
I know the book and I've seen the film, **too.**
I love San Francisco. – I do **too.**

auch, ebenfalls
Ich kenne das Buch und habe auch den Film gesehen.
Ich liebe San Francisco. – Ich auch.

---

besides [bɪ'saɪdz] *adv*
I don't need a Jaguar – **besides**, I can't afford one.

außerdem
Ich brauche keinen Jaguar – außerdem kann ich mir keinen leisten.

---

even ['iːvn] *adv*
Lots of US stores are always open – **even** on Sunday.

sogar, selbst
Viele amerikanische Geschäfte haben immer geöffnet – sogar sonntags.

suddenly ['sʌdnlɪ] *adv*
We woke up when **suddenly** the house began to shake.

plötzlich, auf einmal
Wir wachten auf, als plötzlich das Haus anfing zu wackeln.

«2001–4000»

means [miːnz] *n*
⚠ *pl* **means**
In New York the subway is the fastest **means** of transport.

Mittel *n*, …**mittel** *n*
In New York ist die U-Bahn das schnellste Verkehrsmittel.

somehow ['sʌmhaʊ] *adv*
It isn't easy but we'll do it **somehow**.

irgendwie
Es ist nicht leicht, aber irgendwie werden wir es schaffen.

by chance [baɪ 'tʃɑːns] *syn:* by accident
We didn't have a date – I met her purely **by chance**.

zufällig, per Zufall
Wir waren nicht verabredet – ich habe sie rein zufällig getroffen.

not even [nɒt 'iːvn]
Some vegetarians do**n't even** eat eggs or cheese.

nicht einmal
Manche Vegetarier essen nicht einmal Eier oder Käse.

scarcely ['skeəslɪ] *adv syn:* hardly
I don't go out much because I know **scarcely** any people here.

kaum
Ich gehe nicht viel aus, weil ich hier kaum jemanden kenne.

merely ['mɪəlɪ] *adv syn:* only
The Beatles weren't **merely** a pop group – they became a legend.

bloß, nur, lediglich
Die Beatles waren nicht bloß eine Popgruppe – sie wurden zu einer Legende.

partly ['pɑːtlɪ] *adv opp:* completely
Their house was **partly** destroyed in the storm.

teilweise, zum Teil
Ihr Haus wurde durch den Sturm teilweise zerstört.

nearly ['nɪəlɪ] *adv syn:* almost
She had a serious accident and very **nearly** died.

fast, beinahe
Sie hatte einen schweren Unfall und wäre fast gestorben.

willingly ['wɪlɪŋlɪ] *adv syn:* gladly, *opp:* unwillingly
He does a lot of the housework, and he does it **willingly**.

gern(e), bereitwillig

Er hilft viel im Haushalt, und er tut es gern.

---

straight [streɪt] *adv*
I was so tired that after supper I went **straight** to bed.

direkt, geradewegs

Ich war so müde, dass ich nach dem Abendessen direkt ins Bett ging.

---

generally ['dʒenərəlɪ] *adv*
English children **generally** start school at five.

im Allgemeinen, normalerweise

English children **generally** start school at five.
Englische Kinder kommen im Allgemeinen mit fünf in die Schule.

---

largely ['lɑːdʒlɪ] *adv*

The state of Nevada is **largely** desert.

weitgehend, großenteils, überwiegend

Der Staat Nevada besteht überwiegend aus Wüste.

---

thoroughly ['θʌrəlɪ] *adv*
The police searched the scene of the crime **thoroughly** but found nothing.

gründlich, sorgfältig

Die Polizei suchte den Tatort gründlich ab, fand aber nichts.

---

completely [kəm'pliːtlɪ] *adv syn:* wholly, totally
A few more days, and it will be **completely** finished.

völlig, vollkommen, ganz

Noch ein paar Tage, und es wird vollkommen fertig sein.

---

absolutely [ˌæbsə'luːtlɪ] *adv*
Is the film worth seeing? – **Absolutely!**
We were **absolutely** exhausted after the long march.

unbedingt, völlig, total

Ist der Film sehenswert? – Unbedingt!
Wir waren total erschöpft nach dem langen Marsch.

---

in any case [ɪn 'enɪ keɪs] *syn:* at any rate
I don't know how much it costs, but **in any case** £ 10 will be enough.

jedenfalls, auf jeden Fall

Ich weiß nicht, wie viel es kostet, aber £ 10 werden auf jeden Fall reichen.

---

anyway ['enɪweɪ] *adv syn:* anyhow
Wait till tomorrow – it's too late now, **anyway**.

sowieso, ohnehin, trotzdem

Warte bis morgen – es ist jetzt sowieso zu spät.

instead [ɪnˈsted] *adv*
If you don't like meat you can
have some eggs **instead**.

stattdessen, dafür
Wenn Sie kein Fleisch mögen,
können Sie stattdessen Eier bekommen.

otherwise [ˈʌðəwaɪz] *adv, cj*
I must go now, **otherwise** I'll be
late.

sonst, anderenfalls, oder
Ich muss jetzt gehen, sonst
komme ich zu spät.

in addition (to) [ɪn əˈdɪʃn (tə)]
In addition (**to** these compulso-
ry subjects) there are several
optional subjects.

dazu, zusätzlich (zu), außerdem
Zusätzlich (zu diesen Pflichtfä-
chern) gibt es mehrere Wahlfä-
cher.

though [ðəʊ] *adv syn:* however,
but, nevertheless
The work of a stuntman is dangerous – I enjoy it **though**.

jedoch, aber

Die Arbeit eines Stuntmans ist
gefährlich – mir macht sie jedoch Spaß.

*TIPP: **though** (= jedoch) wird immer nachgestellt, am Anfang
eines Satzes bedeutet **though** obwohl, obgleich.*

2.7   Farben

«1–2000»

colour, *Am* **color** [ˈkʌlə] *n*
What **colour** is (⚠ *nicht:* **has**)
her hair? → *paint*

Farbe *f*
Welche Farbe hat ihr Haar?

dark [dɑːk] *n, adj opp:* light
Cats can see in the **dark**.

Dunkelheit *f*, **dunkel, dunkel...**
Katzen können im Dunkeln se-
hen.

Most businessmen in Manhattan wear **dark** suits.

Die meisten Geschäftsleute in
Manhattan tragen dunkle An-
züge.

Dustin Hoffman has **dark** brown
hair.

Dustin Hoffman hat dunkelbrau-
nes Haar.

white [waɪt] *adj opp:* black
The bride usually wears a **white**
dress at the wedding.

weiß
Die Braut trägt meist bei der
Hochzeit ein weißes Kleid.

black [blæk] *adj opp:* white
Most Asians have straight **black** hair.

schwarz
Die meisten Asiaten haben glattes, schwarzes Haar.

red [red] *adj*
A Canadian Mountie wears a **red** uniform jacket.

rot
Ein kanadischer Mountie (Polizist) trägt eine rote Uniformjacke.

blue [bluː] *adj*
Our school uniform consists of a **blue** blazer and grey skirt or trousers.

blau
Unsere Schuluniform besteht aus einem blauen Blazer und grauem Rock oder Hose.

green [griːn] *adj*
I like spring when everything's **green**.

grün
Ich mag den Frühling, wenn alles grün ist.

yellow ['jeləʊ] *adj*
The footballer was shown the **yellow** card for a foul.

gelb
Der Fußballer sah wegen eines Fouls die gelbe Karte.

brown [braʊn] *adj*
Fry the steaks until they are **brown**.

braun
Die Steaks braten, bis sie braun sind.

«2001–4000»

light [laɪt] *adj opp:* dark
People with a **light** complexion should avoid the sun.
I like **light blue** shirts with short sleeves.

hell, hell…
Menschen mit hellem Teint sollten die Sonne meiden.
Ich trage gern hellblaue Hemden mit kurzen Ärmeln.

grey, *Am auch* **gray** [greɪ] *adj*
My hair's going **grey**, I'm getting old.

grau
'Mein Haar wird grau, ich werde alt.

pink [pɪŋk] *adj*
Girl babies are often dressed in **pink**.

rosa
Weibliche Babys werden oft rosa angezogen.

2.8 Formen

«1–2000»

form [fɔːm] *n syn:* shape
Many churches are built in the **form** of a cross.

Form *f*
Viele Kirchen sind in Form eines Kreuzes gebaut.

---

shape [ʃeɪp] *n syn:* form
UFOs in the **shape** of a disc are called flying saucers.

Form *f*, **Gestalt** *f*
UFOs in der Form einer Scheibe nennt man fliegende Untertassen.

---

line [laɪn] *n*
You use a ruler for drawing straight **lines**.

Linie *f*
Man benutzt ein Lineal, um gerade Linien zu ziehen.

---

round [raʊnd] *adj*
The earth is **round,** not flat.

rund
Die Erde ist rund und nicht flach.

---

circle [ˈsɜːkl] *n*
When we play games at school, we often sit in a **circle**.

Kreis *m*
Wenn wir in der Schule Spiele machen, sitzen wir oft im Kreis.

---

corner [ˈkɔːnə] *n*
There's a TV set in the **corner** of our hobby room.

Ecke *f*
In der Ecke unseres Hobbyraums steht ein Fernseher.

---

cross [krɒs] *n*
'You are here,' he said and marked the place on the map with a **cross**.

Kreuz *n*
„Sie sind hier'', sagte er und markierte die Stelle auf der Karte mit einem Kreuz.

---

tip [tɪp] *n*
You only see the **tip** of the iceberg.

Spitze *f*
Man sieht nur die Spitze des Eisbergs.

«2001–4000»

ball [bɔːl] *n*
The earth has the shape of a **ball**.

Kugel *f*
Die Erde hat die Form einer Kugel.

---

edge [edʒ] *n*
It's dangerous to go too near the **edge** of the canyon.

Rand *m*, **Kante** *f*
Es ist gefährlich, zu nahe an den Rand der Schlucht zu gehen.

point [pɔɪnt] *n syn:* tip
I need a sharpener – the **point** of
my pencil has broken off.

Spitze *f,* **Punkt** *m*
Ich brauche einen Spitzer – an
meinem Bleistift ist die Spitze
abgebrochen.

Stars look like **points** of light in
the sky at night.

Sterne sehen am Nachthimmel
wie helle Punkte aus.

pointed ['pɔɪntɪd] *adj*
Tyrannosaurus rex had long
pointed teeth.

spitz
Der Tyrannosaurus Rex hatte
lange, spitze Zähne.

arrow ['ærəʊ] *n*
Arrows are used to show direction on roads.

Pfeil *m*
Pfeile benutzt man, um auf
Straßen die Richtung zu zeigen.

arch [ɑːtʃ] *n*
You find round **arches** in Ro-
manesque style.

Bogen *m*
Man findet Rundbögen im ro-
manischen Stil.

knot [nɒt] *n*
The sailor tied the ropes together with a **knot**.

Knoten *m*
Der Seemann band die Seile
mit einem Knoten zusammen.

3 VERSCHIEDENES

3.1 Weitere Verben

«1–2000»

belong to [bɪ'lɒŋ tə]
I can't lend you this book – it
doesn't **belong to** me.

gehören
Ich kann dir dieses Buch nicht
leihen – es gehört mir nicht.

grow [grəʊ] *v/i*
⚠ **grew** [gruː], **grown** [grəʊn]
Children need a lot of food as
long as they are **growing**.

wachsen

Kinder brauchen viel zu essen,
solange sie wachsen.

shine [ʃaɪn] *v/i*
⚠ **shone** [ʃɒn, *Am* ʃoʊn], **shone**
[ʃɒn, *Am* ʃoʊn]
He polished his boots until they
shone.

glänzen, scheinen

Er polierte seine Stiefel, bis sie
glänzten.

ring [rɪŋ] v/i, v/t
⚠ **rang** [ræŋ], **rung** [rʌŋ]
The telephone's **ringing** – I'll
answer it.

klingeln, läuten

Das Telefon klingelt – ich gehe
ran.

treat [triːt] v/t
He's nice but **treats** us like
children.
Glass must be **treated** with
care.

behandeln, umgehen mit
Er ist nett, aber behandelt uns
wie Kinder.
Glas muss sorgfältig behandelt
werden.

open ['əʊpən] v/i
In England most banks **open** at
9.30 and close at 3.30.

öffnen, sich öffnen, aufgehen
In England öffnen die meisten
Banken um 9.30 Uhr und schlie-
ßen um 15.30 Uhr.

strike [straɪk] v/i, v/t
⚠ **struck** [strʌk], **struck** [strʌk]
The farmhouse was **struck** by
lightning and burnt down.
The clock **struck** twelve.

schlagen, treffen

Der Hof wurde vom Blitz getroffen und brannte nieder.
Die Uhr schlug zwölf.

break [breɪk] v/i, v/t
⚠ **broke** [brəʊk], **broken**
['brəʊkən]
Glass will **break** when you drop
it.
He fell off a tree and **broke** his
arm.

(sich) brechen, zerbrechen

Glas bricht, wenn man es fallen
lässt.
Er fiel von einem Baum und
brach sich den Arm.

burn [bɜːn] v/i
⚠ **burnt*** [bɜːnt], **burnt*** [bɜːnt]
The forest fire was caused by a
burning match somebody threw
away.

brennen

Der Waldbrand wurde von einem weggeworfenen brennenden Streichholz verursacht.

«2001–4000»

concern [kən'sɜːn] v/t
Environmental problems **concern** all of us.

angehen, betreffen
Umweltprobleme gehen uns alle an.

spare [speə] v/t
I'm out of cash – can you **spare**
£ 10?

übrig haben, erübrigen
Ich habe kein Bargeld mehr –
hast du £ 10 übrig?

introduce [ˌɪntrəˈdjuːs] *v/t*
Henry Ford **introduced** mass production to make his Model T.

einführen
Henry Ford führte die Massenproduktion ein, um sein Modell T zu produzieren.

---

omit [əʊˈmɪt] *v/t opp:* include

The report **omits** several important facts.

auslassen, weglassen, übergehen
Der Bericht lässt mehrere wichtige Fakten weg.

---

reflect [rɪˈflekt] *v/t*
The lights were **reflected** in the river.

(wider)spiegeln, reflektieren
Die Lichter spiegelten sich im Fluss.

---

increase [ɪnˈkriːs] *v/i, v/t opp:* decrease

The US population **increased** by 10% between 1980 and 1990.

They've **increased** the price of oil again.

zunehmen, anwachsen, größer werden, (sich) vergrößern, erhöhen
Die Bevölkerung der USA hat zwischen 1980 und 1990 um 10% zugenommen.

Der Ölpreis ist schon wieder erhöht worden.

---

lower [ˈləʊə] *v/t opp:* raise
The doctor prescribed something to **lower** her blood pressure.

senken
Der Arzt verschrieb ihr etwas zur Senkung ihres Blutdrucks.

---

handle [ˈhændl] *v/t*

Wash your hands before you **handle** food.

umgehen mit, behandeln, handhaben, anfassen
Vor dem Umgang mit Lebensmitteln die Hände waschen!

---

bear [beə] *v/i, v/t*
⚠ **bore** [bɔː], **borne** [bɔːn]
Our cherry tree **bears** a lot of fruit every year.
He called a doctor because he couldn't **bear** the pain any more.

tragen, ertragen

Unser Kirschbaum trägt jedes Jahr viele Früchte.
Er rief einen Arzt, weil er den Schmerz nicht mehr ertragen konnte.

---

lean [liːn] *v/i, v/t*
⚠ **leant*** [lent], **leant*** [lent]
He **leant** a ladder against the wall and climbed up.
He **leant** down to the child to listen to her.

(sich) lehnen, (sich) stützen, sich neigen, sich beugen
Er lehnte eine Leiter an die Wand und kletterte hinauf.
Er beugte sich zum Kind hinunter, um ihm zuzuhören.

pour [pɔː] *v/i, v/t*
The rain's **pouring** down.
Can I **pour** you another cup of tea?

gießen, eingießen, einschenken
Es gießt in Strömen.
Kann ich dir noch eine Tasse Tee eingießen?

---

spread [spred] *v/i, v/t*
⚠ **spread** [spred], **spread** [spred]
Due to strong winds the forest fire **spread** rapidly.

(sich) ausbreiten, (sich) verbreiten

Wegen starker Winde breitete sich der Waldbrand schnell aus.

---

stick [stɪk] *v/i, v/t*

⚠ **stuck** [stʌk], **stuck** [stʌk]
She was busy **sticking** pictures into an album.
Our car **stuck** in the mud and wouldn't move.

stecken, heften, (an)kleben, stecken bleiben, hängen bleiben, klemmen

Sie war dabei, Fotos in ein Album zu kleben.
Unser Wagen blieb im Schlamm stecken und rührte sich nicht.

---

beat [biːt] *v/i, v/t syn:* hit
⚠ **beat** [biːt], **beaten** ['biːtn]
The muggers **beat** him up and stole his money.

He's still alive – his heart is **beating**.

schlagen

Die Straßenräuber schlugen ihn zusammen und raubten ihm sein Geld.
Er lebt noch – sein Herz schlägt.

---

hit [hɪt] *v/t*
⚠ **hit** [hɪt], **hit** [hɪt]
It isn't right to **hit** little children.

The bullet **hit** him in the head and killed him.
She was **hit** by a car when she was crossing the street.

schlagen, treffen

Es ist nicht richtig, kleine Kinder zu schlagen.
Die Kugel traf ihn in den Kopf und tötete ihn.
Sie wurde von einem Auto überfahren, als sie die Straße überquerte.

---

burst [bɜːst] *v/i syn:* explode
⚠ **burst** [bɜːst], **burst** [bɜːst]
A tyre **burst** and caused a serious accident.

platzen, bersten, explodieren

Ein Reifen platzte und verursachte einen schweren Unfall.

---

scratch [skrætʃ] *v/i, v/t*
Don't touch the cat – it'll **scratch** you!

kratzen
Fass die Katze nicht an – sie kratzt dich!

prick [prɪk] *v/t*
She **pricked** her finger when she was cutting roses.

stechen, pik(s)en
Sie hat sich beim Rosenschneiden in den Finger gestochen.

3.2 Weitere Adjektive

«1–2000»

big [bɪg] *adj syn:* large, *opp:* small, little
A Daimler is a **big** (⚠ *nicht: great*), expensive car.
My **big** (⚠ *nicht: great*) brother always helps me. → *great*

groß

Ein Daimler ist ein großes, teures Auto.
Mein großer Bruder hilft mir immer.

---

large [lɑːdʒ] *adj syn:* big, *opp:* small
This shirt is too **large** – do you have it in a smaller size?

groß

Dieses Hemd ist zu groß – haben Sie es in einer kleineren Größe?

---

small [smɔːl] *adj opp:* big, large

Their house is rather **small** but very comfortable.

Most jockeys are **small** men. → *big*

klein, klein (und leicht), zierlich, schmächtig
Ihr Haus ist ziemlich klein (⚠ *nicht: schmal*), aber sehr gemütlich.
Die meisten Jockeis sind kleine, leichte Männer.

---

little [lɪtl] *adj syn:* small, *opp:* big
They have a nice **little** cottage in the mountains.
My **little** brother is learning to ride a bike.

klein
Sie haben ein hübsches kleines Häuschen in den Bergen.
Mein kleiner Bruder lernt gerade Rad fahren.

---

short [ʃɔːt] *adj opp:* tall, long
I'm too **short** to play basketball.

Soldiers usually have **short** hair.

kurz, klein
Ich bin zu klein, um Basketball zu spielen.
Soldaten haben meist kurzes Haar.

thick [θɪk] *adj opp:* thin

The walls of the old house are three feet **thick**.

dick

Die Wände des alten Hauses sind drei Fuß (ca. 90 cm) dick.

TIPP: *Bei Personen verwendet man nicht **thick**, sondern **fat**, z. B.
he's getting too fat (er wird zu dick).*

---

thin [θɪn] *adj opp:* thick, fat

The ice is too **thin** to walk on.

dünn

Das Eis ist zu dünn, um darauf zu gehen.

---

heavy ['hevɪ] *adj opp:* light

That big suitcase is much too **heavy** for you!

schwer

Der große Koffer ist viel zu schwer für dich!

---

light [laɪt] *adj opp:* heavy

This jacket is **light** but very warm.

leicht

Diese Jacke ist leicht, aber sehr warm.

---

hard [hɑːd] *adj syn:* difficult, *opp:* easy

Some of the questions on the exam paper were really **hard**.

schwer, schwierig

Einige der Prüfungsfragen waren wirklich schwer.

---

strong [strɒŋ] *adj opp:* weak

I don't like coffee when it's too **strong**.

stark

Mir schmeckt Kaffee nicht, wenn er zu stark ist.

---

weak [wiːk] *adj opp:* strong

As a teacher, she's too **weak** – the kids do what they like.

schwach, weich

Als Lehrerin ist sie zu weich – die Kinder tun, was sie wollen.

---

sharp [ʃɑːp] *adj opp:* blunt

You need a **sharp** knife to cut this steak.

scharf

Man braucht ein scharfes Messer, um dieses Steak zu schneiden.

---

mild [maɪld] *adj*

Winters have been very **mild** lately.

mild

Die Winter sind in letzter Zeit sehr mild.

---

hot [hɒt] *adj opp:* cold

It gets very **hot** – 100 °F and more – in the summer.

Hot meals are served from 12 to 2 p.m. → *warm*

heiß, warm

Es wird im Sommer sehr heiß – 40 °C und darüber.

Warme Mahlzeiten von 12 bis 14 Uhr.

warm [wɔːm] *adj opp:* cold
This sweater will keep you
warm.

warm
Dieser Pulli wird dich warm halten.

> **TIPP: warm** *entspricht durchaus nicht immer dem deutschen
> „warm"; sehr oft muss man stattdessen* **hot** *verwenden, z. B.* **a
> hot meal** *(eine warme Mahlzeit).*

clear [klɪə] *adj*
The water is so **clear** that you
can see the bottom of the lake.

We received very **clear** pictures
of the moon's surface.

klar, deutlich
Das Wasser ist so klar, dass
man den Boden des Sees sehen kann.

Wir erhielten sehr deutliche Bilder von der Mondoberfläche.

quiet ['kwaɪət] *adj syn:* calm,
opp: noisy, loud
Our hotel was very centrally lo-
cated, but rather **quiet**. → *quite*

ruhig

Unser Hotel lag sehr zentral,
war aber ziemlich ruhig.

full [fʊl] *adj opp:* empty
Please empty the wastepaper
basket when it's **full**.

voll
Bitte den Papierkorb leeren,
wenn er voll ist!

empty ['emptɪ] *adj opp:* full
We've got to find a filling station
– the tank's **empty**.

leer
Wir müssen eine Tankstelle finden – der Tank ist leer.

open ['əʊpən] *adj opp:* closed,
shut
The door was **open** but nobody
was at home.

offen, auf

Die Tür war offen, aber keiner
war zu Hause.

on [ɒn] *adj opp:* off
The TV is **on** but nobody's
watching.

ein(geschaltet)
Der Fernseher ist eingeschal-
tet, aber niemand schaut hin.

off [ɒf] *adj opp:* on
With this switch you turn the
computer on or **off**.

aus(geschaltet), ab(geschaltet)
Mit diesem Schalter schaltet
man den Computer ein oder
aus.

out [aʊt] *adj opp:* on
Make sure all the lights are **out**
before you leave.

aus(geschaltet), ab(geschaltet)
Achte darauf, dass alle Lampen
aus sind, bevor du gehst.

new [njuː] *adj opp:* old
My torch needs **new** batteries.

neu
Meine Taschenlampe braucht
neue Batterien.

modern ['mɒdən] *adj opp:*
old-fashioned
This chair was designed in the
20s but looks very **modern**.

modern

Dieser Stuhl wurde in den 20er
Jahren entworfen, sieht aber
sehr modern aus.

---

latest ['leɪtɪst]
Have you seen Steven Spielberg's **latest** (⚠ *nicht: last*)
movie?

neueste(r, -s)
Hast du Steven Spielbergs neuesten Film gesehen?

---

old [əʊld] *adj opp:* new
I bought a new car and sold the
old one.

alt
Ich habe mir ein neues Auto gekauft und das alte verkauft.

---

old-fashioned [ˌəʊld ˈfæʃnd]
adj opp: modern
I have an **old-fashioned** camera
which still takes excellent pictures.

altmodisch

Ich habe eine altmodische Kamera, die jedoch ausgezeichnete Bilder macht.

---

broken ['brəʊkən] *adj*
The teapot's **broken** – can it be
repaired?

kaputt, zerbrochen
Die Teekanne ist kaputt – kann
man sie reparieren?

---

free [friː] *adj*
Only in a democracy can people really be **free**.

frei, kostenlos, gratis, Frei...
Nur in einer Demokratie können Menschen wirklich frei
sein.

---

necessary ['nesəsərɪ] *adj*
We use the air conditioning only
when it's **necessary**.

nötig, notwendig
Wir benutzen die Klimaanlage
nur, wenn es nötig ist.

«2001–4000»

---

present ['preznt] *adj opp:* absent
How many people will be
present at the ceremony?

anwesend, da(bei)

Wie viele Menschen werden bei
der Zeremonie anwesend sein?

---

absent ['æbsnt] *adj opp:* present
Tom's **absent** today – he's ill.

**nicht anwesend, fehlend, abwe-
send**
Tom fehlt heute – er ist krank.

huge [hju:dʒ] *adj syn:* enormous, *opp:* tiny
Canada is a **huge** country with comparatively few people.

riesig, gewaltig

Kanada ist ein riesiges Land mit verhältnismäßig wenig Menschen.

---

tiny ['taɪnɪ] *adj opp:* huge
A virus is so **tiny** that it can't be seen by an ordinary microscope.

winzig (klein)
Ein Virus ist so winzig, dass man es mit einem normalen Mikroskop nicht sehen kann.

---

active ['æktɪv] *adj opp:* passive
My grandma's over 80 but still very **active**.

aktiv, tätig
Meine Oma ist über 80, aber noch sehr aktiv.

---

powerful ['paʊəfʊl] *adj syn:* strong, *opp:* weak, powerless
A Rolls Royce has a quiet but **powerful** engine.

stark, mächtig, kraftvoll

Ein Rolls-Royce hat einen leisen, aber kraftvollen Motor.

---

steady ['stedɪ] *adj*

He's tried lots of different things but he's never had a **steady** job.
A good shot needs a **steady** hand and a **steady** eye.

fest, (be)ständig, dauerhaft, ruhig, sicher
Er hat vieles versucht, aber er hat nie eine feste Stelle gehabt.
Ein guter Schütze braucht eine ruhige Hand und ein sicheres Auge.

---

stiff [stɪf] *adj*
They were too **stiff** to move after the long march.

steif, hart
Sie waren nach dem langen Marsch so steif, dass sie sich nicht rühren konnten.

---

loose [lu:s] *adj*
The engine didn't start because of a **loose** wire.

lose, locker
Der Motor sprang wegen eines losen Kabels nicht an.

---

bare [beə] *adj*
They can kill an opponent with their **bare** hands.

nackt, bloß, bar...
Sie können einen Gegner mit bloßen Händen töten.

---

hollow ['hɒləʊ] *adj*
Owls build their nests in **hollow** trees.

hohl
Eulen bauen ihre Nester in hohlen Bäumen.

---

bright [braɪt] *adj opp:* dark, dull
It was **bright** when I woke up.

hell, strahlend, leuchtend
Es war schon heller Tag, als ich erwachte.

fresh [freʃ] *adj*
Never eat fish unless it's **fresh**.

frisch
Iss niemals Fisch, wenn er nicht frisch ist.

---

pure [pjʊə] *adj*
The sweater is made of 100% **pure** virgin wool.

rein, pur
Der Pullover ist 100% reine Schurwolle.

---

plain [pleɪn] *adj syn:* simple
They serve good **plain** food – nothing fancy.

einfach, schlicht, klar
Es ist eine gute, einfache Küche – nichts Ausgefallenes.

---

familiar [fəˈmɪljə] *adj*
She looks **familiar** but I don't know her.

vertraut, bekannt
Sie kommt mir bekannt (⚠ *nicht: familiär*) vor, aber ich kenne sie nicht.

TIPP: *Vorsicht, das deutsche „familiär" wird meist durch* **family** *ausgedrückt, z. B.* **family problems** *(familiäre Sorgen).*

---

unknown [ʌnˈnəʊn] *adj*
The cause of the disease is as yet **unknown**.

unbekannt
Die Ursache der Krankheit ist bisher unbekannt.

---

ancient [ˈeɪnʃənt] *adj opp:* modern
Waterpower was already used by **ancient** civilizations.

antik, alt
Die Wasserkraft wurde bereits von antiken Kulturen genützt.

---

prompt [prɒmpt] *adj*

The government promised a **prompt** inquiry into the case.

umgehend, sofortig, prompt, schnell, pünktlich
Die Regierung versprach eine umgehende Untersuchung des Falles.

---

direct [dəˈrekt] *adj*
We booked a **direct** flight from Frankfurt to Los Angeles.

direkt, Direkt...
Wir haben einen Direktflug von Frankfurt nach Los Angeles gebucht.

---

urgent [ˈɜːdʒənt] *adj*
Send an ambulance at once – it's very **urgent**.

dringend
Schicken Sie sofort einen Krankenwagen – es ist sehr dringend.

3.3 Strukturwörter

3.3.1 PRONOMEN UND ARTIKEL

«1–2000»

---

a [ə], **an** [ən] *indefinite article*
A fly is **an** insect.
O. J. Simpson was **a** professional American Football player and later **an** actor.
I have my car washed once **a** month.

ein(e), pro, je
Eine Fliege ist ein Insekt.
O. J. Simpson war Berufsfußballer und später Schauspieler.

Ich lasse einmal im Monat mein Auto waschen.

---

the [ðə; ðiː] *definite article*
The film/story/book is very interesting.
The lights went on.

der, die, das, die *pl*
Der Film/Die Geschichte/Das Buch ist sehr interessant.
Die Lichter gingen an.

---

this [ðɪs] *adj, pron*
⚠ *pl* **these** [ðiːz]
I like **this** picture much better than that one.
This is my girlfriend Sandy.

dies, diese(r, -s), das

Mir gefällt dieses Bild viel besser als das da.
Dies ist meine Freundin Sandy.

---

these [ðiːz] *pl adj, pron*
These shoes are very comfortable.
These are my parents.

dies(e) (hier)
Diese Schuhe sind sehr bequem.
Dies sind meine Eltern.

---

that [ðæt] *pron, adj*
⚠ *pl* **those** [ðəʊz]

This chair is more comfortable than **that** one.
What's the name of **that** song?
Did you get the letter **that** I sent you?

der/die/das (dort), diese(r, -s), der-, die-, dasjenige, welche(r, -s)
Dieser Stuhl ist bequemer als der dort.
Wie heißt dieses Lied?
Hast du den Brief erhalten, den ich dir geschickt habe?

---

those [ðəʊz] *pl adj, pron*
Those apples look much better than these.
Will **those** who want to go raise their hands?

die (da/dort), diese, diejenigen
Die Äpfel dort sehen viel besser aus als diese.
Würden diejenigen, die mitfahren wollen, die Hand heben?

---

what [wɒt] *adj, pron*

What are you doing?
What a beautiful morning!

was, was für (ein[e]), welche(r, -s)
Was machst du?
Was für ein herrlicher Morgen!

which [wɪtʃ] *adj, pron* | **welche(r, -s), der, die, das**

Which language shall we use, English or French? → Welche Sprache wollen wir verwenden, Englisch oder Französisch?

Which of these photos do you want? → Welche dieser Fotos möchtest du?

Gone With the Wind, **which** was made in 1939, is still one of the most popular films. → „Vom Winde verweht", der 1939 gedreht wurde, ist immer noch einer der beliebtesten Filme.

---

who [hu:] *pron* | **wer, wen, wem, der, die, das, welche(r, -s)**

Who will be the next President? → Wer wird der nächste Präsident?

Who did you see at the meeting? → Wen haben Sie auf der Konferenz getroffen?

Who are you staying with? → Bei wem wohnst du?

The police think he's the man **who** killed her. → Die Polizei hält ihn für den Mann, der sie getötet hat.

TIPP: Für **who** in der Bedeutung *wen, wem, welchen, welchem* kann auch **whom** stehen, z. B. **Whom did you see?, With whom are you staying?** Dies wäre aber ein sehr förmlicher Stil.

---

whose [hu:z] *adj, pron* | **wessen, dessen, deren**

Whose car is that beautiful Jaguar? → Wessen Auto ist der schöne Jaguar dort?

Is that the woman **whose** car was stolen? → Ist das die Frau, deren Auto gestohlen wurde?

---

whom [hu:m] *pron* | **wen, wem, den, die, dem, der, welche(n, -m)**

I wouldn't trust a person **whom** I don't know. → *who* → Ich würde niemandem trauen, den ich nicht kenne.

I [aɪ] *pers pron* | **ich**

I'm washing my car. → Ich wasche (gerade) meinen Wagen.

Hello, **I**'m Denny. → Hallo, ich heiße Denny.

---

you [ju:] *pers pron* | **du, ihr, Sie, dich, euch, dir, Ihnen, man**

Will **you** be at home tonight? → Wirst du/Werdet ihr/Werden Sie heute Abend zu Hause sein?

I've known **you** for a long time. → Ich kenne dich/euch/Sie schon lange.

I sent **you** a letter. → Ich habe dir/euch/Ihnen einen Brief geschickt.

You can't always get what **you** want. → Man bekommt nicht immer, was man will.

he [hiː, hɪ] *pers pron*	**er**
This is John. **He**'s from Manchester.	Das ist John. Er kommt aus Manchester.
she [ʃiː, ʃɪ] *pers pron*	**sie**
My wife's Irish, **she**'s from Dublin.	Meine Frau ist Irin, sie ist aus Dublin.
it [ɪt] *pers pron*	**es,** *je nach grammatischem Geschlecht auch:* **er, sie**
It's always the same old story.	Es ist immer dieselbe alte Geschichte.
He pulled a gun and pointed **it** at us.	Er zog eine Waffe und richtete sie auf uns.
We now have a garden – I love **it**.	Wir haben jetzt einen Garten – ich liebe ihn.
Who's that? – **It**'s me.	Wer ist das? – Ich bin's.
we [wiː] *pers pron*	**wir**
We work together.	Wir arbeiten zusammen.
they [ðeɪ] *pers pron*	**sie, man**
My parents aren't here. **They**'re away on holiday.	Meine Eltern sind nicht da. Sie sind im Urlaub.
They say that summers are getting hotter every year.	Man sagt, dass die Sommer jedes Jahr heißer werden.
me [miː] *pers pron*	**mich, mir, ich**
The hostess welcomed **me** and gave **me** a glass of beer.	Die Gastgeberin begrüßte mich und reichte mir ein Glas Bier.
Who's that little boy in the picture? – That's **me**!	Wer ist der kleine Junge auf dem Foto? – Das bin ich!
him [hɪm] *pers pron*	**ihn, ihm, er**
Have you met Jim? – Yes, I know **him**.	Hast du Jim schon mal getroffen? – Ja, ich kenne ihn.
She gave **him** a kiss.	Sie gab ihm einen Kuss.
Which is your boyfriend? Is that **him**?	Welcher ist dein Freund? Ist er das?
her [hɜː; hə] *pron*	**ihr(e), sie, ihr**
Kathy arrived in **her** new car.	Kathy kam in ihrem neuen Wagen.
She put **her** arms around **her** and gave **her** a kiss.	Sie legte die Arme um sie und gab ihr einen Kuss.
Which is your girlfriend? Is that **her**? → *my*	Welche ist deine Freundin? Ist sie das?

us [ʌs] *pers pron*

We won the first match, and then they beat **us**.

uns

Wir haben das erste Spiel gewonnen, und dann haben sie uns geschlagen.

---

them [ðem, ðəm] *pers pron*

Where are the kids? I can't see **them**.

We asked **them** in and offered **them** something to drink.

sie, ihnen

Wo sind die Kinder? Ich kann sie nicht sehen.

Wir baten sie herein und boten ihnen etwas zu trinken an.

---

my [maɪ] *pron*

I can't find **my** car keys.

I broke **my** leg and can't walk.

mein(e)

Ich kann meine Autoschlüssel nicht finden.

Ich habe mir das Bein gebrochen und kann nicht laufen.

---

*TIPP: Bei Körperteilen, Kleidungsstücken usw. steht fast immer das dazugehörige Possessivpronomen, wo im Deutschen meist nur der Artikel gebraucht wird, z.B. **He had his hands in his pockets** (Er hatte die Hände in den Taschen).*

---

your [jʊə] *pron*

That's **your** problem, not mine.
→ *my*

dein(e), euer, eure, Ihr(e)

Das ist dein Problem und nicht meines.

---

his [hɪz] *pron*

This is a photo of John and **his** wife.

Is this Alan's car? – No, **his** is the Jaguar over there. → *my*

sein(e), seine(r, -s)

Dies ist ein Foto von John und seiner Frau.

Ist dies Alans Wagen? – Nein, seiner ist der Jaguar dort.

---

its [ɪts] *pron*

I love London and **its** (⚠ *nicht: it's*) museums.

My cat's hurt **its** (⚠ *nicht: it's*) paw. → *my*

sein(e)

Ich liebe London und seine Museen.

Meine Katze hat sich die Pfote verletzt.

---

*TIPP: Nicht **its** (Possessivpronomen, immer in einem Wort geschrieben) mit **it's** verwechseln! **it's** ist Abkürzung von **it is** oder **it has**.*

---

our ['aʊə] *pron*

We built **our** kitchen cupboard and all **our** book shelves ourselves. → *my*

unser(e)

Wir haben unseren Küchenschrank und alle unsere Bücherregale selbst gebaut.

their [ðeə] *pron* Three young people lost **their** lives (⚠ *nicht: the life*) in the accident. → *my*	**ihr(e)** Drei junge Menschen verloren bei dem Unfall das Leben.
mine [maɪn] *pron* Is this coat yours? – No, it isn't. **Mine**'s that grey trenchcoat. He's an old friend of **mine**.	**meine(r, -s)** Ist dies Ihr Mantel? – Nein, meiner ist der graue Trenchcoat dort. Er ist ein alter Freund von mir.
yours [jʊəz] *pron* This is my room, **yours** is on the first floor.	**deine(r, -s), eure(r, -s), Ihre(r, -s)** Dies ist mein Zimmer, deines ist im ersten Stock.
hers [hɜːz] *pron* Is this Lisa's suitcase? – No, it isn't **hers**.	**ihre(r, -s)** Ist dies Lisas Koffer? – Nein, es ist nicht ihrer.
ours ['aʊəz] *pron* Their house is much bigger than **ours**.	**unsere(r, -s)** Ihr Haus ist viel größer als unseres.
theirs [ðeəz] *pron* Our cottage is at the seaside – **theirs** is in the mountains.	**ihre(r, -s)** Unser Häuschen ist am Meer, ihres ist in den Bergen.
oneself [wʌn'self] *pron* Repairing things **oneself** is usually cheaper and quicker than having someone else do it.	**sich, selbst, allein** Etwas selbst zu reparieren ist meistens billiger und schneller, als es jemand anders tun zu lassen.
myself [maɪ'self] *pron* I cut **myself** while shaving. I don't need any help – I can do it **myself**. → *oneself*	**mich, selbst, allein** Ich habe mich beim Rasieren geschnitten. Ich brauche keine Hilfe, ich kann es selbst machen.
yourself [jʊə'self] *pron* You ought to be ashamed of **yourself**. Do it **yourself**. → *oneself*	**sich, selbst, allein** Du solltest dich schämen! Mach es selbst!
himself [hɪm'self] *pron* He isn't guilty – he only defended **himself**. Could I talk to the boss **himself**? → *oneself*	**sich, selbst, allein** Er ist nicht schuldig, er hat sich nur verteidigt. Könnte ich mit dem Chef selbst sprechen?

herself [hɜ:'self] *pron*
Grandma fell and hurt **herself**.

She makes all her dresses **herself**. → *oneself*

sich, selbst, allein
Oma ist gestürzt und hat sich verletzt.

Sie näht sich alle Kleider selbst.

---

itself [ɪt'self] *pron*
A country must be able to defend **itself**.
This door opens all by **itself**.

sich, selbst
Ein Land muss sich verteidigen können.
Diese Tür öffnet sich völlig von selbst.

---

ourselves [ˌaʊə'selvz] *pron*
After the accident we both found **ourselves** in hospital.
We built our cottage all by **ourselves**. → *oneself, each other*

uns, selbst, allein
Nach dem Unfall fanden wir beide uns im Krankenhaus wieder.
Wir haben unser Häuschen ganz allein gebaut.

---

yourselves [jʊə'selvz] *pron*
I hope you're all enjoying **yourselves**.
Did you spend New Year's Eve all by **yourselves**?
→ *oneself, each other*

sich, selbst, allein
Ich hoffe, ihr amüsiert euch alle gut.
Habt ihr Silvester ganz allein verbracht?

---

themselves [ðəm'selvz] *pron*
They're old enough to look after **themselves**.
Many Americans paint their houses **themselves**.
→ *oneself, each other*

sich, selbst, allein
Sie sind alt genug, um auf sich aufzupassen.
Viele Amerikaner streichen ihre Häuser selbst.

---

each other [ˌiːtʃ 'ʌðə] *pron syn:*
one another
We always try to help **each other**.

einander, sich (gegenseitig)

Wir versuchen immer, einander zu helfen.

---

some [sʌm, səm] *adj, pron*

We had **some** cheese and biscuits for tea.
Would you like **some** more tea?
Some people have all the luck.

There must be **some** way to solve the problem. → *any*

etwas, einige, ein paar, manche, (irgend)ein(e), irgendwelche
Wir aßen Käse und Gebäck zum Tee.
Möchtest du noch etwas Tee?
Manche Leute haben das Glück gepachtet.
Es muss irgendeine Möglichkeit geben, das Problem zu lösen.

any ['enɪ] *adj, pron* | **irgendein(e), irgendwelche, etwas, jede(r, -s), alles**

Have you got **any** money? | Hast du (etwas) Geld?
Are there **any** letters for me? | Sind (irgendwelche) Briefe für mich da?
There isn't **any** coffee left. | Es ist kein Kaffee mehr da.
You can have **any** drink you like. | Sie können jedes Getränk haben, das Sie wollen.

TIPP: **some** *und* **any** *bleiben im Deutschen oft unübersetzt.* **any** *wird hauptsächlich in Frage und Verneinung gebraucht. Im Aussagesatz bedeutet* **any** *meist jede(r) Beliebige. Das Gleiche gilt für Zusammensetzungen mit* **any.**

---

somebody ['sʌmbədɪ] *pron syn:* someone, *opp:* nobody, no one | **jemand**
There's **somebody** who wants to talk to you. → *any, some* | Da ist jemand, der dich sprechen will.

---

someone ['sʌmwʌn] *pron syn:* somebody, *opp:* nobody | **jemand**
Someone's put salt in my coffee. → *any, some* | Jemand hat mir Salz in den Kaffee getan.

---

something ['sʌmθɪŋ] *pron opp:* nothing | **etwas**
We can eat **something** after the show. → *any, some* | Wir können nach der Vorstellung etwas essen.

---

anybody ['enɪbɒdɪ] *pron syn:* anyone | **(irgend)jemand, jeder (Beliebige)**
Do you know **anybody** here? | Kennst du hier jemanden?
Anybody can take pictures with this camera. → *any, some* | Jeder kann mit dieser Kamera fotografieren.

---

anyone ['enɪwʌn] *pron syn:* anybody | **(irgend)jemand, jeder (Beliebige)**
Has **anyone** seen my pocket calculator? | Hat jemand meinen Taschenrechner gesehen?
Ask for more money – **anyone** else would do it. → *any, some* | Verlange mehr Geld – jeder andere würde es tun.

---

anything ['enɪθɪŋ] *pron* | **(irgend)etwas, alles**
Is there **anything** I can do for you? | Kann ich etwas für Sie tun?
He believes **anything** she says. → *any, some* | Er glaubt alles, was sie sagt.

every ['evrɪ] *adj syn:* each   **jede(r, -s)**
We go to see Grandma **every**   Wir besuchen Oma jeden Tag.
day. → *each*

each [i:tʃ] *adj, pron syn:* every   **jede(r, -s)**
There are five rooms, **each** with   Wir haben fünf Zimmer, jedes
its own bathroom.   mit eigenem Bad.

everybody ['evrɪbɒdɪ] *pron syn:*   **jeder(mann), alle**
everyone, *opp:* nobody
In small villages **everybody**   In kleinen Dörfern kennt jeder
knows **everybody** else.   jeden.

everyone ['evrɪwʌn] *pron syn:*   **jeder(mann), alle**
everybody, *opp:* nobody, no
one
The burglars came when **every-**   Die Einbrecher kamen, als alle
one had gone home.   nach Hause gegangen waren.

everything ['evrɪθɪŋ] *pron syn:*   **alles**
all, *opp:* nothing
We bought **everything** for a pic-   Wir haben alles für ein Picknick
nic.   eingekauft.

nobody ['nəʊbədɪ] *pron syn:* no   **niemand, keiner**
one, *opp:* everybody, everyone
I called but **nobody** answered   Ich habe angerufen, aber nie-
the phone.   mand ging ans Telefon.

no one ['nəʊwʌn] *pron syn:* no-   **niemand, keiner**
body, *opp:* everybody, every-
one
The reunification of Germany   Die Wiedervereinigung Deutsch-
was an event that **no one** had   lands war ein Ereignis, das nie-
expected.   mand erwartet hatte.

one [wʌn] *pron syn:* you   **man**, *Stützwort* **ein(e)**
One can't always get what **one**   Man bekommt nicht immer,
wants.   was man will.
This jacket is too small – have   Diese Jacke ist zu klein – haben
you got a larger **one**?   Sie eine größere?

TIPP: **one** *in der Bedeutung „man" ist recht förmlich – meist wird*
you vorgezogen, also: **You can't always get what you want.**

such [sʌtʃ] *pron, adj*   **so, solch, solche(r, -s)**
It was **such** (⚠ *nicht:* **so**) a hard   Es war so eine schwierige Prü-
test that 80 % failed it.   fung, dass 80 % sie nicht be-
     standen.

«2001–4000»

whoever [huːˈevə] *pron*
  Whoever it is, don't let him in.

wer auch (immer)
  Wer es auch ist, lass ihn nicht herein!

---

whatever [wɒtˈevə] *pron*
  Whatever she says, he never agrees.

was auch (immer)
  Was sie auch sagt, er ist nie ihrer Meinung.

3.3.2 HILFSVERBEN

«1–2000»

be [biː] *v/i, v/aux*
  ⚠ **am** [æm], **are** [ɑː], **is** [ɪz], **was** [wɒz], **were** [wɜː], **been** [biːn]
  To **be** or not to **be**, that **is** the question.
  I want to **be** rich.
  We've **been** here for a week now.
  The show **was** good, **wasn't** it?

  Don't disturb him – he's working.
  My car **was** stolen last night.

sein, werden

  Sein oder nicht sein – das ist hier die Frage.
  Ich möchte reich sein.
  Wir sind jetzt seit einer Woche hier.
  Es war eine gute Show, nicht wahr?

  Stört ihn nicht – er arbeitet gerade!
  Mein Auto ist letzte Nacht gestohlen worden.

---

have [hæv] *v/aux*
  ⚠ **had** [hæd], **had** [hæd]
  Have you read "Jurassic Park?" – No, I **haven't**, but I've seen the film.
  My grandpa's been dead for 10 years.
  I would **have** come if I **had** been invited.
  You'd (= had) better go now.

haben *(oft unübersetzt)*

  Hast du „Jurassic Park" gelesen? – Nein, aber ich habe den Film gesehen.
  Mein Opa ist seit 10 Jahren tot.

  Ich wäre gekommen, wenn ich eingeladen worden wäre.
  Du solltest jetzt lieber gehen!

do [duː] *v/aux*
⚠ **did** [dɪd], **done** [dʌn]

Do you speak French? – No, I **don't**.	**tun** *(meist unübersetzt)*
	Sprechen Sie Französisch? – Nein.
What **does** this word mean?	Was bedeutet dieses Wort?
Sorry, I **didn't** see you.	Entschuldigung, ich habe Sie nicht gesehen.
Don't worry! Everything will be all right.	Keine Sorge! Alles wird gut werden.
You know Bob Taylor, **don't** you?	Du kennst doch Bob Taylor, nicht wahr?
I **do** hope nobody got hurt.	Ich hoffe wirklich, dass niemand verletzt wurde.

TIPP: *do wird oft verwendet, um eine Aussage zu verstärken oder zu betonen, z. B.* **Do be careful!** *(Seid bloß vorsichtig!),* **I did see him but ...** *(Ich sah ihn wohl, aber ...).*

can [kæn]
⚠ **could** [kʊd]

Can you drive?	**können, dürfen**
	Kannst du Auto fahren?
In rugby you **can** pick the ball up and run with it.	Beim Rugby darf man den Ball aufheben und damit laufen.

TIPP: *Als unvollständiges Hilfsverb kann* **can** *nur die Vergangenheit* **(could)** *bilden. Alle anderen Zeitstufen werden mit* **to be able to** *gebildet.*

cannot ['kænɒt], **can't** [kɑːnt]

Help, I **can't** swim!	**kann** *usw.* **nicht, darf** *usw.* **nicht**
	Hilfe, ich kann nicht schwimmen!
I'm afraid you **cannot** park here.	Tut mir Leid, hier können/dürfen Sie nicht parken.

could [kʊd]

	konnte *usw.,* **könnte** *usw.,* **würde** *usw.*
My daughter **could** swim when she was five.	Meine Tochter konnte mit fünf Jahren schwimmen.
We **could** do a lot more to save energy.	Wir könnten viel mehr tun, um Energie zu sparen.

could not ['kʊd nɒt], **couldn't** ['kʊdnt]

konnte usw. **nicht, könnte** usw. **nicht**

I **couldn't** do my homework because ...

Ich konnte meine Hausaufgaben nicht machen, weil ...

I **couldn't** hurt a fly.

Ich könnte keiner Fliege etwas zuleide tun.

Couldn't you be a bit more careful?

Könntest du nicht etwas vorsichtiger sein?

---

may [meɪ] syn: can, might

können, dürfen, mögen

You **may** be right.

Vielleicht hast du Recht.

He isn't here – he **may** have forgotten it.

Er ist nicht hier – vielleicht hat er es vergessen.

May I use your phone? – Yes, you **may**.

Darf/Kann ich Ihr Telefon benutzen? – Ja, bitte.

I **may** be fat but I'm still pretty fast.

Ich mag dick sein, aber ich bin noch ganz schön schnell.

May the best team win!

Möge die beste Mannschaft gewinnen!

TIPP: Deutsch „dürfen" wird meist durch **to be allowed to** ausgedrückt. **may** in der Bedeutung „dürfen" kommt fast nur noch in Beispielen vor wie **May I ...? – Yes, you may/No, you may not** (Darf ich ...? – Ja/Nein). Sonst drückt **may** meistens eine Möglichkeit aus, z. B. **She may not be at home** (Vielleicht ist sie nicht zu Hause).

---

might [maɪt] syn: may, could

könnte, könntest, könnten, könntet

It **might** rain today, but I don't think it will.

Es könnte heute regnen, aber ich glaube es nicht.

---

will [wɪl]

werden (Zukunft), **wollen**

Bob **will** explain it to you.

Bob wird (⚠ nicht: **will**) es dir erklären.

I **won't** go there.

Ich werde nicht (⚠ nicht: **will nicht**) hingehen.

Will you please come this way?
→ shall, would

Wollen Sie bitte hier entlangkommen?

TIPP: **will** wird in allen Personen dazu gebraucht, die Zukunft auszudrücken. **will** kann auch in höflichen Fragen statt **would** oder **could** stehen.
Deutsch **wollen** wird durch **to want (to)** ausgedrückt, z. B. **She wants to help you** (Sie will dir helfen).

be going to [bɪ ˈɡəʊɪŋ tə]
The government**'s going to** close two smaller hospitals.

werden *(Zukunft)*
Die Regierung wird zwei kleinere Kliniken schließen.

> **TIPP:** *to be going to wird verwendet, um zukünftige Handlungen auszudrücken, wenn diese fest geplant sind.*

---

would [wʊd]
She said she **would** help me.

I **would** rather stay at home tonight.
I **wouldn't** have said no if you had asked me.

würde, würdest, würden, würdet
Sie sagte, sie werde/würde (⚠ *nicht: wollte*) mir helfen.
Ich würde heute Abend lieber zu Hause bleiben.
Ich hätte nicht Nein gesagt, wenn du mich gebeten hättest.

> **TIPP:** *would wird hauptsächlich verwendet, um das **Conditional** (Bedingungsform) zu bilden, und entspricht meist dem deutschen „würde". Dem deutschen „wollte" entspricht **wanted (to)**, z. B. **I only wanted to help you** (Ich wollte dir doch nur helfen).*

---

shall [ʃæl]
What **shall** we do now?
Shall we go for a drink?

We **shall** not rest until we're free again. → *should*

sollen, wollen, werden
Was sollen wir jetzt tun?
Wollen wir etwas trinken gehen?

Wir werden nicht ruhen, bis wir wieder frei sind!

> **TIPP:** *shall wird meist in Fragen mit **I** and **we** gebraucht und bedeutet sollen, vor **we** auch wollen. **I/we shall** kann auch anstelle von **I/we will** die Zukunft ausdrücken, besonders in förmlichem Stil, z. B. wenn ein feierliches Versprechen gegeben wird.*

---

should [ʃʊd] *syn:* ought to
You **should** always lock the door when you leave.
Maybe I **shouldn't** tell you this.

sollte, solltest, sollten, solltet
Man sollte immer die Tür abschließen, wenn man fortgeht.
Vielleicht sollte ich dir dies nicht erzählen.

> **TIPP:** *Im modernen Englisch bedeutet **should** fast immer sollte usw. In sehr förmlichem Englisch kann – ähnlich wie **shall** für **will** – **should** anstelle von **would** (würde) gebraucht werden, z. B. **I shouldn't do that if I were you** (Ich an deiner Stelle würde das nicht tun).*

---

ought to [ˈɔːt tə] *syn:* should
You **ought to** be more careful – you might have an accident.

sollte, solltest, sollten, solltet
Du solltest vorsichtiger sein, du könntest einen Unfall haben.

must [mʌst] *v/aux syn:* have to, | **müssen**
opp: need not |
You **must** see that film – it's | Du musst den Film sehen – er
really good. | ist wirklich gut.
You **must** be tired after so much | Nach so viel Arbeit müsst ihr
work. | müde sein.

> *TIPP: **must** gibt es nur im Präsens, in allen anderen Zeitstufen wird*
> ***have to** gebraucht.*
> *Vorsicht, das Gegenteil von **must** ist nicht **must not** (nicht dürfen),*
> *sondern **need not** oder **not have to** (nicht müssen/brauchen).*

have to ['hæv tʊ] *syn:* must, | **müssen, brauchen zu**
opp: need not |
I **had to** leave early to catch my | Ich musste früher weg, um mei-
train. | nen Zug zu bekommen.
You didn't **have to** tell my | Du brauchtest meinen Freun-
friends about it. → *must* | den davon nichts zu erzählen.

need not ['niːd nɒt], **needn't** | **nicht müssen, nicht brauchen zu**
['niːdnt] |
You **needn't** come if you don't | Du musst nicht/brauchst nicht
want to. | zu kommen, wenn du nicht
 | willst.

> *TIPP: **need not** gibt es nur im Präsens; in allen anderen Zeitstufen*
> *wird **not have to** verwendet, z. B. **You didn't have to do it** (Du*
> *brauchtest es nicht zu tun).*

must not ['mʌst nɒt], **mustn't** | **nicht dürfen**
['mʌsnt] *opp:* may, be allowed |
to |
You **mustn't** tell Mother about it. | Du darfst (⚠ *nicht:* **musst**) Mut-
 | ter nichts davon erzählen.

> *TIPP: Vorsicht, **must not** heißt nicht „nicht müssen/brauchen",*
> *sondern „nicht dürfen". Da es **must not** nur im Präsens gibt, muss*
> *in allen anderen Zeitstufen **not be allowed to** verwendet werden,*
> *z. B. **I wasn't allowed to leave the city** (Ich durfte die Stadt nicht*
> *verlassen).*

3.3.3 WEITERE PRÄPOSITIONEN, KONJUNKTIONEN UND ADVERBIEN

«1–2000»

and [ænd, ənd] *cj* I'm tired **and** hungry.	**und** Ich bin müde und hungrig.
or [ɔː] *cj* You can have coffee **or** tea for breakfast.	**oder** Sie können Kaffee oder Tee zum Frühstück haben.
but [bət] *cj* The restaurant's expensive **but** very good.	**aber, sondern** Das Restaurant ist teuer, aber sehr gut.
with [wɪð] *prp opp:* without Do you want your coffee **with** or without sugar?	**mit** Möchtest du deinen Kaffee mit oder ohne Zucker?
without [wɪð'aʊt] *prp* You can't breathe **without** air.	**ohne** Ohne Luft kann man nicht atmen.
as [æz] *prp, cj* He's a teacher but he works **as** a football coach. Tom was late, **as** usual. He's **as** intelligent **as** his sister.	**als, wie, (genau)so** Er ist Lehrer, arbeitet aber als Fußballtrainer. Tom kam wie gewöhnlich zu spät. Er ist genauso intelligent wie seine Schwester.
between [bɪ'twiːn] *prp* There's a direct train service **between** London and Paris.	**zwischen** Es gibt eine direkte Zugverbindung zwischen London und Paris.
from … to [frəm … tə] *prp* We flew **from** New York **to** Denver. The game lasted **from** 8 **to** 10 p.m.	**von … bis, von … nach** Wir flogen von New York nach Denver. Das Spiel dauerte von 20 bis 22 Uhr.
for [fə] *prp* I've got a little present **for** you.	**für** Ich habe ein kleines Geschenk für dich.
to [tʊ] *cj syn:* in order to American football players wear helmets **to** protect their heads.	**um zu** American-Football-Spieler tragen Helme, um ihren Kopf zu schützen.

that [ðæt, ðət] *cj*
We're happy **that** the children are safe.

dass
Wir sind glücklich, dass den Kindern nichts geschehen ist.

if [ɪf] *cj*
We're going jogging tomorrow **if** (⚠ *nicht:* **when**) it doesn't rain.
I don't know **if** she's coming or not.

wenn, falls, ob
Wir gehen morgen joggen, wenn es nicht regnet.
Ich weiß nicht, ob sie kommt oder nicht.

about [ə'baʊt] *prp*

Let's not talk **about** money now.

Los Angeles has **about** three million inhabitants.

über, von *(Thema)*, **ungefähr, etwa**
Lass uns jetzt nicht über Geld sprechen!
Los Angeles hat ungefähr (⚠ *nicht:* **über**) drei Millionen Einwohner.

TIPP: about *bedeutet „über" nur in Verbindung mit einem Thema. „über" (= mehr als) heißt* **over, more than**.

of [əv] *prp*
I love the colour **of** her hair.
We had 12 inches **of** snow in November.
She was born on the 4th **of** February.
Elizabeth became Queen **of** England in 1952.

von *(meist unübersetzt)*
Ich liebe die Farbe ihrer Haare.
Wir hatten im November 30 cm Schnee.
Sie ist am 4. Februar geboren.
Elisabeth wurde 1952 Königin von England.

by [baɪ] *prp*
Hamlet was written **by** Shakespeare.
Send the letter **by** fax.

von, durch, mit, per, mittels
Hamlet wurde von Shakespeare geschrieben.
Schicke den Brief per Fax!

«2001–4000»

such as ['sʌtʃ əz] *syn:* like
The police found all kinds of firearms, **such as** revolvers, shotguns and machineguns.

wie (zum Beispiel), wie z. B.
Die Polizei fand Feuerwaffen aller Art, wie z. B. Revolver, Schrotflinten und Maschinengewehre.

according to [əˈkɔːdɪŋ tə] *prp*
According to statistics, there are more accidents in the kitchen than on the road.

nach, gemäß
Nach der Statistik passieren mehr Unfälle in der Küche als im Verkehr.

---

for the sake of [fə ðə ˈseɪk əv],
for ...'s sake [fə ...s ˈseɪk]
Save our environment **for the sake of** our children!

um ... willen, ... zuliebe

Rettet unsere Umwelt unseren Kindern zuliebe!

---

instead of [ɪnˈsted əv] *prp*
You can use margarine **instead of** butter.

statt, anstelle von
Man kann Margarine statt Butter nehmen.

---

in spite of [ɪn ˈspaɪt əv] *prp syn:* despite
They went sailing **in spite of** the storm.

trotz

Sie gingen trotz des Sturms segeln.

---

although [ɔːlˈðəʊ] *cj syn:* though
Although my camera is 20 years old, it takes excellent pictures.
→ *also*

obwohl, obgleich

Obwohl meine Kamera 20 Jahre alt ist, macht sie ausgezeichnete Aufnahmen.

---

though [ðəʊ] *cj syn:* although
Though the money is terrible, I enjoy my job.

obwohl, obgleich
Obwohl die Bezahlung miserabel ist, macht mir meine Arbeit Spaß.

---

however [haʊˈevə] *adv syn:* though, nevertheless
Women have equal rights. Most of them, **however,** don't get the same wages as men.

jedoch, doch, aber

Frauen sind gleichberechtigt. Jedoch (⚠ *nicht: wie auch immer*) die meisten bekommen nicht die gleichen Löhne wie Männer.

---

whether [ˈweðə] *cj syn:* if
We don't know yet **whether** we'll be able to come.

ob
Wir wissen noch nicht, ob wir kommen können.

---

*TIPP: Vorsicht, **whether** wird zwar wie **weather** (Wetter) ausgesprochen, aber ganz anders geschrieben!*

---

as if [əˈzɪf] *cj syn:* as though
She behaved **as if** nothing had happened.

(so) als ob
Sie benahm sich so, als ob nichts geschehen wäre.

unless [ʌn'les] *cj*
You'll fail your exams **unless** you work harder.

wenn nicht, es sei denn
Du fällst durch die Prüfung, wenn du nicht mehr tust.

---

neither ['naɪðə, *Am* 'niːðə] *adv*
I dont like operas. – **Neither** do I.

auch nicht
Ich mag keine Opern. – Ich auch nicht.

---

wherever [weər'evə] *adv, cj*
He takes his dog **wherever** he goes.

wo(hin) (auch) immer
Er nimmt seinen Hund mit, wohin er auch geht.

---

whenever [wen'evə] *cj, adv*

Come again **whenever** you like!

wann, wann (auch) immer, immer wenn
Besucht uns wieder, wann ihr wollt!

---

within [wɪ'ðɪn] *prp*
They'll arrive **within** an hour.

Try to stay **within** the guarded sections of the beach.

innerhalb, in
Sie werden innerhalb der nächsten Stunde ankommen.
Versucht, innerhalb der bewachten Zonen am Strand zu bleiben.

TIPP: Wortbildungsmodelle

Eine sehr große Hilfe bei der Erweiterung des erworbenen Basiswortschatzes ist die Fähigkeit, Grundstrukturen wieder zu erkennen. Genau wie im Deutschen kann man im Englischen neue Wörter bilden, indem man Wortteile vorne (Präfixe) oder hinten (Suffixe) hinzufügt. So ist zum Beispiel im Deutschen das Gegenteil von Raucher Nichtraucher, während sich im Englischen *smoker* und *nonsmoker* gegenüberstehen.

Untenstehend finden Sie eine Liste der wichtigsten Präfixe und Suffixe in alphabetischer Reihenfolge mit den Bedeutungsänderungen, die sie bewirken können:

1. Präfixe

Diese Wortelemente ändern die Bedeutung des Stammwortes so, dass zum Beispiel das Gegenteil erzeugt wird. Die Wortart bleibt aber gleich.

Präfix	Stammwort	Neues Wort	Deutsche Übersetzung
anti-	freeze	**anti**freeze	Frostschutz
bi-	plane	**bi**plane	Doppeldecker
de-	ascend	**de**scend	absteigen
dis-	agree	**dis**agree	nicht zustimmen
	honest	**dis**honest	unehrlich
non-	sense	**non**sense	Unsinn
mono-	lingual	**mono**lingual	einsprachig
un-	happy	**un**happy	unglücklich
	wind	**un**wind	abwickeln
in-	expert	**in**expert	unerfahren
im	possible	**im**possible	unmöglich
il	legible	**il**legible	unleserlich
ir-	regular	**ir**regular	unregelmäßig
mis-	understand	**mis**understand	missverstehen
ex-	wife	**ex**-wife	Exfrau
out-	size	**out**size	Übergröße
over-	weight	**over**weight	Übergewicht
pre-	dinner	**pre**-dinner	vor dem Essen
pro-	American	**pro**-American	proamerikanisch
under-	estimate	**under**estimate	unterschätzen
re-	organize	**re**organize	umgestalten

2. Suffixe

Die Suffixe oder Wortteile, die hinten angefügt werden, sind sehr wichtig, da sie oft Wortart und Aussprache oder Betonung des Wortes ändern. Die unten benutzten Abkürzungen beziehen sich auf die Wortarten, die diese Suffixe normalerweise bilden: *adj*: Adjektiv, *adv*: Adverb; *n*: Nomen, Substantiv; *v*: Verb.

Suffix		Stammwort	Neues Wort	Deutsche Übersetzung
-able	*(adj)*	comfort	comfort**able**	gemütlich
		love	lov**able**	liebenswürdig
-al	*(adj)*	accident	accident**al**	zufällig
-ance	*(n)*	appear	appear**ance**	Erscheinen, Äußeres
-ation	*(n)*	imagine	imagin**ation**	Einbildungskraft
-ee	*(n)*	employ	employ**ee**	Arbeitnehmer
-er	*(n)*	employ	employ**er**	Arbeitgeber
-ese	*(adj, n)*	China	Chin**ese**	chinesisch, Chinese, -in
-ess	*(n)*	duke	duch**ess**	Herzogin
-ful	*(adj)*	success	success**ful**	erfolgreich
-ify	*(v)*	terror	terr**ify**	Angst einjagen
-ic	*(adj)*	economy	econom**ic**	wirtschaftlich
-ical	*(adj)*	politics	polit**ical**	politisch
-ics	*(n)*	economy	econom**ics**	Wirtschaftswissenschaften
-ion	*(n)*	illustrate	illustrat**ion**	Illustration
-ish	*(adj)*	fool	fool**ish**	töricht
-ism	*(n)*	tour	tour**ism**	Tourismus
-ist	*(n)*	tour	tour**ist**	Tourist, -in
-ize	*(v)*	summary	summar**ize**	zusammenfassen
-less	*(adj)*	hope	hope**less**	hoffnungslos
-ly	*(adv, adj)*	complete	complete**ly**	vollständig
		friend	friend**ly**	freundlich
-ment	*(n)*	judge	judg(e)**ment**	Urteil
-ness	*(n)*	foolish	foolish**ness**	Torheit
-ship	*(n)*	friend	friend**ship**	Freundschaft
-ty	*(n)*	cruel	cruel**ty**	Grausamkeit
	(n)	vary	varie**ty**	Vielfalt
-y	*(adj)*	risk	risk**y**	risikoreich

TIPP: Weiterführende Literatur

Wenn Sie Ihren jetzt erworbenen Grundwortschatz und damit auch Ihre Englischkenntnisse schnell und erfolgreich ausbauen möchten, bietet Ihnen das Langenscheidt-Englisch-Programm eine Reihe nützlicher Werke zum Selbstunterricht.

Ein zweisprachiges Wörterbuch und eine gute Grammatik sollten den Kern jeder „Sprachbibliothek" bilden. Ein einsprachiges Wörterbuch ergänzt diese Nachschlagewerke durch seine vielen Beispielsätze mit authentischem Englisch.

1. Zweisprachige Wörterbücher

Langenscheidt's POWER Dictionary

Langenscheidts Schulwörterbuch Englisch

Langenscheidts Taschenwörterbuch Englisch

Langenscheidts Handwörterbuch Englisch

2. Einsprachige Wörterbücher

Longman Dictionary of Contemporary English,
Langenscheidt-Longman

Dictionary of English Language and Culture, Longman

3. Grammatiken

Langenscheidts Standardgrammatik Englisch

4. Wortschatz-Übungsbücher

Langenscheidts Grundwortschatz Englisch, Übungsbuch

5. Testbücher

Teste dein Englisch! 1, Langenscheidt

Teste dein Englisch! 2, Langenscheidt

Teste dein Englisch mit Diktaten, Langenscheidt

Register

Hinter den englischen Wörtern steht die Seitenzahl. Halbfette Zahlen bedeuten: Das betreffende Wort gehört zur Gruppe der wichtigsten. Nicht in das Register aufgenommen wurden geographische Namen, Zahlen sowie die Namen der Wochentage und Monate.

A

a **341**
ability 62
able: be able to **65**
about **301**, **355**
above **292**
abroad **254**
absent 338
absolutely 327
accept **58**
accident **35**
accommodation 257
accompany 117
according to 356
account 157
accuse of 165
ache 37
acid rain 228
across **301**
act **46**, 179
action **46**
active 339
actor 179
actress 179
actual 87
actually 88
add **50**, 309
address **161**
admiration 84
admire 84
admit **82**
adult 39
advantage 122
adventure 122

advertise 153
advertisement 153
advertising 153
advice **79**
advise 81
affair 67
afford: can afford 156
afraid: be afraid (of) **28**
after **283**
afternoon **275**
afterwards **283**
again **286**
against **81**, **291**
age **102**
ago **278**
agree 83
agreement 84
aim 98
air **213**
aircraft 266
airhostess 266
airline **265**
airmail 162
airport **265**
alarm clock 137
alcohol 248
alive: be alive **37**
all **305**, **325**
all over 294
allow **96**
be allowed to **96**
all right **100**
almost **324**

alone **314**
along **300**
already **282**
also **325**
alternative 228
although 356
always **281**
amazing 93
ambulance 171
among **291**
amount 156
amusement 189
an **341**
ancient 340
and **354**
angel 205
anger 31
angry 30
animal **215**
ankle 17
announce 183
another **304**, **314**
answer **78**, 163
answering machine 163
anxious 29
any **347**
anybody **347**
anyone **347**
anything **347**
anyway 327
anywhere **290**
apartment **125**
apologize 73
appear 88, **302**

appearance 18
appetite 239
apple **245**
application 160
apply (for) 160
appoint 159
appointment 117
apprentice 110
approach 302
approve (of) 84
arch 331
area 208
argue 77
argument 77, 83
arm **14**, 200
armchair 130
arms 201
army 200
around 301
arrange 312
arrest 165
arrival **254**
arrive **302**
arrow 331
art **176**
article 150
artificial 236
artist 177
as 322, **354**
as ... as **314**
as if 356
ashamed: be
  ashamed (of) 32
ashtray 135
aside 295
ask **78**, **98**
asleep: be asleep
  40, fall asleep 41
astonish 32
astronaut **268**
at **276**, **289**
at all **323**
at first 284

at last **283**
at least **324**
at once **283**
at the bottom of 295
at the top (of) 295
athlete 191
attack 201
attempt 48
attend 173
attention **66**
attractive 18
audience 179
aunt **105**
author 63
autumn **273**
available 150
average 318
awake 41
away **289**
awful **90**

B

baby **102**
back **14**, **291**
backwards 302
bacon 245
bad **23**, **90**
bad luck 123
bag **133**, 257
bake **249**
baker **110**
balance 298
ball **190**, 330
ball point 135
banana 247
band **180**
bank **155**, 212
bank note **155**
bar 231, **252**
bare 339

bargain 151
bark 216
barrel 248, 310
basement 128
basket **133**
bath **44**
bathroom **126**
battle **200**
bay 212
be **349**
beach **210**
bean 246
bear 333
beard 19
beat 334
beautiful **17**
beauty **17**
because **321**
because of 322
become **286**
bed **130**
bed and breakfast
  257
bedroom **125**
bee 219
beef **244**
beer **247**
beetle 219
before **282**
beg 114
beggar 114
begin **285**
beginning 287
behave 67
behavio(u)r 67
behind **291**
belief 204
believe 204
bell **134**, 206
belong to **331**
below 295
belt 143
bench **130**

bend 53, 260
beside **292**
besides **314**, **325**
best **89**
bet 187, 188
better **89**
between **354**
Bible 204
bicycle **262**
big **18**, **335**
bike 263
bill **155**
biology 174
bird **215**
birth 38
birthday **38**
bit: a bit **324**
bite 217
bitter **242**
black **329**
blackboard 175
blame 73
blanket 131
bleed 36
bless 206
blind 36
block 128, 260
blond 19
blood **14**
blossom 221
blouse 142
blow 123, **226**
blue **329**
board: on board 256
boast 73
boat **267**
body **13**
boil **249**
bomb 201
bone 15
book **61**
boot 142
border **194**

boring 94
born **38**
borrow 58
boss 114
both **304**
both ... and 316
bottle **248**
bottom: at the bot-
  tom of 295
bow 118, 142
bowl 251
box **133**
boy **102**
boyfriend 109
brain 15
branch 222
brand 313
brave 26
bread **240**
break **184**, **332**
break down 36, 261
breakdown 261
breakfast **239**
breast 16
breath 16
breathe 16
breed 216
brick 238
bride 106
bridegroom 106
bridge **208**
briefs 143
bright 339
bring **55**
bring up 39
broad 296
broadcast 183
broken **338**
broom 139
brother **104**
brother-in-law 107
brown **329**
brush **44**

bucket 134
build **124**
building **207**
bulb 135
bull 217
burglar 169
burn **51**, **332**
burst 334
bury 39
bus **262**
bus stop **259**
bush 220
business **65**, **145**
businessman 111
businesswoman 111
busy **146**
but 316, **354**
butcher **110**
butter **240**
butterfly 219
button **141**
buy **152**
by **355**
by chance 122, 326
by the way **325**
bye **99**

C

cabbage 246
cable 231
cake **241**
calf 217
call **76**, **101**, **162**
called: be called **101**
camera **185**
camp 186
camping 258
can **242**, **350**
can afford 156
canal 213

candle 135
cannot, can't **350**
cap **141**
capital 208
captain 191, **267**
car **262**
car park 261
caravan 263
card **133**
care **66**
careful **24**
careless 26
carpet 132
carriage 264
carrot 246
carry **55**
case 122, 165
cash **153**
cassette recorder 187
castle **207**
cat **215**
catalytic converter 228
catch **49**, **254**
cathedral 209
cattle **216**
cause 321
cave 212
ceiling 128
celebrate 118
cellar **126**
cemetery 209
cent **155**
center **207**
centimeter, centimetre 310
central 294
centre **207**
century **277**
cereal 243
certain **86**
certainly **86**

chain **134**
chair **130**
chairman 114
chairwoman 114
champion 191
chance 121
   by chance 122, 326
change **50**, 142, 158, **264**, **286**
channel 183
character 24
charge 156
   be in charge (of) 68
charming 25
cheap **154**
cheat 74
check 92
check in 258
cheek 15
cheese **241**
chemical 236
chemist 112
chemistry 175
cheque 157
cherry **246**
chest **14**
chest of drawers 131
chew 239
chicken **215**, **244**
chief 318
child **102**
childhood 38
chimney 128
chin 15
china 251
chips 243
chocolate **241**
choice 92
choir 181
choose **89**
chop 244
Christian 204
Christmas **203**

church **203**
cigar **188**
cigarette **188**
cinema **178**
circle **330**
citizen 114
city **206**
city hall 209
civil 113
claim 88, 164
class **172**, **312**
clean **137**
clear 87, **337**
clever 21
cliff 212
climate 226
climb 186
clock **134**
close **50**
closet 131
cloth 237
clothes **139**
cloud **226**
club 109
coach 191, **262**
coal **235**
coast **210**
coat **140**
cock 217
coffee **247**
coin 158
cold **34**, **214**
collar 142
colleague 109
collect **50**
collection **50**
college 174
colony 196
colo(u)r **328**
comb **44**
combine 316
come **302**
comedy 179

comfortable **130**
command 97
commercial 147
common **108**, **315**
community 108
companion 109
company **108**, **145**
compare 317
compartment 265
compete 151
competition 151, 191
competitor 151
complain 84
complaint 84
completely 327
composer 181
computer **232**
concern 332
concert **180**
concrete 238
condition 121, 322
conductor 181
confess 166
confidence 72
confuse 71
congratulate 118
congratulations **116**
connect 52
connection 265
conscience 204
consequence 322
consider 22
considerable 95
consist of 316
contact 117
contain 306
container 134
contents 306
continent 224
continue **285**
contrary 317
control 71, 232
convenient 94

conversation 77
convince 88
cook **110**
cooker 131
cool **214**
copper 237
copy **60**
cord 136
cork 251
corn 221
corner **330**
correct **82**, 84
correction 175
cost **154**
cotton **235**
couch 131
cough **34**
could **350**
could not, couldn't **351**
council 197
country **194**, **207**
couple 106
courage 26
course **172**
court 165
cousin **105**
cover 52
cow **215**
coward 26
crack 129
crash 256, 266
crash helmet 262
cream **241**
create 64
creature 216
credit 157
creep 299
crime 168
criminal **167**
crisis 199
critic 92
criticism 92

criticize 92
crop 221
cross **259**, **330**
crossing 267
crossroads 260
crowded 259
crown 196
cruel 26
cruise 267
cry **67**, **76**
culture 64
cup **250**
cupboard **130**
cure 171
curious 25
curl 19
currency 157
current 212, 231
curse 74
curtain 132
cushion 131
custom **115**
customer 153
customs **255**
cut 51

D

daily **273**
damage 123
damn(ed) 74
dance **185**
danger **120**
dangerous **120**
dare 68
dark **328**
data **233**
date **115**, **277**
daughter **104**
daughter-in-law 106
day **273**

the day after to-
morrow 279
the day before
yesterday 279
dead **38**
dead body 39
deaf 36
deal 151
deal in 152
dealer 152
dear **24**
death **38**
debt **155**
decide 48, 87
decision 87
declare 77, 257
decorate 52
deep **293**
deer 218
defeat 202
defence 202
defend 202
defense 202
degree 313
delay 288
delighted 32
delightful 93
demand 98, 150
democracy 196
dentist **169**
deny 85
depart 256
department 153,
159
department store
152
departure **254**
depend on **65**
depth 295
describe 317
description 317
desert 212
deserve 92

desk **130**
despair 30
desperate 30
dessert 240
destroy 124
destruction 124
detail 318
determined 87
develop 288
development 288
devil 205
dial **162**
diamond 143
dictation 175
dictionary 175
die **38**
difference 317
different **315**
difficult **91**
difficulty 123
dig 53
dining car 264
dining room 128
dinner **239**
direct 179, 340
direction **300**
dirt 138
dirty **137**
disappear 304
disappoint 30
discover 64
discovery 64
discuss 77
discussion 77
disease 35
dish **239**, **250**
dishwasher 139
distance **290**
distant 294
distribute 59
disturb **70**
ditch 213
dive 193

divide 309
divorced: get divor-
ced 119
do **46**, **350**
doctor **169**
document 159
dog **215**
doll 186
dollar **155**
done **350**
donkey 217
door 126
double 307
double room 258
doubt 89
down **293**
downstairs 128
dozen **304**
drag 56
draw **55**, **176**
drawer 131
drawing 177
dream **40**
dress **139**, **140**
dressmaker 112
drink **238**, **247**
drive **259**
driver **258**
driver's license 261
driving licence 261
drop **56**, **249**, **297**
drown 268
drug 170
drugstore 152
drunk 247
dry **234**, 248
duck 217
due to 322
dull 94
dump 228
during **277**
dust 139
duty **69**, 257

E

each **348**
each other **346**
ear **13**
early **282**
earn **154**
earth **222**
east **223**
Easter **203**
eastern 225
easy **91**
eat **238**
economic 147
economy 147
edge 330
education 173
effect 322
effort 68
egg **241**
either ... or 316
elbow 16
elect 197
election 197
electric(al) 231
electrician 111
electricity **229**
electronic 231
elephant 219
else **315**
e-mail 234
emergency 123
employ 148
employee 149
employer 148
employment 149
empty **337**
encourage 72
end **287**
enemy **108**, 199
energy **229**
engaged **105**, 163
engine **229**, **264**

engineer 111
engineering 230
enjoy **188**
enjoy oneself 189
enough **305**
enter **302**
entertaining 189
entertainment 189
entrance **126**
environment **227**
equal 317
escape 202
especially **316**
establish 147
estimate 88
even **325**
evening **275**
event 122
ever **281**
every **348**
everybody **348**
everyone **348**
everything **348**
everywhere **290**
exam 176
example **60**, 72
excellent 93
except 317
exception 317
exchange 51
excited 31
exciting 31
excuse **70**
exercise **60**
exhibition 177
exist **38**
existence **38**
exit **137**
expect **65**
expensive **154**
experience 29, 62
experiment 62
expert 62

explain **79**
explanation 80
explode 124
explosion 124
export 151
express 76
express train 264
expression 76
extent 313
extra 316
extraordinary 93
extreme 319
eye **13**
eyelid 15

F

face **13**
fact 87
factory **144**
fail 176
failure 95
faint 36
fair 25
faith 204
faithful 25
fall **273**, **297**
fall asleep 41
fall in love (with) 32
false 95
familiar 340
family **104**
family name **101**
famous **120**
far **290**
fare 256
farm **208**
farmer **110**
farther **290**
fashion **139**
fast **299**
fat 19, 242

fatal 39
fate 121
father **104**
father-in-law 106
fault 95
favo(u)r 71
fax 163
fear 30
feather 218
feed 216
feel **26**, **43**
feeling 29
feet **14**
fellow **108**
female 103
fence **208**
ferry 267
fever **35**
few **306**
  a few **305**
fiber, fibre 237
field 192, **210**
fight 201
figure 18, 309
file 234
fill **51**
fill in/out 159
filling station 261
film **185**
final 284
final(s) 192
finally 284
find **49**
find out 62
fine **90**
finger **14**
finish **286**
finished **287**
fire **121**, **213**
firm **145**
first **282**
first-class 93
first name 103

fish **215**
fist 16
fit 35, **140**
fix 52, 144
flag 195
flame 214
flash 227
flat **125**, **293**
flavo(u)r 239
flee 202
flesh 15
flight 202, **265**
float 298
flood 214
floor **125**, **126**
floppy disk 233
flour 242
flow 298
flower **220**
flu 37
fly **215**
fog **226**
fold 53
follow **70**, **286**
food **238**
fool 23
foot **14**, **309**
football **190**
for **81**, **280**, **301**, **354**
forbid 97
force 97, 168
forehead 15
foreign **195**, 198
foreigner **195**
forest **210**
forever **280**
for example 318
forget **66**
forgive 73
fork **250**
form **49**, 159, **330**
formal 118
former **278**

for the sake of 356
fortnight 280
fortunately 122
forward 302
fountain 209
fox 218
frame 132
free **338**
freedom 196
freeway 260
freeze **225**
freezer 132
frequent 281
fresh 340
fridge 132
friend **108**
friendly **24**
friendship 119
frighten 30
from **234**, **301**
from ... to **354**
front 128, 201, **291**
frost 227
fruit **220**, **245**
fry **249**
fuel 236
full **337**
fun **27**
funeral 39
funny 25
fur 218
furnish 129
furniture **129**
further **290**
future **278**

G

gallery 177
gallon 310
game **185**, 218
garage **127**, 261

garden **127**
gas 214, **235**, **259**
gate **126**
gay 33
geese 217
general 200, 318
generally 327
generous 25
gentleman **102**
geography 174
get **58**, **286**, **303**
get along (with) 118
get divorced 119
get lost 101
get out 101
get rid of 52
get up **41**
ghost 205
gift **116**
girl **102**
girlfriend 109
give **57**
give in 75
glad **27**
glass **250**
glasses 135
glove **141**
go **253**, **302**
go and see **116**
go on **285**
go to bed **40**
go to sleep 41
goal 192
goat 217
God, god **203**
going to: be going to **352**
gold **235**
good **23**, **89**
goodbye **99**
good-looking 18
goods **146**

goose 217
gossip 73
govern **194**
government **194**
grain 221
gram 310
grandchild **105**
granddaughter **105**
grandfather **105**
grandma **105**
grandmother **105**
grandpa **105**
grandparents **105**
grandson **105**
grapes 247
grass **220**
grave 209
gray 329
great **90**
green **329**
greet 118
grey 329
grocer 112
groom 106
ground **210**
group **312**
grow 220, **331**
grow up 39
growth 214
guard 265
guess 88
guest **116**
guide 71, **255**
guilty 168
guitar 181
gun 201
guy 109

H

habit 67
hair **13**

haircut 45
hairdo 45
hairdresser 112
half **304**
hall **126**
ham 244
hammer 136
hand **14**, **134**
handbag 133
handkerchief **133**
handle 251, 333
handsome 18
handwriting 63
hang 52, 298
hang up 163
happen **119**
happy **27**
harbo(u)r **267**
hard **234**, **325**, **336**
hard disk 233
hardly **324**
hardware **232**
harm 123
harvest 221
hat **141**
hate **28**
have **238**, **349**
have (got) **57**
have s.th. done 96
have to **353**
hay 221
he **343**
head **13**, 147
headache **34**
headline 183
headmaster 174
headmistress 174
heal 36
health **33**
healthy 35
heap 307
hear **42**
heart **14**

heat **213**
heating **127**
heaven 205
heavy **336**
hedge 221
heel 17, 142
height 295
heir 107
hell 205
hello **99**
help **69**
hen 217
her **343**
herb 246
here **289**
hero 203
hers **345**
herself **346**
hesitate 88
hi **99**
hide **66**
high **293**
high school 173
high tide 225
hike 186
hill **210**
him **343**
himself **345**
hire 156
his **344**
history 174
hit 334
hitchhike 262
hobby 186
hold **50**
hole **141**
holiday **184, 273**
holidays **173**
hollow 339
holy 204
home **124, 195**, 198
  at home **125**
homework 175

honest 25
honey 243
hono(u)r 72
hook 137
hope **27**
hopeless 30
horn 217
horse **215**
hose 137
hospital **169**
host 117
hostess 117
hot **336**
hotel **255**
hour **276**
house **124**
household 128
housewife 111
how **323**
however 356
huge 339
human 103
humo(u)r 25
hunger **238**
hungry **238**
hunt 186
hunter 186
hurry **299**
  be in a hurry **299**
hurt **34**
husband **105**
hut 209

I

I 342
ice **214**
ice cream **241**
idea **19**
ideal 93
if **355**

ill **33**
illegal 167
illness 35
imagination 22
imagine 22
imitate 71
immediately 284
immigrant 199
immigration 199
import 150
importance 94
important **91**
impossible **86**
impress 70
impression 22
improve 93
in **277, 289**
in addition (to) 328
in any case 327
in favo(u)r (of) 97
in front of **291**
in order to **321**
in spite of 356
in time **282**
in vain **323**
inch **309**
include 316
income 155
increase 333
independent 196
indoors 127
industrial 144
industry 144
infection 35
infectious 35
influence 70
inform 80
information **79**
injure 36
injury 36
ink 63
inn 252
inner 294

inquire 80
inquiry 80
insect 219
inside 294
insist on 97
instead 328
instead of 356
instrument 181
insult 74
insurance 156
insure 156
intelligence 20
intelligent 20
interest 22, 157
interested: be inter-
  ested in **20**
interesting **90**
international 198
interpreter 112
interrupt 288
interview 183
into **301**
introduce 118, 333
introduction 287
invent 64
invention 64
invitation 117
invite **116**
iron 237
irregular 319
island 212
issue 183
it **343**
its **344**
itself **346**

J

jacket **140**
jam **241**
jealous 31

jeans 142
jet 266
jewel(le)ry 143
job **47**, **145**
join 117
joint 15
joke 189
journey 255
joy **27**
judge 165
judgment 166
juice 248
jump **296**
jungle 212
just 164, **282**, **325**
justice 164

K

keen (on) 22
keep 51, **58**, **285**, 287
kettle 251
key **133**, 137
keyboard 233
kick 193
kill 39, **167**
kilo 310
kilogram 310
kilometer, kilometre
  310
kind **69**, **311**
king **194**
kingdom 196
kiss 119
kitchen **125**
knee 17
kneel 206
knife **250**
knight 203
knit 143
knock 54

knot 331
know **60**
knowledge 62

L

labo(u)r 148
labor union 149
lack 123
ladder 136
lady **102**
lake **210**
lamb 217, 244
lamp 131
land 224, 256
language **173**
large **335**
largely 327
last **283**, 287
last night 279
late **283**
lately 284
later **283**
latest **338**
laugh **67**
laughter 69
launch 269
laundry 139
law **164**
lawyer 165
lay 54
lazy **24**
lead 71, 237
leader 114
leaf **220**
lean 245, 333
learn **59**
least **306**
leather 237
leave **57**, **66**, **253**,
  303

left **292**
leg **14**, **130**
legal 164
leisure 184
lemon 247
lend 58
length 280, 311
less **306**
lesson **172**
let **96**
letter **61**, 161
letterbox 162
lettuce 246
level 312
library **61**
lid 251
lie 73, **297**
life **37**
lift **56**, **127**
light 54, **127**, **213**,
  329, **336**
light bulb 135
lighter 135
lightning 227
like **27**, **314**
like this/that **323**
limb 15
limit 319
line **61**, **229**, **330**
lion 218
lip 16
liquid 236
list 159
listen (to) **42**
liter, litre 310
literature 63
little **306**, **335**
live 37, **125**, 183
living **113**
living room **125**
load 56
loan 157
local 208

local call 163
lock 129
lonely 30
long **280**, **293**
long-distance call
  163
long for 32
look **17**, **41**, **42**
look after 68
look at **41**
look for **49**
looks **17**
loose 339
lorry 263
lose **121**
loss 157
lot: a lot of **305**
loud **43**
love **27**
  be in love 32
  fall in love (with) 32
  make love (to) 32
lovely 94
low **293**
lower 57, 333
low tide 225
luck **119**
  bad luck 123
lucky: be lucky **120**
luggage **254**
lunch **239**
lung 16

M

machine **229**
mad 23, 31
madam **99**
magazine 183
mail **160**
mailman **161**

majority 198, 307
make **46**, 97
make love (to) 32
make-up 45
male 104
male nurse 170
man **102**, 103
manage 49, 148
management 148
manager 148
manners 67
many **305**
map **223**
march 201
mark 318
marriage 119
married **105**
marry 119
mass 307
master **113**
match **133**, **190**, 317
material 236
mathematics 175
matter **65**
may **351**
maybe 88
me **343**
meadow 212
meal **239**
mean 79, **81**
meaning **79**
means 326
meanwhile 279
measure 49, 311
meat **243**
mechanic 111
mechanical 231
medal 192
media 182
medical 170
medicine **170**
meet **115**
meeting **115**

melt 214
member **108**
memory 22, 68
mend 144
mental 35
mention 76
menu **233**, 253
merely 326
mess 138
message 80
metal **235**
meter, metre **309**
middle **291**, 319
midnight 275
might **351**
mild **336**
mile **310**
military 200
milk **240**
mill 209
mind **19**, 84
mine **345**
minister **194**, 205
minority 198, 307
minute **276**
mirror **134**
miss 51, 68, **254**
Miss **99**
mist 226
mistake **83**
mistake for 95
mix 237
mixture 237
mobile phone 163
modem 234
modern **338**
moment **278**
money **153**
monk 205
monkey 219
month **273**
monthly 273
monument 208

mood 29
moon **222**
more **305**
morning **275**
mosquito 219
most **305**
mostly **325**
mother **104**
mother-in-law 106
motor **229**
motorcycle **262**
motorway 260
mountain **210**
mouse **216**
mouth **13**
move 129, **296**
movement 298
movie 179
movies 179
Mr **99**
Mrs **99**
Ms 99
much **305**
mud 214
multiply 309
murder **167**
muscle 15
museum 176
mushroom 222
music **180**
musical 180
musician 181
must **353**
must not, mustn't 353
my **344**
myself **345**
mystery 121

N

nail 136
name **101**

narrow **293**
nation 195
national 195
nationality 195
native 198
natural **213**
nature **213**
navy 200
near **278**, **290**
nearly 326
necessary **338**
neck **14**
need **49**, 123
needle 136
need not, needn't
   353
neglect 68
neighbo(u)r **108**
neighbo(u)rhood
   115
neither 357
neither ... nor 308
nephew 106
nerve 15
nervous 29
nest 218
net 136
never **281**
new **337**
news **79**
newspaper **182**
New Year 274
New Year's Eve 274
next **314**
next to **291**
nice **23**, **89**
niece 106
night **275**
no **82**, **306**
nobody **348**
noise **258**
noisy 260
none 308

nonsense 95
noon 275
no one **348**
nor 308
north **223**
northern 224
nose **13**
not **82**
not a(n) **313**
not at all **323**
note 63
notebook 63
not even 326
nothing **306**
notice **65**, 149
novel 64
now **277**
nowadays 279
nowhere **290**
nuclear 201, 231
number **308**
nun 205
nurse **169**

O

obey 97
object 134
object (to) 85
obvious 87
occasion 122
occupation 47, 110, 202
occupy 59, 202
ocean **223**
o'clock **276**
of **234**, **355**
of course **82**
off **301**
offence 168
offend 74

offense 168
offer **146**
office **158**, 158
officer 200
official 159
often **281**
oh 101
oil **235**
O.K. **100**
old 43, **338**
old age 39
old-fashioned **338**
omit 333
on **289**, **300**, **337**
on time **282**
on top of 295
once **285**
one **348**
oneself **345**
onion 246
only **282**, 307, **313**
open **50**, **332**, **337**
opener 251
operate 232
operation 171
operator 163
opinion **81**
opportunity 121
opposite **279**, 317
or **354**
orange **245**
orchestra 180
order **96**, **146**, **252**, **312**
ordinary 318
organization 158
origin 321
original 321
other **315**
otherwise 328
ought to **352**
ounce 310
our **344**

ours **345**
ourselves **346**
out **289**, **337**
outdoors 127
outer 295
out of **234**, **301**
outside 295
oven 132
over **287**, **292**, **305**
overtake 300
owe 157
own **113**
owner 147

P

pack 257
page **61**
pain **34**
painful 37
paint 52, 129, **176**
painter 177
painting 177
pair **312**
pale 19
pan **250**
pants **140**
paper **182**
parcel **161**
pardon **100**
parents **104**
parents-in-law 106
park **211**, **259**
parliament 196
part **314**
particular 319
partly 326
partner 109
party **116**, **194**
pass 58, 176, **303**
passenger **254**

passport 257
past **276**, **278**
path **211**
patience **24**
patient **24**, **169**
pattern 143
pay **146**, **153**
pay attention (to) **66**
PC 233
pea 246
peace **199**
pear **245**
pearl 143
pedestrian 261
pen **133**
pencil **133**
penny **155**
people **107**, 195
pepper **242**
per 157
per cent 157
perfect 93
perform 178
performance 178
perhaps **86**
period 278
permanent 288
permission 96
permit 96
person 103
personal 103
personal computer
  233
persuade 71
pet 216
petrol **259**
pharmacist 112
phone **162**
phone book 163
phone box 162
phonecard 163
photograph **185**
photographer 112

photography 186
physical 35
physics 175
piano 181
pick up **56**, 256
picture **176**, **185**
pie 243
piece **314**
pig **215**
pigeon 217
pile 307
pill 170
pillow 131
pin **134**
pink 329
pint 310
pipe **188**, **230**
pity 32
place **206**, **288**
plain 211, 340
plan **47**, 48
plane **265**
planet 223
plant **220**
plastic 237
plate **250**
platform 265
play **178**, **180**, **185**
player **190**
pleasant **27**
please **100**
pleased 189
pleasure **27**
plenty of 307
plum 247
plumber 112
pocket **141**
poem 64
poet 64
point 80, 331
pointed 331
poison 171
poisonous 171

pole 224
police **164**
policeman **164**
police station 165
polish 138
polite 25
political **194**
politician 197
politics **193**
pollute **227**
pollution **227**
pond 212
pool 192
poor **113**
popular 180
population 208
pork **243**
port **267**
portable 56
position 294
possession 148
possibility 88
possible **86**
post **160**, **161**
postage 161
postcard **161**
poster 184
postman **161**
post office **161**
pot **250**
potato **241**
pound **155**, **310**
pour 334
powder **45**, **234**
power **69**, **229**
powerful 339
power station 231
practical 94
practice 48, 49, 62
practise 48
praise 84
pray 206
prayer 206

precious 95
prefer 89
preparation 48
prepare 249
presence 298
present **116**, **277**, 338
president **194**
press 53, 182
pressure 232
pretty **17**
prevent 97
price **153**
prick 335
pride 26
priest 205
prince **194**
principal 174
print 177, **182**, 187
printer **233**
prison 166
prisoner 166
private **107**
prize 188
probable **86**
probably **86**
produce 149
product 149
production 149
profession 110
professional 110
profit 156
program(me) **182**
progress **286**
promise **69**
prompt 340
pronounce 78
pronunciation 78
proof **85**
proper 94
property 148
protect **66**
protection **66**

protest 85
proud **24**
prove 87, 92
provide 150
pub **252**
public **107**
publish 182
pull **55**
pump **230**
punctual 284
punish 166
punishment 166
pupil **172**
pure 236, 340
purpose 48, 92
  on purpose 122
purse 135
push **55**, 298
put **54**
put on **140**
puzzle 186

Q

quality 24, 312
quantity 306
quarrel 74
quarter **276**, **304**
queen **194**
question **78**
queue 160
quick **299**
quiet **43**, **337**
quite **324**

R

rabbit 218
race 103, **190**

racket 193
radio 183
rail 264
railroad **263**
railway **263**
rain **226**
rainy 227
raise 57
rank 114
rare 319
rarely **281**
rat 218
rate 157
rather **324**
raw 245
ray 224
razor 45
reach 304
reach for 59
read **60**
reader 64
ready 29, **284**
real **235**
reality 87
realize 22
really **325**
reason 21, **321**
reasonable 21
receive **58**
recently 284
reception 258
recognize 44
recommend 81
record **185**, 187, **190**
record player 187
recover 36
recycle 228
red **329**
reduce 156
refer to 81
referee 192
reflect 333

refreshments 248
refrigerator 132
refugee 202
refusal 85
refuse 85
region 211
register 159
regular **315**
regulate 232
related 106
relationship 323
relative 106
relax 184
religion **203**
religious **204**
rely on 72
remain 287
remark 80
remember **20**
remind (of) **69**
remove 56
rent **154**
repair **144**
repeat **286**
reply 83
report **79**, 175
report card 175
represent 71
republic 196
request 98
rescue 122
research 174
reserve 58
resistance 202
respect 72
responsible 159
rest **184**, **315**
restaurant **252**
result 322
retire 149
return 59, **303**
return ticket 255
reward 71

rhythm 181
rice **241**
rich **113**
ride **191**, **259**
right **82**, **292**
  be right **82**
ring **332**
ripe 247
rise 224, **296**, 298
risk 123
rival 109
river **210**
road **207**
roast **249**
rob 169
robber 169
robbery 169
rock 211, 298
rocket **268**
role 179
roll **240**, 298
roof **126**
room **125**
root 222
rope 136
rough **234**
round 191, **330**
round-trip ticket
  255
row **191**, 313
royal 196
rub 53
rubber 237
rude 26
ruin 124
ruins 209
rule 196, 312
ruler 175
run **190**, **254**, **299**
run over 261
rush 300
rush hour 260
rust 232

S

sad **28**
saddle 193
safe **119**, 157
safety **119**
sail 193, 267
sailor 267
sake 356
salad 243
sale **146**
sales representative
  111
salt **242**
same 314
sand 211
satellite **268**
satisfaction 31
satisfactory 93
satisfied 31, 93
saucer 251
sausage **244**
save **120**, **154**
savings 156
saw 54, 137
say **75**
scale 232
scales 137
scarce 150
scarcely 326
scarf 143
scene 179
scenery 211
school **171**
science 63
scissors **134**
score 192
scratch 334
screen 178
screw 136
screwdriver 136
sculptor 177
sculpture 177

sea **223**
seafood 244
search 165
season 151, **272**
seat 130
seat belt 262
second **276**
secret 73
secretary 111
security 199
see 22, **42**
seed 221
seem **86**
seize 59
seldom 281
self-service 253
sell **152**
send **55**
sender 162
sense 21, 43
sensible 21
sensitive 29
sentence 78, 166
separate 119, 316
series 313
serious 25
servant 114
serve **113**, **252**
service **113**, 145, 206, **252**
set **55**, 224, 251, 313
settle 304
several 307
sew 144
sex 103
shade 214
shadow 214
shake **51**
shall **352**
shame 73
shampoo and set 45
shape 52, **330**
share 59

shark 219
sharp **336**
shave 45
she **343**
sheep **216**
sheet **61**
shelf 131
shine **222**, **331**
ship **266**
shirt **140**
shock 31, 299
shoe **141**
shoot **167**
shop **151**
shop assistant 111
shopping **152**
short **18**, **335**
shot **167**
should **352**
shoulder 16
shout 77
show **79**, **116**, **178**
shower **44**, **226**
shut **50**
shy 25
sick **33**
side **292**
sight **42**, 43
sights 257
sightseeing 256
sign **61**, **158**
signature 160
silence **70**
silent **70**
silk 237
silver **235**
similar 317
simple **91**
sin 204
since **280**, 322
sing **180**
singer 181
single 106, **314**

single room 258
sink **297**
sir **99**
sister **104**
sister-in-law 107
sit **297**
situation 121
size **312**
ski **191**
skil(l)ful 23
skill 23
skin 13
skirt **140**
sky **223**
slave 114
sleep **40**
  go to sleep 41
sleeve 142
slice **249**
slide 187
slight 95
slim 19
slip 299
slope 211
slow **300**
slow down 300
small **18**, **335**
smell **43**
smile 67
smog 228
smoke **227**
smoker **188**
smooth **234**
snack 240
snack bar 253
snake 220
snow **225**
so 322, **323**
soap **44**
social **115**
society **107**
sock **141**
sofa 130

soft **234**
software **233**
soft drink 248
soil 211
solar 231
soldier **200**
solid 236
some **346**
somebody **347**
somehow 326
someone **347**
something **347**
sometimes **281**
somewhere **289**
son **104**
son-in-law 107
song **180**
soon **282**
sore throat 37
sorry **100**
  be sorry **28**
sort **311**
sound **43**, 77
soup **241**
sour **242**
source 212
south **223**
southern 224
sow 221
space 223, 294
spacecraft 268
space flight 268
space shuttle 269
spare 332
spare part 145
speak **75**
speaker 187, 197
special **315**
specialist 170
spectator 192
speech 76, 197
speed **299**
speed limit 260

spell **76**
spelling 78
spend **154**
spice 243
spider 219
spirit 22
split 54, 59
spoil 51, 72
spoon **250**
sport **189**
spot **138**, 294
spread 250, 334
spring **210**, **230**, **272**
spy 199
square **207**
stadium 192
staff **158**
stage **178**, 288
stain 138
stairs **127**
stamp 160, **161**, 162
stand 68, **298**
standard 313
star **222**
start **190**, **253**, **285**
state 121, 195
statement 80
station **264**
stay **255**, **285**
steady 339
steak 244
steal **167**
steam 214
steel 237
steep 211
steer 268
step **127**, **296**
stereo (set) 187
stewardess 266
stick 143, 334
stiff 339
still **280**
sting 219

stir 249
stock 150
stomach **14**
stone **235**
stop **259**, **286**, **303**
store 150
stor(e)y 128
storm **226**
story **61**
stove 132
straight **293**, 327
strange **91**
stranger **108**
strawberry 247
stream 212
street **207**
strength 36
stretch 53
strike 149, **332**
string **133**, 181
strong **33**, **336**
struggle 75
student **172**
study 61, **172**
stupid 23
style 177
subject 62, **172**
substance 236
subtract 309
suburb 208
succeed **120**, 197
success **120**
successful **120**
such **348**
such as 355
suddenly **326**
suffer **34**
sugar **242**
suggest 98
suggestion 98
suit 94, **140**
suitable 94
suitcase 257

sum **308**
summer **272**
sun **222**
sunny 226
sunrise 224
sunset 224
sunshine 226
supermarket 152
supper 240
supply 150
support 52
supporter 197
suppose **86**
sure **85**
surface **293**
surgeon 170
surname 103
surprise **28**
surround 208
surroundings 208
survive 39
suspect 168
swallow 240
swear 74, 166
sweat 16
sweater 142
sweep 138
sweet **242**
sweets **241**
swell 37
swim **190**
swindle 168
switch 232
sword 201
sympathy 32

T

table 63, **130**
tablecloth 251
tail **216**

tailor 112
take 55, 57
take care of **66**
take off **140**, 266
takeoff 266
take part (in) 117
take place 287
talk **75**
tall **17**
tame 216
tap 137
tape 187
target 192
taste **43**
tax **154**
taxi **262**
tea **247**
teach **172**
teacher **172**
team **189**
tear 30, 54
technical 230
technique 230
technological 230
technology 230
telegram **161**
telephone **162**
television **182**
tell **75**, **96**
temperature **34**, **225**
tend to 29
tender 33, 245
tent 258
term 174
terrible 94
test **60**, 62
text 63
textbook 175
than **315**
thank you **100**
thanks **100**
that **341**, **355**
the **341**

theater, theatre **178**
their **345**
theirs **345**
them **334**
themselves **346**
then 279, **283**
there **289**
therefore 322
these **341**
they **343**
thick **336**
thief **167**
thin **336**
thing **132**
think **20**
thirst **239**
thirsty **238**
this 278, **341**
thoroughly 327
those **341**
though 328, 356
thought 21
thread 136
threat 74
threaten 74
through **301**
throughout 294
throw 193
thumb 16
thunder 227
thunderstorm 227
ticket **178**, **254**
ticket office 265
tide 225
tidy 138
tie 143
tight 142
tights 143
till **280**
time 277, 285
  in time **282**
  on time **282**
timetable **172**, **254**

tin 237, **242**
tiny 339
tip **79**, **252**, **330**
tire 263
tired **40**
 be tired of 30
to **276**, **289**, **354**
tobacco **188**
today **278**
toe 17
together **314**
toilet **126**
tomato 246
tomorrow **278**
ton 311
tongue **14**
tonight 279
tonne 311
too **91**, **325**
tool **144**
tooth **14**
toothache 37
toothbrush 45
toothpaste 45
top **210**, 295
topic 174
total 307
touch **43**, 44
tough 245
tour 256
tourist 256
tow 261
towards **301**
towel **44**
tower **207**
town **206**
town hall **209**
toy **134**
trace 165
track 218
trade 147
trade union 149
traffic **258**

traffic light(s) 260
traffic sign 260
trailer 263
train 173, **190**, **264**
trainee 110
training 173, 191
tram **262**
translate **173**
translation **173**
transport 56
travel **253**
travel agency 256
travel(l)er 256
tray 251
treasure 156
treat **332**
treatment 170
treaty 203
tree **220**
tremble 36
trial 165
trick 74
trip **253**
troops 200
trouble **28**, **47**, **120**
trousers **140**
truck 263
true **82**
trunk 222
trust 72
truth **82**
try **47**
try on 141
tube 231, 264
tune 181
turkey 218
turn **56**, **259**, **296**,
 313
turn off 52
turn on 52
TV **182**
TV set **185**
twice **285**

twist 53
type **60**, **311**
typist 111
tyre 263

U

ugly 18
umbrella 135
uncle **105**
under **293**
underground **264**
understand **20**
unemployed **145**
unemployment **145**
unfortunately 122
unhappy 30
uniform 142
union 149, 197
unite 197
universe 223
university **171**
unknown 340
unleaded 228
unless 357
until **279**
up **292**
upper 292
upset 31
upset stomach 37
upstairs 128
up-to-date 288
urgent 340
us **344**
use **50**, **91**
used to 47
 be used to **65**
useful **91**
useless 95
usual 318
usually **324**

V

vacation 174
valley **210**
valuable **91**
value 156
veal 244
vegetables **245**
vehicle 263
very **315**
very much **315**
via 255
victim 168
victory 202
video 187
view 83, **209**
village **207**
violence 168
violent 168
violin 181
visa 257
visit **116**
visitor 117
voice 77
volume 64
vote 198
voter 198
voyage 267

W

wages **146**
waist 16
wait **65**
waiter **252**
waiting room 171, 265
waitress **252**
wake up **40**
walk **184**, **303**
wall **126**

wallet 135
wander 303
want **97**
war **199**
wardrobe 131
warm **337**
warn 97
wash 44, **138**
washing machine 139
wasp 219
waste 51, **228**
wastepaper basket 135
watch **42**, 68, **141**
water **213**
wave 118, **213**
way 67, **255**, **323**
we **343**
weak **33**, **336**
wealth 156
wealthy 114
weapon 200
wear **139**
weather **225**
wedding 119
weed 221
week **273**
weekday 273
weekend 274
weekly 273
weigh 311
weight 311
welcome 118
well **33**, **89**
west **223**
western 225
wet **234**
whale 219
what **341**
what time **276**
whatever 349
wheat 221

wheel **263**
when **277**
whenever 357
where **289**
wherever 357
whether 356
which **342**
while **277**, 280
whip 193
whisper 77
whistle 192
white **328**
who **342**
whoever 349
whole 319
whom **342**
whose **342**
why **321**
wide **293**
widow 107
width 296
wife **105**
wild **215**
will 98, 164, **351**
willing 29
willingly 327
win 122
wind 53, **226**
window **126**
wine **248**
wing 218, 266
winter **273**
wipe 138
wire 231
wisdom 21
wise 21
wish 98
with **354**
within 357
without **354**
witness 165
wolf 218
woman **102**

wonder **28**
wonderful **90**
wood **235**
wooden **235**
wool **235**
wool(l)en **235**
word **76**
word processing 233
work **46**, **47**, **230**
worker **110**
workshop 144
world **222**
worm 220
worried **28**
worry **28**
worse **90**
worship 72

worst **90**
would **352**
wound **35**
wrap 53
wreck 268
wrist 16
write **60**
writer **61**
wrong **83**, **166**
  be wrong **83**

Y

yard 128, **310**
year **272**
yellow **329**

yes **82**
yesterday **278**
yet 283
you **342**
young **38**
your **344**
yours **345**
yourself **345**
yourselves **346**
youth 39, **102**
youth hostel 257

Z

zip(per) 142
zoo 209

Abkürzungen

adj	*adjective,*	Adjektiv
adv	*adverb,*	Adverb
Am	*American English,*	amerikanisches Englisch
Brit	*British English,*	britisches Englisch
cj	*conjunction,*	Konjunktion
f		feminin, weiblich *(beim deutschen Nomen)*
m		maskulin, männlich *(beim deutschen Nomen)*
n		neutrum, sächlich *(beim deutschen Nomen)*
n		noun, Nomen, Substantiv *(beim englischen Stichwort)*
opp	*opposite,*	Gegenteil, Antonym
pers	*personal,*	Personal..., persönlich
pl	*plural,*	Plural
prep	*preposition,*	Präposition
pron	*pronoun,*	Pronomen
sg	*singular,*	Singular
syn	*synonym,*	Synonym
v/aux	*auxiliary verb,*	Hilfsverb
v/i	*intransitive verb,*	intransitives Verb
v/t	*transitive verb,*	transitives Verb

Sonstige Zeichen

Das Warndreieck △ finden Sie überall dort, wo auf mögliche Fehlerquellen hingewiesen wird, z. B. vor den Stammformen unregelmäßiger Verben, vor unregelmäßiger Pluralbildung und vor dem Hinweis auf falsche Übersetzungen oder falschen Gebrauch.

Das Zeichen * hinter den Stammformen eines unregelmäßigen Verbs bedeutet, dass es neben der unregelmäßigen Form auch eine regelmäßig gebildete Form auf *-ed* gibt, z. B. bei *burn* neben den Formen *burnt, burnt* auch die Formen *burned, burned.*

Das Zeichen → verweist auf ein Stichwort, unter dem nähere Informationen zum gerade behandelten Wort zu finden sind, oft in Form eines **TIPPs**.